W0031476

Theo Sommer

Unser Schmidt

Der Staatsmann und
der Publizist

Hoffmann und Campe

1. Auflage 2010
Copyright © 2010
by Hoffmann und Campe Verlag, Hamburg
www.hoca.de
Satz: atelier eilenberger, Leipzig
Gesetzt aus der Times
Druck und Bindung: GGP Media GmbH, Pößneck
Printed in Germany
ISBN 978-3-455-50176-6

HOFFMANN
UND CAMPE

Ein Unternehmen der
GANSKE VERLAGSGRUPPE

Dem Freund

Inhalt

Vorwort 9
Einleitung 13

Vom Kanzleramt ins Pressehaus 29

Herausgeber und Verleger: Wie Helmut Schmidt zur ZEIT kam 31
Der Staatsmann und die Journalisten 46
Der Zeitungsmann 65

Der Staatslenker und Staatsdenker 77

Der Deutschlandpolitiker 79
Der Europapolitiker 132
Der Verteidigungs- und Sicherheitspolitiker 175
Der Außenpolitiker 225
Der Wirtschaftspolitiker 251
Der Hanseat 286
Der Philosoph im Politiker 305

Ein Gespräch mit Helmut Schmidt 349

»Miles to go before I sleep« – Bilanz zweier Leben: Rückblick und Ausblick 351

Anmerkungen 381
Literatur 415

Vorwort

Darf man ein Buch über einen Freund schreiben, der eine Gestalt der Zeitgeschichte ist? Ich habe mir die Antwort auf diese Frage lange überlegt, als Dr. Ulrich Ott von der ING-DiBa mit der Idee an mich herantrat, ein Buch über den Publizisten Helmut Schmidt zu schreiben. Die ING-DiBa vergibt seit 1996 jährlich den Helmut-Schmidt-Journalistenpreis. Die Idee faszinierte mich, denn ich hatte in den bald achtundzwanzig Jahren, die Schmidt jetzt schon bei der ZEIT ist, eng mit ihm zusammengearbeitet, als Chefredakteur zunächst, dann zusammen mit Marion Gräfin Dönhoff im Herausgeber-Kollegium, seit 2001 schließlich als Editor-at-Large, eine Art Altchefredakteur neben dem Altbundeskanzler. Nach reiflicher Überlegung sagte ich ja.

Zwei Gründe gaben für meine Entscheidung den Ausschlag. Zum einen war unsere Freundschaft stets eine Freundschaft auf kritische Distanz. Sie schloss weder Objektivität aus noch – bei weitreichender Übereinstimmung in grundsätzlichen Fragen – voneinander abweichende Ansichten. Ich traute mir den gebotenen inneren Abstand zu. Zum anderen war ich mir sicher, als ZEIT-Zeuge das Wirken des Publizisten Schmidt beschreiben und zugleich als studierter Historiker seine Ansichten und seinen fortdauernden Einfluss auf die deutsche Politik wie auf die deutsche öffentliche Meinung sachlich analysieren zu können. Ich hoffe, dass diese Selbsteinschätzung den Lesern dieses Buches gerechtfertigt erscheint.

Ich muss hinzufügen: Es ist ein ganz anderes Buch geworden, als im ersten Ansatz geplant war. Je mehr ich mich vertiefte in die staunenswerte Fülle von Helmut Schmidts Artikeln, je intensiver ich die Mitschnitte seiner Fernsehauftritte studierte und je faszinierter ich mich in seine Vortragstexte einlas, desto klarer wurde mir, dass die Beschränkung des Themas auf das, was er nach seinem Ausscheiden aus dem Amt öffentlich von sich gegeben hat, nicht den ganzen Schmidt würde widerspiegeln können. Als er 1983 in den ZEIT-Verlag eintrat, war er ja kein unbeschriebenes Blatt. Seine publizistischen Äußerungen sind nicht zu verstehen, wenn man nicht sein Denken, Handeln und Entscheiden in den Ämtern mit einbezieht, die er vor seinem Seitenwechsel von der Politik in die Publizistik bekleidet hatte. Dies wiederum machte es erforderlich, zum besseren Verständnis den zeitgeschichtlichen Hintergrund auszuleuchten, vor dem der Deutschlandpolitiker, der Europapolitiker, der Sicherheitspolitiker, der Außenpolitiker und der Wirtschaftspolitiker, aber auch der Hanseat und der Philosoph im Politiker Schmidt agierte, reagierte, regierte und räsonierte. Auf diese Weise hat sich das thematische Panorama dieses Buches zwangsläufig ausgeweitet. Aus dem Porträt des Publizisten Schmidt ist eine Darstellung auch des Staatsmanns Schmidt geworden – und darüber hinaus, gespiegelt in einer Person der Zeitgeschichte wie der ZEIT-Geschichte, ein Stück bundesrepublikanischer Historie vor dem Hintergrund einer sich wandelnden Welt.

Vielen schulde ich Dank. Ohne ihr Interesse und ihre Unterstützung wäre es mir nicht möglich gewesen, das Manuskript binnen acht Monaten zu vollenden. Für großzügige Förderung und anregende Begleitung meiner Arbeit danke ich vor allem Dr. Ott und der ING-DiBa, deren Kommunikationschef er ist. Mein Dank gilt den ZEIT-Kollegen, deren Erinnerungen und Erfahrungen mit Helmut Schmidt mir viel Stoff geliefert haben und die es hinnahmen, dass ich eine Zeit lang mehr in meiner Schreibklause zubrachte als in der Redaktion. Er gilt all denen, die mir hilfreiche Kritik und Anregungen haben zuteilwerden lassen, allen voran Haug von Kuenheim, aber auch Giovanni di Lorenzo, Nina Grunenberg und Robert Leicht, ferner Miriam Zimmer und Kerstin Wilhelm von der ZEIT-Dokumentation, deren verlässlicher Findigkeit ich die rasche Auffüllung verschiedenster Beleglücken verdanke. Von besonderem Wert war mir darüber hinaus die Hilfestellung, die mir Mario-Gino Harms bei der Beschaffung von Unterlagen aus dem Archiv der Helmut-Schmidt-Universität in Hamburg unermüdlich geleistet hat. Nicht zuletzt danke ich meiner Assistentin Barbara Knabbe, die das Manuskript durch all seine mannigfachen Metamorphosen betreut und ihm so nachsichtig wie geduldig an ihrem Computer Gesicht und Gestalt gegeben hat, und Kathrin Liedtke für ihr einfühlsames Lektorat. Um Nachsicht bitte ich auch meine Familie, die unter den Geburtswehen dieses Buchprojekts mehr zu leiden hatte als der Autor selber.

Zu danken habe ich schließlich all denen, die vor mir über Helmut Schmidt geschrieben haben: unter den journalistischen Biographen Sibylle Krause-Burger, Hans-Joachim Noack, Martin Rupps, Michael Schwelien, Mainhardt Graf von Nayhauß, der Brite Jonathan Carr und der Franzose Dominique Pelassy. In erster Linie gilt mein Dank jedoch dem Heidelberger Historiker Hartmut Soell, dessen magistrale zweibändige Schmidt-Biographie eine schier unerschöpfliche Quelle von Fakten und Einsichten ist. An etwaigen Stärken dieses Buches haben sie alle ihren Anteil. Etwaige Schwächen habe ich allein zu verantworten.

Theo Sommer
Hamburg, im August 2010

Einleitung

Vor einem halben Jahrhundert, im Sommer 1961, bin ich Helmut Schmidt zum ersten Mal begegnet. Ich reiste von der Jahreskonferenz des Londoner Instituts für Strategische Studien aus Genf nach Hamburg zurück, als der zweiundvierzigjährige SPD-Politiker in mein Schlafwagenabteil zustieg. Er bezog das untere Bett, ich das obere. Wir haben damals die halbe Nacht bei Fürstenberg-Pils miteinander geredet. Gesprächsstoff hatten wir genug. Für strategische Fragen hatte ich mich seit längerem interessiert. Im Herbst 1957 hatte ich für die ZEIT Kissingers *Nuclear Weapons and Foreign Policy* besprochen und hatte dann im folgenden Jahr für den jungen Harvard-Professor bei einem Auftritt im Hamburger Amerikahaus gedolmetscht, da er sich außerstande sah, Spezialausdrücke wie *second-strike capability* oder *intermediate range missiles* in seiner Muttersprache wiederzugeben (»Mit meinem Deutsch ist es wie mit meinem Gepäck: Es kommt erst morgen«, entschuldigte er sich). Auch hatte ich mich im Sommer 1960 in Kissingers International Summer Seminar an der Harvard University und danach als erstes deutsches Council-Mitglied des Londoner Institute for Strategic Studies intensiv mit strategischen Fragen beschäftigt. Schmidt und ich besaßen viele gemeinsame Bekannte in der *strategic community*. So fanden wir rasch Kontakt zueinander.

In jener Nacht im Schlafwagen habe ich zum ersten Mal Schmidts enorme Sachkenntnis bewundert. 1962 kam dann sein Buch *Verteidigung oder Vergeltung* heraus. Es verschaffte mir die Chance meines allerersten Fernsehauftritts; in der Wessel-Runde diskutierten Emil Obermann vom Süddeutschen Rundfunk, Hans Schmelz vom *Spiegel* und ich mit ihm über sein Werk – das erste überhaupt, das sich in Deutschland kompetent und autoritativ mit dem Thema auseinandersetzte. Eine lange Reihe langer Gespräche schloss sich in den folgenden Jahren an.

Im Herbst 1969 lud mich Schmidt ins Frankfurter Interconti am Main, wo er als designierter Verteidigungsminister in Willy Brandts Kabinett seine Mannschaft zusammenstellte. Schon 1966 hatte er mir angeboten, falls er Verteidigungsminister würde, mit ihm auf die Hardthöhe zu gehen, um im Ministerium eine Planungsabteilung aufzubauen und zu leiten. Nun kam er darauf zurück. Abermals bot er mir an, im Verteidigungsministerium einen Planungsstab einzurichten. Außerdem sollte ich eine »kritische Bestandsaufnahme« der Bundeswehr organisieren und das erste Weißbuch schreiben. Ich sagte zu und blieb – so war es von vornherein verabredet – ein knappes Dreivierteljahr. Es war eine kurze und wahnsinnig arbeitsreiche, aber aufregende und fruchtbare Zeit an seiner Seite.

Damals habe ich seine enorme Arbeitskraft zu bewundern gelernt. Ich sehe noch den Stapel von Vorlagen vor mir, auf zwei oder drei Teewagen vor ihm aufgebaut, die er nach all den Sitzungen, Truppenbesuchen und oft auch Parteiterminen bis weit nach Mitternacht durcharbeitete. Manchmal steckte ich frühmorgens um drei, wenn im Ministerbüro noch Licht brannte, den Kopf bei ihm hinein. Wir tranken einen dünnen Whisky und schickten einander dann ins Bett, denn für halb acht war schon wieder der erste Termin angesetzt. Von Schmidts Arbeitsweise habe ich damals übrigens viel gelernt. Problemidentifizierung, Definition der Notwendigkeiten und Möglichkeiten, Diskussion der Vorschläge, schließlich Beschluss und Umsetzung – das war eine Art von Führung, wie ich sie so nicht wieder erlebt habe, zugleich entschieden, offen für jede vernünftige Anregung, aber auch für jeden vernünftigen Einwand. Diskussion war für ihn ein notwendiges Element der eigenen Meinungsbildung und Beschlussfassung.

Wir blieben auch nach meiner Bonner Zeit in Fühlung. Einmal erlebte ich ihn wenige Jahre später, wie die Öffentlichkeit ihn nie zu sehen bekam: verbittert, wütend und zugleich reuevoll. Das war 1976, im Gästehaus des Hamburger Senats an der Alster. Er hatte ein paar Freunde gebeten, mit ihm den Entwurf der Regierungserklärung zu schmirgeln und zu polieren. Im vorangegangenen Wahlkampf hatte er, unvollkommen informiert oder schlecht beraten, eine Rentenerhöhung versprochen. Neue und unzweideutige Zahlen bewogen ihn dann, die Erhöhung zu verschieben. Das löste im Lande einen Proteststurm aus. Von »Rentenfiasko« und »Rentenlüge« war die Rede. Er machte einen Rückzieher. Im Entwurf der Regierungserklärung war davon nicht ein Wort zu lesen. Er wischte das Beamtenpapier unwirsch beiseite, stellte das Thema ganz an den Anfang und diktierte die großartigen Sätze: »Eine Regierung ist nicht unfehlbar. Dies behaupten nur totalitäre Regierungen von sich. Hingegen steht es einer demokratischen gut an, wenn sie klarer Kritik folgt.« Zwei Jahre später bekannte er: »Es ist bitter, solche Fehler einsehen zu müssen. Es ist bitter, sie öffentlich eingestehen zu müssen.«

Dann kam 1977 der »deutsche Herbst« des RAF-Terrors, der Mogadischu-Aktion, der Schleyer-Entführung. Helmut Schmidt hatte eine Reihe von Experten in den Kanzlerbungalow eingeladen, um über MBFR zu sprechen – die festgefahrenen Verhandlungen über *Mutual and Balanced Force Reductions* in Europa, die er wieder in Gang bringen wollte. Aber er kam nicht, oder lange nicht, denn an diesem Tag wurde bekannt, dass Hanns Martin Schleyer ermordet worden war. Er stieß erst zu unserer Gruppe, nachdem er die Rede aufgesetzt hatte, die er am nächsten Tag im Bundestag halten wollte. Ich habe ihn nie wieder dermaßen erschüttert, so unendlich müde, so schwermütig gesehen. »Ein großes Glas mit Eis und dann so viel Wermut, wie anschließend noch reingeht«, sagte er erschöpft zu der Ordonnanz; ich notierte mir den Satz auf einer Papierserviette. Am nächsten Tag nahm er vor dem Parlament in demutsvollem Bewusstsein von Versäumnis und Schuld die Verantwortung auf sich – ganz im Sinne von Max Webers Satz, dass alles Tun in Tragik verflochten sei. »Zu dieser Verantwortung stehen wir auch in der Zukunft«, sagte er und fügte hinzu:»Gott helfe uns!«

Einen ähnlich bitteren Moment erlebte ich dann im November 1983 mit, beim Kölner Parteitag der SPD nach Schmidts Abwahl ein Jahr zuvor. Da sprachen sich nur noch ganze sechzehn Delegierte für den von ihm 1977 mit einer Rede vor dem International Institute for Strategic Studies initiierten NATO-Doppelbeschluss aus. Die Geschichte hat Helmut Schmidt freilich recht gegeben. Zehn Jahre nach seiner Londoner Rede ist ihm der späte Triumph zuteilgeworden, dass die Mittelstreckenraketen – die sowjetischen SS-20 im Osten und die amerikanischen Pershings und Marschflugkörper im Westen – auf der Grundlage des von seiner Partei abgelehnten, aber dann von Helmut Kohl ausgeführten Doppelbeschlusses tatsächlich abgeschafft wurden. Seine Weitsicht, seine entschlossene Konsequenz zahlten sich aus.

Im Jahre 1983 kreuzten sich dann unsere Pfade aufs Neue. Im Mai jenes Jahres zog er als ZEIT-Herausgeber ins Pressehaus ein; seitdem sind wir Flurnachbarn. Da saß er nun in seinem bescheidenen Büro und begann eine zweite Karriere, ein zweites Leben. Es schloss sich nahtlos an das erste Leben an.

Als Helmut Schmidt im Mai 1974 unversehens Bundeskanzler geworden war, hatte ich ihn in einem ganzseitigen ZEIT-Artikel im neuen Amt begrüßt. Der Artikel war ungewöhnlicherweise in Briefform abgefasst und mit »Lieber Helmut« überschrieben – der Hamburger Anrede, die den Vornamen mit dem »Sie« verbindet, auf diese Weise zugleich Distanz ausdrückend und Freundschaft. Darin versuchte ich, die Klischees zu entkräften, die über Schmidt im Schwange waren: »Schneller Brüter«, »kühler Macher«, »Erfolgsmensch im Hans-Albers-Stil«, oder ahnungslose Bemerkungen wie: Augenmaß und Zähigkeit seien seine Sache nicht, typisch für ihn seien demonstrative Hektik und zelebrierter Stress; um Gottes willen keine Kontemplation. Der Auffassung, dass er ein reiner Pragmatiker sei, den nicht der Horizont interessiere, sondern nur der Streifen Terrain vor seinen Füßen, hielt ich schon damals entgegen, dass er durchaus in der Lage sei, jedermann die sittlichen Grundlagen seiner Politik sichtbar zu machen, und dass er sich oft von Vorstellungen leiten lasse, die letztlich einer rein philosophischen Wurzel entsprangen. Ich verglich ihn mit Franz Josef Strauß: »derselbe scharfe Intellekt, dieselbe angriffslustige Polemik, dieselbe Kunst der Rede«. Aber ich markierte auch den entscheidenden Unterschied: »Sie sind disziplinierter, konsequenter auch. Und anders als Strauß spielen Sie nicht so dicht am Rande der eigenen seelischen Abgründe. Ihre Selbstkontrollmechanismen funktionieren besser. Ihre Achtung vor dem Gesetz ist stärker entwickelt.« Ich schrieb: »Sie gelten als Atlantiker – und sind es gewiss auch. Aber das heißt nicht, dass Sie den Amerikanern alles durchgehen ließen; Sie haben da schon früher manches offene Wort zu Ihrem alten Bekannten Henry Kissinger gesprochen. [Mit Ihrem Freund Giscard d'Estaing] stehen Sie in der Pflicht, den festgefahrenen EG-Dampfer wieder flottzumachen.« Im Übrigen vertraute ich, was den Stil seiner Amtsführung anging, ganz seinem Instinkt: »Er wird nicht zulassen, dass Sie zum Heiligen stilisiert werden, wo Sie keiner sind.« Und ich schloss mit den Worten: »Seien Sie meiner freundschaftlichen Ergebenheit auch dann, auch dort versichert, wo die andere professionelle Warte mir Kritik abnötigen wird.«

Als Helmut Schmidt Kanzler wurde, war sein schwarzes Haar noch kaum angegraut; als er achteinhalb Jahre später gestürzt wurde, war es weiß geworden. Wie Metternich mag er sich als Arzt im großen Weltspital empfunden haben, der dem Elend nicht zu steuern vermochte. Er war nicht autoritär wie Adenauer. Er stürmte nicht heilsgewiss voran wie Brandt. Er setzte auf die Vernunft, der er mühsam eine Klientel zu schaffen suchte; ein schwieriges Unterfangen in einer Zeit, in der das Zerbröseln des gesellschaftlichen Konsenses Führung immer schwieriger machte. Aber Schmidt tat seine Pflicht, und er tat sie mit Anstand, Würde und Stil. Er versuchte, in der Politik einen Begriff von Ratio, Leidenschaftslosigkeit und Augenmaß aufrechtzuerhalten, der über den Parteien stand, auch über der eigenen Partei.

Sein Ausgangspunkt war schwieriger als der seiner Vorgänger. Eigentlich hatte er ja Baumeister werden wollen, aber als er ins Palais Schaumburg einzog, war das Zeitalter der Architektonik zu Ende. Die wesentlichen außenpolitischen Strukturen standen; die Einordnung der Bundesrepublik in das weltpolitische Grundmuster der Epoche war abgeschlossen. Konrad Adenauer hatte das westliche Deutschland erst in den Rahmen des europäischen Einigungswerkes eingepasst, dann in das Atlantische Bündnis. Der deutsch-französischen Versöhnung fügte er den deutsch-israelischen Wiedergutmachungsvertrag an, beides historische Ausgleichleistungen; im Inneren stellten er und Ludwig Erhard die Anfänge des heutigen Sozialstaates auf das solide Fundament einer marktwirtschaftlichen Ordnung, um deren Leistungsfähigkeit uns die Welt beneidete. Willy Brandt fügte dann in das Kontinuitätsgeflecht westdeutscher Außenpolitik die zweite Determinante ein: das Streben nach Kontakt mit Ostdeutschland und Osteuropa, nach Kooperation auch, wo immer die kommunistische Welt dazu bereit und fähig war; dies bei gleichzeitiger Vorsorge allerdings, dass der fortdauernde Rückhalt im Westen uns instandsetzte, auch Konfrontationen durchzustehen, die uns der Kreml aufzwingen mochte. Brandt beendete den Sonderkonflikt der Westdeutschen mit Osteuropa, indem er die »wirklich bestehende Lage« anerkannte. Ansonsten war er der Mann euphorisch angepackter Reformen, getragen von einer Aufbruchstimmung sondergleichen, die sich in dem hoffärtigen Satz seiner ersten Regierungserklärung widerspiegelte: »Wir fangen erst richtig an.«

Helmut Schmidt gestattete sich solchen draufgängerischen Opportunismus nicht. Die Zeit, in der er als Kanzler antrat, und die Welt, die er vorfand, waren auch nicht danach. Die Ölkrise vom Herbst 1973 hatte die Szenerie von Grund auf verändert. Unter diesen Umständen musste Schmidt allen Baumeister-Ehrgeiz beiseiteschieben und sich ganz aufs Bewahren, Zusammenhalten, Stützen und Stabilisieren verlegen. »Konzentration und Kontinuität« war seine erste Regierungserklärung überschrieben, »Das Erreichte sichern« die zweite (1976), »Mut zur Zukunft« die dritte (1980). Keine Regierung fange bei null an, und keine könne Wunder vollbringen, war seine Antrittsbotschaft: »Das Mögliche aber muss sie mit aller Kraft verwirklichen.«

Von Friedrich Schiller stammt das schöne Wort: »Wer Großes leisten will, muss tief eindringen, scharf unterscheiden, vielseitig verbinden, standhaft beharren.« Nach diesem Maßstab hat Helmut Schmidt Großes geleistet. War er auch ein großer Kanzler? Im Rahmen dessen, was in seiner Ära möglich war, ist er das sicherlich gewesen. »Ein jegliches hat seine Zeit«, sagt der Prediger Salomo, »Pflanzen und Ausrotten, Würgen und Heilen, Brechen und Bauen.« Helmut Schmidts Kanzlerzeit verlangte Bewahren, Weitermachen, Vertrauen sichern. Er verweigerte sich dem nicht. Doch indem er das Werk von Konrad Adenauer und Willy Brandt fortsetzte, umsetzte in Praxis und Alltag, einsetzte für die Lebenszwecke der Bundesrepublik, etablierte er recht eigentlich erst eine bundesrepublikanische Staatsräson und eine fortwirkende Tradition Bonner, später Berliner Regierungshandelns. Wenn er – in einer Festrede zum neunzigsten Geburtstag von Richard von Weizsäcker[1] – mit Genugtuung die Kontinuität der deutschen Politik auf allen wesentlichen Feldern hervorhob, zumal ihre Stetigkeit und Berechenbarkeit in der Außen- und Sicherheitspolitik, der Europapolitik und der Friedenspolitik, so wird man mit Fug und Recht sagen dürfen, dass er als Kanzler dafür den Grundstein gelegt hat. Seine herausragende Leistung bestand darin, dass er die Westdeutschen in die Normalität einübte, sie an das Unspektakuläre gewöhnte und ihnen Sinn für das Mögliche gab. Was bis dahin parteipolitisch bitter umstritten war, verschmolz unter ihm zu einer erkennbaren und handhabbaren Einheit: Westpolitik und Ostpolitik, Bündnistreue und Nachbarschaftspflege, Verteidigungswille und Abrüstungswille. Und mehr als irgendeiner seiner Vorgänger baute er, die heraufdräuende Globalisierung früh erkennend, die Bedürfnisse der westdeutschen Wirtschaftskraft in das weltpolitische Konzept der Bundesrepublik ein.

Mit eindringlicher Beredsamkeit vertrat Helmut Schmidt das deutsche Grundinteresse, vermeidbare Konfrontationen zwischen den Blöcken auch tatsächlich zu vermeiden, da dem Ziel eines möglichst problemlosen Nebeneinanders der beiden deutschen Staaten, geschweige denn dem Fernziel der Wiedervereinigung, mit Krisen nicht genützt wäre. Dabei war ihm klar, dass Neues kaum noch zu konstruieren war, sondern dass es nun darauf ankam, die »stille Einhaltung und volle Anwendung« der Ostverträge durchzusetzen. Den Europäern in beiden Lagern wies er die Aufgabe zu, stets von neuem mäßigend auf ihre jeweilige Vormacht einzuwirken und bei aller Sorge um die eigene Sicherheit doch die Zukunftsperspektive der Zusammenarbeit offenzuhalten. So kämpfte er an der Seite Giscard d'Estaings wie ein Löwe darum, dass die Folgen der sowjetischen Afghanistan-Invasion Ende 1979 nicht auf Europa durchschlugen. Dem Boykott der Olympischen Spiele 1980 in Moskau schloss er sich an, doch verweigerte er sich zu Carters Zeiten wie in der Ära Reagan jedem Handelskrieg gegen die Sowjetunion und das unter Kriegsrecht stehende Polen; auch trieb er das westeuropäisch-sowjetische Erdgas-Röhren-Geschäft voran.

Die selbstbewusste Definition unserer vitalen äußeren und inneren Interessen, wie Schmidt sie 1986 in seiner Abschiedsrede vor dem Bundestag zusammenfasste, ist der Mehrheit der Bundesbürger längst zur Selbstverständlichkeit geworden. Auf der Weltbühne vertrat er die deutschen und europäischen Anliegen mit respektheischender Konsequenz, Eloquenz und Effizienz. Er tat dies in einer Weise, die nicht nur der Bundesrepublik nützte, sondern darüber hinaus auch der Europäischen Gemeinschaft und der Welt jenseits ihrer Grenzen. Wie es sein Freund Giscard in der Zueignung eines Fotos ausdrückte, das in Schmidts Langenhorner Arbeitszimmer steht: »*Pour mon ami, le chancelier Helmut Schmidt, dont l'action est bénéfique pour l'Europe et pour le monde*«.

Nun ist historische Leistung allemal ambivalent. Den Starken der Großen entsprechen ihre Schwächen. Adenauer hatte sie, Brandt hatte sie; Schmidt auch. An allen hat die Zeit ihre zermürbende Kraft gezeigt. Adenauer hatte sich selbst überlebt; Brandt verfiel in Lustlosigkeit; Schmidts Physis verweigerte ihm nach dem letzten Wahlsieg den Dienst. Geplagt von wiederkehrenden Ohnmachten und Herzstillständen, die erst ein im Oktober 1981 eingesetzter Schrittmacher beendete, versah er seine Amtsgeschäfte. Angeschlagen, wie er war, misslang ihm Entscheidendes. Er warf nur noch einen schmalen geistigen Schatten. Auf die Umweltbewegung, die Friedensbewegung, die Grünen und Alternativen reagierte er viel zu spät. Die notwendige Reform der Reform blieb im Ansatz stecken, die Anpassung der Wirtschaftspolitik an die neuen Umstände hinkte den Umständen hinterher. Eine Kabinettsumbildung brachte nur zutage, dass sich aus dem Unterholz der SPD Hochstämmiges nicht mehr zu entwickeln schien. Mit den Schmidt-Stimmen, die den Freien Demokraten über die Zehn-Prozent-Marke verholfen hatten, begannen Hans-Dietrich Genscher und Otto Graf Lambsdorff auf eigene Rechnung zu wuchern. Und in der SPD bröckelte die Unterstützung für den Kanzler zusehends ab.

Plagten ihn nie Zweifel an der Richtigkeit seiner Linie? »Nur die Dummen zweifeln nicht«, beschied er einen Frager. Zu spät ging ihm auf, dass er das in der nachdrängenden Generation aufkeimende Bedürfnis nach individueller Emanzipation und kreativem Handeln in der Politik unterschätzt hatte. An den Achtundsechzigern störte ihn deren »Primitiv-Marxismus plus Anarchismus plus Wille zur Gewalt«, ihre Schwärmerei, ihr Alleinseligmachungsanspruch. Die SPD wollte er nicht zu einem »Dachverband von Minderheitengruppen mit Minderheitenmeinungen« verkommen lassen. Er dachte vom Staate, nicht von der Gesellschaft her. Zu arbeitsbesessen, zu gründlich seien er und seine Altersgenossen wohl gewesen, bemerkte er Jahre später einmal, »um die Lockerheit, die Lässigkeit und die Lebenskunst der neuen Generation mitzuerleben und aufnehmen zu können«.[2]

Die Deutschen haben manchen Exkanzler erlebt, der bloß finster über die Hintergründe seines Sturzes sinnierte und spintisierte.

Nicht so Helmut Schmidt. Er blieb rastlos tätig, schrieb in siebenundzwanzig Jahren 270 tragende Artikel für die ZEIT, verfasste an die dreißig Bücher, reiste unablässig um die Welt, hielt unzählige Vorträge und trat häufig im Fernsehen auf. »Es treibt mich«, begründete er dies, »in die Debatte einzugreifen, um zu sagen, was nach meiner Meinung geschehen müsste.«[3] Die Publizistik wurde für ihn, frei nach Clausewitz, zur Politik mit Einmischung anderer Mittel. Sie hielt ihn im Rampenlicht und ist unzweifelhaft der Grund dafür, dass er für viele Menschen im Lande zu einer glaubwürdigen Auskunftsperson, zum verlässlichen Ratgeber, ja: zum Idol, zum leuchtenden Vorbild geworden ist. Immer schon war er mehr als ein Politiker: ein Staatsmann nämlich. Heute sehen die Deutschen in ihm einen Menschen, der Orientierung gibt und Richtung weist. Sie vertrauen ihm. »Stil-Ikone, Querdenker, Weltethiker, Nationalheiliger« nannte ihn der *Stern*, »Moralinstanz und geistiges Geländer«. Und erläuterte: »Wo Schmidt draufsteht, ist Orientierung drin, denken die Menschen.«[4] Nichts anderes meinte Richard von Weizsäcker, als er schrieb, hinter Helmut Schmidts Autorität stehe »eine lebenslange, gewaltige Arbeit mit sich selbst, ein Ringen mit den Konflikten des Menschen in seiner Zeit, eine Auseinandersetzung mit der Spannung zwischen Verstand und Gefühl, Leidenschaft und Disziplin, Interesse und Moral, Gesinnung und Verantwortung, dem großen Wurf und dem kleinen Schritt«.[5]

Während seiner Amtszeit war Schmidt nicht immer so hochgeschätzt. Da empfand manch einer seine Selbstdisziplin als Arroganz, seine Sachlichkeit und Nüchternheit als Kälte. Als er aus dem Amt schied, war sein Popularitätswert (»Gute Meinung« minus »Keine gute Meinung«) in den Allensbacher Umfragen von 60 im November 1977 auf 44 im September 1982 gesunken,[6] die innerparteilichen Querelen hatten auch sein Ansehen lädiert. Anders heute: Als *elder statesman* hat er sich über allen Parteien als politisch-moralische Instanz etabliert. Noch immer wirft er einen langen Schatten auf die politische Bühne. Wie der *Spiegel* es hintersinnig ausdrückte: »Die Deutschen sind jetzt schlauer, auch weil sie wissen, was nach Schmidt kam.«[7]

Seine Volkstümlichkeit ist von Jahrzehnt zu Jahrzehnt, von Jahr zu Jahr gewachsen. Noch im Jahre 2002 schrieb Martin Rupps: »Die Menschen sind von ihm nicht hingerissen. Schmidt erreicht ihre Köpfe, nicht ihre Herzen. Er wird geschätzt und respektiert, aber nicht verehrt und verklärt.«[8] Aber schon 2005 war er nach einer Emnid-Umfrage für Discovery Geschichte der beliebteste Politiker der jüngsten deutschen Geschichte; 38 Prozent der Befragten trauten ihm am ehesten zu, die Probleme der Gegenwart zu lösen. Im User-Ranking von Focus Online stand der Einundneunzigjährige an oberster Stelle der Top-3-Politiker. Die *Süddeutsche Zeitung* nannte Schmidt schon im Frühjahr 2004 das »Denkmal der deutschen Politik«[9]. »Helmut Schmidt ist heute der meistrespektierte Deutsche der Deutschen«, stellte im Sommer 2010 der *Spiegel* fest. »Für 83 Prozent der Bundesbürger verkörpert Helmut Schmidt das Deutschland, das sie sich wünschen. Und er genießt die höchste Achtung […] Einem inzwischen einundneunzigjährigen Kettenraucher wird mehr Vertrauen entgegengebracht als dem Rest der politischen Klasse.«[10] Volle 74 Prozent halten ihn für eine moralische Instanz; die höchste Quote. Bei der Antwort auf die Frage »Wer verkörpert ein Deutschland, wie Sie es sich wünschen?« lag Schmidt mit 83 Punkten einen Punkt hinter Günther Jauch und einen Punkt vor Joachim (Jogi) Löw.

Auf die Frage, warum er eigentlich so beliebt, so populär sei, gab Helmut Schmidt einmal mit einem Quäntchen Selbstironie zur Antwort: »Das liegt an meinen weißen Haaren. Die Leute glauben, wer weiße Haare hat, muss auch weise sein.«[11] Ein andermal spöttelte er: »Das hängt damit zusammen, dass die Deutschen mit ihrer Führung nicht zufrieden sind. Dann konzentrieren sie sich eben auf zwei Greise« – auf ihn und auf Richard von Weizsäcker. Ihn kennzeichne die Gelassenheit des Alters, sagte er einem Interviewer, der ihn darauf hinwies, dass er laut Umfragen der Politiker sei, der am meisten Vertrauen genieße. »Wenn es stimmt«, wiegelte er ab,

»liegt es daran, dass ich nicht mehr im Amt bin. Eine nachträgliche Vertrauenskundgebung.« Doch ist er sich durchaus im Klaren darüber, dass er seine überwältigende Popularität vor allem der Blässe der gegenwärtigen deutschen Führungsgarnitur verdankt. »Es ist die Empfindlichkeit eines Horst Köhler, es ist die Mutlosigkeit einer Angela Merkel, es ist die Kampfunlust eines Sigmar Gabriel, die den kühlen Schmidt heute fast cool wirken lässt«, befand Georg Diez in einem neueren Psychogramm im Magazin der *Süddeutschen Zeitung*.[12]

Ein Blick ins Internet bestätigt diesen Befund. Massenhaft finden sich dort Äußerungen wie: »Wie schön wäre es, einen Mann wie ihn zum Kanzler zu haben!« – »Wäre er doch bloß noch im Amt!« – »Diese Integrität fehlt seit seinem Abgang in der Politik.« – »Wunderbar, unser Altkanzler, wie er eben ist!« – »Es müsste viel mehr Helmut Schmidts geben«. Manche Blogger und Facebook-Kommentatoren verfallen in schiere Panegyrik: »Ein großer Deutscher, ein steter Mahner. Ach, hätten wir ihn doch als König von Deutschland!« – »Intelligenz, Integrität, Scharfsinn, Altersweisheit, profundes Geschichtswissen, Glaubwürdigkeit, bestechende Sprache, Humor und eine Prise Arroganz: Man zeige uns nur eine einzige vergleichbare Persönlichkeit, welche aktuell uns und unser Land angeblich zu unserem Besten vertritt!« – »Dieser Mann hat Charakter und Charisma und ist dazu noch schlau, smart und humorvoll.« – »Er hat es nicht nötig, irgendjemand nicht auf die Füße zu treten.« – »Solche Männer braucht das Land.« – »Schmidt-Schnauze for President!« – »Ehrenkanzler auf Lebenszeit!« – »Ich finde ihn so geil, seine Frau liebe ich auch.« – »Ein Freund des ehrlichen Worts. Wir können froh sein, dass er sich im hohen Alter noch als Patron der Deutschen verpflichtet fühlt.«

Gewiss gab es immer wieder auch einige abfällige Bemerkungen, vor allem auf den Webseiten der rechten Szene. Ein Beispiel auf *terra germania*: »Wieso bloß kriege ich so ein unzivilisiertes Kribbeln in meiner Faust, wenn ich den Schmidt blubbern höre. Ich weiß es nicht. Warum in aller Welt schiebt man den nicht in irgendein Altersheim und sediert ihn mit genug Kiffzeug, dann merkt er vielleicht selber irgendwann, wie überflüssig er ist.« Ein zweites Exempel: »Wo kandidiert Schmidt jetzt eigentlich? Im Altersheim für den Posten das Etagen-Ältesten?« Aber das sind seltene Ausnahmen.

Auf gequälte Weise respektvoll, wiewohl nicht unbedingt hämefrei, war die Analyse von Georg Diez, mit der die *Süddeutsche* das sechs Jahre zuvor von ihrem eigenen Magazin errichtete »Denkmal« bepieseln ließ. Der Autor nennt Helmut Schmidt einen »grand old Grantler«, Marcel Reich-Ranicki vergleichbar, »der so hochmütig ist wie Schmidt, der auch nie geliebt wurde, ganz im Gegenteil, und der erst jetzt, im hehren, aber auch harmlosen Alter verehrt und gefeiert wird«. Bei beiden werde betont, »dass sie ja sagen, was sie denken, was heute wohl tatsächlich eine Seltenheit geworden ist«; dass sie »mit klaren, einfachen Sätzen und Urteilen hantieren«; und dass, was sie sagen, »eh keine Konsequenzen mehr hat«. Der Text steckt voller kunstvoll gedrechselter feuilletonistischer Sottisen. Schmidt sei ein »Orakel ohne Agenda«, ein Dauergrummler, ein Kanzler-Performer, dessen Popularität seiner Schiffermütze, seinem Schnupftabak, seinem Schnodderton gelte, seinem Stil also, jedoch nicht dem Inhalt seiner Botschaften. Bewundert werde er weniger für das, was er sagt, als für die Art, wie er es sage.

Allein schon der französische Spruch »*Le style c'est l'homme*« könnte den *SZ*-Magaziner widerlegen. Außerdem spürt er selber, dass die Menschen sich in einer Zeit der Stillosigkeit nach ebensolchem Stil sehnen. Der Ernst, mit dem Schmidt seine Ansichten kundtut, die Gründlichkeit, mit der er sie belegt, und die schlichte Klarheit, mit der er sie formuliert, versöhnt selbst dort, wo man damit gar nicht übereinstimmt. Das ist wohl der eigentliche Kern des von Diez beschriebenes Phänomens »Schmidtismus«: die Suche nach einem Großvater – und nach seiner Autorität, seinen Ecken und Kanten, seiner Sachbezogenheit, Stetigkeit und Unerschrockenheit. Wie Georg Diez ganz richtig erkennt: »Es sind eben vor allem die Enkel, die Schmidt für sich entdeckt haben, die sich für Schmidt begeistern.« Im Angstjahrzehnt der Nullerjahre sei der Kult um ihn gewachsen. »Er hat im allgemeinen Wabern Gestalt gewonnen«, muss der Kritikus eingestehen. Und er trifft – bei aller Sichtbehinderung, die ihm seine eigenen Scheuklappen bescheren – den Nagel auf den Kopf, wenn er pointiert: »Die Sehnsucht nach Helmut Schmidt ist die Sehnsucht nach Politik.«

Dies ist ein Buch über Helmut Schmidt, den Staatsmann und den Publizisten. Ich habe mich auf diese beiden Facetten – Dimensionen? – eines Menschen beschränkt, beschränken müssen, dessen Profil noch von vielen anderen Wesens- und Tätigkeitsmerkmalen bestimmt wird, von Neigungen, Begabungen und Stärken, die hinter dem Bild der öffentlichen Persönlichkeit verborgen bleiben.

Auf Helmut Schmidt, unseren fünften Bundeskanzler, trifft in der Tat die Beschreibung »Einer wie keiner« zu. Er ist nicht nur ein Fachpolitiker; er ist ein Rundum-Politiker, der Erste in der Bundesrepublik, der zugleich in der Außenpolitik, der Sicherheitspolitik und der Wirtschaftspolitik sattelfest war. Ein kraftvoller Redner, der in jeder Situation, sei es im parlamentarischen Schlachtengetümmel, sei es vom Katheder oder auf der Kanzel, die richtige Tonlage traf. Ein Musikfreund, der Klavier spielt und Orgel; der für eine Schallplattenaufnahme zusammen mit Christoph Eschenbach und Justus Frantz ein Mozart-Konzert für drei Klaviere und ein Klavierkonzert Johann Sebastian Bachs einspielte, mit dem London Philharmonic Orchestra das Erste, mit den Hamburger Philharmonikern das Zweite; der Bach – »mein Lieblingskomponist« – huldigt und nach einem Konzertbesuch in der Leipziger Thomaskirche bekennt: »Kaum jemals habe ich tiefer gefühlt, was es bedeuten kann, ein Deutscher zu sein und [...] welches Glück aus der Musik fließen kann«; der obendrein über den Thomaskantor und seine Musik als »Rekreation des Gemüts« Verständiges und Verständliches einfühlsam vorzutragen weiß. Ein Kunstliebhaber, der auf die Frage, welche natürliche Gabe er besitzen möchte, zur Antwort gibt: »Malen können«; der El Greco und Emil Nolde und

Ernst Barlach verehrt; und der Freundschaft pflegte mit dem Bildhauer Henry Moore und dem Maler Bernhard Heisig. Ein Bücherwurm auch, der unablässig zur Pflege der Lesekultur aufrief (»damit wir nicht zu einem Volk der Saturierten und Manipulierten werden«); befreundet mit Siegfried Lenz; ein Gegner indes der abschüssigen Bahn, die in Stumpfheit und Borniertheit führt. Ein Mann, der vor der Überflutung mit Fernsehen und Geräusch warnte, selber jedoch im Fernsehen als Interviewter vor der Kamera stets eine glänzende Figur machte und als Interviewer – siehe seine TV-Gespräche mit den Großen dieser Welt[13] – vorexerzierte, wie auch in diesem Medium Qualität, Tiefgang und Seriosität zu fesseln vermögen. Ein politischer Akteur schließlich, der sein Handeln philosophisch fundierte; der über Immanuel Kant und Karl Popper in einer Weise zu reden verstand, dass die Philosophie-Professoren beeindruckt waren; der indes niemals die Bodenhaftung verlor – getreu seinem Motto: »Wir sollten die fernen Lichter nicht vergessen, aber hier und heute praktische Politik machen.«[14]

Vor fünfunddreißig Jahren hat Helmut Schmidt einmal in einer Rede gesagt: »Wahrscheinlich ist es zu allen Zeiten nicht leicht, unter den eigenen Zeitgenossen die überragenden herauszukennen und sie dann außerdem noch anzuerkennen.«[15] Was ihn selber betrifft, so haben in Deutschland die meisten Zeitgenossen keinen Zweifel, dass er, der Staatsmann wie der Publizist, in die Kategorie der Überragenden gehört. Sie kennen ihn heraus und sie anerkennen ihn. Sie wissen: Deutschland wäre ärmer ohne ihn.

Vom Kanzleramt ins Pressehaus

Herausgeber und Verleger:
Wie Helmut Schmidt zur ZEIT kam

Um ein Haar wäre Helmut Schmidt 1949 Journalist geworden. Nachdem er im Juni sein Examen als Diplomvolkswirt bestanden hatte, dachte er sich einige Zeitungsartikel aus, weil er hoffte, beim *Hamburger Echo* Beschäftigung zu finden. In dem vom Bombenkrieg ziemlich mitgenommenen Pressehaus am Speersort residierten damals neben dem *Echo* auch die *Morgenpost*, der *Spiegel*, die ZEIT, der *Stern* und die Zeitschrift *Wild und Hund*, die sich zunächst alle eine Rotationspresse teilten. Beim Ende 1966 eingestellten *Echo* spielte zu jener Zeit Herbert Wehner, der spätere SPD-Fraktionsvorsitzende, als Redakteur eine zentrale Rolle. Aber es wurde nichts aus Schmidts Vorhaben, weil die Zeitung ihn nicht haben wollte. So ging er zuerst in die Verwaltung der Hansestadt, dann in die Politik. Es dauerte vierunddreißig Jahre, bis er schließlich doch noch im Pressehaus landete.

Im Frühjahr 2008 ließ die ZEIT Helmut Schmidt aus einem besonderen Anlass hochleben: Am 1. Mai jenes Jahres war es ein Vierteljahrhundert her, dass der Altbundeskanzler als Herausgeber der Hamburger Wochenzeitung zu dem Blatt gestoßen war. Mittlerweile gehörte er schon dreimal so lange zur ZEIT, wie er Bundeskanzler gewesen war; und zweimal so lange, wie er ein Regierungsamt innegehabt hatte. Ein Journalist geworden war er deswegen nicht; er blieb der Staatsmann, auch wo er Zeitungsartikel schrieb. Doch verstand er sich meisterhaft darauf, die Mittel der Publizistik zu nutzen, um seinen Ansichten und Einsichten Gehör zu verschaffen. Dabei schrieb er nie platte Politikerprosa, sondern hatte stets das Wohl des Gemeinwesens im Auge; ein aufklärerischer Republikaner, den die abwägende Ratio antrieb, nicht der wohlfeile parteipolitische Vorteil. Zu Recht ist von ihm gesagt worden, die *policies*, die politischen Kernfragen, seien ihm stets weitaus wichtiger gewesen als die *politics*, die Züge und Winkelzüge der partei- und personalpolitischen Geschäftigkeit.[1] Darin lag seine enorme Wirkung begründet.

Als Publizist ist der Altbundeskanzler nicht nur ein Erfolgsautor geworden – er wurde im Lande zur Auskunftsperson, zum Vorbild, fast zur Ikone. »Helmut Schmidt sagt, was er denkt«, erklärte Jacques Schuster dies in der *Welt*. »Er hat keine Angst vor der Guillotine der politischen Korrektheit. Wahrscheinlich ist er deshalb so beliebt bei den Landsleuten. Hinzu kommt der Deutschen Sehnsucht nach dem Übervater. Andere Nationen morden ihre Väter, wir verlangen nach ihnen.«[2] Nicht anders urteilte der Historiker Hans-Peter Schwarz: »Nach einem ersten Aufbegehren mit der ›Verrats‹-Kampagne gegen die FDP war Schmidt klug genug, sich aus dem Bundestag und der Parteiführung auf eine neue Ebene zurückzuziehen, die gleichfalls alles andere als unpolitisch war. [So] spielte er von dieser Plattform aus ein langes Vierteljahrhundert hindurch den alterfahrenen, noch immer bissigen Hecht im doch eher ruhigen Karpfenteich der deutschen politischen Publizistik, geistig völlig unabhängig, meinungsstark, scharfsinnig, schonungslos, aber stets mit sachlichen Argumenten.«[3]

Im Frühjahr 2010 erhielt der einundneunzigjährige Helmut Schmidt den Henri-Nannen-Preis für sein publizistisches Lebenswerk zugesprochen. »Seine Bücher, Leitartikel und Essays haben ihn in der öffentlichen Wahrnehmung zu einer überparteilichen, nur dem Gemeinwohl verpflichteten Instanz werden lassen«, begründete der *Stern*-Chefredakteur Thomas Osterkorn die Verleihung. Die Meldung darüber überschrieb die *Süddeutsche Zeitung* mit drei Worten, die einem journalistischen Ritterschlag gleichkamen: »Einer wie keiner«.[4]

Es hat im Nachkriegsdeutschland manche Journalisten gegeben, die in die Politik gingen: Theodor Heuss, Willy Brandt, Herbert Wehner, Egon Bahr. Wenige nur sind den umgekehrten Weg gegangen. Der alte Bismarck, als er noch Reichskanzler war, hat gern über die »Preßbengels« geschimpft. Aber als der Pensionär im Sachsenwald lebte, wollte er vornehmlich journalistisch wirken. Sehr oft kam er nach Hamburg gefahren. In »Cöllns Austernstuben« traf er sich mit Emil Hartmayer, dem Eigentümer der *Hamburger Nachrichten*, der dem prominenten Ruheständler anbot, über das gesamte weiße Papier seiner Zeitung zu verfügen, und in Friedrichsruh diktierte er dessen Redakteur Hofmann zornige Leitartikel gegen seine Nachfolger in den Block, indirekt auch manches Hohnvolle über Wilhelm II. »Eine Zeit lang verfiel er ganz dem Journalismus«, schrieb einer seiner Biographen. »In summa war dieser Spätjournalismus Bismarcks kein glückliches Unternehmen.«[5]

Ähnlich hat Helmut Schmidt, als er noch in Amt und Würden war, über die »Wegelagerer« und »Indiskretins«[6] aus der Medienzunft gelästert und ist dann ebenfalls auf die andere Seite der Barrikade gewechselt: in die Publizistik; sein Hartmayer war der ZEIT-Gründer Gerd Bucerius. Aber es gibt da doch einen großen Unterschied: Bismarcks Spätjournalismus war durchtränkt von Häme und Rachsucht, der Schmidts blieb, wie zuvor seine Politik, bestimmt von der Leidenschaft zur Vernunft. Und noch etwas unterscheidet die beiden schreibenden Exkanzler: Schmidts Publizistik war von Anfang an ein glückliches Unternehmen. Bei aller Kritik an den Medien glaubte er durchaus, »dass die Demokratie durch die Zeitung und am Bildschirm gedeihen kann«.[7]

Dass der Altbundeskanzler zur ZEIT kam, ist einem Geniestreich von Gerd Bucerius zu verdanken, dem Gründer und Inhaber des Blattes.

Im Sommer 1982 neigte sich die achtjährige Amtszeit des Bundeskanzlers Helmut Schmidt unübersehbar ihrem Ende zu. Die sozialliberale Koalition lag in Agonie. Auf zwei entscheidenden Politikfeldern hatte der Kanzler Probleme mit der eigenen Partei. Die SPD-Fraktion, der er im Juni die Leviten las, weigerte sich, seine Strategie der wirtschaftspolitischen Stabilisierung mitzutragen: mehr zu sparen also und die Neuverschuldung des Bundes (1982: 37,2 Milliarden D-Mark) zu reduzieren. Auch in der Sicherheitspolitik versagten Fraktion und Partei ihm die Gefolgschaft. Der von ihm angemahnte und angebahnte NATO-Doppelbeschluss von 1979 sah die Aufstellung von 572 US-Mittelstreckenraketen in Europa vor, 204 davon in der Bundesrepublik, sofern sich die Sowjets nicht in Verhandlungen überreden ließen, auf ihre ausschließlich die Westeuropäer bedrohenden SS-20-Raketen zu verzichten. Dieser Beschluss wurde nicht nur von den Grünen und der Friedensbewegung, sondern auch im eigenen politischen Lager immer heftiger angefeindet. Hätten die Freien Demokraten nicht mit dem »Scheidungsbrief« ihres Wirtschaftsministers Otto Graf Lambsdorff den Koalitionsbruch gezielt heraufbeschworen, wäre Helmut Schmidt wohl auch so schon bald der inneren Zerrissenheit der SPD zum Opfer gefallen.

Gerd Bucerius, von 1949 bis 1962 Bundestagsabgeordneter der CDU, war ein Mann mit politischem Instinkt. Er sah das Ende der sozialliberalen Koalition voraus; den Rücktritt des Kanzlers hielt er für möglich. Im Sommer 1982 bereits fragte er den ehemaligen Bundesbankpräsidenten Karl Klasen, mit dem beide befreundet waren, ob es vorstellbar sei, Helmut Schmidt als ZEIT-Herausgeber neben Marion Gräfin Dönhoff zu gewinnen.

Es erwies sich nicht nur als vorstellbar, sondern als machbar. Am 1. Oktober 1982 wurde der Bundeskanzler Helmut Schmidt per konstruktivem Misstrauen abgewählt, am 9. Oktober schon saß Bucerius bei ihm am Neubergerweg in Langenhorn. Es war das erste einer Reihe von Gesprächen, teils auf dem gelben Sofa im Bucerius-Büro, teils im Neubergerweg, einmal auch auf einem – zufälligerweise gemeinsamen – Flug nach Tokio. Dabei zimmerten sie eine Basis für die Zusammenarbeit. Freilich kamen dem Verleger zwischendurch doch immer wieder Bedenken, zumal als die SPD Helmut Schmidt für die Bundestagswahlen im März 1983 ein weiteres Mal die Spitzenkandidatur antrug und er vier Wochen lang mit der Frage rang, ob er sich nicht erneut in die Pflicht nehmen lassen müsse. Zwar erteilte er seiner Partei Ende Oktober eine Absage; zu tief war der Riss, der ihn von großen Teilen der SPD trennte. Auch erklärte er Bucerius, er wolle sich als *elder statesman* in der aktiven Politik beschränken, seinen Wahlkreis verteidigen, im Jahr eine, vielleicht zwei Bundestagsreden halten und im Übrigen aus der Parteispitze ausscheiden. Doch als der ZEIT-Inhaber erfuhr, dass Schmidt zehn Wahlkampfreden zu halten gedachte, schreckte er zurück. »Mit Marion Dönhoff war ich mir sofort einig«, schrieb er im Dezember an Schmidt: »Das waren zehn Reden zu viel. Schade, wir hatten uns auf die Zusammenarbeit gefreut; richtiger: uns viel davon versprochen.«

Bucerius übertrieb die ablehnende Haltung der Gräfin bei weitem. Zusammen mit dem Chefredakteur setzte die Herausgeberin vielmehr alles daran, Bucerius seine Zweifel auszureden. Doch der Verleger tat sich schwer mit seiner Entscheidung. Er schob sie vor sich her, und wie so oft in schwierigen Situationen flüchtete er sich in eine Angina. Am 17. Dezember schrieb er an Schmidt: »Eine fiebrige Halsentzündung hat mich wieder überfallen. Nach meiner Erfahrung bin ich Sonntag noch nicht wieder so hergestellt, dass ich mit klaren Gedanken verbindliche Abreden treffen kann. Vor allem geht es mir darum, Ihre Zukunftspläne zu erfahren und zu sehen, ob sie mit unseren Erfordernissen übereinstimmen. […] Der Aufschub tut mir leid. Übrigens fliegen wir wohl in derselben Maschine nach Tokio.«[8]

Auf diesem Flug müssen die beiden manches geklärt haben. Letztlich war es dann wohl die Überzeugungskraft von Karl Klasen, die den Verleger dazu brachte, es trotz all seiner Bedenken zu versuchen. Am 31. Dezember 1982 schickte Bucerius dem in der Casa de los Musicos von Justus Frantz und Christoph Eschenbach auf Gran Canaria urlaubenden Bundeskanzler a. D. sein Angebot. »Lieber Herr Schmidt«, schrieb er, »darf ich Ihnen nach neuen Gesprächen mit Gräfin Dönhoff und Dr. Sommer meinen Vorschlag machen und begründen?« Die Begründung nahm sich eher merkwürdig aus – Bucerius war wohl der Einzige im Lande, der bei den bevorstehenden Bundestagswahlen einen Sieg der Sozialdemokraten für möglich hielt. Doch die Job-Offerte war eindeutig: »Einer im (dank Ihrer Hilfe: furiosen) Bundestagswahlkampf triumphierenden SPD kann man nicht außerdem noch als Trophäe die ZEIT mitgeben. ›DIE ZEIT geht mit dem Sieger‹, würde es dann heißen. Das wäre gegen die Tradition des Blattes. Bleibt aber eine CDU-Regierung (vielleicht mit der FDP), dann wäre es die Tradition der ZEIT, dem Gegner eine Plattform zu bieten, zum Beispiel als Herausgeber. Das also ist mein Vorschlag. Aufgabe der Herausgeber: Verlag und Redaktion zu beraten.«[9]

Zwei Jahrzehnte zuvor hatte Schmidt, ohne den Namen der ZEIT zu nennen, in einer Bürgerschaftsrede gesagt, diese »große politische und kulturelle Wochenzeitung« stelle eine Gipfelleistung des gegenwärtigen deutschen Journalismus dar: »Wenn es diese Wochenzeitung nicht gäbe, so wäre die Bundesrepublik auf publizistischem Gebiet spürbar ärmer.«[10] Er wusste, wohin er kam.

Nach den Bundestagswahlen schlug er ein. Konkretes wurde nicht vereinbart. Lose war von »vier tragenden Artikeln im Jahr« die Rede. Zimmer plus Vorzimmer wurden im Pressehaus eingeplant; es solle »nicht repräsentativ« sein, hatte Schmidt gesagt. Ums Geld ging es ihm nicht, denn er war sich sicher, dass er mit Büchern und Vorträgen genug verdienen würde. Das gleiche Gehalt wie die Gräfin war seine Vorstellung; am ersten Zahltag ging ihm allerdings auf, wie bescheiden die Löhnung war und blieb. Ein schriftlicher Vertrag wurde nicht geschlossen – übrigens bis zuletzt nicht; ein Handschlag reicht unter Hanseaten noch immer aus.

Es war ein Coup für Bucerius, dass Helmut Schmidt nach der Wahlniederlage der SPD am 6. März 1983 Anfang Mai in die Führungsetage der ZEIT einzog, in das 16 Quadratmeter große Zimmer 605 im Pressehaus am Speersort. Dort residierte er bis 1995. Nach dem Tod des Verlegers bezog er ein paar Türen weiter im sechsten Stock dessen – auch nicht viel größeres – Eckbüro. Seitdem sitzt er dort zwischen prall gefüllten Bücherwänden an einem schlichten weißen Resopalschreibtisch. Originalkarikaturen erinnern an die Kanzlerzeit. Ein kleiner Konferenztisch und eine braune Sofaecke ergänzen die Einrichtung. Die Anspruchslosigkeit des Mobiliars wird durch den grandiosen Ausblick über die Hansestadt wettgemacht. Die Türme von vier Kirchen – St. Katharinen, St. Nikolai, St. Michaelis, St. Petri – stechen in den Hamburger Himmel, dazu der Rathausturm. Auf der anderen Seite fällt der Blick auf die Speicherstadt, die Kräne des Hafens und die im Wachsen befindliche Elbphilharmonie. Es konnte passieren, dass er Besucher dort auf den schmalen Balkon-Umgang führte und hinüberwies auf die Speichergebäude: »Wenn's gutgegangen wäre, würde ich jetzt da drüben sitzen – als Hafendirektor.« Diese Karriere jedoch verbaute ihm Karl Schiller, sein vorgesetzter Senator, Anfang der fünfziger Jahre. Er sagte nein, als Schmidt das Angebot erhielt, Vorstandsmitglied der HHLA zu werden, der Hamburger Hafen-und Lagerhaus-AG – ein Grund, weswegen die beiden Männer später auch im Kabinett nicht immer leicht miteinander zurechtkamen.[11]

Das Panoramazimmer über den Dächern Hamburgs wurde Helmut Schmidt zur publizistischen Heimstatt und Werkstatt.

Begonnen hat er bei der ZEIT als Mitherausgeber – »eine Art Mercedes-Stern für den Redaktionskühler«, schrieb die *Quick*.[12] Aber da täuschte sich die – 1992 eingegangene – Illustrierte. Neben Gräfin Dönhoff fand er bald seinen Platz. »Es macht mir Spaß«, schrieb er 1984 an Bucerius. »[Ich bin] bereit, in einer zunehmenden Weise mich zu engagieren.« Im folgenden Jahr machte ihn der Eigentümer neben Hilde von Lang zum Verleger und Geschäftsführer; der fast achtzigjährige ZEIT-Inhaber sah in dem zwölf Jahre Jüngeren seinen Nachfolger. Während sich Hilde von Lang um die laufenden Geschäfte kümmerte, oblagen Schmidt die Publizistik und die Personalauswahl. Er engagierte sich mit Lust und Macht. »Jede neue Aufgabe im Leben hat mir Spaß gemacht«, sagte er. »Ich bin Bucerius sehr dankbar, dass er diese Idee mit mir hatte.«[13] Er schrieb programmatische Analysen und verschickte ungezählte Hausmitteilungen. Seine Korrespondenz mit Bucerius füllt mehrere Leitz-Ordner, und seine 5, 15 oder 29 Seiten langen Memoranden für den Chefredakteur hatten es in sich; auch die von ihm rasch diktierten Ergebnisprotokolle gemeinsamer Besprechungen. Unweigerlich gingen sie in die Einzelheiten. Dabei liebte Schmidt die Form der Punktation; zuweilen hakte er in solch einem Schriftstück zwanzig Punkte ab, mit Unterpunkten gelegentlich auch fünfzig. Regelmäßig nahm er fast jede Woche an vier Treffen teil: den Konferenzen der Ressorts Politik und Wirtschaft, der »Käsekonferenz« des inneren Führungskreises am Freitagmittag und der Großen Konferenz der Gesamtredaktion am Freitagnachmittag. Auch bezog er in seinen Artikeln von Anfang an Stellung zu aktuellen Fragen. Den Freiraum der Redakteure engte er in keiner Weise ein; sie ließen sich auch nicht einengen. In Schmidt gewannen sie jedoch einen meinungsstarken, bestens informierten und international hochrangig vernetzten Diskussionspartner.

»Ich bin kein Chefredakteur«, wehrte Schmidt die Vermutung der Illustrierten *Quick* ab, er sei genau das.[14] Doch zumal nachdem er 1985 Verleger geworden war, überschüttete er die Redaktion mit Vorschlägen und Ideen. Ein knapper Blick auf die allein in den Jahren 1986 und 1987 an die Chefredaktion gerichteten Vermerke enthüllt die Breite seines Interessen- und Einfallsspektrums. Teils waren seine Anregungen thematischer Art (die tatsächlichen Nöte »und nicht nur die eingebildeten« der Studenten auf der Bildungsseite zu schildern,[15] Lage und Psyche der Stahlarbeiter zu beschreiben[16] oder auch – schon 1987! – die Berichterstattung über den Treibhauseffekt, das Ozonloch, die gefährliche Emission von Chlor-Fluor-Kohlenwasserstoff und die Erderwärmung zu intensivieren. (»Hier sind die weltweiten Probleme der Energiepolitik und der Bevölkerungspolitik ineinander verzahnt.«)[17] Weiter regte er ein Dossier über die psychologische Lage der Polizei an; und sehr früh schon drängte er auf eine ausführliche Beschäftigung mit dem Islam.[18]

Oft ging es auch um Personalfragen. Jeder Einstellungskandidat wurde Helmut Schmidt vorgeführt (wie zuvor Bucerius), und er nahm sich Zeit für die Gespräche mit ihnen. Ein Veto gegen die Vorschläge der Chefredaktion hat er nie eingelegt. Unter anderem stimmte er für die Einstellung von Matthias Horx, dem späteren Zukunftsforscher (»journalistisch sehr begabt«), für die Festanstellung von Christiane Grefe (deren Einstellung sie folgerichtig zu Attac führte) oder die Heranziehung von Rolf Breitenstein als Wirtschaftssatiriker.[19] Aber auch um Organisationsfragen und um die Blattstruktur kümmerte er sich – etwa um die Vergrößerung des Börsenteils (da »breite Schichten des Mittelstandes und der Angestelltenschaft einen Teil ihrer Ersparnisse in Wertpapieren anlegen«[20]). Er wollte mehr Karten und Grafiken zur Erläuterung der Artikel,[21] plädierte für ein ausführliches Inhaltsverzeichnis auf der letzten Seite des ersten ZEIT-Buches,[22] setzte sich für die Einführung einer Seite »Kunstmarkt« ein[23] und hätte gern, analog zu Theater- und Konzertkritik, eine regelmäßige Parlamentskritik im Blatt gesehen.[24] Auch empfand er es – wie Bucerius – als wichtig, dass die ZEIT möglichst oft zitiert wurde.

Wie es sich für einen Verleger gehört, lagen Helmut Schmidt Stil und Richtung des Blattes sehr am Herzen. Da stand er auch unter dem Druck des Inhabers, der ihm häufig seine Sorge vortrug, dass das Blatt zu linksgewirkt werden könnte. Doch Schmidt empfand selber zuweilen Unbehagen, »wenn eine *au fonds* linke Einstellung vorgetragen wird«.[25] So bat er, bei Neueinstellungen darauf zu achten, dass die jüngeren Redakteure nicht überwiegend aus Kriegsdienstverweigerern bestünden, eine derartige Besetzung müsse sich zwangsläufig auf die Tendenz der Zeitung auswirken. Zugleich legte er Wert darauf, dass die mittlere und ältere Generation der Redakteure »ausreichenden Einfluss« behielt; das gegenwärtige jugendliche Durchschnittsalter der Redaktion dürfe nicht »ungewollt zu relativ jugendlicher Betrachtungsweise führen«.[26] Auch schärfte er den Ressortleitern ein, »die Wohngemeinschafts- und Gossensprache der 1968er-Generation zurückzudrängen, ebenso wie die zuweilen markante Überheblichkeit in Wortwahl und Ausdruck«.[27] In diesem Sinne äußerte er sich auch in einem Gespräch mit dem Chefredakteur. Er vermerkte: »H. S. kritisiert eine Reihe von Artikeln, in denen die Tendenz oder die Wortwahl beanstandet wird. So

Walter Jens' ›Deutsche Mauern und Zäune‹ – schließlich hat Jens selbst dazu beigetragen, dass Atomkraftwerke mit hohen Zäunen gesichert werden müssen. So die ein halbes Dutzend Mal geschehene Zitierung des Wortes ›Tittensozialismus‹; so Pokatzkys kaum verhüllter Aufruf zum Boykottieren der Volkszählung; so die herabsetzenden Worte ›kuhäugiger Boris Becker‹; so der herabsetzende Name ›Ratten- und Schmeißfliegen‹-Partei CSU; so die Tendenz des Artikels über Fahnenflucht. (Vergessen habe ich die Erwähnung Lenins als ›zutiefst demokratisch‹ im Feuilleton durch Jutta Scherrer, H. S.)«[28] Auch glaubte er, eine zunehmende Anzahl von Artikeln wahrzunehmen,»die versteckt für die Grünen werben und die zum Teil ebenso in der *taz* hätten erscheinen können.«[29] Seine Meinung war eindeutig: Die *taz* muss links von der ZEIT bleiben![30]

Gegenüber dem Eigentümer jedoch federte er dessen Kritik an der Redaktion standhaft ab. Bei vielen Gelegenheiten entschärfte er den hochexplosiven Bucerius. Zum Beispiel, als das ZEITmagazin einmal eine ganze Ausgabe ausschließlich mit Fotos von Stühlen bestückte, Seite um Seite nichts als Fotos von Stühlen. Bucerius stürmte in Schmidts Zimmer und beschwor ihn: »Herr Schmidt, das dürfen Sie nicht zulassen!« Der aber riet dem Älteren weise zur Gelassenheit. Ein andermal schrieb er an den Chefredakteur: »Der Eigentümer ist besorgt darüber, dass die generelle Einstellung des Blattes zu einseitig werden könnte, und führt darüber häufig genug mit mir Gespräche oder macht Anmerkungen. Denjenigen Teil der Kritik, der mir einleuchtete, habe ich bei sich bietender Gelegenheit mündlich oder schriftlich an Sie oder in der Käsekonferenz oder in den Ressortkonferenzen von Politik und Wirtschaft weitergegeben. In manchen anderen Fällen habe ich dem Eigentümer meine eigene Auffassung in folgender Weise vorgetragen: Zur Zeit der Großen Koalition in Bonn fühlten wir uns sehr oft von der ZEIT von rechts aus kritisiert, in manchen Fällen fühlten wir uns zu Unrecht kritisiert. Es ist nur natürlich, dass bei einer Mitte-Rechts-Regierung die Kritik der ZEIT von einem eher linken Standpunkt aus erfolgt. Dies bleibt auch zukünftig meine Meinung.«[31]

Die Redaktion sah es nicht anders. »Jede gute Zeitung muss mindestens 51 Prozent gegen die Regierung sein – einfach deswegen, weil die Regierung die Macht hat«, antwortete ich ihm; dies in Erinnerung an den Satz von Theodor Eschenburg, »Wo Macht ist, ist auch Unbehagen«, und in der Überzeugung, dass es eine der vornehmsten Aufgaben der Presse sei, dieses Unbehagen zu artikulieren. Ich setzte hinzu: »Im Übrigen sind wir keine öffentlich-rechtliche Anstalt, die nach dem formalen Prinzip der Ausgewogenheit verfahren muss. Allerdings wollen wir auch nicht in den Ruf der blinden Einseitigkeit geraten. Das freilich ist das Thema jeder Redaktionskonferenz.«[32]

Auch nach außen vertrat Helmut Schmidt das Recht der Redakteure auf ihre eigene Meinung – selbst in Fällen, wo er sie für »weitreichend abwegig« hielt (»Noch viel grüner geht es wahrscheinlich nicht!«). »Bitte verstehen Sie, dass die ZEIT ein breites Spektrum verschiedener Meinungen anbieten will«, schrieb er an den Bosch-Chef Hans L. Merkle, der sich bitter über einen Artikel von Reiner Klingholz beklagt hatte.[33] Im gleichen Sinne beschied er einen Leser auf dessen Beschwerde hin: »Die ZEIT ist stolz darauf, dass die Meinung der Redaktion nicht von oben bestimmt wird, weder vom Verleger noch von den Herausgebern. Unsere Zeitung will die Beobachtungen und Ansichten einer Vielzahl unabhängiger Personen verbreiten; die Redakteure zeichnen jeden Artikel mit ihrem eigenen Namen. Durchaus sind sie bei der Beurteilung einer Frage oft unterschiedlicher Meinung. Immer wieder hat die ZEIT deshalb zu wichtigen Themen ganz verschiedene Ansichten abgedruckt, ein Pro und Contra.«[34]

In mancherlei redaktionellen oder verlegerischen Turbulenzen wirkte Helmut Schmidt als ruhender Pol. Mit Bucerius stimmte er weithin, wenngleich nicht in allem überein. Der klagte zwar der *Quick* einmal: »Anfangs hatte Schmidt vom Geschäft manchmal abenteuerliche Vorstellungen. Aber dann sagte man ihm: ›So geht das nicht.‹ Dies sah er sofort ein und vergaß es auch nicht. Er ist trotz seiner fast 68 Jahre ungeheuer lernfähig.«[35]

Auf jeden Fall hatte Schmidt maßgeblichen Anteil an wichtigen Weichenstellungen für die ZEIT. So war er es, der Ebelin Bucerius, die in der Schweiz lebende Frau des Inhabers, dazu brachte, gegen Gewährung einer großzügigen Apanage auf das ihr im Todesfalle von Bucerius zustehende Erbteil zugunsten der ZEIT-Stiftung zu verzichten; für deren Zukunftssicherung war dies ein entscheidender Schritt. An einer Sachfrage allerdings schieden sich schon in den achtziger Jahren die Geister. Schmidt leuchtete nicht ein, dass Bucerius die ZEIT in ein größeres Verlagshaus einbringen wollte; er sah in der ZEIT-Stiftung die geeignetere Trägerin. Als Bucerius dabei blieb, die Stiftung und das Blatt rechtlich zu trennen, zog sich Schmidt 1989 aus der Position des Verlegers und Geschäftsführers zurück und blieb nur noch Herausgeber. Er billigte jedoch Mitte der neunziger Jahre den Plan des Eigentümers, den ZEIT-Verlag nach seinem Tod in die Hände eines größeren Medienunternehmens zu legen. Offenbar gab Schmidts Rat in diesem Falle sogar den Ausschlag. Für den greisen Bucerius analysierte er vier mögliche Kandidaten: Elseviers, Ringier, Bertelsmann und Holtzbrinck. Von den ersten dreien riet er ab. (»Bitte nicht, die wollen nur Geld machen. Dann muss ich das Haus verlassen.«) Nach einem dreistündigen Gespräch, das er in Stuttgart mit Dieter von Holtzbrinck führte, kehrte er mit einem positiven Eindruck nach Hamburg zurück.[36] Die Verhandlungen wurden daraufhin so weit vorangetrieben, dass der Verkauf ein Jahr nach dem Ableben des ZEIT-Gründers 1996 vollzogen werden konnte.

Helmut Schmidt hätte der Zeitung als Sockel zur Erhöhung seiner Sichtbarkeit nicht bedurft, denn ihm standen vielerlei andere öffentliche Bühnen zur Verfügung: bis 1987 noch sein Sitz im Bundestag; das *InterAction Council*, ein einflussreicher Zusammenschluss von Staatsmännern außer Dienst, den er 1983 zusammen mit dem ehemaligen japanischen Ministerpräsidenten Takeo Fukuda ins Leben gerufen hatte; zeitweise der Ausschuss für die Europäische Währungsunion, den er 1986 gemeinsam mit Valéry Giscard d'Estaing gründete, um die stagnierende Entwicklung der

EG voranzubringen; die von ihm gegründete Deutsche Nationalstiftung; das Kuratorium der ZEIT-Stiftung; die Neue Mittwochsgesellschaft in Berlin; jahrelang auch das Führungsgremium des Schleswig-Holstein Festivals (das einer gemeinsamen Initiative von Helmut Schmidt, Justus Frantz und dem damaligen schleswig-holsteinischen Ministerpräsidenten Uwe Barschel entsprungen war, die dann mit tatkräftiger Unterstützung von Leonard Bernstein verwirklicht wurde). Außerdem hielt er sich als gefragter Redner über ein Vierteljahrhundert nach seinem Ausscheiden aus dem Kanzleramt im Rampenlicht – und dies weltweit; sein perfektes Englisch trug ihm Vortragseinladungen auf sämtliche Kontinente ein. Von Ende 1982 bis Anfang 2010 absolvierte er nach der Zählung seines Sekretariats 765 Rednerauftritte in der Öffentlichkeit. Und als Buchautor erreichte er mit seinen weit über dreißig Werken, sämtlich ohne Ghostwriter verfasst, in fünfundzwanzig Jahren ein Millionenpublikum. In seinem zweiten Leben wurde der Staatsmann zum Erfolgsschriftsteller. Eine vergleichende Analyse der Bestsellerlisten ergibt jedenfalls, dass Helmut Schmidt nicht nur der mit Abstand erfolgreichste schreibende Politiker oder politische Publizist ist, sondern dass er überhaupt in der Top-Riege der Sachbuchautoren einen herausgehobenen Platz einnimmt. Seine frühen, im Zeitraum 1961 bis 1982 veröffentlichten Titel, darunter sein erstes Buch *Verteidigung und Vergeltung* (1961) und *Strategie des Gleichgewichts* (1969), brachten es zusammen auf nicht mehr als 50 000 verkaufte Exemplare. Die 18 Titel jedoch, die er nach seinem Ausscheiden aus dem Amt publizierte, wurden größtenteils zu Rennern. Schon die ersten Erinnerungsbände eroberten rasch die Bestsellerlisten. Allein *Menschen und Mächte* (1987) kam auf eine Gesamtauflage von 730 000. Es folgten *Die Deutschen und ihre Nachbarn* (1990) und *Weggefährten* (1996). Memoiren hat Schmidt nie schreiben wollen, doch die drei Bände fügen sich zu einem eindrucksvollen Erinnerungswerk, voller feinfühlig ziselierter Porträts, treffend skizzierter Problemsituationen, verständlicher Analysen schwieriger Fragen und, locker eingestreut, auch mit so mancher Aussage über sich selbst. In rascher Folge erschienen daneben und danach, um nur die wichtigsten zu nennen: *Handeln für Deutschland* (Schmidts wohl schärfstes Buch gegen die Regierung Kohl, 1993, Auflage 200 000), *Auf der Suche nach einer öffentlichen Moral* (1998), *Globalisierung* (1998), *Die Selbstbehauptung Europas* (ein leidenschaftliches Plädoyer für die europäische Einigung, 2000). Mit *Die Mächte der Zukunft*, einer kritischen Bilanz der US-Außenpolitik nach dem 11. September, landete Schmidt einen weiteren Bestseller, Auflage knapp 250 000. Insgesamt erreichten seine Werke im deutschen Sprachraum eine Auflage von 3,2 Millionen Exemplaren, davon 2,2 Millionen Originalausgaben; zahlreiche Titel sind auch im Ausland erschienen.

Im Herbst 2008 legte der Altbundeskanzler sein Buch *Außer Dienst* vor, die Summe der Erfahrungen, Erkenntnisse und Einsichten eines langen und aktiven politischen Lebens. In einer Zeit der Ungewissheiten, in der viele Menschen die Sehnsucht nach entschlossener Führung verspüren, waren ihm aufs Neue die Aufmerksamkeit und der Beifall des lesenden Publikums gewiss; die gebundene Ausgabe wurde binnen eines Jahres 650 000 Mal verkauft. *Auf eine Zigarette mit Helmut Schmidt*, Kurzinterviews, die der ZEIT-Chefredakteur Giovanni di Lorenzo 2008/2009 mit ihm führte, wurde in wenigen Monaten 175 000 Mal abgesetzt. Ebenso positiv wurde Anfang 2010 der Band *Unser Jahrhundert* aufgenommen, das Protokoll eines Gesprächs mit dem deutsch-amerikanischen Historiker Fritz Stern über das hinter ihnen liegende Jahrhundert.[37] An solchen Gesprächsbänden fand Helmut Schmidt im Alter zunehmend Gefallen; vorangegangen waren Bände mit Sandra Maischberger 2002 *(Hand aufs Herz)* und Frank Sieren 2005 *(Nachbar China)* und eben die Raucher-Plaudereien mit dem ZEIT-Chefredakteur. *Unser Jahrhundert* stand vierzehn Tage nach Erscheinen auf Platz 1 der *Spiegel*-Bestsellerliste; bis Juni 2010 wurden 140 000 Exemplare abgesetzt. Die meisten von Schmidts Büchern hielten sich wochenlang, manche monatelang auf den Erfolgscharts; einen »Bestsellergaranten« nannte ihn das Hamburger Nachrichtenmagazin, das die wichtigste dieser Listen veröffentlicht. Die Erlöse aus seinen – und Lokis – Werken flossen übrigens zum größten Teil in gemeinnützige Stiftungen. »Wir wollten nie reich oder vermögend sein«, sagte der Exkanzler dem ZEITmagazin. »Es ist reiner Zufall, dass sich gegen Ende meines Lebens meine Bücher so gut verkauft haben.« Bei den Stiftungen handelt es sich um die von Helmut Schmidt initiierte Deutsche Nationalstiftung (allein eine knappe Million Euro schoss er selber ein), die Stiftung Naturschutz Hamburg, die Loki Schmidt Stiftung zum Schutze gefährdeter Pflanzen (die unter anderem die »Blume des Jahres« präsentiert) und in die Helmut und Loki Schmidt Stiftung. Der Zweck der Letzteren ist es, das Langenhorner Domizil – ein Klinkerbungalow der Neuen Heimat aus dem Jahre 1961 und das inzwischen für das umfangreiche Archiv angekaufte Nachbarhaus – als Forschungsstätte nach Art der amerikanischen *presidential libraries* für die Nachwelt zu erhalten.[38]

Die Wirkung seiner Zeitungsartikel schätzte Helmut Schmidt nicht weniger hoch ein als die seiner Bücher. Sie hielten ihn zwischen den Erscheinungsterminen der großen Werke im Bewusstsein des Publikums, denn sie gaben ihm die Gelegenheit, sich aktuell zu drängenden Problemen zu äußern und sich einzumischen in den politischen Diskurs des Landes. Wie Hans-Joachim Noack, *Spiegel*-Redakteur und Autor einer Schmidt-Biografie, es ausgedrückt hat: »Natürlich reizt ihn von Anfang an die Chance, die ZEIT als Plattform zu nutzen. Der Verlust der politischen Macht musste einen rhetorisch begnadeten ›Staatsschauspieler‹ – als solchen hat ihn einst sein Antipode Franz Josef Strauß bewundert – besonders schmerzen; die Titelseite der ZEIT ist zumindest eine Ersatzdroge, derer er sich gern bedient.«[39]

In der Tat: Was früher das Rednerpult des Bundestags für Schmidt gewesen war, das wurden nun die Spalten der ZEIT: ein *bully pulpit*, wie die Amerikaner sagen, eine Mischung von Kanzel und Katheder, Rostrum und Regierungsbank. Das Schreiben wurde ihm zur Fortsetzung der Politik mit anderen Mitteln.

Der Staatsmann und die Journalisten

Als Helmut Schmidt 1983 zur ZEIT kam, war es wie eine Art Rückkehr zu den eigenen Wurzeln. Sein Biograph Hartmut Soell hat die Episode überliefert, wie Schmidt nach bestandenem Examen im Juni 1949 im Kopf einige Zeitungsartikel konzipierte, weil er hoffte, wenigstens während des Sommers 1949 – der erste Bundestagswahlkampf stand bevor – beim *Hamburger Echo* beschäftigt zu werden. Soell hat auch den lapidaren Tagebucheintrag Schmidts ausgegraben: »*Echo* will mich nicht.« Nun aber, vierunddreißig Jahre später, hielt Helmut Schmidt Einzug im Pressehaus am Speersort, wo seit langem die ZEIT als einzige Publikation saß.

Bei der ZEIT traf Schmidt auf viele Freunde und Bekannte. Da war zunächst Gerd Bucerius, den er in Hamburg kennengelernt hatte, noch ehe er selber 1953 in den Bundestag einzog. Gemeinsam mit anderen Abgeordneten aus Hamburg und Bremen starteten sie damals eine Initiative zum Wiederaufbau der daniederliegenden deutschen Handelsschifffahrt, was dann durch ständige Bearbeitung der lange widerstrebenden Besatzungsmächte und mit Hilfe des Paragraphen 7d des Einkommenssteuergesetzes auch gelang – danach liefen in großer Zahl die nach dem Gros ihrer Investoren so genannten »Zahnarztschiffe« vom Stapel. Noch als Neunzigjähriger konnte Schmidt alle Strophen eines Spottgedichts auswendig hersagen, das mit dem Vers begann: »Palmström reiste einst zu Korff/in das Bonner Bundesdorf/und, so sprach er, lasst uns schauen/dass wir wieder Schiffe bauen.«

Marion Dönhoff kannte Schmidt aus dem Blankeneser Gesprächskreis der Gräfin; sie waren in respektvoller Freundschaft verbunden. Den Politikchef Kurt Becker, in dem er einen der »großen politischen Journalisten« seiner Generation sah, hatte sich der Bundeskanzler 1980 vorübergehend als Regierungssprecher geholt. (Da sich Becker für den intrigen- und fintenreichen Bonner Pressebetrieb als zu gutmütig und zu ehrlich erwies, trennte sich Schmidt nach gut einem Jahr wieder von ihm; für den Kanzler war dies eine schmerzliche, für Becker eine verletzende Erfahrung, gleichwohl blieben sie gute Freunde.[1]) Rudolf Herlt, den ZEIT-Fachmann für die Weltfinanzen, schätzte er als klügsten Kopf seiner Zunft. Nina Grunenberg, die Chefreporterin, hatte ihm einmal eine Woche lang beim Regieren über die Schulter blicken dürfen. Und der Chefredakteur – das war damals der Verfasser des vorliegenden Bandes – kannte den Sicherheitspolitiker Schmidt seit 1960 und hatte dem Bundesverteidigungsminister 1969/70 auf der Hardthöhe den Planungsstab aufgebaut, die Kritische Bestandsaufnahme der Bundeswehr geleitet und das erste Weißbuch produziert; Christoph Bertram, zuvor acht Jahre lang Direktor des Londoner International Institute for Strategic Studies und nun Diplomatischer Korrespondent der ZEIT, war im Verteidigungsministerium ebenfalls dabei gewesen. Die Chemie stimmte rundum. Die vielen wohlvertrauten Gesichter, bekannte Schmidt später, hätten ihm den Wechsel von der Seite des aktiven Politikers auf die gegenüberliegende Seite des kritischen Publizisten leicht gemacht. »Aber wie man eine Zeitung macht, das musste ich nun erst lernen.«[2]

Doch bei aller gegenseitigen Sympathie – es stießen da Welten aufeinander. Dass der neue Herausgeber die ZEIT zur SPD-Postille umfunktionieren werde, glaubte niemand, der ihn kannte. Manch anderer freilich hatte da seine Zweifel, die in einer lebhaften Redaktionsversammlung lange diskutiert wurden. Wie Bucerius sich erinnerte: »Einige in der Redaktion waren anfangs dagegen, dass Schmidt hier angestellt wurde. Teils aus der Sorge, den werden wir nie wieder los. Teils wegen der Befürchtung, der macht aus der Zeit ein SPD-Verkündungsblatt.«[3] Es lag noch nicht allzu lange zurück, dass manche der jungen Redakteure, links und grün und der Friedensbewegung zugewandt, im Bonner Hofgarten gegen Helmut Schmidt demonstriert hatten. Nun wurde von ihnen erwartet, dass sie über ihren Schatten sprangen und gegen ihre Überzeugung gute Miene machten. Es fiel den ZEIT-Hierarchen nicht leicht, den Unwillen der Schmidt-Gegner zu kanalisieren und zu besänftigen. Deren Einsicht kam erst später.

Die Vorbehalte legten sich jedoch, und Schmidt trug dazu selber viel bei. Nina Grunenberg erinnert sich, wie in der Politik-Konferenz genau registriert wurde, dass Schmidt immer sehr aufmerksam reagierte, wenn sich die ganz Jungen oder eine Hospitantin zu Wort meldeten. »In den Augen der Redakteure machte ihn das menschlicher, als sie gedacht hatten.« Sie weiß auch davon zu berichten, dass Schmidt manches Mal durch schiere Überzeugungskraft seiner Meinung zum Durchbruch verhalf. »Ich erinnere mich an eine hochemotionale Konferenz, in der es Helmut Schmidt fertigbrachte, die Meinung einiger Redakteure so umzudrehen, dass sie am Ende das Gegenteil von dem vertraten, was sie zu Beginn für richtig gehalten hatten.« Hinterher sagte ihr die Gräfin in ihrer ostpreußisch-landwirtschaftlichen Metaphorik: »Er kam mir vor wie ein Adler, der eine Maus in der Ackerfurche jagt.«[4]

Die Annäherung, ja Anverwandlung von Redaktion und Helmut Schmidt machte denn auch unerwartet rasche Fortschritte. Ideologische Diskrepanzen spielten immer seltener eine Rolle. Anderes verursachte der Redaktion mehr Bauchgrimmen. Auf einmal wurden im Pressehaus aus Sicherheitsgründen Besucherkontrollen eingeführt; die Fahrstühle fuhren nicht mehr durch bis ins oberste Stockwerk. An die Dauerpräsenz der Leibwächter des seit 1977 unter Todesdrohungen der RAF stehenden Exbundeskanzlers mussten sich die Redakteure erst gewöhnen. Aber sie sahen bald ein, dass diese Sicherheitsvorkehrungen notwendig waren, und dies nicht nur, weil das Bundeskriminalamt immer wieder handfeste Beweise für die Gefährdung des Altkanzlers vorlegte. Einmal kundschafteten die Terroristen in der Tat höchst auffällig seine Nachbarschaft in Langenhorn aus, und es wäre verwunderlich gewesen, wenn sie nicht auch das Pressehaus ins Fadenkreuz genommen hätten. Indes gab es auch ganz unpolitische Gefährdungen. Eines Montags legte ein verrückter Amerikaner namens Edward Brandon Kearl, der sich – fälschlich – als Helmut Schmidts unehelicher Sohn ausgab, im sechsten Stock Feuer und richtete im dritten Stock beträchtliche Verwüstungen an. Er war schon am Freitag zuvor bis zum Empfang vorgedrungen und hatte die Damen hinter dem Tresen mit Farbe besprüht; die Polizei jedoch, das Wochenende vor Augen, hatte ihn wieder laufenlassen. Am Montagvormittag tauchte er dann bei einer Tankstelle unweit der Redaktion auf. Sein Auto sei mit leerem Tank liegengeblieben, radebrechte er, aber leider habe er kein deutsches Geld. Ein mitleidsvoller ZEIT-Redakteur, der auch gerade tanken wollte, sagte großzügig zum Tankwart: »Geben Sie ihm doch einen Kanister voll Benzin und schreiben Sie's mir aufs Konto.« Der so Beglückte begab sich eilends ins Pressehaus, stieg in den Paternoster, wo er den Kanisterverschluss öffnete, schüttete das Benzin auf den Spannteppich der Empfangsetage und warf ein brennendes Streichholz darauf. Es brannte sofort lichterloh, die Alarmglocken gellten durchs Haus. Seine Personenschützer brachten Helmut Schmidt, wie das ihr Auftrag war, schleunigst durch das hintere Treppenhaus in Sicherheit. Es waren dann zwei schmächtige Feuilletonredakteure, die den Eindringling überwältigten, der erneut arretiert, dann aber abgeschoben wurde. Später ist er in Spanien wegen zweifachen Frauenmordes verurteilt worden.

Doch auch Helmut Schmidt fand manches gewöhnungsbedürftig. Vor allem ärgerte er sich über die Stapel alter Zeitungen und die abgegessenen Teller, die nach der Redaktionsschlussnacht vor den Türen des Feuilletons auf dem Flur zurückblieben, dessen Redakteure oft noch die letzten Seiten druckfertig machten, wenn die Putzfrauen schon gegangen waren. Da genierte sich der Herausgeber vor den Besuchern, die ständig aus aller Welt zu ihm strömten; Minister und Parteiführer, Botschafter und Journalisten aus aller Herren Länder. Auch störte ihn anfangs wohl, dass nicht alle Redakteure Krawatte trugen; so berichtet jedenfalls sein Biograph

Martin Rupps.[5] Je mehr er sich jedoch den neunzig näherte, desto stärker passte er sich der Schlipslosigkeit der Jüngeren an.

Kontrahagen blieben nicht aus. Bucerius hatte Helmut Schmidt schon in seinem Silvesterbrief von 1982 gewarnt: »Ihre Meinung wird nicht oft die der ZEIT sein [...]. Wir sind alle Überzeugungstäter. Meinungsverschiedenheiten werden daher oft schmerzhaft ausdiskutiert. Persönliche Differenzen kann es dann nicht mehr geben.«

Auf einer Verlagskonferenz mit Lesern und Inserenten stieß ich als Chefredakteur vier Tage nach Schmidts Einzug im Pressehaus ins selbe Horn. Nicht ohne Bedacht skizzierte ich das Wesen der ZEIT: »Die Ressorts sind bei uns recht unabhängige Fürstentümer. Der Chefredakteur ist kein allmächtiger Zar, auch der Verleger nicht. Wir verbreiten keine Einheitsmeinung, sondern die Ansichten einer Vielzahl von unabhängigen Köpfen, deren jeder nach seiner fachlichen Kompetenz und seiner menschlichen Qualität ausgewählt ist, nicht nach irgendeinem Parteibuch [...]. An alledem wird sich übrigens nichts ändern, wenn jetzt Helmut Schmidt als Mitherausgeber neben Marion Dönhoff tritt. Die Redaktion, die er unter anderem beraten wird, sieht in ihm nicht den sozialdemokratischen Parteipolitiker, sondern den hanseatischen Staatsmann, den *elder statesman* von internationalem Format, der die Enge einer Partei längst gesprengt hat. Wir freuen uns auf ihn; wir wissen, dass er die Eigenständigkeit und das Selbstbewusstsein der Redaktion respektieren wird.« Etwas süffisant setzte ich hinzu: »Ich bin nicht sicher, ob er sich schon darüber klar ist, in welches Nest der Aufmüpfigkeit er da gerät. Jedenfalls könnte ich mir vorstellen, dass er sich gelegentlich nach seiner Fraktion zurücksehnen wird.«[6]

Es brauchte in der Tat einige Zeit, bis sich der Staatsmann und die Redaktion aneinander gewöhnt hatten. Die Jüngeren spöttelten gern darüber, dass er bei Einstellungsgesprächen unweigerlich die Frage stellte: »Haben Sie gedient?« – eine Behauptung, die er selber vehement in Abrede stellt; aber mindestens einmal hat er wohl in diese Richtung gefragt, sonst hätte sich die Legende nicht hartnäckig festsetzen können. Auch in verschiedenen Hausmitteilungen beklagte er, dass man unter den neu eingestellten Jüngeren manchen findet, der weder Wehrdienst noch Ersatzdienst geleistet hat.[7] Er aber musste lernen, dass Redakteure keine Beamten sind, die sich mit Weisungen dirigieren lassen. Einmal wies ich den Neu-Verleger aus gegebenem Anlass freundschaftlich darauf hin: »Eine Redaktion ist ein pulsierender Organismus, kein hierarchisch aufgebautes Ministerium, und der Chefredakteur ist kein weisungsausführender Staatssekretär. Ich jedenfalls will es nicht sein. Ich will die Lebendigkeit der Redaktion, auch wenn sie mir zuweilen Schmerzen bereitet; ich will Offenheit für Neues; und ich will nicht regen Köpfen einbläuen, was sie zu denken haben. Links und rechts die Pflöcke einschlagen, die den Korridor des bei uns Möglichen markieren – gern, aber dabei in Kauf nehmen, dass die Ochsen und Kälber manchmal an den Elektrodraht kommen. So viel Duldsamkeit, so viel Leidensfähigkeit muss ein Chefredakteur aufbringen. Ich dächte, ein Verleger auch.«[8]

Mag sein, dass die Redaktion Helmut Schmidt damals verkannt hat. Schließlich hatte er drei Jahre lang als Vorsitzender der SPD-Bundestagsfraktion amtiert. »Da kann man nichts anordnen«, erinnerte er sich später, »sondern man muss dafür sorgen, dass alle zu Wort kommen, und einen Kompromiss finden. Ich habe gelernt, verschiedene Standpunkte zusammenzuführen. Die Redaktion hat auch Kritik von mir gehört, aber weniger als von Bucerius.«[9]

Das stimmte. Den Eigentümer, der ihn immer wieder vorzuschieben suchte, um den Redakteuren einzuheizen, beschied er in aller Klarheit: »Ich möchte das Maß der Kritik nicht übertreiben und mich in der Hauptsache auf Anregungen beschränken.«[10]

Gleichwohl fand er genug zu bemängeln. Zumal in den vier Jahren 1985 bis 1989, in denen er zugleich Geschäftsführer und Herausgeber war, wachte er wie ein Luchs über das Blatt; aus diesen Jahren stammen die meisten der in diesem Kapitel angeführten Beispiele. Kein Thema erschien ihm zu gering für eine Anmerkung, eine Anmahnung oder Ermahnung. Er monierte die Druckfehler, »besonders die zahlreichen Trennfehler«.[11] Er kritisierte »das Fehlen der Erläuterung von Begriffen, die bei uns in der Zeitung verwendet werden, die der Leser aber kaum kennen kann«; als Beispiele führte er die Erwähnung des Nötigungsparagraphen an – (»Der Text fehlte«). Der Zusatz war deutlich: »Vielleicht sprechen Sie einmal mit den Ressortleitern darüber, dass unser Blatt auch bei erheblichen Ansprüchen an die Leser wie ebenso seitens der Leser gleichwohl letztlich verständlich sein muss.«[12] Und Schmidt schalt Autoren, die Gerüchte zitierten (»Man munkelt«, »In einflussreichen Kreisen heißt es«).[13] Mit seinem Missfallen an Übertreibungen wie »Die Bundesrepublik befindet sich unversehens auf dem Weg in den Polizeistaat« hielt er nicht hinter dem Berg.[14] Das Wirtschaftsressort wies er gern darauf hin, »dass die Unterrichtung unserer Leser über die Vorgänge in der Wirtschaft, soweit sie einzelne Unternehmen betrifft, wohl nicht ausschließlich der Kritik dienen sollte (die Chemie-Industrie kommt bei uns im Allgemeinen besonders schlecht weg)«[15]. Oder er mäkelte: »Das Feuilleton der ZEIT zu lesen, wird mir zur Qual.« Der Grund: »Linke Intellektuelle werden vielfach gedruckt; Siegfried Lenz z. B. ist offenbar nicht links genug.[16]

Indes gerierte sich der Altkanzler nicht als Abkanzler. Anerkennung lag oft schon darin, dass er nicht kritisierte, frei nach der schwäbischen, dem hanseatischen Gemüt keineswegs fremden Maxime »Net g'schimpft isch gnuag g'lobt«. Aber er konnte auch loben, Karl-Heinz Janßens Dossier über Katyn zum Beispiel oder einen Bericht der bei anderer Gelegenheit von ihm kritisierten Jutta Scherrer aus Moskau (»Solche Reportagen – aktuell, ohne gewichtigen Tonfall und geschnörkelte Sprache – tun dem ZEIT-Feuilleton gut«).[17] Und noch immer drückt er jede Woche dem einen oder anderen Artikel in der neuen Ausgabe sein Gütesiegel auf.

Im Übrigen lag er mit seiner Kritik auch nicht immer richtig. So, als er sich 1988 über einen Artikel von Otto Ulrich auf der Seite »Themen der ZEIT« beklagte, der die Gefahr beschwor, dass Entscheidungen den Computern überlassen werden. »Das meiste daran ist nicht falsch«, rügte er, »in der Summation ist das Ganze jedoch eine weinerliche Klage über die ›Herrschaft des Computers‹, welcher sich nach anderen als demokratischen und ethischen Grundsätzen richtet [...]. Der Autor zeigt keine Auswege auf. Er bleibt hilflos seiner eingestandenen Angst ausgeliefert – und ebenso liefert er den Leser seiner Angst aus.« Die Rüge gipfelte in dem Satz: »Ich vermisse konstruktives Denken. Die Zahl weinerlicher Gegenwartsbesprechungen in unserer Zeitung nimmt zu. Die ZEIT darf aber – in ihren nachdenklichen und vordenklichen Teilen – sich nicht auf die Funktion der intellektuellen Klagemauer beschränken. Sie muss auch Hilfe geben, auch im Denken!«[18]

Diese Mahnung ist typisch für Schmidts Sorge um das Grundsätzliche. Stets verlangte er, dass in Artikeln erklärt werde, was denn besser gemacht werden könnte und wie. Bloßes Lamentieren verabscheute er. Doch zweiundzwanzig Jahre später hätte er den Warnruf Otto Ulrichs bestimmt ernster genommen. So wenig wie die meisten Zeitgenossen erkannte er damals die in der Ausbreitung des Computers und des Internets lauernden Gefahren. Im Jahre 2010 warnt ja nicht nur der *FAZ*-Herausgeber Frank Schirrmacher vor der verdummenden, die demokratischen, rechtsstaatlichen Verfahren und vor allem den Datenschutz aushebelnden Herrschaft des Computers. Auf jeden Fall würde Schmidt heute rückhaltlos in die Kritik daran einstimmen, dass automatisch agierende Computer als Instrumente der weltweiten Spekulation irrwitzige Schwankungen der Aktienkurse verursachen; ebenso in die Kritik an der computergestützten Kriegsführung, jenen aus 6000 Kilometer Entfernung vom Kriegsschauplatz mit dem Joystick gesteuerten Luftangriffen, die in Afghanistan mehr Unheil angerichtet haben, als sie Nutzen brachten. Auch der digitale Exhibitionismus per Facebook, Twitter und Blog ist ihm nicht nur persönlich zuwider, sondern verfassungspolitisch suspekt.

Das Verhältnis zwischen Verlegern oder Herausgebern und Chefredakteuren ist überall ambivalent: Der Zwang zur Zusammenarbeit wird nach dem »Gesetz der Stelle« immer interpunktiert durch den Drang zur Kontroverse. So gab es auch zwischen Helmut Schmidt und den sechs Chefredakteuren, die er seit 1983 erlebte, öfter Disputate über fundamentale Fragen des journalistischen Gewerbes. Das ist Zeitungsalltag. Aber die Auseinandersetzungen mit ihm spielten sich doch auf einer anderen als der normalen Ebene ab. Dazu aus meiner Chefredakteurszeit zwei Beispiele.

Im Herbst 1989 bat mich Helmut Schmidt, ich möge ihm doch mitteilen, welche Rügen der Chefredakteur intern ausspricht. Dies lehnte ich rundheraus ab: »Sosehr ich Verständnis für Ihre Wissbegier habe, so sehr muss ich Sie aber umgekehrt um Verständnis dafür bitten, dass ich diesem Wunsch nicht nachkommen werde. Dafür gibt es zwei Gründe: 1. Es muss eine Intimsphäre bleiben, in der sich die Redaktion mit sich selber auseinandersetzt. 2. Es wäre auch für die Verleger sehr unglücklich, wenn sie vom Chefredakteur in eine Position gebracht würden, alles wissen zu müssen; es ginge ihnen dadurch ein Stückchen notwendiger Unbefangenheit im Umgang mit den Kollegen verloren.«[19] Schmidt kam nie wieder auf die Sache zurück.

Aus einem anderen Anlass kam es im Jahr darauf zu einem Briefwechsel, in dem der Expolitiker und der Chefredakteur kategorial gegensätzliche Anschauungen vertraten. Schmidt hatte sich von der – neben gänzlich entgegengesetzten Ansichten – im Blatt wiedergegebenen Meinung zur Deutschlandpolitik distanziert, es ließe sich auch ein Deutschland zu zweit denken, Hauptsache, beide deutschen Staaten wären frei und demokratisch verfasst. Dazu hatte er angemerkt, hätte er diesen Standpunkt gekannt, wäre er nicht zur ZEIT gekommen; hatte uns entgegengehalten, für diese Ansicht könnten wir nie eine Bundestagsmehrheit bekommen; und hatte argumentiert, man dürfe nicht öffentlich in einer Weise nachdenken, welche die Republikaner ausnutzen könnten. Ich antwortete ihm postwendend:

»Der erste Punkt: Nicht alles, was im Blatt steht, bedarf der Billigung, geschweige denn der Zustimmung der Verleger, Herausgeber und des Chefredakteurs. Wir dürfen nach meiner Auffassung verschiedener Meinung sein. Jedenfalls war es bei uns nie üblich, dass eine bestimmte Meinung mit einem Tabu belegt wurde. Der zweite Punkt, der mich persönlich am meisten bekümmert hat: Sie sagten, wenn Sie gewusst hätten, dass dies der Standpunkt der ZEIT sei, hätten Sie nicht ihr Herausgeber oder Verleger werden wollen. Dazu kann ich nur sagen, dann haben Sie uns früher schlecht gelesen oder falsch verstanden. [...] Der dritte Punkt: Ich finde Ihre Bemerkung: ›Dafür kriegt ihr nie eine Mehrheit im Bundestag!‹ als Argument gegenüber einem Journalisten untauglich. Hätten wir uns an diese Maxime gehalten, so hätten wir in den sechziger Jahren auch niemals den Boden für die Ostpolitik bereiten können, die dann in der sozial-liberalen Ära verwirklicht wurde. Mehrheitsfähigkeit muss und darf für uns kein Kriterium journalistischer Arbeit sein. Zum Vierten: Ihr Argument, man dürfe nicht ›durch öffentliches Nachdenken jetzt den Republikanern Wasser auf ihre Mühlen führen‹, überzeugt mich nicht. Dann müsste man ja auch die Oder-Neiße-Gebiete wiederverlangen – ja dürfte überhaupt vieles, was rational geboten ist, auch auf anderen Feldern der Politik nicht tun, bloß weil es die Republikaner stärken könnte. Hierin sehe ich eine Selbstaufgabe der Mitte. Die Mitte zu radikalisieren, um dem Radikalismus zu wehren, erscheint mir als das falsche Rezept. Meine Ansicht lässt sich auch historisch unterfüttern: Das lange Hin und Her in der Ostpolitik während der Großen Koalition hat die NPD, unter anderem, anschwellen lassen. Als die Regierung Brandt, der Sie angehörten, dann aber entschlossen ihre neue Ostpolitik ins Werk setzte, war der Spuk mit einem Mal verflogen: Im Herbst 1970 flog die NPD aus dem letzten Landtag.«[20]

Später zeigte sich, dass Helmut Schmidt durchaus imstande war, seine Meinung in diesem letzten Punkt zu ignorieren. Mit seiner Ablehnung weiterer fremder Zuwanderung in ein Multikulti-Deutschland und seinem vehementen Nein zur EU-Mitgliedschaft der Türkei riskierte er ja durchaus, Beifall von der falschen Seite zu finden; es kümmerte ihn nicht.

Gelegentlich führte die Redaktion Klage, dass sie freitags in der Planungskonferenz für die nächste Ausgabe von Helmut Schmidt mit langen Seminarausführungen traktiert wurde; die »Weltwirtschaftsoper«, die er hin und wieder vortrug, wurde von manchen Redakteuren ebenso belächelt wie ehedem von vielen seiner Parteifreunde.[21] Sein Vorschlag, die – für die Meinungsbildung der Redaktion unentbehrlichen – seminarähnlichen Unterhaltungen in andere Konferenzen zu verlegen, war aus praktischen Gründen nicht zu realisieren. Man einigte sich darauf, die grundsätzlichen Erörterungen hinfort nach einer Stunde zu beenden und sich danach der Aktualität zu widmen.[22]

Insgesamt jedoch reichte die Übereinstimmung zwischen der Redaktion und Schmidt sehr weit. Und es war einfach falsch, was Cordt Schnibben im *Spiegel* und in seinem 1988 erschienenen Buch »Neues Deutschland«[23] verbreitete: dass Schmidt in den Konferenzen des politischen Ressorts (an denen Schnibben nie teilnahm) noch immer den Kanzler spiele; dass er in den Konferenzen die Diskussion an sich reiße; und dass er rücksichtslos die Keksteller leere. Im Gegenteil: Er hörte zu, ließ sich unterbrechen (unterbrach auch selber, vor allem in den späteren Jahren, als sein Gehör nachließ) und genoss selbst den unehrerbietigsten Schlagabtausch. Wenn er sich eines herausnahm, was sich die anderen versagten, so war es seine Raucherei und Schnupferei in den Konferenzen. Wie Robert Leicht, ehemals Ressortleiter Politik und Chefredakteur, es einmal geschildert hat: »In den Diskussionen tritt er immer sachlich-autoritativ auf, niemals aber institutionell-autoritär. In den durchaus temperamentvollen Disputen, die zu unserem täglichen Geschäft gehören, konnte es geschehen, dass er einen bestimmten Standpunkt rundheraus als abwegig bezeichnete – aber nachmittags den betreffenden (oder betroffenen) Kollegen anrief und sagte: ›Ich habe über die Sache nochmals nachgedacht. Ich fürchte, Sie haben recht.‹«[24]

Als es in einem Fall um die Ablehnung eines Manuskripts durch die Redaktion ging, dessen Abdruck er gern gesehen hätte, nahm er die Begründung der Zurückweisung verständnisvoll hin: »Wenn es so sein sollte, vermöchte ich die handelnden Redakteure nicht zu tadeln. Ich würde es auch nicht drucken. Herzl. Ihr HS.«[25] Oder es kam vor, dass er einen Artikel von Ulrich Greiner über New York verfehlt fand,[26] aber kurz danach einen Leitartikel aus Greiners Feder lobte und dem Chefredakteur nahelegte, sich zu überlegen, »ob sich andere Redakteure außerhalb des politischen Ressorts nicht auch einen Leitartikel zutrauen«.[27] Es ging ihm jeweils um die Sache, nicht um die Person.

Bei allem Abstand, die der Respekt vor seinem Alter, seiner Lebensleistung geboten – Helmut Schmidt gehörte bald dazu. »Der prominente Neuzugang lernt schnell«, schilderte sein Biograph Hans-Joachim Noack die Eingewöhnungsphase. »Schon bald wird aus dem oft als unnahbar empfundenen notorischen Besserwisser ein um Kooperation bemühter ›Kollege‹, der sich den Mitarbeitern im Pressehaus als eindrucksvoll sachverständig empfiehlt.[28] So war es. Niemand nannte ihn je »Herr Bundeskanzler«, die meisten sprachen ihn schlicht als »Herr Schmidt« an; einige wenige gestatteten sich das »Hamburger Du«, die vertrauliche Anrede »Helmut« und »Sie«. Der Altkanzler und die Redaktion (einschließlich einiger Altspontis) achteten einander und lernten voneinander. Sie nahmen es auch hin, wenn er eine Kollegin nicht nur frotzelnd als »geistige Linksradikale« bezeichnete. Sosehr er auf Kontinuität und Gediegenheit bedacht war, so offen war er doch auch für alles vernünftige Neue.

»In seinem neuen Job als Herausgeber wirkt Helmut Schmidt gelassen und ausgeruht«, schrieb die *Quick* 1986. »Seine Kleidung ist modischer als zu seiner Kanzlerzeit in Bonn. Während er Manuskripte studiert, trinkt er aus einem Keramikpott Milchkaffee. Zu seiner beruflichen Umstellung sagt er: ›Das ist auch nicht schwieriger, als wenn man als Politiker in ein neues Ressort kommt und sich einarbeiten muss.‹«[29] Der Seitenwechsel fiel ihm nicht schwer, weil er eine wichtige Gemeinsamkeit von Journalisten und Politikern erkannte: »Sie sind beide darauf angewiesen, ihre Ware zu verkaufen: Der eine muss das Publikum faszinieren, um Sympathie und Zustimmung zu gewinnen, damit ihm oder seiner Partei später Stimmen zufließen; der andere muss sein Publikum fesseln, damit sein Blatt in ausreichender Auflage verkauft wird und seinem Verlag ausreichende Erträge zufließen. […] Wer als Journalist oder

Verleger seine Meldungen, Meinungen, Geschichten und Bilder nicht marktgerecht servieren kann, dessen Blatt läuft Gefahr, unterzugehen.«[30] In *Außer Dienst* ergänzte er: »Ich habe in dem Seitenwechsel auch deshalb kein Problem gesehen, weil es für mich hier wie dort in gleicher Weise geboten erscheint, für Durchsichtigkeit und Überblick zu sorgen.«[31]

Ist er ein Journalist geworden? Danach befragt, wies Helmut Schmidt dies lachend weit von sich. Er sah sich selber nie als politisierenden Journalisten, sondern stets als publizistisch wirkenden *homo politicus*. Die Gründe hat Robert Leicht, der ihn als politischen Publizisten und historisch fundierten Denker betrachtet, scharfsinnig erkannt und benannt: »Journalist wurde er nicht so richtig, weil er das dem Gewerbe anhaftende Element des Unterhaltsamen, des Circensischen, des Psychologisierens, des Personalisierens so wenig leiden mag, dass wir die diesbezüglichen Mahnungen bisweilen nur leise stöhnend ertrugen.«[32]

Zwar frotzelte Schmidt gern: »Politiker und Journalisten haben zumindest dies gemeinsam: Sie sollen heute schon über Sachverhalte reden und schreiben, die sie erst morgen oder übermorgen verstehen werden.«[33] Oder er stichelte, er sei auch nach fünfundzwanzig Jahren noch nicht Journalist, weil er es sich nicht abgewöhnen könne, gründlich zu arbeiten. Aber das war nie wirklich sein Ernst. Jenseits solch schelmischer Piesackerei wusste keiner besser als er, dass Politik und Medien einander brauchen. So bekannte er: »Politiker und Journalisten leben in einer antagonistischen Symbiose: Einer kann ohne den anderen nicht leben.« Beide seien »Teil der politischen Klasse, aber in beiden Berufen reicht die Spannweite vom Staatsmann bis zum Delinquenten.«[34] Diese Ansicht vertrat er in vielerlei ähnlichen Formulierungen, etwa in der Version, es gebe unter den Journalisten solche und solche, das Spektrum reiche vom Genie bis zum Verbrecher, wie in allen anderen Metiers: »Die breite Palette der Journalisten umfasst sehr viel soliden Durchschnitt, aber es gibt vielerlei Ausnahmen; sie reichen von nahezu verbrecherischem Rufmord bis zu staatsmännischer Klugheit.«[35]

In Wirklichkeit war er überzeugt, »dass die öffentliche Meinung eines unabhängigen Journalismus bedarf«.[36] Und sosehr er sich auch gelegentlich über die Medien ärgerte – das von ihm entworfene Hamburger Pressegesetz von 1964[37] ist ein Musterbeispiel liberalen Presserechts. Sooft er Kritik an den Medien oder an einzelnen Journalisten übte und sie beschwor, ihre Macht und ihre Mittel nicht zu missbrauchen, er blieb bei seinem Bekenntnis aus dem Jahre 1965: »Wir werden die Freiheit der Meinung stets sehr viel höher achten als das Prestige einer Regierung oder eines Ministers, auch im Notstand«.[38] Deshalb bleibe die Erhaltung einer »kritischen, wegweisenden Publizistik«,[39] besonders auch die Erhaltung unabhängiger Fernsehanstalten, von vitalem Interesse für unsere Demokratie – »denn von der journalistischen Klasse gehen wichtige Einflüsse sowohl auf die öffentliche Meinung als auch auf die geistige und moralischen Führung der Nation aus. Die Journalisten insgesamt stehen den Kirchen, den Schulen und Universitäten in ihrem Einfluss kaum nach.«[40] Bei der ZEIT begriff er rasch auch das wiederkehrende Risiko des unternehmerischen Eigentümers, des Verlegers. Im Rückblick auf seine frühen Herausgeberjahre schrieb er, damals habe er gelernt, wie man eine Zeitung macht – aber auch, »dass ein Journalist nicht populistisch nach Tagesapplaus gieren darf, gleichwohl aber interessant zu lesen sein muss«.[41]

Auf jeden Fall fühlte sich Helmut Schmidt wohl in der ZEIT-Redaktion. Der ständige Austausch mit Jüngeren regte ihn an. Einen »großen Glücksfall« hat er dies später einmal genannt.[42] »Mir macht meine Mitwirkung in der ZEIT immer wieder große Freude«, schrieb er 1992 an den Chefredakteur. »Rechnen Sie deshalb bitte auch in Zukunft mit mir.«[43]

Die Redaktion lernte Schmidts Prinzipien schätzen – wenn er, wie einst in einem Brief an Bucerius, bekannte, die Übereinstimmung »eher links von der Mitte« habe ihn zur ZEIT geführt. Wenn er den Eigentümer in der Auseinandersetzung darüber, ob die ZEIT an Bertelsmann gehen soll, beschwor, nicht den Eindruck entstehen zu lassen, »der ZEIT-Verlag würde zu einem von mehreren *profit-*

centers eines Großunternehmens« (Bucerius rückte von seinem Vorhaben ab). Oder wenn er einem Schüler mitteilte: »Entscheidend für Journalismus ist, dass die dargestellten Tatsachen wahr sein müssen, dass nicht durch unzugehörige Tatsachen das tatsächliche Bild verzerrt wird – und: dass die eigene, kommentierende Meinung der eigenen, fundierten Überzeugung entsprechen muss.«[44]

Doch die Redakteure lernten nicht nur Schmidts Prinzipien schätzen, sondern auch seine Artikel und vor allem seine Loyalität gegenüber der ZEIT-Redaktion, »die sich wünscht, möglichst viel Helmut Schmidt im Blatt zu haben«, wie Giovanni di Lorenzo dem Neunzigjährigen bescheinigte[45], der längst eine »richtige journalistische Rampensau« geworden sei.[46] Differenzen in der Redaktion leidenschaftlich auszutragen, hat Schmidt nie gestört, im Gegenteil. »Lernfähigkeit und Anpassungsfähigkeit der Demokratie können nur gedeihen in einem Klima, in dem Diskussion, Konflikt und Streit selbstverständlich sind«, hat er einmal gesagt. »Kultureller und politischer Fortschritt bedürfen des Konflikts.« Solch ein Klima hat er in der ZEIT gefunden.[47]

»Ich habe laufend viel zu tun durch meine Herausgebertätigkeit bei der ZEIT«, sagte er 1991 einem Interviewer. »Wenn ich in Hamburg bin, befinde ich mich hier von morgens bis abends in meinem Büro.«[48] Dies hat sich seitdem kaum geändert. Bis heute ist Helmut Schmidt noch immer zwei, oft drei Tage jede Woche im Pressehaus. Seit einiger Zeit geht er allerdings nur mehr in die Freitagskonferenz des Politik-Ressorts, und seit dem Herbst 2009 kommt er im Rollstuhl. Sein analytischer Blick jedoch ist ungetrübt, sein Urteil klar, seine Diktion druckreif. Nach wie vor erscheint er akribisch vorbereitet, mit einem von seinen Mitarbeitern kräftig gegilbten Leseexemplar der aktuellen Ausgabe unterm Arm. Man muss sich als Redakteur vor der Annahme hüten, der »Chef«, wie er in seinem Büro genannt wird, habe die gelb markierten Artikel und Textpassagen nicht genau gelesen – er hat! Der stellvertretende Chefredakteur Matthias Nass hat es zutreffend geschildert: »Schmidt lässt nicht nur lesen, er liest selbst. Und zwar sehr genau.«

Für die Tischrunde interessanter – und konfliktträchtiger – sind seine handschriftlichen Notizen, mit grünem Filzstift an den Rand der Artikel geschrieben. Da sind ihm Widersprüche oder Schludrigkeiten aufgefallen. »Was meinen Sie damit?«, will er dann wissen, oder: »Ist das Ihr Ernst?« Wenn der Redakteur antwortet: »Mein voller Ernst!«, dann hat er nicht nur die Lacher auf seiner Seite, sondern dann gehört ihm auch die Anerkennung Schmidts. Widerspruch, wenn er denn von Fakten gestützt ist, gefällt ihm. »Ich schätze jeden Widerspruch und jede begründete Kritik«, sagte der Neunundachtzigjährige im Zigarettengespräch mit Giovanni di Lorenzo.[49] Beflissene Zustimmung langweilt ihn eher. Hat sich der Streit erschöpft, hat jeder auf seiner Meinung beharrt, resümiert er gern lächelnd: »*We agree to disagree.*«[50]

Schmidts Anmerkungen und Anregungen haben stets Gewicht. Weiterhin bereichert er das Blatt mit seinem messerscharfen Urteil, seiner weltumspannenden Personenkenntnis, dem Schatz seiner Erfahrung. Er pafft seine Mentholzigaretten der Marke Reyno, manchmal dreizehn Glimmstängel binnen anderthalb Stunden, und schnupft – schnaubend, schnäuzend und niesend – seinen Schmalzler Marke Gletscherprise. Ohne Schroffheit, aber auch ohne Altersmilde kommentiert er den Inhalt des Blattes und die Zeitläufte. Viele Artikel – »Aufsätze« sagt er gern – sind ihm zu lang, manche Überschriften zu reißerisch, Fotos zu groß und eigentlich überflüssig, dafür fehlen Landkarten und Tabellen. Er sagt seine Meinung, die Redakteure sagen die ihre. Um noch einmal Nass zu zitieren: »In Wahrheit liebt er es, wenn es hoch hergeht. An guten Tagen attestiert er der Runde, die Debatte sei anspruchsvoller als damals am Kabinettstisch. An schlechten Tagen blafft er: Naiv! Ahnungslos! Unverantwortlich! Verrückt! Dann kann er so laut werden, als habe er den ganzen Bundestag vor sich, nicht nur zwölf ZEIT-Redakteure.« Oder er raunzt die Jungen an: »Ihr psychologisiert zu viel! Weil ihr von der Sache nichts versteht, flüchtet ihr euch ins Menschelnde.« Das findet er »zum Schießen«. Das braucht er nicht. »Braucht auch sonst keiner!«[51]

Die Freitagskonferenz ließ er nicht einmal im Sommer aus, wenn er am Brahmsee Ferien machte. Dann ließ er sich von dort zum Speersort fahren, meist in weißen Hosen und weißen Schuhen. Er kam, auch wenn zur Urlaubszeit nur drei, vier Redakteure am Tisch saßen. »Interessiert ihn nicht die Bohne«, schilderte Nass seine Einstellung. »Er will lernen, auch noch mit neunzig. Deshalb sucht er das Gespräch, deshalb arbeitet er bis tief in die Nacht. Neugierig ist er, das zumindest ist der Journalist in ihm.«[52]

Die Artikel, die er – auf eigenen Wunsch oder auf Drängen der Redaktion – verfasste, fanden von Anfang an rund um den Globus große Beachtung. Sie blieben selten in der Analyse stecken, sondern liefen meist auf Handlungsanweisungen hinaus. Kein anderer vermochte die großen Zusammenhänge der Weltwirtschaft, der europäischen Integration und der Globalisierungsproblematik mit gleicher Meisterschaft darzulegen. Und bei aller Schärfe des Urteils war Helmut Schmidt fair. Kaum einer hat harschere Kritik an George W. Bush geübt als er, aber wenn er die Bush-Administration kritisierte, so fügte er unweigerlich hinzu, er glaube an die Fähigkeit der Amerikaner zur Selbstkorrektur und an ihr Comeback. Wenn er befand, von Russland gehe keine Gefahr für den Weltfrieden aus, man solle sich vor andauernden Nadelstichen hüten, so vermutete niemand dahinter Gazprom-Interessen, zumal er schonungslos hinzusetzte, die politische Kultur Russlands habe bisher fast nur aus Diktatur bestanden. Ähnlich seine Haltung zu China, das er aus Gesetzlichkeiten zu verstehen mahnte, die sich aus einer jahrtausendealten Geschichte ergeben; es werde beim Wiederaufstieg zur Weltmacht seinen eigenen Weg gehen. Schmidts Zweifel am Sinn und Zweck von Bundeswehreinsätzen in fernen Weltgegenden haben nicht nur in der Diskussion über Afghanistan eine Rolle gespielt. Desgleichen fanden seine Philippiken gegen den »Raubtierkapitalismus« und die entfesselte Habgier der Manager und Banker Gehör und Applaus weit über die ZEIT-Leserschaft hinaus.

Beginnend im Jahre 2007 gab Helmut Schmidt jede Woche dem Chefredakteur Giovanni di Lorenzo, zuweilen auch dessen Stellvertreter Matthias Nass, ein Kurzinterview: »Auf eine Zigarette«. Es erschien über anderthalb Jahre lang auf der letzten Seite des ZEITmagazins. Witzig, kernig, pointiert, verdichtet formulierte der Interviewte dabei kurze Antworten auf große und kleine Fragen. Anfangs gab es allerhand Empörung von Nichtrauchern; der Mentholzigarettenliebhaber wurde mit Häme und Boshaftigkeit überschüttet. Doch rasch wurde die Seite Kult. Viele Leser begannen die Lektüre der ZEIT damit. Schmidt selber beschlich bei den Raucher-Interviews allerdings stets ein leises Unbehagen. Sie entsprachen ihm allzu sehr dem wachsenden Unterhaltungsbedürfnis des Publikums und der daraus resultierenden Tendenz zur Verflachung und Oberflächlichkeit, von der er auch die wenigen Qualitätszeitungen im Lande nicht ganz frei sah. »Auch meine Kurzinterviews ›Auf eine Zigarette mit Helmut Schmidt‹ im Magazin der ZEIT dienen diesem Zweck«, bekannte er freimütig.[53] Ihm waren sie zu knapp bemessen, da sie ihn dazu zwangen, Gedanken rüde zu komprimieren, die er lieber ausführlich dargetan hätte. Zugleich jedoch zeigte sich in diesen Gesprächen ein warmherziger, schnippischer, spontaner, manches Menschliche preisgebender Helmut Schmidt, der sonst hinter seiner öffentlichen Persona verborgen lag. Viele Leser bedauerten die Einstellung der Serie, sodass Schmidt und di Lorenzo sie als lose Folge von Gesprächsprotokollen unter dem Rubrum »Verstehen Sie das, Herr Schmidt?« wieder aufleben ließen.

In einer Forsa-Umfrage des Fernsehsenders Premiere wurde Helmut Schmidt – wohl nicht zuletzt wegen seiner überraschenden Raucherecken-Lässigkeit – 2008 zum »coolsten Kerl« Deutschlands gekürt – 27 Prozent der Männer hielten ihn für lässiger als Til Schweiger, der es nur auf 21 Prozent brachte. Schulklassen suchen um Termine bei ihm an. Viele Bewunderer fragen, wann er wo wieder einmal öffentlich auftritt, und bitten um Eintrittskarten. Andere gäben viel darum, einmal seinetwegen in der Freitagskonferenz der ZEIT Mäuschen spielen zu dürfen. Zwanzig bis vierzig Briefe erreichen ihn jede Woche zu seinen Themen. Zwölfhundert Menschen versammelten sich im Deutschen Schauspielhaus zu Hamburg, als ihm dort im Frühjahr 2010 der Henri-Nannen-Preis für sein publizistisches Lebenswerk verliehen wurde. Spontan bereiteten sie dem Geehrten stehend eine Ovation von minutenlanger Dauer. Ihr Beifall galt zuvörderst dem Publizisten und Denker,[54] doch nicht minder dem Politiker, dem Staatsmann, den sich vor kurzem noch fast zwei Drittel der Deutschen als Bundeskanzler zurückwünschten.[55]

Für die ZEIT ist der Altbundeskanzler seit bald drei Jahrzehnten ein kluger Berater, ein respektierter Mentor, eine einzigartige Stimme der wägenden Vernunft und des unbestechlichen Urteils. Der »Leitende Angestellte der Bundesrepublik«, wie er sich als Kanzler gern bezeichnete, wurde zum »Ersten Diener des Blattes«.[56] Längst haben, wie der Schmidt-Biograph Hartmut Soell schreibt, auch die letzten Redakteure begriffen, dass er nicht nur in verlagsbezogenen Dingen zu ihrem Sachwalter geworden war. Die zahlreichen Artikel, die er schrieb, vergrößern durch ihre Orientierung, ihr prägnantes Urteil und durch ihre fast nie fehlenden Handlungsanweisungen das Ansehen und die Resonanz der ZEIT weit über Deutschland hinaus.[57] Die Redakteure haben viel von Schmidt gelernt, und sie haben dafür nur eine ganz bescheidene Gegenleistung erbracht: Sie waren für ihn die Kontaktfläche zu einer Generation, die vierzig, fünfzig, sechzig Jahre jünger war als er. Für die Journalisten war jede Konferenz mit ihm eine Dusche der Weisheit, manchmal durchaus auch eine kalte Dusche. Für ihn aber waren die Redaktionskonferenzen ein wöchentlicher Jungbrunnen. Die Redaktion wusste sich einig mit seiner Definition einer liberalen Zeitung: »nicht Westerwelle, nicht Möllemann, auch nicht Lambsdorff, sondern open-minded, tolerant, darum bemüht bleibend, dem Leser Überblick zu verschaffen und Durchblick«. Liberal heißt für ihn, wie nicht anders für die Redaktion: »Verschiedene, auch konträre Meinungen zu servieren, um dem Leser die Spannbreite denkbarer Anschauungen und Lösungen vor Augen zu führen und ihm so ein eigenes Urteil zu ermöglichen.«[58]

Der Zeitungsmann

Das Reden liege ihm mehr als das Schreiben, hat Helmut Schmidt stets von sich behauptet. Er entwickle seine Gedanken nicht nur von Rede zu Rede, sondern auch während des Redens entfalteten und gestalteten sich seine Ansichten. Dass es solch eine Veranlagung gibt, hat uns Heinrich von Kleist in seinem Essay »Über die allmähliche Verfertigung der Gedanken beim Reden« beispielhaft vor Augen geführt; *l'idée vient en parlant*, sagt er darin und preist die Rede als »Hebamme der Gedankenkunst«. (Der Altbundeskanzler kennt den Aufsatz und schätzt ihn.[1]) Offensichtlich gehört der scharf denkende Schmidt diesem Menschentyp an (der sich, beiläufig gesagt, nur selten unter Journalisten findet; bei den meisten von ihnen ist doch Schreiben die schärfste Form des Nachdenkens).

Natürlich habe Schmidt die Prinzipien seiner Politik stets rednerisch vertreten, hat Gert Ueding, Direktor des Seminars für Allgemeine Rhetorik an der Tübinger Universität, in einem brillanten Essay über den Rhetor Helmut Schmidt geschrieben.[2]

»Demokratische Politiker führen nicht allein durch ihr Handeln, sondern auch durch ihr Reden«, zitiert er ihn. Kürze, Konzentration auf das Wesentliche, prononcierte Nüchternheit und Verstandesklarheit zeichneten den Redner Schmidt aus. Er bescheinigt dem Hamburger jedoch, dass er trotz seines norddeutsch-reservierten Wesens keineswegs auf die »einschlägigen Überzeugungs- und Wirkungsmittel« verzichte. Auch entfalte Schmidt »ein reiches Figurenarsenal« (Beispiele: »Wohlstandsspeck stellt noch kein moralisches Knochengerüst dar«; über Jimmy Carter: »ein Schimmerlos vom Anfang bis zum Ende«; »Raubtierkapitalismus«; »Äußere

Fettlebigkeit bei innerer Ungerechtigkeit ist auf die Dauer keine Alternative zum Kommunismus«). Aber Ueding schildert auch den »großen Polemiker« Schmidt (und führt zum Beleg den bösen Satz an, den der Abgeordnete Schmidt seinem CSU-Kollegen Freiherr zu Guttenberg 1959 im Bundestag entgegenschleuderte: »Es fällt mir schwer [...], nicht zu beklagen, dass die Deutschen niemals eine Revolution zustandegebracht haben, die dieser Art von Großgrundbesitzern die materielle Grundlage entzogen hätte.«[3]

Die Breite der rhetorischen Rollenfächer, die Schmidt beherrscht, und die Virtuosität, mit der er sie ausspielt, findet der Rhetorikprofessor erstaunlich: kühler Analytiker, »belehrseliger« Anwalt der Vernunft, kämpferischer Ankläger, schließlich gelassener, souveräner Staatsmann. Nachprüfbare Rationalität. Rechenhaftigkeit, Genauigkeit und Konzentration auf das Wesentliche sollen dem Bürger die fremd gewordene oder fremd gebliebene Sphäre der Politik öffnen.

Ohne Zweifel ist Helmut Schmidt ein großer Redner – ein Redner, der noch im hohen Alter das Publikum in seinen Bann schlägt. Aber das bedeutet nicht, dass Schmidt nicht schreiben könne. Im Gegenteil, er ist ein glänzender Schreiber – und auch seine großen Reden brachte er handschriftlich zu Papier, ehe er, ein gewaltiger Rhetor, sie meisterhaft vortrug: so die Rede nach Mogadischu und dem RAF-Mord an Hanns Martin Schleyer; die letzte Ansprache als Bundeskanzler 1982; die Abschiedsrede im Bundestag 1986; oder auch – zwei Jahrzehnte später, am 20. Juli 2008 – seine vor dem Reichstag gehaltene Ansprache zum Gelöbnis frisch eingezogener Bundeswehrsoldaten.

Und er hat immer geschrieben. Anfangs, gleich nach dem Krieg als Student der Volkswirtschaft in Hamburg, verfasste der spätere Wirtschafts- und Finanzpolitiker Referate über »Die Frage der wirtschaftlichen Zwangsläufigkeiten bei Paul Serings *Jenseits des Kapitalismus*« (1947), desgleichen über Keynes und dessen *General Theory. The Postulates of Classical Economics* (1948). Sein Studium schloss er mit einer Diplomarbeit über »Die japanische Währungsreform 1946 und die deutsche Währungsreform 1948« ab. Immer wieder ließ sich der frischgebackene Dipl. rer. pol. anschließend als Verkehrsdezernent unter dem Hamburger Wirtschaftssenator Karl Schiller zu den Problemen des kriegszerstörten Hafens der Hansestadt vernehmen. Als Verkehrsspezialist der SPD im Bundestag, in den er 1953 zum ersten Mal gewählt wurde, widmete er sich der Ordnung der Verkehrswirtschaft, der damaligen Bundesbahnkrise und dem Ausbau des deutschen Fernstraßennetzes, dem Güterkraftverkehrsgesetz, dem Seelotsenwesen und der Freigabe der zivilen Luftfahrt.

Diese Beiträge erschienen teils in den *Gewerkschaftlichen Monatsheften*, teils im *Wirtschaftsdienst* oder in den *Hamburger Hafen-Nachrichten*. Früh zeigte sich darin Schmidts Doppelbegabung: die Fähigkeit zum Generalisieren und Konzeptualisieren einerseits und zur genauesten Analyse sehr spezifischer Einzelprobleme andererseits. Der junge Abgeordnete veröffentlichte viele Artikel im *Sozialdemokratischen Pressedienst* oder im *Vorwärts*, und noch als Minister und Bundeskanzler schrieb er regelmäßig eine Kolumne für das Lokalblatt seines Hamburger Wahlkreises, die *Bergedorfer Zeitung*, der er als gelegentlicher Autor auch in seinen ZEIT-Jahren treu blieb. Die Redaktionen rissen sich um seine Beiträge, darunter die Münchener *Abendzeitung*, die *Welt*, die *Neue Zürcher Zeitung*, das *Hamburger Echo*, die Illustrierten *Quick* und *Stern*. Aber auch das *Europa-Archiv*, das *Deutschland Archiv*, *Wehr und Wirtschaft* oder ausländische Zeitschriften wie *Foreign Affairs* druckten seine Beiträge gern ab. Seit 1983 erschienen Schmidts Artikel dann fast ausschließlich in der ZEIT.

Es ist eindrucksvoll zu sehen, wie sich das Spektrum der von ihm behandelten Themen, die Reifung eines Politikers zum Staatsmann widerspiegelnd, im Laufe der Jahre immer stärker weitete. Aus dem Verkehrspolitiker wurde der Sicherheitspolitiker, dann der Außenpolitiker, am Ende aus dem Staatslenker der Staatsdenker, der über die Grundpfeiler des demokratischen Gemeinwesens sinnierte, über Moral und Politik, über Krieg und Frieden, über die Integration Europas oder die Privilegien und Pflichten der

Presse. Aber er konnte auch sehr gefühlvolle Stücke zu Papier bringen. Unvergessen ist in Hamburg sein 1962 als Drei-Sterne-Artikel pseudonym in der *Welt* erschienener »Brief an die Hamburger Freunde«, eine kritische Eloge auf seine Heimatstadt (»Ich liebe sie mit Wehmut, denn sie schläft, meine Schöne; sie träumt; sie ist eitel mit ihren Tugenden, ohne sie recht zu nutzen«).[4] Und es lässt sich kaum ein anrührenderer Text denken als sein Beitrag zu einem Märchenbuch für Kinder, »Das Geheimnis vom Brahmsee«. Er beginnt mit dem schlichten Satz: »Als unsere Tochter noch klein war, haben wir eine kleine Wiese gekauft«; erzählt dann, wie aus der Wiese ein wildgewachsener Urwald wurde, »ein wunderschönes Fleckchen Erde«; und endet: »Wenn wir Besuch haben, dann freuen sich die Leute über den Anblick. Aber sie wissen gar nicht, dass es keine Menschen waren, die alles so schön gemacht haben, sondern dass es der Wind war und die Amseln und die Eichhörnchen! Und wenn ihr es nicht weitererzählt, dann bleibt es unser Geheimnis.«[5]

Wie arbeitet Helmut Schmidt? Wie bereitet er sich vor? Wie schreibt er seine Artikel?

Es ist eine Binsenweisheit: Wer schreibt, muss lesen können. Aus gründlicher, international breitgefächerter Zeitungslektüre lässt sich mehr Weltkenntnis destillieren als aus allen 08/15-Geheimdienstberichten. Auch wer politisch handeln soll, muss lesen, das war von Anfang an Schmidts Überzeugung.[6] Er war immer schon ein gefräßiger Zeitungsleser, in seinen dreißig Bonner Jahren hat er »täglich gewiss eine Stunde lang Zeitungen und Zeitungsausschnitte gelesen«. Selbst zu seinen Amtszeiten begnügte er sich nicht mit der täglichen Pressemappe des Bundespresseamtes. Einige Zeitungen las er immer gern »am Stück« – unzerschnitten im vollständigen Blatt, sodass Platzierung und Aufmachung der Artikel ihm ein Gefühl vermittelten für Gewicht und Bedeutung einer Nachricht, eines Berichts oder Kommentars. Dazu gehörten »morgens beim Kaffee« der Bonner *General-Anzeiger* (»eine gute Lokalzeitung mit einem wohlausgewogenen nationalen Nachrichtenteil«); die *Süd-*

deutsche Zeitung (»wegen ihrer Seite drei, wegen der Kommentare auf Seite vier, wegen der ersten Seite ihres Wirtschaftsteils – und wegen einzelner Redakteure«); die *Welt* (»wollte den Leser allzu oft in eine bestimmte Richtung lenken«); die *Frankfurter Allgemeine Zeitung* (»sehr hohes intellektuelles und sprachliches Niveau, aber man merkt die Absicht und ist verstimmt«); die *Frankfurter Rundschau*, die *NRZ*, die *WAZ* und natürlich *Bild*.[7]

Wichtiger waren Schmidt jedoch die persönlichen Gespräche mit Journalisten, auf deren Kenntnisse, Urteilskraft und Diskretion er sich verlassen konnte. Sie empfand er nicht als »Wegelagerer«, ein Ausdruck, der in erster Linie auf Funk- und Fernsehreporter gemünzt war, »die unsereins vor der Haustür auflauerten oder im Korridor zwischen Sitzungssaal und Waschraum«. Hingegen hielt er sich die »Indiskretins« vom Leibe, jene Mitglieder der schreibenden Zunft, bei denen er dahinterkam, dass sie Bemerkungen aus privaten Hintergrundgesprächen in unzulässiger Weise verwerteten. »Das Gleiche galt für solche Journalisten, die ein Wort oder ganze Sätze frisch-fröhlich selbst erfanden, um sie dann mit An- und Abführungszeichen als angebliches Zitat zu publizieren. Einmal habe ich mich über ein derartiges Vorkommnis schriftlich bei dem Chefredakteur des betreffenden Blattes beklagt und erhielt die frivole Antwort: ›Schon oft ist ein Politiker durch ein falsches Zitat richtig charakterisiert worden.‹«[8] Das seien jedoch Ausnahmen gewesen: »Die Regel war eine gute Zusammenarbeit mit den Bonner Korrespondenten der großen Zeitungen und der beiden Fernsehkanäle ARD und ZDF.«[9]

Noch der über Neunzigjährige liest (oder überfliegt wenigstens) täglich zehn Zeitungen – teils am Schreibtisch zu Hause oder in seinem ZEIT-Büro, teils auf der Autofahrt vom Neubergerweg zum Speersort. Als Erstes nimmt er das *Hamburger Abendblatt* zur Hand, dessen Chefreporter Günter Stiller über Jahrzehnte sein bevorzugter journalistischer Outlet war, überfliegt *Bild* und studiert die *FAZ*, die *Süddeutsche*, die *Welt*, den *Tagesspiegel*, das *Handelsblatt*, die *Neue Zürcher Zeitung*, ferner die *International Herald Tribune* und die *Financial Times.* An deutschen Nachrichtenmagazinen kommen *Spiegel* und *Focus* hinzu, an ökonomischen Fachzeitschriften *The Economist, Wirtschaftswoche, Capital, Manager Magazin,* an außenpolitischen Publikationen die *Internationale Politik, Foreign Affairs* und die Vierteljahreszeitschrift *Daedalus* aus Harvard. Außerdem liest er viele Neuerscheinungen auf dem Buchmarkt – und natürlich ist DIE ZEIT Pflichtlektüre.

Unbeirrt ist der Altbundeskanzler ein Mann des bedruckten Papiers geblieben. Ein Computer steht auf keinem seiner Schreibtische, er liest nichts im Internet, das Googeln hat er nie gelernt. »Surfen Sie im Internet?«, fragten ihn ZEIT-Leser. Seine Antwort: »Ich lasse surfen. Als das losging mit dem Internet, habe ich etwa meine Sekretärin in Hamburg gebeten, mir mal alle Glühbirnenwitze zusammenzustellen. Erstaunlich, was da zusammenkommt: Damals allein 200 Glühbirnenwitze!«[10] Wenn es um etwas Unwichtiges gehe, könne man das Internet verwenden, sagte er, aber wenn etwas wichtig sei, verlange er, dass woanders nachgeprüft werde.[11] Laptop, Blackberry und Handy ignoriert er verachtungsvoll. Immerhin fragte er im Alter von 91 Jahren den Geschäftsführer der ZEIT anderthalb Stunden lang aus über das Funktionieren und die Bedeutung von Google, Facebook und Twitter und deren Bedeutung für die Zukunft der Zeitungen und Zeitschriften.

Die anregenden Kolumnisten der *International Herald Tribune* und der *Financial Times,* aber auch einige geschätzte deutsche Leitartikel sind ihm Tag für Tag geistige Begleiter, wie er überhaupt im Laufe der Jahrzehnte mit vielen Journalisten engen Kontakt hielt. Mehreren von ihnen hat er hohes Lob gezollt. In Amerika zählten dazu Walter Lippmann, der Doyen des US-Journalismus; James (»Scotty«) Reston, damals Chefredakteur der *New York Times*; Marvin Kalb von CBS und NBC; die weltreisende Außenpolitikerin Flora Lewis; der deutschlandkritische John Vinocur. Alle waren ihm immer hervorragende Seismographen. André Fontaine von *Le Monde* schätzte er ebenso wie die Briten Jonathan Carr und David Marsh. Carr veröffentlichte in den achtziger Jahren eine Schmidt-

Biographie; ihm offenbarte Schmidt zum ersten Mal, was bis dahin im Kreise der Familie geblieben war: dass sein Vater der uneheliche Sohn des jüdischen Bankiers Ludwig Gumpel war, er selber also nach den Ariergesetzen der Nazis ein »Vierteljude«[12] sei. Von all diesen Zeitungsleuten habe er »viel erfahren und gelernt«. Wie dies? »Ihre Fragen wie ihre Kritik verrieten viel über die Perspektiven unserer Nachbarn und waren schon deshalb sehr lehrreich.« Wenn es sich einrichten ließ, nahm sich Schmidt auf seinen Reisen Zeit für Redaktionsbesuche und Gespräche mit ihnen, dafür hat er seinen Terminkalender gern über den Haufen geworfen.[13]

Und Schmidt reiste ja viel. Er hielt es mit der alten Weisheit, dass Reisen bildet. In den achtundzwanzig Jahren nach seiner Kanzlerschaft unternahm er ungezählte Auslandsreisen. Oft genug führten sie ihn in einem einzigen Jahr nach Washington, Moskau, Tokio und Peking. Überall standen dem Altbundeskanzler die Türen offen: im Kreml wie im Weißen Haus, und in Pekings Verbotener Stadt ebenso wie in Kasumigaseki, dem Regierungsviertel der japanischen Hauptstadt. Ob Henry Kissinger, George Shultz oder Paul Volcker, ob Michail Gorbatschow oder Valéry Giscard d'Estaing, ob Zhu Rongji, Lee Kuan Yew oder Takeo Fukuda – sie hielten Schmidt bei seinen Besuchen auf dem Laufenden. Viele Journalisten konnten ihn um seinen Zugang zu den einst Mächtigen, aber auch den gegenwärtig Herrschenden nur beneiden. Wenn er schrieb, stammten seine Informationen und Impressionen aus unmittelbarer Kenntnis der handelnden Personen. Viele besuchen ihn noch immer in seinem bescheidenen Zimmer im Hamburger Pressehaus – jüngst erst der brasilianische Staatspräsident Luis Inácio Lula da Silva, der ihn schätzt, seit der Bundeskanzler einst im Hotel den unter Hausarrest stehenden oppositionellen Gewerkschaftsführer zu einem Gespräch empfing; darauf hatte er gegenüber der Militärjunta bestanden.

Der Autor Schmidt schreibt von Hand, Artikel ebenso wie Bücher. Er schreibt mit Kugelschreiber oder weichem Bleistift. Wenn er sich in Langenhorn oder in seinem Ferienhaus am Brahmsee aufhält, werden seine Manuskripte ins Büro durchgefaxt, abgetippt und zur Korrektur zurückgefaxt; genauso wurde früher verfahren, als er noch auf Gran Canaria Ferien machte. Seine schwungvolle große Schrift verrät die Künstlernatur eines Mannes, der eigentlich Architekt und Städtebauer hatte werden wollen, der Orgel und Klavier spielt und Ernst Barlach oder Henry Moore ebenso verehrt wie Emil Nolde oder Bernhard Heisig, von dem sein amtliches, im Bundeskanzleramt hängendes Ölporträt stammt. Graphologen attestieren Schmidt ein »individuell-stabiles Ich, welches zu Selbststeuerung und echter Übernahme von Verantwortung befähigt«. Eigenprägung, Dynamik und ein elastisch schwingender Strich seien für diese eher große Schrift charakteristisch; sie verrate eine Neigung zu prinzipiengeleitetem moralischem Handeln.

Die Zweite Vorsitzende des Berufsverbandes geprüfter Graphologen/Psychologen, Dr. Christa Hagenmeyer, hat ein Manuskript Schmidts aus dem Jahre 1985 und mehrere seiner Unterschriften aus drei Jahrzehnten begutachtet und folgendermaßen beurteilt: »Die Handschrift von Helmut Schmidt gibt den Blick frei auf eine Führungspersönlichkeit hohen Bewusstseinsniveaus, der Einheitlichkeit, Reife und große Lebendigkeit zu eigen sind. Das Schriftbild gibt darüber Auskunft, dass der Schreiber gegenpolige Strebungen wie *ratio* und *emotio*, männliche und weibliche Anteile, aber auch geistig-aggressive und lebendig-kreative Züge zu integrieren vermochte und damit Stabilität, Individualität und Identität entwickeln konnte. Aus solcher Balance erklären sich die psychische Dynamik und die enorme innere Erneuerungskraft: hier gründen die psychischen Ressourcen von Helmut Schmidt. Eine vor allem integrativ, auf Zusammenführung gegensätzlicher Wesenszüge angelegte Intelligenz, Selbstdisziplin, Beharrlichkeit und Gründlichkeit, aber auch Initiative, Gewandtheit, Assoziationsleichtigkeit und Überzeugungskraft sind Garanten seines Erfolges. Doch dürfte im Kontaktverhalten überwiegend eine leise Distance beziehungsweise Reserve mitschwingen, die eine gewisse Vorsicht und Verletzlichkeit signalisieren und auf eine leichte Schutzhaltung verweisen. Dies erklärt möglicherweise, weshalb Helmut Schmidt sich eine private Innenseite und eine offiziellere Außenseite vorbehält. Nach dem Dargelegten tritt die Persönlichkeit des Schreibers indes in ihrer inneren Unabhängigkeit, ihrer Integrität und ihrer hohen moralischen Kompetenz hervor, deren ethisches Handeln sich an maß- und vernunftgeleiteten Prinzipien orientiert.«[14]

Schmidt neigt in seinen Stücken zur Länge, da er Meinung begründen und nicht nur absondern will. Er schreibt schnell und schlank, ein schnörkelloses Deutsch (oder auch Englisch), das ganz auf die Sache gerichtet ist und auf überflüssigen schriftstellerischen Zierrat und sprachlichen Nippes verzichtet. Er hasst alles, was er »Quallenfett« nennt, und streicht es rigoros heraus, wenn er es in eigenen oder fremden Manuskripten entdeckt. Dies tut er gern auch mit dem grünen Filzstift des Chefs, den er, wie dies in deutschen Ministerien für Weisungen und Anweisungen üblich ist, seit seiner Hamburger Senatorenzeit benutzt. Dabei ist er ein hervorragender Redigierer: einfühlsam, doch zugleich unerbittlich.

Aber er hat auch selber seine Texte durchaus redigieren, kürzen und straffen lassen – manchmal widerwillig wie jeder Schreiber, der an seinen Formulierungen hängt, aber am Ende immer einsichtig. Um nur ein Beispiel aus dem Jahre 1990 zu geben: Sein Text war zu lang und musste auf die damalige Standardlänge für Leitartikel – 208 Druckzeilen – zusammengestrichen werden. Ich schlug vor, den ganzen Schlussabsatz wegzulassen. Der lautete: »Dabei darf keiner die Lehren Winston Churchills und Jean Monnets aus dem Beginn der frühen Nachkriegszeit vergessen: Enge Partnerschaft zwischen Deutschen und Franzosen ist eine unersetzliche Bedingung für das Glück Europas – und damit für unser Glück. Heute gilt das auch für gute Nachbarschaft zur befreiten Nation der Polen. Auch ihnen schulden wir die Solidarität der wohlhabenden Nachbarn. Und – notabene – wir können uns solche Solidarität auch leisten. Mein Gott, was gäbe ich darum, daran noch mitwirken zu dürfen!«

Wichtige Gedanken, gewiss, aber 208 Zeilen sind 208 Zeilen.

Also schrieb ich zurück: »Der Gedanke, den Sie darin antippen (Frankreich und Polen) ist in diesem Zusammenhang unnötig, Sie haben ihn ja schon öfter breiter ausgeführt. Ich bin mir auch nicht sicher, dass Sie sich mit Ihrem letzten Satz, bliebe er stehen, einen Gefallen täten. Er würde sicher hämische Kommentare auslösen. Die Schwierigkeit liegt in dem Wörtchen ›mitwirken‹. Mitwirken tun Sie ja auch, indem Sie Leitartikel in der ZEIT schreiben, wie den vorliegenden. Meinen Sie also eigentlich: Wenn ich dies steuern dürfte? Wenn ich noch Kanzler wäre? Wenn ich die Treuhandstelle übernehmen könnte? Viele werden daran herumrätseln und die meisten wohl auf die falsche Antwort kommen.«[15] Der Satz blieb gestrichen.[16]

Noch eine Eigenheit fällt an Helmut Schmidt auf. Viele Journalisten neigen dazu, sich nach einiger Zeit an den eigenen Thesen zu langweilen. Nicht so Schmidt. Er hängt dem Grundsatz an: *repetitio necesse est* – Wiederholung ist die Mutter der Belehrung. In der Tat ist sie das, jedenfalls für den Volkserzieher, der das Etikett *praeceptor Germaniae* nicht als ungebührliche Schmeichelei empfindet. Wie der Autor Schmidt in seinen Artikeln zur Länge tendiert, so neigt er in der Abfolge seiner Analysen zum unverdrossenen Wiederkäuen, zum Recycling seiner Gedanken. Das Selbstplagiat hat bei ihm Methode: Es bezeugt nicht nur intellektuelle Kontinuität, sondern steigert auch die öffentliche Wirkung. Da hält er es mit dem englischen Grundsatz: »*Many great things bear repetition.*«

Das publizistische Werk des Altbundeskanzlers hat einen Umfang, der jeden Journalisten vor Neid erblassen lässt. Die Bibliographie der Helmut-Schmidt-Universität der Bundeswehr in Hamburg[17] verzeichnet für die Zeit nach dem Ende seiner Kanzlerschaft über fünfhundert Artikel in deutschen Zeitungen, darunter allerdings auch Vorabdrucke aus seinen Büchern. Allein in der ZEIT veröffentlichte er ausweislich der Dokumentationsabteilung des Blattes in dem Zeitraum Mai 1983 bis Juli 2010 die enorme Zahl von 273 großen Artikeln, im Schnitt also zehn im Jahr – eine erstaunliche Leistung angesichts seines vielfältigen und intensiven Engagements auf anderen Feldern.

Für die ZEIT hatte Helmut Schmidt schon vor seinem Ausscheiden aus dem Amt immer wieder einmal geschrieben; so 1962 (»Strategie als Pflichtfach«); so 1964 (»Ein Wort an die Mächtigen der öffentlichen Meinung«); so 1966 (»Deutsche Politik im Patt. Wir müssen uns freimachen von den hemmenden Maximalvorstellungen«); so 1969, als er im »Protokoll einer Kreml-Reise« sagte: »Moskaureisen sollten Routine werden.« Als er 1983 Herausgeber des Blattes wurde, verdichtete sich der Takt seiner Beiträge. Bei den ursprünglich vereinbarten »vier tragenden Artikeln im Jahr« ist es nie geblieben.

Die Themen, die Helmut Schmidt sich vornahm, waren – wer könnte anderes erwarten? – all jene, die ihn in seinem aktiven politischen Leben beschäftigt und umgetrieben hatten. Er schrieb über die deutsche Frage, über Sicherheitspolitik und Außenpolitik, über die Weltwirtschaft und die Entartungen der freien Marktwirtschaft (»Raubtierkapitalismus«), über Europa und seine Heimatstadt Hamburg, über Gemeinwohl und Gemeinsinn, über öffentliche Moral, Bürgerrechte und Bürgerpflichten. Es war ein weiter thematischer Bogen, den er immer wieder abschritt. Doch verharrte er nicht in der Aufarbeitung der Vergangenheit; vielmehr hatten seine Betrachtungen stets den Bezug zur Gegenwart. Historischer Tiefgang verband sich in seinen Artikeln allemal mit gründlicher Kenntnis der Aktualität und einer ausgeprägten Gabe zum abwägenden, doch entschiedenen Urteil.

Die Gegenstände seiner Analysen, die Entwicklung seiner Ansichten und die Wirkung seiner publizistischen Hervorbringungen sind das Thema der folgenden Kapitel.

Der Staatslenker und Staatsdenker

Der Deutschlandpolitiker

Helmut Schmidt war einer der geistigen Väter jener »neuen Ostpolitik«, die Willy Brandt noch als Regierender Bürgermeister in West-Berlin nach dem Bau der Mauer eingeleitet hatte und dann nach der Übernahme des Bundeskanzleramtes im Herbst 1969 auf den Weg brachte. Auf dem Dortmunder Parteitag 1966 hielt Schmidt, damals stellvertretender Vorsitzender der SPD-Bundestagsfraktion, das Referat »Deutschlandpolitik unter den sich ändernden weltpolitischen Bedingungen«. Ohne Umschweife ging er von der bestehenden wirklichen Lage aus, mahnte »Realitätsbereitschaft« an und warnte vor Wunschträumen[1] – etwa dem, die Wiedervereinigung lasse sich in einem einzigen internationalen Akt erreichen: »Wir Deutschen können von keiner deutschen Regierung der Zukunft erwarten, dass sie den von Hitler begonnenen total geführten und total verlorenen Krieg am Konferenztisch […] ungeschehen machen oder nachträglich gewinnen kann.« Ebenso realistisch befand er, außer dem deutschen Volk gebe es keines in West- oder Osteuropa, das die Wiedervereinigung Deutschlands als eine vordringliche internationale Aufgabe ansehe – und erst recht keines, das eine Beseitigung der Oder/Neiße-Linie wünsche.[2]

»Eines Tages – wenn die Weltgeschichte das Machtgefüge auf dem Erdball verschoben haben wird – kommt die deutsche Wiedervereinigung. Keiner weiß, wann dies sein wird«, schrieb er um dieselbe Zeit. Und mahnte: »Wir sollten die deutschen Kommunisten zur geistigen Auseinandersetzung zwingen.« Seine Begründung: »Ulbricht und seine Helfershelfer sind Deutsche. Es sind Zyniker unter ihnen und Idealisten, Opportunisten und Nachdenkliche, Mitläufer und heimliche Oppositionelle. Was tun wir eigentlich, um den Idealisten, den Nachdenklichen, den heimlichen Oppositionellen zu helfen? Vor allem uns selbst, die überzeugten und standfesten Demokraten, sollten wir zur geistigen Auseinandersetzung mit dem zeitgenössischen deutschen Kommunismus zwingen.« Dies bedeute bei Gott nicht die Anerkennung der DDR, »es soll aber heißen: heraus aus der geistigen Defensive zur offenen Auseinandersetzung«.[3]

»Erkenntnis der Wirklichkeit anstelle von krampfhaft fixierten Illusionen«, forderte er 1969 in seinem Buch *Strategie des Gleichgewichts*, »rationale Erkenntnis der Möglichkeiten anstelle von emotionalem Voluntarismus, insgesamt: Bereitschaft zur Realität ist nötig, wenn unser Wille zum Frieden gelten soll.« Harsch ging er darin ins Gericht sowohl mit jenen, die glaubten, »durch Lob und Anerkennung die polizeistaatliche Wirklichkeit der DDR hinwegzuzaubern«, wie mit denjenigen, die meinten, »durch endlose Wiederholung von moralischen Ansprüchen oder Rechtsansprüchen die Lage zu verändern«. Beide seien »nur Spielarten jenes Typus, dessen Engagement im umgekehrten Verhältnis steht zu seiner Fähigkeit zum abwägenden politischen Urteil über das Mögliche«.

Als gleichrangige Ziele der Bonner Außenpolitik nannte Schmidt damals – in dieser, das übliche Schema durchbrechenden Reihenfolge – a) die Bewahrung des Friedens; b) die Sicherung der Freiheit; c) die friedliche Durchsetzung des Selbstbestimmungsrechts für das ganze deutsche Volk. Der Sicherheitspolitiker verlangte einen langen Atem. Ostpolitik und Rüstungskontrollpolitik müssten dazu dienen, im Ausland die Furcht vor Deutschland zu eliminieren. Unverbrämt definierte er diese Furcht der Nachbarn: Einige hielten den Zustand der Teilung für eine Bedrohung des Friedens, ein vereinigtes Deutschland oder den Prozess dahin jedoch für noch gefährlicher, weil er das Gleichgewicht der Macht in Europa bedrohe; manche – nicht nur die Sowjetunion – hielten einen Staat von 75 Millionen Deutschen unter allen Bedingungen für die größte Gefahr.[4] Zugleich jedoch müssten unterhalb der Schwelle einer völkerrechtlichen Anerkennung der DDR alle Möglichkeiten genutzt werden, den nationalen Zusammenhalt zu bewahren und den Menschen hüben und drüben die Last des Geteiltseins zu erleichtern. Zustimmend zitierte er 1973 Peter Benders Ratschlag: »Es darf nichts geschehen, was einer Vereinigung der beiden deutschen Staaten den Weg verbaut, aber die Rücksicht auf eine unwahrscheinliche Möglichkeit in ferner Zukunft darf nicht daran hindern, das gegenwärtig Nötige zu tun.«

Dies war und blieb die Grundlinie von Schmidts Denken. Konsequent vertrat er sie in den Jahren, da er SPD-Fraktionsvorsitzender war, in seiner Ministerzeit und in den achteinhalb Jahren seiner Kanzlerschaft. So setzte er die Ostpolitik Willy Brandts mit Elan fort. Auch in der komplementär dazu gedachten Sicherheits- und Rüstungsbegrenzungspolitik blieb er seiner Linie treu. Die Helsinki-Schlussakte, mit der die jahrelang tagende Konferenz für Sicherheit und Zusammenarbeit 1975 endete, trägt seine Unterschrift; Polen gewährte er einen Milliardenkredit; Erich Honecker traf er in Helsinki wie in Belgrad und im Dezember 1981 erneut bei seinem Staatsbesuch in der DDR; mit der Sowjetunion schloss er mehrere Abkommen. Wohl unterstrich er 1974 im Gespräch mit Leonid Breschnew in Moskau,[5] dass die Deutschen die Hoffnung nicht aufgegeben hätten, »eines Tages friedlich unter einem Dach zusammenzuleben«; und er scheute sich auch nicht, an dem Begriff »Nation« festzuhalten. »Wir würden uns unsicher machen, geschichtslos machen, gesichtslos machen, wollten wir aus der Nation aussteigen«, sagte er 1981 im Bundestag. »Und wir handelten sehr selbstsüchtig und sehr unsolidarisch gegenüber den Landsleuten in der DDR. [...] Die deutsche Nation wird weiter bestehen, solange die Menschen in beiden Teilen Deutschlands dies wollen.«[6] – »Der Gedanke der Nation, die Identität der Nation, ist bei uns Deutschen unverändert lebendig und gegenwärtig«, war seine tiefe Überzeugung.[7]

Indessen wurde Schmidts Urteil über die Wiederherstellung der deutschen Einheit mit den Jahren immer skeptischer. So sagte er auf dem Hamburger Historikertag 1978: »Was die Zukunft der deutschen

Nation betrifft, so müssen wir nüchtern feststellen, dass die politischen Konstellationen in der Gegenwart keine Möglichkeit bieten, die Teilung Deutschlands in zwei Staaten zu überwinden. [...] Es gibt keinen anderen Weg, für die Einheit Deutschlands Sinnvolles zu tun, als die Politik des Friedens und der Entspannung fortzusetzen und die Wiederherstellung der geistigen, kulturellen, ökonomischen Einheit ganz Europas zu betreiben.«[8] Damit bekräftigte er, was er ein Jahr zuvor einer englischen Zuhörerschaft erklärt hatte: »Die deutsche Frage bleibt für uns offen; es gibt für uns das Gebot der Wiedervereinigung. Aber die deutsche Frage kann nicht und darf nicht den Frieden von der ersten Priorität verdrängen.«[9]

Die Politik des Kanzlers blieb konsequent auf die Minderung von Spannungen und den Ausgleich wie die Verzahnung der Interessen gerichtet. Vom deutsch-deutschen Verhältnis dürften keine zusätzlichen Belastungen für das überwölbende Ost-West-Verhältnis ausgehen, war sein *ceterum censeo*. Dazu gehöre freilich auch, dass an den Grenzen durch Deutschland nicht mehr geschossen werde und die Sperranlagen an der »Zonengrenze«, wie man damals sagte, nicht weiter perfektioniert würden. Gleichwohl hielt er an seinem Standpunkt fest: »Die beiden deutschen Staaten müssen auch in schwierigen Zeiten miteinander reden.«[10] In kleinen Schritten den politischen und ideologischen Grundkonflikt zu mäßigen und in verschiedenen Teilbereichen kleinzuarbeiten war das erklärte Ziel.

Sein Treffen mit Honecker, Ende 1981 am Werbellinsee, bezeichnete Helmut Schmidt als notwendig. Bundesrepublik und DDR seien einander zwar in den zwölf Jahren der sozialliberalen Koalition etwas näher gerückt, »aber die Hürden der Abgrenzung sind noch immer sehr hoch und für Millionen Deutsche [...] immer noch unübersteigbar«. Die vorweihnachtliche Begegnung sah er als »neuen Anlauf auf dem mühseligen Weg hin zu einem gutnachbarlichen Verhältnis zwischen den beiden deutschen Staaten«.[11]

Die nicht zu behebenden Unterschiede und Gegensätze in grundsätzlichen Fragen müssen durch ein Geflecht des für beide Seiten praktisch Möglichen und Vernünftigen gemildert werden. »Nur auf diesem Wege sind vernünftige nachbarschaftliche Beziehungen zu erreichen, die dann später zu guten nachbarschaftlichen Beziehungen ausgebaut werden können.«[12] Ein andermal schrieb er: »Wiedervereinigung kann nicht herbeigenörgelt noch herbeischwadroniert werden. Wenn aber eine andere als die vorhandene staatliche Lösung in über drei Jahrzehnten nicht erreicht werden konnte, dann kommt es darauf an, Grundlagen dafür zu schaffen, dass wir Deutschen wenigstens gutnachbarlich miteinander leben können.«[13]

»Vernünftige Nachbarschaft«, »gute Nachbarschaft« – diese Formulierungen machen deutlich, wie bescheiden die deutschlandpolitischen Ziele des Realpolitikers Helmut Schmidt geworden waren. Mit dieser Einstellung stand er nicht allein: Die überwiegende Mehrheit der Deutschen glaubte nicht, dass die Einheit der Nation noch zu Lebzeiten der gegenwärtigen Generation wiederzuerlangen sei. In seiner letzten Bundestagsrede als Kanzler, am 1. Oktober 1982, unmittelbar vor seiner Abwahl durch das Misstrauensvotum, fasste Helmut Schmidt sein politisches Vermächtnis in zwölf Punkten zusammen. Der vierte Punkt galt der Fortführung der Ostpolitik (»Die Ostverträge müssen nicht nur eingehalten, sondern sie müssen auch praktisch angewendet und weiterhin entfaltet werden.«) In Punkt 5 definierte er den Sinn seiner Deutschlandpolitik – »Der innerste Kern ist die Erhaltung der Einheit der Nation« – und mahnte: »Die Bundesrepublik darf den Dialog mit der Führung der DDR nicht abreißen lassen. Wir müssen alle Chancen wahrnehmen, die Zusammengehörigkeit aller Deutschen zu stärken und praktisch erlebbar zu machen.« Der Begriff »Wiedervereinigung« kam in der Rede nicht vor.

Noch illusionsloser drückte sich Schmidt in der Rede aus, mit der er sich am 10. September 1986 aus dem Bundestag verabschiedete: »Wenn man einmal zwei Jahrzehnte zurückdenkt in der deutschen Frage, dann wird uns deutlich, dass bei uns Deutschen in beiden deutschen Staaten die Einsicht in die Realität und die Einsicht in die einstweilige Dauerhaftigkeit der Teilung sehr viel stärker geworden ist, als sie vor zwanzig Jahren war. […] Zur größeren Realitätsnähe gehört auch, dass die überwältigende Mehrheit der Deutschen in beiden Staaten die Frage der Zusammenführung aller Deutschen in einen gemeinsamen Staat nicht ansieht als eine Möglichkeit der Politik von heute oder von morgen. Sie wissen oder sie spüren zumindest, dass diese Frage auf der Tagesordnung künftiger Generationen bleiben wird, und möglicherweise muss sie als Jahrhundertaufgabe verstanden werden. Aber gerade weil das so ist, deshalb bleibt die deutsche Zukunft nicht erkennbar. Und diese Nichterkennbarkeit für viele andere in Europa, die löst bei denen immer noch wieder Besorgnisse aus. [...] Aber ich denke, es gibt zwei Gründe, die jener Meinung entgegenstehen, die man auch hören kann in Europa, dass es sich bei der deutschen Teilung doch um einen ganz komfortablen politischen Zustand handele. Der eine ist die Wiederherstellung des geistigen, des seelischen, des kulturellen, des historischen über zehn Jahrhunderte gewachsenen Kontinuums Europa. Das ist eine Aufgabe auch im Interesse der Polen, der Ungarn, der Tschechen, im Interesse aller Deutschen, im Interesse der Finnen, der Skandinavier, der Franzosen, der Italiener. Und zum anderen, wenn die Teilung Europas schrittweise überwunden, überbrückt oder überwölbt werden kann, so werden ganz natürlich auch die Deutschen auf beiden Seiten unter jenem gemeinsamen Dach leben können, das dann möglicherweise etwas weiter reicht als nur bis an die Grenzen der beiden gegenwärtigen deutschen Territorien.«[14]

Es war in der Tat so, wie Schmidt es schilderte: Die Wiedervereinigung sahen die meisten nur noch als eine vage, bestenfalls in ferner, ja fernster Zukunft Wirklichkeit werdende Möglichkeit an – übrigens in allen Parteien. Ein weiterhin geteiltes Deutschland, in beiden Hälften jedoch frei und vereint unter einem gemeinsamen europäischen Dach, erschien vielen als erstrebenswertes Nahziel – als ein Zwischenstadium, womöglich sogar als ein Endstadium, mit dem man hätte leben können. So plädierte der Historiker Ernst-Otto Czempiel – wie viele andere Mitglieder seiner Zunft – dafür, den Nachdruck darauf zu legen, die deutsche Gesellschaft als kommunikativen Zusammenhang wiederherzustellen, auch wenn die Teilung in zwei Herrschaftssysteme auf absehbare Zeit bleibe.[15] Carl Friedrich von Weizsäcker gab die im Lande vorherrschende Meinung wieder, als er 1988 schrieb, nur wenn sich langsam eine Wiedervereinigung Europas zwischen Ost und West vollziehe, könne sich eine gemeinsame Lebensform der Deutschen herausbilden.[16] Gemeinsame Lebensform aber hieß nicht unbedingt staatliche Einheit. Nichts anderes meinte Erhard Eppler am 17. Juni 1989, als er zum damaligen Nationalfeiertag der Bundesrepublik vor dem Bundestag sprach: »Je souveräner deutsche Politik wird, desto weniger bedarf sie des souveränen Nationalstaats, um die Einheit der Deutschen darzustellen und zu festigen.«[17]

Die Vorstellung, die bipolare Ordnung des Kalten Krieges werde schon binnen weniger Jahre zerbersten und den Deutschen unverhofft die Chance der Einheit zuspielen, war jedenfalls zu kühn, als dass nüchtern analysierende Zeitgenossen sie ernst nehmen mochten. Wie sonst wäre zu erklären, dass Wolfgang Schäuble, damals Bundesinnenminister, noch im Sommer 1988 für den Straßenverkehr nach Berlin mit der DDR eine Transitpauschale vereinbarte, die bis zum Ende des Jahrhunderts gelten sollte? Dass die Springer-Presse die Gänsefüßchen um den Staatsnamen DDR im September 1989 abschaffte, als der wankende SED-Staat gerade anfing, die Tüttelchen zu rechtfertigen? Oder dass Bundeskanzler Helmut Kohl zu einem Staatsbesuch in der DDR bereit war, einem Gegenbesuch nach Honeckers Reise in die Bundesrepublik 1987? Ja dass er noch am frühen Abend des 9. November 1989, wenige Stunden bevor die Mauer geöffnet wurde, in Warschau im Gespräch mit dem Solidarnosc-Gründer Lech Walesa und dessen politischem Berater, dem späteren polnischen Außenminister Bronislaw Geremek, erklärte, er erstrebe die Wiedervereinigung mit allen Fasern seines Herzens, doch er – Kohl – und der zwei Jahre jüngere Geremek würden sie nicht mehr erleben, wohl aber könne der dreizehn Jahre jüngere Walesa vielleicht noch Zeuge dessen werden, dass Deutschland wiedervereint werde?[18]

Vier Monate nachdem er als Mitherausgeber zu der Hamburger

Wochenzeitung gestoßen war, im September 1983, äußerte sich Helmut Schmidt erstmals in der ZEIT zur deutschen Frage. Nach einem Besuch in Potsdam und in der Luther-Stadt Wittenberg hatte er sich in Ost-Berlin mit Erich Honecker getroffen. Mit dem DDR-Staatsratsvorsitzenden war er sich einig in der Hoffnung auf einen Kompromiss in den Genfer Verhandlungen über die in Europa stationierten sowjetischen und amerikanischen Mittelstreckenraketen. Abermals betonte er in seinem Bericht die lebensentscheidende Bedeutung von Gesprächsbereitschaft, Verhandlungs- und Kompromisswillen. Ein weiteres Mal postulierte er: »Das Gespräch zwischen Deutschen darf nicht abreißen – um der Nation willen und um des Friedens willen.«[19]

Im Hintergrund des deutsch-deutschen Verhältnisses sah Helmut Schmidt allzeit die Beziehungen zu Moskau. In einem großen ZEIT-Aufsatz, der zum 17. Juni 1983 erschien, dem damaligen Nationalfeiertag der Bundesrepublik, setzte er sich grundsätzlich damit auseinander. »Mit den Russen leben« war der Artikel betitelt; die Unterzeile lautete: »Notwendigkeiten und Bedingungen der Koexistenz im Atomzeitalter«. Auf den amerikanischen Präsidenten Ronald Reagan gemünzt, schrieb er: »Natürlich wird kein deutscher Bundeskanzler vom ›Reich des Bösen‹ sprechen; er würde auch nicht den Handel mit der Sowjetunion, mit der DDR oder mit Polen zum politischen Pressions-Instrument machen. Er wird vielmehr – immer von dem latenten Druck ausgehend, den die gewaltige Kontinentalmacht Sowjetunion auf das Zentrum Europas ausübt – die Anlehnung an den Westen benötigen, das Gleichgewicht zwischen West und Ost zu bewahren suchen und auf der Grundlage dergestalt hergestellter Stabilität möglichst gute Beziehungen zum Osten anstreben.«

Schmidt ließ keinen Zweifel daran, dass dem expansiven Drang Moskaus (den er eher für traditionell russisch als für spezifisch kommunistisch hielt) Schranken entgegengesetzt werden mussten. »Der Westen braucht deshalb das Element des Containment als wichtigen Bestandteil seiner Gesamtstrategie. Er braucht außerdem das Element der Anreize zu anderem Verhalten, zu partieller Zusammenarbeit vor allem auf den Feldern der Rüstungsbegrenzung und der Wirtschaft, mit einem Wort: zur Entspannung. Er braucht ferner das Element des Wettbewerbs; vor allem außerhalb der Felder unmittelbarer Konfrontation, notfalls – aber nur notfalls – auch auf dem Felde der Rüstung.« Realist, der er war, sah er keinen Sinn in Jimmy Carters Versuch, den Bürgern des Sowjetreiches *human rights* zu bringen. (»Die Zielsetzung war idealistisch, die Möglichkeiten zu ihrer Verwirklichung waren minimal, die Methoden waren dilettantisch«.) Ebenso lehnte er der westeuropäischen Interessen wegen wie aus moralischen Gründen einen Wirtschafts- und Handelskrieg gegen die Sowjetunion als abenteuerlichen Irrweg ab: »Westeuropa ist vielmehr an Zusammenarbeit mit der unmittelbar benachbarten Weltmacht interessiert.« Nicht allein »durch die Fähigkeit zur Abschreckung und Verteidigung, sondern auch durch Anreiz und Angebot« wollte Schmidt auf die Meinungsbildung im Kreml einwirken.

In diesem Zusammenhang verwies er, gleichsam zum Beweis für die Aufrichtigkeit des deutschen Strebens nach guter Nachbarschaft, auf die Nüchternheit der Bonner Deutschlandpolitik: »Wir haben gelernt, ohne ständiges Selbstmitleid mit der andauernden deutschen Teilung zu leben, obschon wir weder Wunsch noch Willen zu schließlicher Vereinigung aufgeben werden.«[20]

Im Herbst 1984, zwei Jahre nach dem Amtsantritt von Helmut Kohl, als gerade Andreottis undiplomatische Äußerung ruchbar geworden war, dass es doch bitte bei zwei deutschen Staaten bleiben möge, schrieb ich einen Leitartikel: »Lieber zweimal Deutschland als einmal?«[21] Darin mahnte ich ein Konzept an, wie die deutsche Frage zu »revitalisieren« sei, was die Regierung ja angekündigt hatte, ohne den Worten Taten folgen zu lassen. »Wie offen ist die deutsche Frage?«, lautete die Überschrift eines weiteren Leitartikels aus meiner Feder.[22] Im Text formulierte ich – »tastend« – einen »Dekalog für verantwortungsvolle Patrioten«. Meine Prämisse war klar: »Wir dürfen uns offenhalten für jede Chance der Einheit, die uns die Geschichte vielleicht noch einmal zuspielen mag.« Diese Chance vermochte ich indes nicht zu erkennen. Deshalb war meine Erwägung, ob es nicht besser unser Ziel sein sollte, Zustände herbeizuführen, in denen die Einheit verzichtbar würde, wenn dafür die Ostdeutschen in den Genuss der Freiheit, der individuellen Entfaltungsmöglichkeiten und der Lebenschancen kämen, die uns in Westdeutschland selbstverständlich waren. »Deutschland zu zweit, tolerant nach innen, verträglich nach außen – das wäre eine Konstruktion, mit der unsere Nachbarn leichter leben könnten als mit einem deutschen Einheitsstaat.« Aus unserer heutigen Warte muss dies – ein später Anklang an die Ende der fünfziger Jahre von Konrad Adenauer und Franz Josef Strauß erwogene »österreichische Lösung« (beide separat voneinander, aber beide frei) – als eine völlig abwegige Idee erscheinen. Damals jedoch, als niemand die Wiedervereinigung hinter der nächsten Biegung des weltgeschichtlichen Weges erkennen konnte, war es ein verzweiflungsvoller Versuch, den »Brüdern und Schwestern drüben« einen Funken Hoffnung aufscheinen zu lassen: Hoffnung auf ein Leben in Freiheit, wo schon nicht in nationaler Einheit.

In der Redaktion wurde mit den beiden Herausgebern, Marion Gräfin Dönhoff und Helmut Schmidt, in den folgenden Wochen viel über diese These und die weitere Behandlung der Deutschlandfrage in der ZEIT diskutiert. In einem Brief aus dem Bonner Bundeshaus meldete sich Helmut Schmidt dazu am 29. November 1984 noch einmal zu Wort (»Es liegt mir am Herzen, nochmals auf die Unterhaltungen im Kreise der politischen Redaktion zurückzukommen«). Tags zuvor hatte er einen Bericht des Aspen-Instituts vorgestellt, in dem ihm die Deutschland-Passage besonders wichtig war. Deren Kernsatz lautete: »*The German Question has not received its final answer, nor has the wider problem of barriers between East and West in Europe. These answers will not come soon or simply.*« Diese Passage, an deren Formulierung er wohl Anteil hatte, war eindeutig als Antwort auf die »Bemerkungen zwischen durchaus gewichtigen italienischen, französischen, englischen, deutschen und amerikanischen Politikern und Diplomaten« zu verstehen; auf Andreotti also, aber auch auf Schmidts früheren Verteidigungs- und Finanzminister Hans Apel, der soeben geäußert hatte, dass die deutsche Frage nicht mehr offen sei. »Ich habe ein wenig die Sorge«, schrieb er in seinem Brief, »dass allzu viele Deutsche gegenwärtig geneigt sein könnten, Herrn Andreotti oder Herrn Honecker und damit den Sowjets recht zu geben.« Ihnen setzte er seine eigene Sicht der deutschen Dinge entgegen:

»Man kann durchaus sagen, die deutsche Frage sei zurzeit nicht offen insofern, als beide Teile in zwei gegenüberstehende Systeme eingeschmolzen seien. Dies muss allerdings keineswegs für viele Generationen der Fall bleiben; ich vermute eher, dass die europäische Landschaft sich im Laufe des nächsten Jahrhunderts wesentlich verschieben könnte. Das hängt nicht zuletzt ab von der Evolution im östlichen Teil des Kontinents wie auch von der Entfaltung der Beziehungen und der Kooperation zwischen West- und Osteuropa beziehungsweise der Sowjetunion. Insofern ist die deutsche Frage nicht als geschlossen oder gar als abgeschlossen anzusehen; vielmehr ist ihre Lösung nur aufgeschoben. Das Gleiche gilt natürlich für Berlin West.

Wer heute die deutsche Frage für erledigt oder abgeschlossen erklärt, der nimmt den Menschen drüben ohne zureichenden Grund ihre Hoffnungen und drängt sie entweder in die Resignation oder in die Rolle von Proselyten.

Eine ganz anders zu beurteilende Frage ist diejenige der nochmaligen Veränderbarkeit der Ost-Grenzen. Hier neige ich persönlich zu endgültigem Verzicht. Ihn heute auszusprechen, halte ich aus innenpolitischen Gründen für verfrüht; denn dies würde jedenfalls innerhalb der Bundesrepublik Deutschland möglicherweise Neigungen zu nationalistischem Chauvinismus wieder wecken können.

Wenn ich es richtig verstehe, sind meine oben kurz skizzierten Auffassungen in voller Übereinstimmung mit der bisher von der ZEIT vertretenen Grundlinie und jedenfalls auch in Übereinstimmung mit dem Grundgesetz.

Ihr Leitartikel und einige andere spätere in unserem Blatt veröffentlichten Aufsätze haben den Eindruck einer generellen Richtungsänderung der ZEIT möglich gemacht, vielleicht sogar schon endgültig hergestellt. Ich denke, eine solche Änderung der Grundrichtung (Tendenz) sollte nicht ohne sorgfältige Diskussion geschehen, an der natürlich der Verleger, aber auch die Herausgeber beteiligt sein müssen. Wir haben ja tatsächlich neulich auch ins Auge gefasst, die Diskussion demnächst zu Ende führen zu wollen.«[23]

Die Diskussion ging in der Tat weiter, und der ZEIT-Eigentümer Gerd Bucerius beteiligte sich temperamentvoll daran (»Zweimal Deutschland, das mag bequem sein, aber ...«). Zu Ende führen ließ sich die Debatte indes der Natur der Sache nach nicht; ständig wurde sie von der Aktualität frisch genährt. Sie artete zwar nie in Unversöhnlichkeit aus, aber die Gegensätze in der Grundtendenz blieben doch bis hin zum Fall der Mauer mehr als Nuancenunterschiede. Wobei die Klammer mit der Erläuterung »Tendenz« nicht bar jeglicher juristischen Bedeutung war: Zeitungen gelten als Tendenzbetriebe, in denen die Anschauungen des Inhabers letztlich bestimmend sind. Bucerius war jedoch kein Meinungsdiktator; er liebte, forderte und förderte die intellektuelle Auseinandersetzung. Im inneren Feuer des Verlegers, der ungebrochenen Zuversicht des Herausgebers Schmidt, der skeptischen Zurückhaltung der Herausgeberin Dönhoff und des Chefredakteurs, in der leidenschaftlichen Streitlust des Feuilletons auch spiegelte sich wider, was die Nation damals an widersprüchlichen Gefühlen bewegte.[24]

In den folgenden drei Jahren ließ sich Helmut Schmidt nur wenig über die deutsche Frage aus. Erst im September 1986 meldete er sich wieder zu dem Thema, und dies gleich zweimal. Das erste Mal tat er es in seiner Abschiedsrede im Deutschen Bundestag am 10. September. Angesichts der trüben Aussichten auf »nationalstaatliche Geborgenheit« blieb er bei seiner Mahnung: »Wir könnten versuchen, das in der Teilung Machbare tatsächlich zu machen. Dazu gehört, politisch wie persönlich das Gespräch zu suchen.« Das zweite Mal tat er dies im Vorwort zu dem von sieben ZEIT-

Redakteuren nach einer Reise durch die DDR veröffentlichten Band *Reise ins andere Deutschland*.[25] Zustimmend zitierte er darin einen Satz, den ich nach einer ersten, ähnlichen ZEIT-Reise 1964 in unserem Bericht »Reise in ein fernes Land« geschrieben und nach der 1986er-Reise wiederholt hatte: »Bundesrepublik hüben und Deutsche Demokratische Republik drüben werden auf einige Zeit Deutschlands Gegenwart bleiben.«

In seinem Vorwort setzte er hinzu: »Hinter jenem Diktum liegt […] die tatsächlich verborgene deutsche Zukunft; sie ist hinter der ›auf einige Zeit‹ bemessenen Gegenwart nicht zu erkennen.« Unumwunden vermerkte er, dass viele politisch denkende Menschen in Moskau oder Warschau, in Paris oder in Rom Besorgnisse hätten vor der nicht erkennbaren deutschen Zukunft – »sie möchten deshalb die Gegenwart, das heißt: die Teilung, lieber bis in unabsehbare Zukunft ausgedehnt wissen.« Eine bittere Erkenntnis, die hierzulande gern verdrängt oder unterdrückt wurde. Boshafte Aussprüche wie der von André Malraux (»Ich liebe Deutschland so sehr, dass ich sehr glücklich bin, zwei davon zu haben«) oder die ebenso eindeutigen Sätze des damaligen italienischen Außenministers Giulio Andreotti (»Dass sich die beiden deutschen Staaten gut verstehen, trägt zum Frieden bei. Aber niemand sollte hier übertreiben. Es gibt zwei deutsche Staaten, und zwei sollen es bleiben.«) wurden in der Regel als unrepräsentative Äußerungen einzelner Außenseiter abgetan.

Schmidt fand die Gründe der Deutschland-Skepsis verständlich, doch führte er zwei Gegengründe ins Feld. Erstens: »Die Teilung Europas kann nicht überbrückt oder überwölbt oder gar überwunden werden, wenn nicht im gleichen Prozess auch die Mauer in Berlin und die beiden Grenzsperren zwischen beiden deutschen Staaten überbrückt werden.« Zweitens aber: »Eine im eigenen Bewusstsein etablierte Kulturnation dauerhaft von außen zu zerschneiden ist bisher nie gelungen.« Zum Beweis dessen führte er die polnischen Teilungen an; Napoleons Versuch auch, der die Niederlande, das westliche Rheinland und große Teile Norddeutschlands bis hin nach Hamburg und weiter nach Lübeck seinem Reich einverleibt hatte.

Das Resümee des Altbundeskanzlers: »Wir Deutschen, und ebenso die allermeisten anderen Völker Europas, werden eines Tages wieder zusammenfinden. Dabei mag dann das gemeinsame Dach über nur lose verbundenen Gebäuden gespannt werden; das Dach mag auch sehr viel größere Flächen Europas decken müssen als nur die beiden deutschen Territorien.« Interessant, dass Helmut Schmidt hier schon beträchtliche Zeit vor Michail Gorbatschow die Denkfigur vom »gemeinsamen Haus« in den politischen Diskurs einführte – aber auch, dass er das Konzept einer »nur losen« Verbindung zwischen Bundesrepublik und DDR unter einem europäischen Dach, nicht unter einem national deutschen, für statthaft hielt.

Freilich, Helmut Schmidts Erwartungen blieben verhalten. »So wie die Polen weit über ein Jahrhundert warten mussten, so werden auch wir Deutschen lange warten müssen«, war seine Ansicht, nüchtern, illusionsfrei und aus der damaligen Warte realistisch. Seine Folgerung: »Unsere Aufgabe ist, Gelassenheit zu lernen und gleichzeitig zu lernen, Gelassenheit mit moralischer Integrität zu verbinden. Oder, anders gesagt: Wir müssen lernen, mit der Teilung zu leben, zugleich am moralischen Imperativ zur Freiheit der Person festzuhalten, gleichwohl aber das Ziel einer Überbrückung der Grenzen oder eines gemeinsamen Daches nicht aus den Augen zu verlieren. Und wir müssen lernen, das Augenmaß für das Mögliche und Machbare zu pflegen. Zu dem für uns Möglichen gehört jedenfalls das Gespräch zwischen den Deutschen auf beiden Seiten. Gespräch bedeutet nicht nur, selbst zu sprechen, sondern es bedeutet auch, dem anderen zuzuhören, ihm Fragen zu stellen und ihm Antworten zu geben – auch dem Funktionär der SED und des Staates DDR. Weil auch zukünftig wahr bleibt, was vor Jahren Erich Honecker und ich selbst mit gleichen Worten gesagt haben: ›Von deutschem Boden darf nie wieder Krieg ausgehen!‹, deshalb müssen wir Deutschen auf beiden Seiten aufeinander hören.«

Nach ebendieser Devise verfuhr Schmidt, als Erich Honecker

1987 zu seinem im Vorjahr auf russischen Druck mehrfach verschobenen Staatsbesuch nach Bonn aufbrach. Der ZEIT-Herausgeber sah darin »einen weiteren Schritt auf einer nur sehr langsam, sehr mühsam begangenen Straße, die zur Normalisierung im Zentrum Mitteleuropas führen soll.« Wohl blieb er dabei: Die deutsche Nation werde abwarten müssen, ob sich im Laufe kommender Generationen nicht doch ein Weg zu Gemeinsamkeit öffnen werde – »aber erzwingen können wir ihn nicht«, und durch Verweigerung vor der Wirklichkeit lasse er sich nicht offenhalten. Der Druck der Verantwortung zwinge jeden Bundeskanzler zum Realismus, und auch Erich Honecker sei längst Realist.

Schmidts Begründung: »Er weiß, dass Kohl den Wunsch nach dereinstiger Vereinigung aller Deutschen zwar erwähnen, diese aber vom Staatsratsvorsitzenden der DDR nicht verlangen wird. Er weiß längst, dass die Bürger seines Staates mehr Freiheit und mehr Rechtsstaatlichkeit wollen, vor allem die Freiheit, auch in den Westen zu reisen. Er weiß, dass die DDR längst international anerkannt ist – weitgehend mit unserer stillschweigenden Hilfe – und dass sein früheres Beharren auf formaler Anerkennung der DDR-Staatsbürgerschaft als einer Vorbedingung für weitere Normalisierung auch nur deutsche Juristerei ist. Er weiß inzwischen aber auch, dass Änderungen von Verfassung oder Hymne den Willen zur nationalen Identität in der Seele seiner Staatsbürger genauso wenig auslöschen konnten wie vier Jahrzehnte penetranter Erziehung in Jugendorganisationen und Schulen. Honecker weiß, dass sein Staat zwar innerhalb des Ostblocks wirtschaftlich an der Spitze steht, dass aber der Lebensstandard seiner Bürger deutlich niedriger liegt als der unsrige, dass seine Staatsbürger dies mindestens über das Westfernsehen genau verfolgen können, sodass er jede finanzielle Hilfe (in harter Währung!) der Bundesrepublik nur allzu gern in Anspruch nimmt. Er weiß auch, dass wir Gegenleistungen in Richtung Freiheit verlangen.«

Helmut Schmidt hatte Erich Honecker in den zurückliegenden zwölf Jahren fünfmal getroffen, das erste Mal in Helsinki 1975, einmal in Belgrad bei Titos Begräbnis 1980, und insgesamt wohl mehr als 25 Stunden im Gespräch mit ihm verbracht – dazu kamen viele persönliche Botschaften und Telefonate. Sein bündiges Gesamturteil war nicht schmeichelhaft: »Der Mann hat mir nicht gefallen.«[26] Doch hielt er dem SED-Chef innerlich seine langen Zuchthausjahre unter den Nazis zugute, ebenso die Standhaftigkeit, mit der er während acht Jahren im Zuchthaus Brandenburg an den kommunistischen Idealen seiner Jugend festgehalten hatte. »Wer gegen Hitler Widerstand geleistet hat, wer dabei sein Leben und seine Freiheit riskiert hat, der hat recht gehabt – ob er Konservativer war oder Sozialdemokrat, ob ein adliger Offizier oder ein Kommunist […]. Natürlich hat er sich in der Haft an seine kommunistischen Grundüberzeugungen geklammert – woran denn sonst? […] Wer in der sicheren Freiheit des Westens will ihm das vorwerfen?«[27] Es war eine erstaunlich wohlwollende Charakterisierung des Mannes, der auf Walter Ulbrichts Geheiß die Mauer gebaut hatte. Und war Honecker dem Bundeskanzler Schmidt früher als ein Mann von beschränkter Urteilskraft erschienen, der im Gespräch oft vorgeprägte Redensarten benutzte – jetzt, 1987, empfand Schmidt ihn als »sicherer, weniger formelhaft und dafür persönlich, verbindlicher – ein alter und kluger Mann.« Auch wirkte der Staatsratsvorsitzende auf ihn »sehr viel deutscher als 1975 in Helsinki«. Schmidt spürte bei ihm »die deutsche Identität, nicht nur das Quäntchen Heimweh nach Wiebelskirchen und dem Saarland.«[28]

So offenherzig Helmut Schmidt auch den DDR-Chef begrüßte, warnte er gleichwohl die Redaktion vor Überschwang: »Nicht jedes Ressort sollte in insgesamt umfänglicher Weise den Honecker-Besuch kommentieren und ihn damit zu einem überdimensionalen Ereignis heraufstilisieren.«[29]

Der Titel dieses Begrüßungsartikels vom 24. Juli 1987 – »Einer unserer Brüder. Zum Besuch Erich Honeckers« – löste bei manchen Lesern Stirnrunzeln aus. Andere erinnerte er an Thomas Manns Pamphlet »Bruder Hitler«, worin der Schriftsteller den Braunauer 1938 als »verhunzten« Künstler angeprangert hatte. Schmidts Raisonnement war indes viel weniger hintergründig: »Seit Jahren haben wir an die tausendmal von den Deutschen in der DDR als von unseren Brüdern und Schwestern geredet. Auch wenn Honecker und wir nie Freunde werden können, lasst ihn uns würdig empfangen – empfangt ihn als einen unserer Brüder!«[30] Sechs Jahre später bekannte Schmidt: »Für mich ist er ein Gegner geblieben, bis zu seinem Tode auch ein Gegner der deutschen Vereinigung.«[31]

In den nächsten zwei Jahren schrieb Helmut Schmidt nichts über die Frage der deutschen Einheit. Sehr genau verfolgte er jedoch die Entwicklung der sowjetischen Politik unter Michail Gorbatschow. Der war im März 1985 an die Spitze der Kremlführung getreten. Nach und nach entwickelte er seine beiden Reformkonzepte: *perestrojka* (»Umgestaltung«) für den Umbau der Sowjetwirtschaft und *glasnost* (»Offenheit«) zur begrenzten Befreiung der Künstler und Intellektuellen von Zensur und Bevormundung – so Schmidts Definition der beiden Reformvorhaben. »Gorbatschow ist offensichtlich ein Staatslenker von großem Mut«,[32] urteilte der ZEIT-Herausgeber Anfang 1989. »Ungewöhnlich mutig, ideenreich und beredt« nannte er den Russen drei Monate später.[33] Ihm war auch nicht entgangen, dass der Kremlherr bei der UN-Vollversammlung im Dezember 1988 der Breschnew-Doktrin aus dem Jahr 1968 und dem Einsatz militärischer Gewalt als Instrument der Außenpolitik abgeschworen hatte. Nach der Breschnew-Doktrin – sowjetische »Monroe-Doktrin« hatte Schmidt sie einmal genannt[34] – fand die Souveränität der »Bruderstaaten« ihre Grenze an den Interessen der sozialistischen Gemeinschaft – im Klartext: an den Interessen der Sowjetunion. »Wir werden niemals zulassen, dass der Imperialismus auf friedlichem oder unfriedlichem Wege, von innen oder von außen eine Bresche in das sozialistische System schlägt und das Kräfteverhältnis in Europa zu seinen Gunsten verändert«, lautete die klassische Formulierung vom 15. Juli 1968.[35] Wenn innere und äußere, dem Sozialismus feindliche Kräfte irgendeines Ostblocklandes die Restauration der kapitalistischen Ordnung anstrebten, galt dies nicht nur als ein Problem des betreffenden Landes – woraus Moskau wenige Wochen später das Recht zur militärischen Niederknüppelung des »Prager Frühlings« und 1979 zur Intervention in Afghanistan ableitete. Jetzt aber hieß es im Moskauer Außenministerium auf einmal, die Breschnew-Doktrin werde von der »Sinatra-Doktrin« abgelöst – frei nach dem Ohrwurm-Refrain des amerikanischen Sängers, »*I did it my way*«. Noch dachte Gorbatschow bloß an eigene Wege der Ostblockstaaten zum Sozialismus, nicht an deren völlige Abkehr von der marxistischen Ideologie und der sowjetischen Vorherrschaft, aber die Hefe der Zersetzung ging danach auf.

Valentin Falin, zu jener Zeit Leiter der Internationalen Abteilung des Zentralkomitees, erläuterte den Sinn der UN-Rede Gorbatschows später sehr kritisch: »Sie bedeutete, dass die UdSSR beabsichtige, sich aus Mittel- und Osteuropa zurückzuziehen.« In der Tat: Noch vor Jahresende kündigte Gorbatschow einen Teilabzug der Truppen aus der DDR, der CSSR und aus Ungarn, ferner erste Abrüstungsschritte an. Binnen zwölf Monaten schüttelten die lange unterdrückten Völker Osteuropas in friedlichen Revolutionen die kommunistische Herrschaft ab. Das Eis des Kalten Krieges taute auf. Auf einmal wurde manches zuvor Unvorstellbare denkbar. Alle Hoffnungen richteten sich auf Gorbatschow, der im Juni 1989 die Bundesrepublik besuchte und dabei so begeistert begrüßt, ja umjubelt wurde, dass im westlichen Ausland viele Besorgte den Deutschen eine gefährliche »Gorbimanie« vorwarfen.

Helmut Schmidt behielt auch in dieser Zeit einen kühlen Kopf. Er begrüßte Gorbatschows Abrüstungsvorschläge, vermerkte positiv den im Februar 1989 verkündeten Rückzug der Sowjets aus Afghanistan und anerkannte die Normalisierung der sowjetisch-chinesischen Beziehungen nach Jahrzehnten des Misstrauens und der gegenseitigen Kriegsangst.[36] »Wer es gut meint mit den russischen Menschen, der sollte den sowjetischen Reformern Erfolg wünschen. Ein Fehlschlag kann Aggressivität auslösen. Je mehr die Sowjets zu Hause erfolgreich engagiert sind, umso weniger haben sie Erfolge nötig in Afghanistan, in Kambodscha, im Nahen Osten, in Afrika oder in Mittelamerika – oder in Mitteleuropa«.[37] Einen Satz des Bundesaußenministers Hans-Dietrich Genscher aufgreifend,[38] forderte er: »Nehmen wir Gorbatschow beim Wort. Gehen wir auf seine Abrüstungsvorschläge ein. Helfen wir ihm wirtschaftlich durch Kredite« (»auf rein kommerzieller Grundlage«). Ein Scheitern Gorbatschows, so lautete Schmidts Argument, wäre ein Risiko für alle Deutschen und alle Europäer. Allerdings bemängelte er auch, dass Gorbatschows Wort vom gemeinsamen europäischen Haus einstweilen »bloß eine Redensart« sei; das Haus habe weder Grundmauern noch Dach.[39] Das Wort vom gemeinsamen europäischen Haus hörten wir gern, setzte er im Juni hinzu – »aber es könnte uns Deutschen wesentlich größere Hoffnung geben, wenn endlich auch die DDR kein Käfig mehr bliebe, wenn endlich die Schießerei an den Grenzen aufhörte«. Auch solle Gorbatschow die kleinlichen Statusrangeleien um Berlin beenden.[40]

Im Übrigen hielt Schmidt an seiner These fest: »Wir brauchen unseren Wunsch nach nationaler Einheit nicht aufzugeben. Er ist geschichtlich, naturrechtlich und vertragsrechtlich begründet. Daran gibt es nichts preiszugeben. Aber wir dürfen nicht vergessen: Die Zeit für die Erfüllung ist noch lange nicht gekommen. Sie wird im nächsten Jahrhundert kommen, aber nur dann, wenn sich eine Bundesregierung nach der anderen, ein Bundestag nach dem anderen, wenn wir uns alle ohne jeden Zweifel als zuverlässig, loyal und berechenbar erwiesen haben.«[41]

Dem Besucher aus Moskau aber schrieb Schmidt offenherzig ins Stammbuch: »Es gibt tatsächlich eine große Gemeinsamkeit der Deutschen. Wir sehen keinerlei Grund, uns der Sowjetunion zu Füßen zu legen.« Versöhnlich fügte er hinzu: »Aber wir haben gute Gründe, Gorbatschow beim Wort zu nehmen. Und er selbst sollte diese Gemeinsamkeit der Deutschen als Realität in seine Rechnung einsetzen.«[42]

Kurz nach Gorbatschows Besuch wurde Helmut Schmidt vom ZEIT-Verleger Gerd Bucerius genötigt, sich grundsätzlich zur deutschen Frage zu äußern. Den Anlass dazu hatte ich, damals

Chefredakteur des Blattes, mit einem Leitartikel gegeben, der am 23. Juni 1989 erschienen war: »*Quo vadis, Germania?* Eine Standortbestimmung der Bundesrepublik nach den Besuchen von Bush und Gorbatschow«. Wenige Tage zuvor hatte der Kremlchef die Bundesrepublik wieder verlassen; der Staatsbesuch des amerikanischen Präsidenten George H. W. Bush, der die Deutschen in Mainz zu *partners in leadership* erhoben hatte, lag erst drei Wochen zurück; und die blutige Niederschlagung der freiheitsdurstigen chinesischen Studenten auf Pekings Tienanmen-Platz Anfang Juni, belobigt von Margot Honecker und beifällig kommentiert von Egon Krenz, brannte noch frisch in aller Gedächtnis. Aber auf einmal schlug den Bonnern überall in der westlichen Welt massives Misstrauen entgegen. In Paris verkündete Alain Minc, die Bundesrepublik sei im Abschwimmen begriffen. In London prangte die bängliche Frage »Ein Deutschland?« auf dem Titelblatt des *Economist*, dessen Leitartikler befand: »Es wäre klüger, den alten Instabilitäten in Zukunft dadurch zu entgehen, dass die Trennlinie erhalten bleibt, wenn schon nicht die beiden Systeme.« In Amerika jedoch verstieg sich der *New York Times*-Kolumnist A. M. Rosenthal zu der aberwitzigen These, die ostsüchtigen Deutschen, politische Wandernieren wie eh und je, seien darauf aus, Arm in Arm mit Michail Gorbatschow auf den Trümmern der Nachkriegsordnung ein Viertes Reich zu errichten. Weniger pathetisch (und weniger germanophob) fanden auch andere amerikanische Kolumnisten, die Wiederherstellung der deutschen Einheit müsse um der Stabilität des europäischen Gleichgewichts willen auf jeden Fall verhindert werden.

Es waren Äußerungen wie diese, die mir einen Satz in die Feder fließen ließen, der Gerd Bucerius erboste: »Wer heute das Gerippe der deutschen Einheit aus dem Schrank holt, kann alle anderen nur in Angst und Schrecken versetzen!« Ich hielt nichts von deutschlandpolitischen Schnellschüssen. Ein neuer Zustand, dachte ich, werde das Resultat langwieriger Prozesse sein, nicht das Ergebnis eines einzigen, einmaligen diplomatischen Aktes oder einer diplomatischen Akte. Ebenso erregte sich Bucerius über meine Definition der deutschen Interessen: »Annäherung zwischen Ost und West (Entfeindung); Abrüstung im übermilitarisierten Mitteleuropa (Entmilitarisierung); Überwindung der Trennung in der Spaltung (Entbrutalisierung der Grenze, Emanzipierung der DDR-Gesellschaft aus der Bevormundung der Partei).« Erst recht empörte ihn meine Schlussfolgerung, die auf die »Entstaatlichung« der deutschen Frage hinauslief: »Es lässt sich deutsche Einheit auch in der Form der Zweistaatlichkeit denken […]. Unter dem Dach einer paneuropäischen Gemeinsamkeit [kann] deutsche Einheit in einer erträglichen staatlichen Doppelung etabliert werden, die auch all jenen Nachbarn und Partnern keine Gänsehaut verursacht, die von einem neuen Großstaat der Deutschen ebenso wenig halten wie von der Mauer.«

Diese Analyse – hier nur komprimiert wiedergegeben – deckte sich weithin mit der Sicht Helmut Schmidts auf die deutsche Frage; lediglich meine Unterstellung, dass die Vereinigung der Deutschen überflüssig wäre, wenn die ostdeutschen Brüder und Schwestern volle Freiheit genießen könnten, ja dass der Verzicht auf die Einheit mir als Preis für die Freiheit nicht zu hoch erschiene, wich von seiner Einstellung ab. Bucerius antwortete schon in der folgenden Ausgabe: Die Bürger der DDR und die Geschichte würden uns verfluchen, wenn wir »die andere Hälfte verstoßen«. Gleichzeitig klemmte er sich hinter den Herausgeber Schmidt und drängte ihn zu einer Entgegnung. Sie erschien am 14. Juli in der ZEIT. Helmut Schmidt, der sich auf einer Kreuzfahrt im Eismeer mit dem Thema befassen musste, hielt in nobelster Manier gegen meine Argumentation, differenziert und differenzierend. Dabei klang viel Verständnis für meine Grundhaltung durch: Wandel ohne Explosion; keine Überstürzung angesichts der tiefen Zweifel selbst unserer Verbündeten; keine neue deutsche Großmannssucht; kein Abrücken von der Europäischen Gemeinschaft und dem Atlantischen Bündnis.

Schmidts Kritik war eingebettet in eine ausführliche Analyse der Weltlage (Motto: »Jetzt könnte das Eis schmelzen«); eine Erörterung der Frage, ob und wie Gorbatschow zu helfen sei (am besten durch schnellen vertraglichen Rüstungsabbau); den Wunsch, dass Glasnost und Perestrojka in allen Staaten des Warschauer Paktes zum Erfolg geführt würden und die Ideen von der Freiheit der Person, der Demokratie und der Gewaltenteilung auch in Osteuropa Fuß fassten. »Ein solcher Durchbruch«, stellte er fest, »ließe in der Tat auch die deutsche Frage in neuem und hellerem Licht erscheinen.« Indessen warnte er abermals vor Überstürzung, »denn abrupte Veränderungen ohne Rücksicht auf andere könnten Explosionen und Interventionen und schwerwiegende Rückschläge auslösen.«

Das war im Grunde nur eine gedämpftere Formulierung meiner Warnung davor, jetzt das Skelett der deutschen Einheit aus dem Schrank zu holen. Schmidts eigentliche Kritik richtete sich auf eine andere Passage. Die Berechenbarkeit der Deutschen, schrieb er, könne nicht nur durch neutralistische Parolen oder durch die Propagierung deutscher Sonderwege gefährdet werden. »Sie kann auch gefährdet werden durch jenen Gedanken, den jüngst in dieser Zeitung Theo Sommer vertreten hat: Wir sollten die Idee der Einheit aller Deutschen aufopfern zugunsten der Freiheit der Deutschen in der DDR. Dergleichen mag im nächsten Jahrhundert denkbar werden. Ein solcher Verzicht heute ließe aber innerhalb der Bundesrepublik die extreme Rechte erstarken und schürte dadurch erst recht das Misstrauen unserer Nachbarn. Die mit dem Verzicht gekoppelte Freiheitsforderung an die heutige DDR-Regierung trifft dort auf taube Ohren – und jedenfalls einstweilen auch in Moskau, weil sie die Sorge vor einer Zersetzung des Warschauer Paktes auslösen muss, zumal sie natürlich auf Zustimmung bei den Bürgern der DDR rechnen kann. Mit einem Wort: Wer heute das Thema der deutschen Einheit durch endgültigen Verzicht erledigen möchte, verstärkt bloß das latente Misstrauen unserer Nachbarn in West und Ost.«

Schmidts Resümee nahm seiner Kritik jegliche verletzende Spitze. Sein Räsonnement: »Wenn heute die ökonomische und die politische Struktur des Kontinents in Fluss gekommen sind, so gebietet die Klugheit uns Deutschen, weder jetzt das Recht [auf Selbstbestimmung] aufzugeben noch lautstark darauf zu pochen.

[...] Patentlösungen der deutschen Frage sind nicht in Sicht. Wir können keinen endgültigen Standort definieren [...]. Ich bin zuversichtlich, dass es im Laufe des nächsten Jahrhunderts ein gemeinsames, Freiheit gewährendes Dach über der deutschen Nation geben wird [...]. Uns ist mit wirklichkeitsferner Romantik nicht gedient. Vielmehr brauchen wir Augenmaß in der Bewertung der sich wandelnden Lage und pragmatische Vernunft in der Nutzung der sich ergebenden Möglichkeiten.[43]

Der Artikel Schmidts war gespickt mit glazialen Metaphern; die Begegnung mit dem Eismeer schien sich da sprachlich auszuwirken. Der zweite Absatz schon begann damit: »Über vier Jahrzehnte der Ost-West-Konfrontation war die bipolare Machtstruktur Europas weitgehend eingefroren. Jetzt könnte sie schmelzen.« Auch danach war mehrfach wieder von Eis, Eisschollen, von den Schwierigkeiten der Gewässer und der Notwendigkeit pragmatischen Navigierens die Rede. Aber Schmidt spürte, dass sich die weltpolitische Großwetterlage veränderte.

In der Tat kam nun im Schollengang der Weltgeschichte vieles in Fluss, was vier Jahrzehnte lang im Eis des Kalten Krieges erstarrt gewesen war. In Polen sah sich General Jaruzelski veranlasst, Gespräche mit Lech Walesas Solidarnosc-Bewegung aufzunehmen; von Februar bis April setzte sich die kommunistische Regierung mit der Opposition am Runden Tisch zusammen, an dem ein Mehrparteiensystem vereinbart wurde, und bei den Wahlen am 4. Juni – dem Pekinger Blutsonntag – erlitten die polnischen Kommunisten eine schwere Schlappe. Ähnlich vollzog sich in Ungarn eine dramatische Lockerung der politischen Verhältnisse: Im Februar verzichtete die Kommunistische Partei auf ihre führende Rolle; im Mai begann der Abbau der Sperrzäune an der Grenze zu Österreich, im Juni etablierte sich ebenfalls ein Runder Tisch, und Außenminister Gyula Horn kündigte an, dass im August die Westgrenzen seines Landes geöffnet würden. Auch in der Tschechoslowakei rührte sich, wiewohl zunächst noch brutal unterdrückt, die auf Reformen drängende Opposition. Im Weißen Haus hörten die Präsidentenberater Condoleeza Rice und Robert Blackwill bereits »das Totenglöckchen für das geteilte Europa« läuten.[44]

Der Exodus aus der DDR und die Reform-Entwicklung in Polen gaben Schmidt Anlass, »Brüderlichkeit – auch im eigenen Interesse« anzumahnen[45]. Das Gelingen von Glasnost und Perestrojka liege ebenso wie das Gelingen der polnischen und ungarischen Reformen im dringenden Interesse aller Europäer. Er wiederholte seine Ansicht, dass staatliche Kredite an die Sowjetunion erst in Betracht kämen, »wenn der immer noch exorbitante hohe sowjetische Rüstungsaufwand verringert ist«. Staatlich geförderte Kredite an Polen und Ungarn hielt er indessen für sinnvoll.

Was die DDR anbelangte, so beließ es Schmidt bei seiner zurückhaltenden Botschaft, es solle bleiben bei der »Politik der kleinen Fortschritte – was denn sonst?«. Mit Reform-Appellen lasse sich in Ost-Berlin nichts ausrichten, räsonierte er. Zum ersten Mal gab er preis, dass er Honecker 1987 empfohlen hatte, durch seinen Rücktritt den Weg für jüngere, reformwillige Kräfte freizugeben – vergebens, wie man weiß. Von mehr Druck auf die SED-Führung versprach er sich nichts: »Wir wollen jenes ungeliebte, sich selbst isolierende Regime nicht vom Westen her zum Einsturz bringen. Wir können es nicht, dürfen es auch nicht wollen. Denn eine Eruption in der DDR würde den Reformprozess im Osten Europas gefährden. Die deutsche Frage wird erst im nächsten Jahrhundert gelöst werden – und nur dann, wenn jener Reformprozess erfolgreich verläuft und die antagonistische Machtkonstellation zwischen Ost und West sich auflöst.«

Es folgte die eindeutige Aussage: »Wir dürfen auch nicht dazu einladen, dass die DDR ausblutet.« Doch trat Schmidt allen entgegen, die angesichts der wachsenden Flut von Übersiedlern und Flüchtlingen aus der DDR am liebsten die Tore und Taschen zuhalten wollten. Dies richtete sich in erster Linie gegen Oskar Lafontaine und dessen Forderung, die gemeinsame deutsche Staatsbürgerschaft aufzukündigen, um den Übersiedlern aus der DDR »den Zugriff auf die sozialen Sicherungssysteme der Bundesrepublik«

zu nehmen; diesem unbarmherzigen Verlangen des damaligen saarländischen Ministerpräsidenten und stellvertretenden SPD-Vorsitzenden begegnete Schmidt (ebenso wie einige Monate später Lafontaines Ablehnung der deutschen Währungsunion) mit kalter Verachtung.[46] In der heute kaum noch nachvollziehbaren öffentlichen Debatte bezog er klar Stellung: »Den DDR-Bürgern, die endlich über sich selbst bestimmen wollen und die deshalb zu uns übersiedeln, denen müssen wir entschlossen helfen.« Dies sei keine Sache für parteipolitisches Klein-Klein, sondern eine Zeit für Gemeinsamkeit.

Ahnungsvoll schloss der Autor: »Wer weiß, welch unvorhergesehene Ereignisse noch auf uns warten.«

Die unvorhergesehenen Ereignisse ließen nicht lange auf sich warten, und sie kamen Schlag auf Schlag. Steigende Flüchtlingszahlen; der Ansturm von Zufluchtsuchenden auf die Ständige Vertretung in Ostberlin und die bundesrepublikanischen Botschaften in Budapest, Prag und Warschau; Honeckers trotziges »Den Sozialismus in seinem Lauf hält weder Ochs noch Esel auf«; die Grenzöffnung der Ungarn für ausreisewillige DDR-Bürger, danach die Durchreiseerlaubnis für die im Prager Palais Lobkowitz und in der Warschauer Botschaft ausharrenden Flüchtlinge; die Gründung des Neuen Forums und der Beginn der Montagsdemonstrationen in Leipzig; Gorbatschows Absage an Honecker: »Wer zu spät kommt, den bestraft das Leben«; die Absetzung Erich Honeckers am 16. Oktober; die große Ostberliner Reform-Demonstration am 4. November; am 9. November schließlich die Öffnung der Mauer – Hegels »Furie des Verschwindens« raste durch das Zeitgeschehen.

Die Öffnung der Mauer erlebte Schmidt bei sich zu Hause im Fernsehen. Es war der glücklichste Moment seines Lebens, wie er oft bekannte. Wie vielen anderen Deutschen, so standen auch ihm Tränen in den Augen. Er war gerade von einem Besuch in Sachsen und Ostberlin zurückgekehrt, wo er die Angst der Menschen mitbekommen hatte, dass die Situation »irgendwie explodiert«, dass ein sowjetischer Divisionskommandeur »die Nerven verliert und zu schießen anfängt«. Auch hatte er die Unsicherheit des DDR-Publikums gespürt, was die Zukunft bringen werde. »Und dann kam«, erklärte er dem Reporter der *Sächsischen Zeitung*, »die in diesem Augenblick doch überraschende Öffnung der Mauer.« Damit stand für ihn fest: »Was auch immer sonst die Politiker in Moskau und im Westen tun würden, sie können die Mauer nicht wieder schließen.« Am selben Abend wurde ihm auch klar, dass die DDR zusammenbrechen werde. Und weiter: »In welcher Form es zur Vereinigung kommen würde, das konnte man damals im November 1989 noch nicht wissen. Aber von da ab war die Vereinigung Deutschlands in absehbarer Zeit sicher.«[47]

In der ZEIT, die das Erscheinungsdatum vom 10. November trug, äußerte sich Helmut Schmidt ausführlich zu den Umwälzungen im Osten. »Ein Aufstand gegen Zwang und Lüge«, war sein Leitartikel betitelt, den er freilich wegen des Redaktionsschlusses am Dienstagabend schon zwei Tage vor dem Mauerfall hatte schreiben müssen; dass die Berliner Mauer binnen 48 Stunden fallen würde, konnte er nicht ahnen. Er schilderte, was er die Woche zuvor selber in Sachsen und Ostberlin gesehen und erfahren hatte: »Jeden Montag Hunderttausende in Leipzig, Zigtausende überall in den Städten der DDR, eine Million Menschen in Ostberlin: ein ungeheurer Massenprotest gegen eine verhasste Parteiherrschaft, gegen Gängelung und Kommandowirtschaft, gegen Drohung und Zwang, gegen Verordnung und Lüge, gegen persönliche Unterdrückung und Einsperrung« – dies bedeutete in Schmidts Augen das Ende des SED-Machtmonopols. Aber wie Millionen von DDR-Bürgern wartete er ab, »halb hoffnungsvoll, halb skeptisch« – skeptisch zumal gegenüber Egon Krenz. »Ich habe in der DDR keinen getroffen, der ihm vertraut«, berichtete er. Der Grund dafür? »Solange Ausreisen und Rückreisen von Deutschen aus der DDR und in die DDR nicht völlig frei sind, wird es kein Vertrauen in die Wende geben.« Günter Schabowskis leichthin, eher versehentlich angekündigte Maueröffnung bewies, dass das Politbüro sich der Reiseproblematik zusehends bewusst geworden war.

Vier Faktoren machte der Leitartikler Schmidt aus, die zu den spontanen Demonstrationen und zu Egon Krenz' Reformversprechungen geführt hätten: »zum einen Gorbatschows hartnäckiges Eintreten für Glasnost und Perestrojka; zum anderen das Beispiel des weitreichenden Systemwandels in Ungarn und Polen; zum Dritten der Volkszorn über die offensichtlichen Fälschungen bei den Kommunalwahlen [im Mai]; viertens die *causa efficiens* der gewaltig anschwellenden Fluchtbewegung.«

Reisefreiheit jedoch, schrieb Schmidt, sei nur eine der Voraussetzungen für den Reformprozess. Anderes müsse hinzukommen: »Die Kommunalwahlen müssen annulliert werden. Und spätestens Ostern muss es neue Gemeindewahlen geben […]. Das Ministerium für Staatssicherheit und sein riesiger Apparat müssen aufgelöst werden […]. Ausdrücklich müssen die Freiheit gewerkschaftlicher Selbstorganisation durch die Arbeitnehmer und deren Streikrecht hergestellt werden. Die Medien müssen von obrigkeitlicher Lenkung befreit werden: Zeitungspapier, Druckereikapazität und Sendezeiten müssen allen Gruppen zur Verfügung stehen.« Unmissverständlich fügte er die Warnung an: »Wer die Öffnung verschieben oder bloß vortäuschen will, der hat Aussicht weder auf die Herstellung eines DDR-Staatsbewusstseins noch auf ›Stabilität und Ordnung‹ – zwei Worte aus dem Munde von Krenz, die abermals das Vertrauen in den von ihm verkündeten Reformprozess untergraben.«

Noch lag der Gedanke an die Wiedervereinigung den meisten fern, auch Helmut Schmidt. Der Fortbestand der DDR wurde allgemein unterstellt – allerdings der Fortbestand einer sich reformierenden DDR. Schmidt war klar: »Der wirtschaftliche Umbau wird viel Zeit brauchen, der ökologische Umbau noch länger.« Und er ließ auch keinen Zweifel: »Wir müssen uns darauf einstellen, in großem Umfang zu helfen. […] Es wird sich um viele Milliarden D-Mark handeln, nicht einmal, sondern über einige Jahre.« Zum ersten Mal ließ er dann das Thema anklingen, das er in den folgenden Monaten ins Zentrum seiner Analysen und Ratschläge rückte: »Es wird nötig sein, diese Solidaritätsleistung gegenüber unseren

Landsleuten im anderen deutschen Staat uns selbst fühlbar zu gestalten. Entweder durch einen zeitlich befristeten Zuschlag zur Lohn-, Einkommens- und Körperschaftssteuer oder durch eine einmalige Vermögensabgabe. [...] Jahrelang hat das Wort von den Brüdern und Schwestern gegolten – jetzt wird es tatsächlich um brüderliche Solidarität gehen!«

Ein weiteres Mal ging Schmidt auch auf das Problem der Übersiedler ein. »Wir alle haben ein Interesse am Gelingen des Reformprozesses«, argumentierte er. »Kein Deutscher kann daran interessiert sein, dass die DDR ausblutet und dass es zu einer Vereinigung der Deutschen innerhalb der Grenzen der Bundesrepublik kommt. [...] Wir dürfen keine finanziellen Anreize zur Übersiedlung bieten. Und umgekehrt dürfen wir unseren Landsleuten aus der DDR die Übersiedlung in die Bundesrepublik nicht verweigern. Die Übersiedler sind aber nicht das Hauptproblem. Das Wichtigste ist, den ›Dortbleibern‹ in der DDR zu einem erfolgreichen Reformprozess beizuhelfen.«

Ein völliges Scheitern des Reformprozesses befürchtete Helmut Schmidt nicht, ebenso wenig einen chaotischen Zusammenbruch der DDR. Auch ein Kollaps des Ostblocks erschien ihm noch unvorstellbar – die Reformer in der DDR müssten wissen, »dass die Zugehörigkeit ihres Staates [zum Warschauer Pakt] unter den heutigen Umständen nicht angetastet werden kann«. Die Hoffnung auf den zukünftigen Tag, an dem möglicherweise beide Teile Deutschlands von ihrem in der UN-Charta verbrieften Recht auf Selbstbestimmung Gebrauch machen würden, um zur Einheit zu finden, sei für die meisten DDR-Bürger »noch weit entfernt, sie haben dringlichere, unmittelbar bedrängende Sorgen«. Weiterhin bewegten sich Schmidts Gedanken auf einer langen Zeitschiene: »Wir Bundesdeutschen«, so sein Befund, »werden jedoch zur Einheit bereit bleiben – auch im nächsten und übernächsten Jahrzehnt.« Über den von Manfred Stolpe, dem Vorsitzenden des Evangelischen Kirchenbundes in der DDR, geforderten »rechtlichen Verbund beider deutscher Staaten, der ihre Friedenspflicht festhält, ihre gewachsenen

Bindungen wahrt, wirtschaftliche Kooperation regelt und der menschlichen Dimension freien Lauf lässt«, müsse in der Tat ernsthaft nachgedacht werden – »um bereit zu sein, wenn in der DDR ein wirklicher Reformprozess in Gang kommt«.[48]

Schon in der folgenden Ausgabe meldete sich Schmidt aufs Neue zu Wort, diesmal zusammen mit Marion Gräfin Dönhoff.[49] Die beiden Autoren rühmten die unblutige ostdeutsche Revolution, die entschlossen und besonnen der Geschichte eine neue Wendung gab, aber sie richteten zugleich den Blick auf die weiteren Horizonte, die diese Wendung – die Wende – der Welt eröffneten. »Heute erleben wir«, schrieben sie, »wie das Rohmaterial der Geschichte vor unseren Aufgaben entsteht. Ton in der Hand des Töpfers könnte es sein – aber wo ist der Meister, der mit Phantasie und Kreativität dieses Material zu formen hilft?« Es plagte sie die Sorge, dass eine historische Chance verpasst würde. »Es wäre durchaus möglich, dass sich jetzt die großen Hoffnungen der letzten Jahrzehnte erfüllen. Es besteht aber auch die Gefahr, dass alles zusammenbricht, weil man sich im Westen nicht zu umfassenden Hilfeleistungen entschließen kann. Eine neue Welt könnte geschaffen werden, aber es fehlt der Herr der Schöpfung.«

Das Fazit des Appells: »Es ist Zeit, dass die Europäische Gemeinschaft die Gelegenheit beim Schopfe packt – schließlich geht es um Europas Zukunft.« Ein Hilfsprogramm für alle, die sich »auf den Weg der Reformen und des politischen Pluralismus begeben«, forderte das Autoren-Duo, einen neuen Marshallplan. Gegenwärtig kämen dafür nur Polen und Ungarn in Betracht – »aber sofern im Laufe des Jahres 1990 hoffentlich auch die DDR zu freien Wahlen und damit zum politischen Pluralismus übergeht, muss das Angebot auch für sie gelten, und gegebenenfalls für die UdSSR.« Perspektiven für die fernere Zukunft zeigte der Artikel nicht auf. Ein knapper Satz besagte lediglich: »Die Frage nach den Möglichkeiten eines späteren gemeinsamen Daches für die beiden Teile des deutschen Volkes kann dabei gegenwärtig offenbleiben; denn die Menschen in der DDR haben einstweilen andere, weit drängendere Sorgen.«

In jenen Tagen sagte Helmut Schmidt in der Freitagskonferenz des politischen Ressorts der ZEIT: »Jetzt muss der Bundeskanzler eine Blut-, Schweiß- und Tränenrede halten.« Jeder verstand die Anspielung auf Churchills Appell vom Mai 1940, mit dem der Kriegspremier die Briten zu einer außergewöhnlichen Anstrengung und zu großen Opfern aufgerufen hatte, um England zu retten und Hitler zu besiegen. Ebenso, war Schmidts Unterstellung, würden die Deutschen im Westen eine ganz ungewöhnliche Anstrengung zu machen und große Opfer zu bringen haben, und die Deutschen im Osten würden viel Geduld brauchen.[50] Einen solchen Appell hat Kohl freilich nie an die Nation gerichtet. Zu Schmidts ewigem Leidwesen hat er vielmehr in ungezählten Reden optimistische Illusionen erzeugt und blühende Landschaften binnen kurzer Zeit versprochen – zum ersten Mal in seiner Fernsehansprache am 1. Juli 1990 (wir würden Ostdeutschland »schon bald wieder in blühende Landschaften verwandeln, in denen es sich zu leben und zu arbeiten lohnt«), dann erneut in seiner am Vorabend der staatsrechtlichen Vereinigung ausgestrahlten Fernsehrede (»Noch nie waren wir besser vorbereitet als jetzt, die wirtschaftlichen Aufgaben der Wiedervereinigung zu meistern.«).[51]

Am 15. Dezember ging Helmut Schmidt näher auf das in Deutschland Notwendige ein.[52] Inzwischen hatte sich die Lage in atemberaubendem Tempo geändert. Alle, die damals schrieben, machten wohl dieselbe Erfahrung: Die Sätze vergilbten einem noch in der Schreibmaschine. Am 13. November trat Hans Modrow, der in Dresden den Dialog mit den Bürgerrechtlern der oppositionellen »Gruppe der 20« gesucht hatte und als »ostdeutscher Gorbatschow« galt, die Nachfolge des Ministerpräsidenten Willi Stoph an; am 1. Dezember strich die Volkskammer den Führungsanspruch der SED aus der DDR-Verfassung; am 3. Dezember wurden Honecker und der Stasi-Chef Erich Mielke aus der Partei ausgeschlossen; Egon Krenz, am 18. Oktober SED-Generalsekretär und Vorsitzender des Staatsrates geworden, trat mit dem gesamten Zentralkomitee am 6. Dezember zurück; drei Tage darauf wurde Gregor Gysi neuer Vorsitzender der Partei, die sich in SED-PDS umbenannte (im Januar 1990 strich sie das SED-Kürzel und bekannte sich zur deutschen Einheit).

Noch im Dezember wurden für Mai 1990 freie Wahlen in der DDR anvisiert. »Bis dahin bleiben viele Unklarheiten über die Zukunft der deutschen Nation«, schrieb Schmidt zehn Tage vor Weihnachten. »Eine schrittweise gegenseitige Annäherung der beiden deutschen Staaten durch Zusammenarbeit auf zusätzlichen Feldern und durch zusätzliche Institutionen ist wahrscheinlich. Sie ist dringend zu wünschen.« Mit der Erwähnung zusätzlicher Institutionen griff Schmidt die Punkte 4 und 5 des Zehn-Punkte-Plans auf, den Bundeskanzler Helmut Kohl in der Haushaltsdebatte des Bundestags am 28. November vorgetragen hatte: gemeinsame Kommissionen und »konföderative Strukturen zwischen beiden Staaten in Deutschland«; nicht unähnlich der von Modrow vorgeschlagenen »Vertragsgemeinschaft«.

Das wichtigste Anliegen war Schmidt eine »volle Garantie für Würde und Freiheit der Person, die Errichtung einer parlamentarischen Demokratie und eines zuverlässigen Rechtsstaates in der DDR«. An zweiter Stelle seiner »Rang- und Reihenfolge« kam freilich die »dringend gebotene Rücksichtnahme auf die Interessen der übrigen europäischen Völker«. Nachdem es nun zum ersten Mal möglich erscheine, dass die Deutschen ein gemeinsames Dach über sich errichteten, müssten sie darauf sinnen, wie sie den Nachbarn einen solchen Vorgang »erträglich und für sie nützlich« gestalten könnten. Alle anderen Europäer müssten sich »vor einer späteren Wiederaufrichtung deutscher Hegemonie sicher« sein. Deswegen dürften die Deutschen das Ziel der Europäischen Währungsunion und das Endziel der Politischen Union in Europa nicht gefährden, denn nur als Mitglied der Europäischen Gemeinschaft könnten sie hoffen, die Besorgnisse ihrer Nachbarn abzubauen. Pointiert setzte Schmidt hinzu: »Im Verhältnis zu Polen heißt dies: Strikte und eindeutige Anerkennung der polnischen Westgrenze – ohne juristische Spitzfindigkeiten und ohne Wenn und Aber […].

Es gibt ohnehin kein Volk und keine Regierung auf der Welt, welche deutsche Grenzansprüche gegen Polen anerkennen. Deren Aufrechterhaltung führt zu deutscher Selbstisolierung: ein schweres Hindernis für die internationale Anerkennung des deutsch-deutschen Annäherungsprozesses.«

Den Westdeutschen rief Schmidt zu: Keine Alleingänge! Lasst uns fühlbare Opfer bringen! Macht die Deutschlandpolitik nicht zum Wahlkampfthema! »Modrows Wort von der Vertragsgemeinschaft und Kohls Wort von neuen gemeinsamen Institutionen passen ohne Schwierigkeiten zueinander; bitte, fangt alsbald damit an! Und vergesst nicht, dass die DDR-Bürger selbst bestimmen müssen, was sie wollen!« Den Ostdeutschen aber sagte er: »Nach eurem Meisterwerk der Gewaltlosigkeit erhoffen wir von euch Deutschen in der DDR ein Meisterwerk der Umsicht, der Beharrlichkeit und der Geduld. [...]

Widersteht aller Versuchung zum Faustrecht. Vertraut auf die Selbstheilungskraft eurer Bewegung.« So realistisch wie offenherzig sprach er auch eine bittere Wahrheit aus: »Eure wirtschaftliche Lage wird sich zunächst verschlechtern. Vertraut auf unsere Hilfsbereitschaft. Sagt uns, was ihr braucht. Habt keine Angst vor dem Gespenst Kapitalismus.«[53] Doch Helmut Schmidt hütete sich wohlweislich davor, den Landsleuten im Osten blühende Landschaften zu versprechen.

Und an noch eine Wahrheit erinnerte er die Ostdeutschen: »Vergesst nicht: Ohne die Revolutionen in Polen und Ungarn wäre die Revolution in der DDR gewaltlos kaum zum Erfolg gelangt – und auch nicht ohne die Duldung durch die sowjetische Führung. Gorbatschow hat ein Risiko auf sich genommen, indem er dem Völkerrecht gehorsam war; Breschnew hätte stattdessen Panzer eingesetzt.«[54] Eine Einsicht, der auch die Bundesbürger sich beugen mussten. Beiderlei Deutsche hatten viel Glück, dass sie 1989/90 ihre nationale Einheit wiedererlangten. Die Geschichte hätte ihnen auch andere, weniger erfreuliche Zukünfte bescheren können.

Als Schmidt im Advent 1989 seine erste große Analyse nach dem

Bau der Mauer zu Papier brachte, riefen die Demonstranten in Ostdeutschland nicht mehr: »*Wir* sind das Volk«; immer lauter erscholl nun der Ruf: »Wir sind *ein* Volk.« Am 19. Dezember bestärkten die Ovationen Zehntausender Menschen in Dresden Helmut Kohl in seiner Überzeugung, dass die DDR-Herrschaft »definitiv am Ende« sei; unabweisbar drängte sich ihm der Eindruck auf: »Die Sache ist gelaufen.«[55] Schicksalhaft trieb die Entwicklung auf die Vereinigung der beiden deutschen Staaten zu. Wie lange würde es dauern bis zu ihrem staats- und völkerrechtlichem Vollzug?

Selbst Helmut Kohl glaubte, als er Ende November seinen Zehn-Punkte-Plan vorlegt, bis zur vollen Einheit würde noch viel Wasser den Rhein und die Elbe hinunterfließen. Anfang Dezember erklärte er dem NATO-Rat, es gebe keinen Zeitplan für die Wiedervereinigung. Sofern es zu einem weltpolitischen Umbruch käme, würden in der DDR in zwei oder drei Jahren freie Wahlen abgehalten; dann müsse man gemeinsame Gremien einsetzen; danach könne man an konföderative Strukturen denken, aber nicht etwa an eine Konföderation. Fünf bis zehn Jahre würde es wohl noch bei den »konföderativen Strukturen« bleiben; darin war er sich mit seinen Beratern einig.[56] Am 23. Januar war er schon weiter: Im Gespräch mit dem britischen Botschafter Christopher Mallaby erwähnte er das Datum des 1. Januar 1995, an dem die konföderierten Strukturen in einen Bundesstaat überführt werden könnten.[57]

Schmidt dachte in ähnlichen Zeiträumen. In einer Ansprache an die Rostocker Bürger mahnte er im Februar 1990 zu schrittweisem Vorgehen.[58] Am 23. März 1990, nach den vom Mai auf den 18. März vorgezogenen Volkskammerwahlen, schrieb er, der Weg zur Einheit werde für die DDR »ähnlich lang werden« wie in den fünfziger Jahren die Eingliederung des Saarlands in die junge Bundesrepublik, nämlich vier Jahre »von der Volksabstimmung im Saarland bis zum Ende der Übergangsfrist und bis zur Währungsunion«. Vorrang vor der rechtlichen und verfassungsrechtlichen Vereinigung müssten die Wirtschafts-, Währungs- und Sozialunion und die internationale Einbettung des deutsch-deutschen Einigungsprozesses haben. Die internationale Einbettung sei jedoch ungleich schwieriger als beim Beitritt des Saarlandes; über der Klärung der Standpunkte zur Bündniszugehörigkeit und der Grenzen werde Zeit vergehen. Auch seien die Wirtschafts- und Sozialstrukturen der DDR und der Bundesrepublik kategorisch verschieden; vieles müsste völlig neu geschaffen oder geregelt werden: ein neues Steuersystem, ein Sozialversicherungssystem, Gewerbefreiheit, Betriebsverfassung, Eigentumsordnung und ein Finanzausgleich zugunsten der DDR.[59]

Wohl war es Schmidt seit dem 10. November klar, dass es nach dem Mauerfall am Ende zur Vereinigung der Deutschen kommen würde.[60] Doch dachte er selbst zu diesem Zeitpunkt noch, die Lösung der internationalen Probleme würde ein langwieriger Prozess werden, desgleichen die Bewältigung der innerdeutschen Aufgaben vor der Wiederherstellung der Einheit. Er täuschte sich, wie die meisten sich damals täuschten. Es wurde ein Erdrutsch.

In den Kanzleien der großen Mächte wie der kleinen Nachbarstaaten löste das Tempo der Entwicklung schwere Bedenken und – vielerorts jedenfalls – heftige Widerstände aus. Dies galt besonders für Paris. Der aufgeschreckte französische Staatspräsident François Mitterrand traf sich am 6. Dezember in Kiew mit Gorbatschow (»Die Deutsche Frage ist keine Frage für heute«[61]) und besuchte, um den Zug zur deutschen Einheit zu bremsen,[62] am 20. Dezember sogar Ostberlin, wo er Modrow versicherte, die DDR könne auf die Solidarität Frankreichs zählen.[63] Die plötzliche Aussicht auf Wiedervereinigung habe die Deutschen wieder in »böse« Deutsche verwandelt, die sich mit einer gewissen Brutalität auf die Wiedervereinigung konzentrieren und auf nichts anderes sonst, erklärte er der britischen Premierministerin am 20. Januar. Die Deutschen hätten ein Recht auf Selbstbestimmung, aber sie hätten nicht das Recht, die politischen Realitäten Europas über den Haufen zu werfen. Eine Vereinigung der beiden deutschen Staaten zerstöre das Gleichgewicht, das zwischen der Deutschen Mark und der französischen Bombe bestehe, analysierte Dominique Moisi das Motiv Mitterrands.[64] Margaret Thatcher stand der Aussicht auf ein vereinigtes Deutschland ausgesprochen »feindselig« gegenüber.[65] Ihr Außenminister Douglas Hurd erklärte am 10. November bereits, das Prinzip der deutschen Einigung stehe nicht im Zweifel, »doch das Wie und Wann ist nicht auf der unmittelbaren Tagesordnung«.[66] Sie selbst räumte der Etablierung von Demokratie, Freiheit und Rechtsstaatlichkeit in Osteuropa Vorrang ein, auch wollte sie Gorbatschows Reformerfolg nicht gefährden; man solle nicht so tun, als ob die deutsche Einheit unvermeidlich wäre. Und noch Ende März 1990 berief sie drei britische und zwei amerikanische Historiker zum Kolloquium ins Regierungslandhaus Chequers, um ihre Ansicht bestätigen zu lassen, dass den Deutschen nicht zu trauen sei. Ihr Argwohn und ihre Abneigung gegen die Deutschen saßen so tief, dass sie sich zu der aberwitzigen Frage verstieg, wann denn die vereinten Deutschen wieder ostwärts marschieren würden.[67] Moskau sah ebenfalls einer Wiedervereinigung der Deutschen scheelen Auges entgegen. Die Frage stehe nicht auf der Tagesordnung, erklärte der Kreml-Sprecher Gennadij Gerasimow: »Es gibt angesichts der Stabilitätsfrage, die sie aufwirft, heute kein einziges Land, das nach der deutschen Einheit dürstet.«[68] In einem Brief an den US-Präsidenten zeigte sich Gorbatschow alarmiert; der Ruf nach der Einheit Deutschlands stürze ihn in tiefe Besorgnis; die Siegermächte seien noch immer für Deutschland verantwortlich und müssten zusammenarbeiten.[69]

Auch Bush (sen.) war keineswegs gleich Feuer und Flamme für die Wiedervereinigung.[70] Im Frühherbst schon ließ er die Briten wissen, die Frage »*how to manage the Germans*« bereite ihm zunehmendes Kopfzerbrechen.[71] Wiedervereinigung? »Sie kommt, aber sie muss nicht morgen kommen«, erklärte er dem sowjetischen Präsidenten bei ihrem Dezember-Treffen in Malta. Es war dann vor allen Dingen seinem Außenminister James Baker zuzuschreiben, dass ein weitverbreitetes Unwohlsein, wie es am 19. November in einem Artikel der *New York Times* zum Ausdruck kam (»Washington will die Wiedervereinigung nicht«), einem aktiven Engagement zur Steuerung des Einigungsprozesses wich. Die Unterstützung für

Bonn gründete die Bush-Administration auf vier Prinzipien: Achtung des deutschen Selbstbestimmungsrechts ungeachtet der endgültigen Form, in der die Einheit kommen werde; fortdauernde Einbettung Deutschlands in die NATO und in die mehr und mehr zusammenwachsende Europäische Gemeinschaft; friedlicher und schrittweiser Vollzug des Einigungsprozesses unter Rücksichtnahme auf die Interessen der anderen europäischen Staaten; schließlich Beachtung des in der Helsinki-Schlussakte niedergelegten Grundsatzes von der Unverletzlichkeit der Grenzen, der Raum lasse für eine Grenzänderung mit friedlichen Mitteln. Bundesaußenminister Hans-Dietrich Genscher hatte damit zunächst wegen der vorgesehenen NATO-Zugehörigkeit Ostdeutschlands gewisse Schwierigkeiten, ebenso Kohl, weil er sich noch nicht zu einer Anerkennung der Oder-Neiße-Grenze durchringen konnte; was in Warschau von der Regierung Mazowiecki übel vermerkt wurde.[72] Die Amerikaner beruhigte – und gewann – Genscher alsbald mit der Versicherung, das wiedervereinigte Deutschland werde »nicht als brüllender Löwe, sondern als Friedenstaube« wiedererstehen.[73]

In den nächsten Wochen wuchs in Ostdeutschland der Druck von unten. Der Zug zur Einheit nahm immer schnellere Fahrt auf und war schon bald nicht mehr zu stoppen. Nur der außenpolitische Rahmen ließ sich von den vier Alliierten zimmern; dem dienten die im Februar beschlossenen und im September abgeschlossenen Zwei-plus-vier-Verhandlungen. Um die gleiche Zeit schlug der Bundeskanzler eine Währungsunion vor; am 18. März brachten die ersten freien Wahlen in der DDR eine Koalitionsregierung unter Lothar de Maizière ans Ruder; am 1. Juli trat die Wirtschafts-, Währungs- und Sozialunion in Kraft; am 31. August wurde der Einigungsvertrag unterzeichnet; am 3. Oktober wurde die Vereinigung formell vollzogen. Deutschland war nach einundvierzig Jahren wieder eins.

Im November war Schmidt mit seiner Frau Loki in Sachsen gewesen, im Februar besuchte er Rostock, im Frühjahr sprach er auf ZEIT-Veranstaltungen in mehreren ostdeutschen Städten, von Rostock und Greifswald im Norden über Ostberlin, Halle und Magdeburg bis nach Dresden, Leipzig und Jena. In jeder Stadt diskutierte er zusammen mit Marion Gräfin Dönhoff und einer Reihe von Redakteuren der ZEIT (die sich ausrechnete, bei vergleichbarer Leserdichte in Ostdeutschland wie in Westdeutschland werde die Auflage um 160 000 Exemplare steigen – letztendlich wurden es 16 000; ein Beleg für die fortdauernde geistige Zerklüftung des Volkes). Aber vor allem interessierten ihn die Stimmung der Menschen, die in Massen in die alten FDGB-Säle, in Theater oder Versammlungshallen drängten, ihre Hoffnungen und Befürchtungen, ihre Einschätzungen der Lage, Ratschläge, Empfehlungen und Mahnungen. Der *Tagesspiegel*-Redakteur Malte Lehming, damals junger Mann im Büro Schmidt, erinnert sich: »Anschließend [an seine Rede] strömten die Menschen zu Schmidt, umringten ihn, steckten ihm oder seinen Leibwächtern Zettel zu; manchmal war es ein bekritzeltes Zuckerwürfelpapier. Später dann, im Auto, leerte er seine Taschen: ›Jeder kriegt eine Antwort‹. So geschah es. Geantwortet wurde immer. ›Das haben die Menschen verdient.‹«[74]

Mehrfach nahm Schmidt in den Monaten, in denen die Einheit heranreifte, zu den damit verbundenen Fragen Stellung. Dabei ging es zunächst einmal um drei konkrete Punkte. Erstens: Sollte die Wiedervereinigung nach Artikel 23 des Grundgesetzes erfolgen oder nach Artikel 146 – vereinfacht gesagt: als simpler Anschluss an die Bundesrepublik oder im Zuge einer verfassungsrechtlichen Neugründung Gesamtdeutschlands? Zweitens: Auf welcher Wechselkurs-Grundlage sollte die Wirtschafts- und Währungsunion errichtet werden? Drittens: Wie sollte der Zwei-plus-vier-Vertrag als außenpolitische Einrahmung der deutschen Einheit beschaffen sein?

In dem Disput über die richtige Methode der Vereinigung hielt Helmut Schmidt sich auffallend bedeckt. Die ZEIT hatte sich, motiviert von Robert Leicht, vehement für einen Beitritt nach Artikel 23 eingesetzt und damit in der Bundesrepublik die Meinungsführerschaft übernommen. Artikel 23 bestimmte die Gültigkeit des

Grundgesetzes in allen Bundesländern außer Berlin, das der Hoheit der vier Siegermächte unterstand, und besagte lakonisch: »In anderen Gebieten ist es nach deren Beitritt in Kraft zu setzen.« Demgegenüber hieß es in Artikel 146: »Dieses Grundgesetz, das nach der Vollendung der Einheit und Freiheit Deutschlands für das gesamte deutsche Volk gilt, verliert seine Gültigkeit an dem Tage, an dem eine Verfassung in Kraft tritt, die von dem deutschen Volke in freier Entscheidung beschlossen worden ist.« Damit war die Wiedervereinigung zwar nicht zwingend an die Verabschiedung einer neuen Verfassung gebunden, das alte Grundgesetz hätte seine Geltung behalten können, doch eröffnete die Formulierung einen alternativen, wiewohl zeitraubenden Weg zur Einheit: durch eine Konstituante und einen Volksentscheid über deren Verfassungsentwurf.

Anders als die ZEIT-Redaktion blieb Schmidt gegenüber der Anwendung des Anschluss-Artikels skeptisch. »Der neuen DDR-Regierung kann eine schnelle Beitrittserklärung nach Artikel 23 nicht angeraten werden«, schrieb er nach den März-Wahlen in der DDR und begründete dies mit der Notwendigkeit, komplizierte Überleitungsverträge – auch mit der EG – und Überleitungsgesetze auszuarbeiten. Schmidts Meinung: »Die DDR-Regierung [...] muss umfangreiche Verhandlungen führen, zu denen sie gegenwärtig noch keine ausreichende Zahl von Fachleuten hat.« Zeit brauchte nach seiner Ansicht vor allem die Verständigung mit unseren Nachbarn und Partnern. Auf keinen Fall dürften die Deutschen in der DDR durch ein Bonner Diktat überfahren werden. Wenn es denn nach Artikel 23 gehen sollte, sei nicht auszuschließen, »dass die DDR-Regierung bei dieser Gelegenheit und vor dem Beitritt eine Grundgesetz-Ergänzung aushandelt, welche den in vierzig Jahren verfestigten Besonderheiten und Erfahrungen ihrer Bürger Rechnung trägt«.[75] Schmidt ist später auf diese Argumente nicht mehr zurückgekommen – vermutlich, weil der überraschend schnelle Fortgang der deutsch-deutschen Verhandlungen und der Zwei-plus-vier-Gespräche seine ursprüngliche Einschätzung des Zeitbedarfs hinfällig werden ließ.

Eine Weile länger jedoch beschäftigten ihn die Modalitäten der für Mitte des Jahres anvisierten deutsch-deutschen Währungsunion. »Nur Kohl bringt die Kohle«, hatte er von Rostock bis Leipzig gehört;[76] eine schnelle Währungsunion und erhebliche finanzielle Hilfen sollten die »Kohle« nun heranschaffen. Besonders der Umstellungskurs von Ost-Mark in D-Mark und der Konversionskurs für Sparguthaben machten Helmut Schmidt Schwierigkeiten. Mehrere Bundesminister hatten von einem Kurs 1:1 gesprochen. Realistisch befand er: »Es dürfte schwierig sein, von diesem Pferd wieder abzusteigen und die enormen Erwartungen zu enttäuschen, die Bonn beim DDR-Publikum geweckt hat.« Aber er wies auch nüchtern auf die Konsequenzen hin: Je besser der Umtauschkurs, desto größer und schneller die Arbeitslosigkeit. Noch bereitete dieser Gedanke dem Altbundeskanzler keine allzu großen Sorgen, denn gewiss würde ein großer Teil der Arbeitslosigkeit durch den zu erwartenden Wirtschaftsaufschwung wieder aufgesogen werden – »aber die ersten Jahre können sehr hart werden«.[77] Bei dieser Ansicht blieb der Altbundeskanzler noch einige Zeit. »Die schnelle Einbeziehung der DDR in das DM-Währungsgebiet und in den gemeinsamen Markt der EG war politisch richtig«, schrieb er 1991. »Ich bin auch heute noch fest überzeugt, dass wir binnen zehn Jahren in den neuen Bundesländern die gleiche Produktivität pro Arbeitsstunde erreichen können wie im Westen.« Allerdings müssten die »erschütternden Freisetzungen von Arbeitskräften«, fast die Hälfte aller Arbeitnehmer, durch große Infrastruktur-Investitionsprogramme ergänzt werden, damit neue Arbeitsplätze entstünden.[78]

Die zügige Einigung der beiden deutschen Staaten und der vier Alliierten überraschte Schmidt. Immer wieder hatte er angemahnt, die Sensibilitäten der westlichen und östlichen Nachbarn im Galopp zur Einheit nicht zu übersehen: »Unserer politischen Führung und unserer Öffentlichkeit fehlt das Bewusstsein der europaweiten Auswirkungen unserer staatlichen Vereinigung.«[79] Die Gefahr einer psychologischen Isolierung Deutschlands zeichnete sich, in seinen

Augen, ab. Er sah darin das Resultat einer Reihe deutscher Ungeschicklichkeiten – zum Beispiel die unterbliebene Vorab-Unterrichtung Mitterrands über Kohls Zehn-Punkte-Plan oder des Kanzlers Schwanken in der Oder-Neiße-Frage. »Nicht die Chance verpatzen«, warnte er.[80] Doch sie wurde nicht verpatzt. Binnen weniger Monate wurden alle Hürden genommen; die Realität überholte die Phantasie.

Zögernd, aber am Ende eindeutig, förmlich und bindend erkannte die Regierung Kohl nach der Bundestagsresolution vom 21. Juni die Oder-Neiße-Grenze als Polens endgültige Westgrenze an; am 5. August machte der Kanzler vor dem Bund der Vertriebenen deutlich, dass diese Anerkennung der Preis für die deutsche Einheit sei. Der im Mai unterzeichnete deutsch-deutsche Vertrag über die Wirtschafts-, Währungs- und Sozialunion trat, die Einheit vorwegnehmend, am 1. Juli in Kraft. Der Zwei-plus-vier-Vertrag – der korrekterweise »Vertrag über die abschließende Regelung in Bezug auf Deutschland« hieß und seiner Substanz nach der Friedensvertrag war, der in Europa den Zweiten Weltkrieg beendete – hatte in knapp sechs Monaten Gestalt angenommen und wurde am 20. September in Moskau unterzeichnet; damit nahm Gorbatschow nicht nur die deutsche Einheit hin, sondern willigte sogar in die NATO-Zugehörigkeit des DDR-Territoriums ein. Die Einbindung des DDR-Gebietes in die Europäische Gemeinschaft war ebenfalls beschlossene Sache. Zu guter Letzt wurde am 31. August der deutsch-deutsche Einigungsvertrag unterzeichnet. Das Tor zur Einheit stand nun weit offen. Es konnte nicht mehr zufallen. Die Realität hatte auch Helmut Schmidts Vorstellungskraft überholt.

Der Altbundeskanzler versagte seinem Nachfolger nicht die Anerkennung. Gewiss, Kohl war die Chance der Wiedervereinigung zugefallen, ohne dass er für deren Herbeiführung praktisch irgendetwas getan hätte – er war nur zufällig da, als sie sich ergab. Doch ergriff er die Gelegenheit beherzt beim Schopfe, als sie sich bot, drängte bedachtsam zur Eile (was Schmidt mit dem Argument unterstützte, dies sei aus außenpolitischen Gründen geboten, »weil sonst die Chance zur Verständigung mit der Sowjetunion wieder verlorengehen« könne) und kehrte dem Europa-Gedanken nach Erreichung des nationalen Endziels »Deutsche Einheit« nicht etwa den Rücken, sondern beharrte nun erst recht darauf, die europäische Integration voranzutreiben. Es gelang dem Kanzler und seiner Staatskunst, Ost und West auf einen Kurs zu lenken, der nach dem Mauerfall binnen 329 Tagen zur Wiedervereinigung führte. Schmidt zollte seinem Vorgänger dafür aufrichtigen Tribut: »Helmut Kohl hat ein bleibendes, geschichtsträchtiges Verdienst am Zustandekommen der deutschen Einheit.« Er habe die sich eröffnende Chance erkannt und in mehreren Schritten genutzt.[81] Kohls Zehn-Punkte-Plan habe den internationalen Prozess der deutschen Wiedervereinigung entscheidend vorangetrieben – »eine nahezu aus dem Stand vollbrachte glänzende Leistung der Vernunft«.[82]

Aber Schmidt hielt auch mit seiner Kritik an dem, was folgte, nicht hinter dem Berge. Im Grundsatz sei es selbstverständlich richtig gewesen, schrieb er rückblickend, »die Einheit Deutschlands herbeizuführen und die ehemalige DDR nicht nur in das Währungsgebiet der D-Mark, sondern ebenso in den Gemeinsamen Markt der Europäischen Gemeinschaft aufzunehmen«. Doch mit der gleichen Klarheit fügte er solcher Anerkenntnis die Feststellung an: »Fast alles andere, was Kohl seit dem 3. Oktober 1990 zum Zwecke der Vereinigung unternommen, entschieden oder auf den Weg gebracht hat, war teils falsch, teils fehlerhaft, teils zu zaghaft und teils zu spät.«[83] Der Kanzler habe »leichtfertigen Optimismus« propagiert,[84] ein »taktisches Potpourri geboten«,[85] einem »naiven Glauben an die alles heilenden Kräfte des Marktes« angehangen[86] und »illusionäre Versprechungen« gemacht[87] – Vorwürfe, die Schmidt in verschiedenen Zusammenhängen und abgewandelten Formulierungen vielfach wiederholte. Sein Urteil gipfelte in dem harschen Satz: »Die vier Jahrzehnte lang voneinander getrennten und gegeneinander abgeschotteten Teile unseres Landes wieder zusammenzufügen [...] – dieser größten deutschen Herausforderung seit 1945 ist Kohl nicht gewachsen gewesen.«[88]

Eine Frage stellten sich damals viele: Wie lange mochte es wohl dauern, bis – um Willy Brandts geflügeltes Wort aufzugreifen – zusammengewachsen war, was zusammengehörte?

Schmidt war sich durchaus darüber im Klaren, dass die Deutschen nach vierzig Jahren staatlicher Spaltung und menschlicher Trennung längere Zeit brauchen würden, um wirtschaftlich, politisch und in ihren Gefühlswelten wirklich wieder zusammenzuwachsen. Schon im Februar 1990 redete er auf einer öffentlichen Versammlung den Rostockern ins Gewissen: »Wir dürfen unsere Politiker nicht drängen, dass sie die Welt über Nacht verbessern sollen, das können die gar nicht. Im Gegenteil: Wir müssen solchen Politikern misstrauen, die über Nacht Veränderungen versprechen. Wir dürfen uns auch vom Fernsehen und von den Zeitungen nicht verführen lassen, als ob es schnell wirksame Mittel gäbe gegen jedwede Unzulänglichkeit und Ungerechtigkeit.«

Er machte den Brüdern und Schwestern nichts vor. »Eure wirtschaftliche Lage wird sich zunächst verschlechtern«, sagte er immer wieder. »Arbeitslosigkeit wird vorkommen.« Viele Arbeitsplätze in der DDR seien unproduktiv (»Denkt einmal allein an die ganzen 40 000 Funktionäre der SED, die produzieren gar nichts, lauter Mist«).[89] Trabis ließen sich nicht exportieren, die DDR habe Auslandsschulden. Dann die Umwelt: »Mein Gott, was stinkt es in Sachsen, […] das liegt an der Braunkohle und Chemie«; und das Wasser muss sauber werden in den großen Flüssen. Und dann braucht ihr Wohnungen. Und die alten Häuser müssen instand gesetzt werden, wo der Putz von den Wänden fällt, drinnen und draußen. Und dann braucht ihr Telefone. Das ist ja zum Kotzen, man muss bis nachts um eins aufbleiben, wenn man mit euch telefonieren will.«[90] Schmidt wusste auch: Die politische Anpassung würde nicht einfach werden, da der Neuaufbau weithin von Menschen geleitet und geleistet werden müsste, »die zwar innerlich sich nicht vom Kommunismus haben erdrücken lassen, […] deren Erfahrungen aber mit demokratischer Politik, mit Verwaltung oder Unternehmensleitung fast gleich null sind«. Zugleich war er sich bewusst, dass die Wirtschaftsreform nicht über Nacht zu bewerkstelligen war: »Der wirtschaftliche Umbau wird viel Zeit brauchen, der ökologische Umbau noch länger.«[91]

Es liegt kein Vorwurf in der Feststellung, dass auch Helmut Schmidt seine Zeitvorstellungen zunächst eher hoffnungserweckend formulierte. Von »einigen wenigen turbulenten Jahren« sprach er im März 1990.[92] Noch im August prophezeite er im Brustton der Überzeugung: »Es mag noch längere Monate des ökonomischen Durcheinanders in der DDR geben – aber seien wir getrost: Schon binnen zwölf Monaten wird sich der Aufstieg ankündigen.«[93] Für einige Zeit nur sah er »chaotische Verhältnisse« voraus, bekräftigte er kurz darauf. »Wahrscheinlich wird aber spätestens im Laufe des Jahres 1992 der Aufschwung erkennbar werden. Jedoch am Ende der neunziger Jahre – so haben wir überall unsere feste Überzeugung ausgedrückt – werden die Deutschen in der bisherigen DDR unser westliches Produktivitätsniveau und unseren westlichen Lebensstandard erreicht haben (freilich wird dabei die Lebensqualität noch längere Jahre hinterherhinken).«[94] Mit derlei Aussagen trieb Schmidt auch ein Stück Seelenmassage. Er wollte den Ostdeutschen Mut machen, nicht sie entmutigen. Jahre später legte er Wert auf die Feststellung: »Obwohl vieles von dem, was ich zu Beginn der neunziger Jahre zu den Problemen der deutschen Einheit öffentlich gesagt und geschrieben habe, zuversichtlicher formuliert war, als ich tatsächlich dachte, habe ich mich doch zu keinem Zeitpunkt vom Optimismus hinwegreißen lassen.«[95] Indessen wollte er auch nicht als »Bote des Unheils« dastehen.[96]

Ohnehin sah er sich binnen zwölf Monaten angesichts der quälenden Langsamkeit der Aufeinander-zu-Entwicklung gezwungen, seine Zeitvorstellung zu korrigieren. Heftig kritisierte er Helmut Kohl. »Wem kann es eigentlich Mut machen«, schrieb er im Mai 1991, »wenn der Bundeskanzler noch heute in Halle und Erfurt seine wirtschaftlichen Illusionen verkündet? Wenn er schon bis 1994 alles zum Guten gewendet haben will? Wer wird dagegen im kommenden Winter 1991/92 den Menschen in der alten DDR Mut machen – wenn statt der neuneinhalb Millionen Menschen, die dort früher einen Arbeitsplatz hatten, nur noch die kleinere Hälfte ihr Einkommen selbst verdienen kann und die größere Hälfte auf alle möglichen Alimentierungen aus öffentlichen Kassen angewiesen sein wird? Die seelischen Auswirkungen werden tief greifen; die Enttäuschung der 1990 leichtfertig geweckten Hoffnungen wird politische Orientierungslosigkeit auslösen.«[97]

Der kritische Ton gegenüber Helmut Kohl dominierte die Argumentation Schmidts in den zwölf Monaten nach dem Mauerfall und noch lange danach. Nicht, dass er seinem Nachfolger im Kanzleramt zum Vorwurf gemacht hatte, er habe keine Pläne für die Wiedervereinigung in der Schublade gehabt; ehrlicherweise räumte Schmidt ein, »auch seine Vorgänger hatten ihm keine hinterlassen«.[98] Doch warf er Kohl Mal um Mal vor, eine illusorische Politik zu betreiben, wenn er nach dem Motto »Wir machen das aus der Westentasche« (oder auch: »mit der linken Hand, quasi aus der Portokasse«) jegliche Steuererhöhung zur Finanzierung der deutschen Einheit ablehne.[99] »Es ist 1990 falsch angefangen worden«, sagte Schmidt. »Es ist mit wenig ökonomischem Sachverstand angefangen worden. Gleichzeitig hat man den Leuten absolut illusionistische Hoffnungen gemacht. Blühende Landschaften innerhalb von vier Jahren zu versprechen, das war kompletter Unfug.«[100] Hier sprach nicht nur der Nationalökonom Schmidt – es sprach auch der SPD-Politiker, der sich schon 1959 in einer Studie mit der Frage beschäftigt hatte, wie man eines Tages, wenn es zur Wiedervereinigung käme, die ökonomische Vereinigung gestalten könne.[101]

»Natürlich war es ein Fehler des Bundeskanzlers«, befand er schon sechs Wochen nach dem Inkrafttreten der deutsch-deutschen Währungsunion, »den finanzwirtschaftlichen Zuschussbedarf ausschließlich über Anleihen auf dem westdeutschen Kapitalmarkt decken und auf (vorübergehende) Steuererhöhungen oder auf eine (einmalige) Vermögensabgabe verzichten zu wollen« – mehrere Steuererhöhungen, die Anhebung der Sozialabgaben und der Solidaritätszuschlag kamen erst später. Der Soli, eingeführt am 1. Juli 1991, war zunächst auf ein Jahr begrenzt und wurde obendrein auch für den deutschen Finanzbeitrag zum Golfkrieg und zur Unterstützung der Ex-Ostblockstaaten herangezogen; erst 1995, als das Wachstum in den neuen Bundesländern zu stagnieren begann, wurde er erneut und diesmal auf Dauer eingeführt. Schmidt sprach von einem »würdelosen und irritierendem Hickhack«.[102] Weder Kohl noch sein Finanzminister Theo Waigel hätten »sich dazu durchringen können, den Bürgern der Bundesrepublik klar zu sagen und aus dem sittlichen Grundwert der Solidarität moralisch zu begründen, dass wir für einige Zeit erhebliche Opfer zu bringen haben, um unseren früher so oft apostrophierten Brüdern und Schwestern einen Anfang ohne Furcht zu ermöglichen«. »Politiker, die uns vorgaukeln, es gehe auch ohne dies, sind bloße Tagespolitiker, keine Staatsmänner.«[103]

Und Schmidt vermisste nicht nur den Appell an die Westdeutschen zur Opferbereitschaft; es fehlte ihm auch ein praktisches und konkretes ökonomisches Handlungskonzept.[104] Er hatte selber ein solches, mit fühlbaren Opfern für jedermann verbundenes Konzept schon vor Weihnachten 1989 skizziert. Einen Zuschlag zur Lohn-, Einkommens- und Körperschaftssteuer verlangte er für eine Reihe von Jahren (ähnlich hatte sich der ZEIT-Inhaber Gerd Bucerius für eine Vermögensabgabe aller vermögenden Bundesbürger ausgesprochen; dabei stand ihm als Modell der Lastenausgleich nach dem Zweiten Weltkrieg vor Augen).[105] Doch ging Schmidt alles viel zu langsam. Zum ersten Jahrestag der Wiedervereinigung monierte er: »Wer […] immer noch glaubt oder glauben machen will, alle finanzielle Hilfe für die DDR ließe sich allein über Staatsanleihen finanzieren, der ist entweder in bestürzender Weise naiv, oder er ist ein Täuscher von sträflichem Ausmaß.«[106] Sechs Wochen später legte er noch einmal nach: »Die bisher einzige Antwort der Bundesregierung (›keine Steuererhöhungen‹) auf alle Fragen nach der Finanzierung der Einheit ist eine falsche Antwort. Die richtige Antwort hätte lauten müssen: ›Für euch Ostdeutschen werden die allerersten Jahre hart werden. Zwar werdet ihr erhebliche Steigerungen eurer Renten und – langsamer – auch der Löhne erleben, jedoch wird der schmerzvolle Anpassungsprozess zunächst, wiewohl vorübergehend, hohe Arbeitslosigkeit auslösen. Aber seid getrost, denn spätestens im Laufe des Jahres 1992 werdet ihr die ersten deutlichen Zeichen des wirtschaftlichen und sozialen Aufbaus und der ökologischen Gesundung erkennen. Denn wir Westdeutschen werden euch nach besten Kräften brüderlich zur Seite stehen.‹

Zugleich hätte den Westdeutschen gesagt werden müssen: ›Wir appellieren an eure Solidarität; denn Opfer sind nötig – Opfer der westlichen Bundesländer und der Gemeinden, der Bundeswehr, der unzähligen Empfänger von staatlichen Subventionen und Transferzahlungen wie auch all jener, die von Steuererleichterungen begünstigt sind. Und vorübergehend müsst ihr auch eine Steueranhebung mittragen.‹« Der Verzicht auf eine gemeinsame Solidaritätsanstrengung, zu der nach der Öffnung des Brandenburger Tores eine latente Bereitschaft durchaus vorhanden war, sei ein finanzpolitischer und zugleich ein moralischer Fehler gewesen«, monierte Schmidt.[107] Die Bundesregierung, so lautet sein Vorwurf, sei »auf ihre aus schierer ökonomischer Inkompetenz herrührende Schönfärberei selbst hereingefallen. Sie blieb blind gegenüber der Notwendigkeit erheblicher finanzieller Opfer der westlichen Bundesbürger, blind auch gegenüber deren Solidaritäts- und Opferbereitschaft«.[108]

Mal um Mal zog Helmut Schmidt in den nächsten Jahren Zwischenbilanz, und Mal um Mal unterbreitete er eigene Vorschläge. So regte er 2001 ein »Paragraphenabschaffungsgesetz« an. Es sollte den Ostdeutschen, die unter der Last der ihnen übergestülpten westdeutschen Gesetzeswerke ächzten, mehr Handlungsfreiheit und Anreize zu Selbständigkeit und Unternehmertum bringen. »Lichtet den Dschungel der Paragraphen!«, war Schmidts Schlachtruf. Er schlug vor, das Baugesetzbuch zu durchforsten, das 900 Seiten starke Umweltrecht und die Bundesbesoldungsordnung zu vereinfachen, die Handwerksordnung zu lockern und die Flächentarife zu suspendieren.[109] Desgleichen wollte er die Landtage der fünf neuen Bundesländer bevollmächtigen, bestimmte Bundesgesetze für ihren Bereich auf zwanzig Jahre außer Kraft zu setzen, darunter das Betriebsverfassungsgesetz und die Allgemeinverbindlichkeit von Tarifverträgen. Auch schlug er vor, den Mehrwertsteuersatz für den Osten zu halbieren.[110] Der Schlachtruf verhallte freilich ungehört.

Anfang 1992 forderte Schmidt einen »Pakt für die Einheit«; im Einzelnen analysierte er die Versäumnisse und Risiken der bisherigen Wiedervereinigungspolitik. Ein Jahr später schlug er der Bundesregierung »die sieben Kardinalfehler der Wiedervereinigung« um die Ohren. In seinem Sündenkatalog zählte er auf: die Unterschätzung der voraussehbaren Schwierigkeiten der wirtschaftlichen Vereinigung; den naiven Glauben, Marktwirtschaft an sich werde schon in wenigen Jahren die ehemalige DDR in blühende Landschaften verwandeln; die De-facto-Aufwertung der Ostmark auf das Dreifache; den Verzicht auf einen weitreichenden generellen Finanzausgleich zugunsten der neuen Länder; die Fehlkonstruktion der Treuhandanstalt, welche die ehemals »volkseigenen« Unternehmen privatisieren sollte; die Vermögensregelung aufgrund des Einigungsvertrages nach dem Grundsatz »Rückgabe vor Entschädigung«; schließlich die von der Bundesregierung nicht unterbundene, durch die Explosion der Lohnstückkosten weit über den Produktivitätsfortschritt hinaus nach oben getriebenen Tariflöhne – Ursache einer gewaltigen Arbeitslosigkeit.[111]

Zum ersten Jahrestag der Wiedervereinigung unterstrich er nachdrücklich den Befund, den Wolfgang Thierse in einer Bilanz nach 365 Tagen gezogen hatte: im Westen zunehmende Angst vor dem Verlust der eigenen materiellen, sozialen, zivilisatorischen und kulturellen Standards, im Osten ein verbreitetes Gefühl der Überforderung, Angst vor einer offenen Zukunft und existenzielle Verunsicherung. »Wächst auseinander, was zusammengehört?«, fragte Schmidt 1993.[112] Es sei »Zeit zum Handeln«, schrieb er im gleichen Jahr angesichts der ihn bekümmernden inneren Lage der Nation.[113] Immer wieder drängte er: »Wir müssen uns endlich zum Handeln aufraffen.«[114] Mitte der neunziger Jahre beklagte der Altbundeskanzler, dass der Aufholprozess des Ostens 1995/96 zu Ende gegangen war. »Der Osten bricht weg«, warnte er 1998.[115] Zugleich plagte ihn die Einsicht, dass keiner der bei der sozialökonomischen Vereinigung gemachten Fehler – die horrende Aufwertung der Ostmark, die Verheißung von Westlöhnen binnen vier Jahren, die unsägliche Privatisierung (»die psychologisch einer Kolonialisierung gleichkam«) – reparabel war. Die Folgen seien nur schrittweise durch wirtschaftliches Wachstum zu überwinden.[116]

Vor allem aber sorgten Schmidt die fortdauernde innere Zerklüftung der Nation und die zunehmenden Schwierigkeiten des menschlichen Zusammenwachsens.[117] Die mentalen und sentimentalen Verwerfungen im neuen und vereinten Deutschland waren in der Tat schon nicht mehr zu übersehen. Unumwunden gestand Schmidt: »Als 1989 und 1990 sich die Lage der Weltpolitik und die Lage Europas so fundamental veränderten, dass die deutsche Vereinigung tatsächlich erreicht werden konnte, haben wir nicht gewusst, dass die seelische und geistige Vereinigung so schwierig sein würde, wie es sich im Laufe der Jahre nach 1990 herausgestellt hat.« Angesichts der offenkundigen inneren Identitätsprobleme Deutschlands schritt er dann 1993 mit Hilfe von Freunden wie Gerd Bucerius, Kurt Körber und Michael Otto zur Gründung seiner Deutschen Nationalstiftung. Der mit 50000 Euro dotierte Preis wird seit 1997 vergeben. Unter anderem erhielten ihn Václav Havel, Tadeusz Mazowiecki und Joseph Rovan, Fritz Stern und Heinz Berggruen, dazu die Schriftsteller Wolf Biermann, Günter de Bruyn und Erich Loest, Monika Maron und Uwe Tellkamp. Im Jahre 2010 ging der Preis an die deutsch-polnischen Brückenbauer Karl Dedecius und Alfons Nossol. Die Aufgabe der Stiftung sah Schmidt darin, »das Gedächtnis der Deutschen zu revitalisieren und dabei zu helfen, dass wir Deutschen die richtigen Lehren und Konsequenzen aus der Geschichte ziehen«.[118] Zwei Fragen standen dabei im Vordergrund: »Auf welche Weise, mit welchen Schritten kann die geistige, politische und ökonomische Wiedervereinigung Deutschlands gelingen? Und zum anderen: Was muss geschehen, damit die deutsche Nation sich willig in die Europäische Union einbettet?« Von Anfang an verfolgte die Nationalstiftung das Ziel, »die Wiederherstellung unserer nationalen Identität und die soziale und ökonomische Wiedervereinigung zu verschwistern mit der unbeirrbaren Bereitschaft zur Schaffung einer handlungsfähigen Europäischen Union.«[119] Mit dem Nationalpreis und ihren Jahrestagungen wollte die Stiftung Themen in das Bewusstsein der Öffentlichkeit heben, die unter dieser doppelten Aufgabenstellung der Diskussion bedurften.

Öfter warf Schmidt in den ersten Jahren den Westdeutschen Hartleibigkeit vor, Arroganz, Überheblichkeit und Besserwisserei. Aber er zeigte auch Verständnis für ihre Gefühle: Sie litten unter realen Einkommenseinbußen und könnten für die nächsten Jahre keine realen Zuwächse ihres Lebensstandards erhoffen.[120] Umgekehrt scheute er sich nicht, den Ostdeutschen bei Gelegenheit »Weinerlichkeit« vorzuhalten. Den Rentnern zum Beispiel gehe es besser als je zuvor und vielfach besser als den West-Rentnern, besonders den Frauen und den Rentnerehepaaren.[121] »Trotzdem klagen viele über ihre Rente. Das finde ich zum Kotzen.«[122] Indessen vermochte er sich auch in die Psyche der Ostdeutschen einzufühlen. Das ging so weit, dass er Verständnis für die »Ostalgie« vieler Menschen in den neuen Bundesländern äußerte. »Die Westdeutschen müssen schließlich auch die Nostalgie verstehen«, argumentierte er, »die etwas sehnsüchtige Erinnerung vieler Ostdeutscher an die Zeiten, da ihr volkseigener Betrieb gut lief, da sie keine Angst haben mussten vor Arbeitslosigkeit, vor Privatisierung ihrer Wohnung, vor Mietensteigerung und vor ›Abwicklungen‹ aller Art. Dazu gehört auch die wehmütige Erinnerung an die vielfältige menschliche Hilfe, die in Zeiten der DDR selbstverständlich war und die Geborgenheit und Solidarität vermittelte. Nachzufühlen ist auch die Wehmut jener meist jungen Menschen, die gehofft hatten, durch ihre Montagsdemonstrationen in Leipzig oder durch ihre Demonstrationen in der Gethsemane-Kirche in Berlin eine grundlegende Wende zum Besseren herbeizuführen und die jetzt überrascht und enttäuscht erleben, wie viel Zeit und wie viele Opfer die Wende von den Ostdeutschen verlangt«.[123]

In einer Frage hielt sich Schmidt auffällig zurück: der in der ersten Hälfte der neunziger Jahre heftig umstrittenen Frage nach der künftigen Bundeshauptstadt. Bonn oder Berlin? Er zögerte, sich in die öffentliche Debatte einzuschalten, und wollte darüber auch in der ZEIT nicht schreiben. Die Gründe legte er in einem Brief an den ehemaligen Bundstagspräsidenten Kai-Uwe von Hassel dar, von dem er dem Chefredakteur eine Kopie zugehen ließ.[124] Zum einen war er »tief beunruhigt, ja empört über die skandalöse Nachlässigkeit, mit welcher sowohl Regierungsmehrheit als auch Opposition des Bundestages die wirtschaftliche und soziale Entwicklung in der DDR behandeln. [...] Ich habe die Absicht, mich weiterhin in dieser für mich gegenwärtig prioritären Frage zu engagieren, und möchte von diesem Hauptkriegsschauplatz nicht dadurch ablenken, dass ich mich gleichzeitig auf einem Nebenschauplatz engagiere, auf dem mir Entscheidungen gegenwärtig nicht als solche von höchster Dringlichkeit erscheinen.« Zum anderen fand er, dass die Debatte sich zu sehr auf die Verfügbarkeit von Grundstücken und Gebäuden und auf den Finanzbedarf in beiden denkbaren Hauptstädten konzentriere. Demgegenüber seien leider die entscheidenden außenpolitischen Erwägungen kaum beachtet worden – »nämlich die voraussehbaren Reaktionen, die in Frankreich und Polen bei einer Entscheidung zugunsten Berlins eintreten werden«. Umgekehrt habe die bisherige Diskussion auch nicht ausreichend in Betracht gezogen, dass eine Entscheidung zugunsten Berlins die seelische, ökonomische und soziale Integration der 16 Millionen früherer DDR-Bürger erheblich beschleunigen könne. Der gegenwärtige Diskussionsstand erscheine ihm durchaus unausgereift. Manche Menschen in Europa verbänden den Namen Berlin mit Erinnerungen an Großmannssucht und deshalb mit Besorgnissen, begründete er Jahre später seine Zurückhaltung.[125] Doch fand er den Umzug aus der kleinen Stadt Bonn am linken Rheinufer »geboten und zwangsläufig«.[126]

Eines war Helmut Schmidt früh klar: »Das vereinigte Deutschland kann nicht bloß eine Fortsetzung der alten Bundesrepublik sein. Die seelische und geistige Integration beider Teile unserer Nation, die seelische Verschmelzung kann längere Zeit benötigen als nur eine Generation.« Je mehr Zeit verstrich, desto pessimistischer wurde seine Einschätzung: »Vielleicht wird die gegenseitige seelische Reintegration beider Teile des Volkes sogar zwei Generationen in Anspruch nehmen«, schrieb er 1993. »Wir können diesen Prozess durch kluges und einfühlsames Verhalten von beiden Seiten verkürzen. Wir können die Verschmelzung zu einem Volk durch weitere schwere Fehler und Versäumnisse allerdings auch erheblich verzögern. Aber wir würden vor der deutschen Geschichte nicht bestehen, wenn wir uns nicht mit Mühe und Fleiß und mit ganzem Herzen dieser Aufgabe zuwendeten.«[127] Im Jahre 2001 bemaß er den ostdeutschen Aufschwung sogar »realistisch auf insgesamt mindestens drei Jahrzehnte«.[128] Schmidts *ceterum censeo*: »Was wir brauchen, ist ein gewaltiger Aufschwung des Gemeinsinns und der Brüderlichkeit«.[129]

Zwanzig Jahre nach dem Vollzug der Wiedervereinigung wird manch einer der Ansicht sein, ein solcher Aufschwung des Gemeinsinns und der Brüderlichkeit sei uns Deutschen nur unvollkommen gelungen und die staatsrechtliche Vereinigung habe noch nicht zur Verschmelzung der beiden vierzig Jahre lang getrennten Volksteile geführt. Blickt man auf die rein materielle Seite der Dinge, so lässt sich diese Lesart nicht wirklich begründen.

Bis Ende 2009 sind ungefähr 1600 Milliarden Euro in die ostdeutschen Länder geflossen; Soli und Solidarpakt haben es möglich gemacht. Es ist dies eine in der Geschichte beispiellose Transferleistung. Jahr für Jahr sind seit zwei Jahrzehnten 4 bis 5 Prozent unseres Bruttoinlandsprodukts in die wiedergewonnenen Gebiete gegangen. Dies stellte den Marshallplan bei weitem in den Schatten, der fünf Jahre lang 2,5 Prozent des amerikanischen Sozialprodukts für den Wiederaufbau des kriegszerstörten Europa in die Alte Welt schleuste. Die Freiheit hat den Osten nicht in die Armut gestoßen.

Moderne Straßen und Autobahnen, nagelneue Bahnlinien und Bahnhöfe und ein hochmodernes Telekommunikationssystem zeigen, wo das Geld geblieben ist. Allein 13,7 Milliarden Euro wurden für die Bahn ausgegeben, 14,4 Milliarden in das Straßennetz gesteckt. Über eine Million neue Wohnungen wurden gebaut, fast ebenso viele saniert. Vor allem aber flossen die Gelder in die Taschen der Menschen, deren soziale Sicherung und Unterstützung. Der Erfolg ist nicht ausgeblieben. Die Ausstattung der Ost-Haushalte mit Farbfernsehern, Waschmaschinen, Videorekordern und Telefonen entspricht längst der des Westens; in puncto privater Autobesitz haben die Ostdeutschen (57 Prozent) die Westdeutschen (51 Prozent) überholt. Auf dem Bildungssektor ist der Osten ebenfalls am Westen vorbeigezogen: 34 Prozent betrug dort der Anteil der Abiturienten an den Schulabgängern, in den alten Bundesländern lag er nur bei 25 Prozent. Gehälter, Löhne und Renten haben inzwischen über 90 Prozent des Westniveaus erreicht, die tarifliche Grundvergütung 96,8 Prozent. Die Produktivität ist von 40 Prozent der westlichen im Jahr 1991 auf 77 Prozent 2007 angestiegen, die Exportquote von 52 auf 70 Prozent. Bessere Ernährung und medizinische Versorgung haben eine weitgehende Angleichung der Lebenserwartung bewirkt; sie stieg im Osten seit 1990 um sechs Jahre.

Aus den neuen Bundesländern ist denn kein deutscher Mezzogiorno geworden, welche Fehler auch im Zuge der Vereinigung gemacht und von Helmut Schmidt aus damaliger Sicht zu Recht kritisiert worden sind. Freiheit, Wohlstand und ein neues Lebensgefühl waren für die meisten Ostdeutschen der Lohn der Einheit. Ein Fachmann wie Professor Klaus Schroeder von der Freien Universität Berlin urteilt: »Etwa 80 Prozent der deutschen Bevölkerung in Ost und West leben inzwischen unter gleichen materiellen Bedingungen.« Bald schon, sagt er voraus, werden die ersten neuen Länder zu einigen westlichen Bundesländern aufschließen; die verbleibenden Unterschiede wären dann im Wesentlichen regionale Unterschiede, wie sie auch der Westen kennt. Er meint sogar, es sei nötig gewesen, den Menschen im Osten die Utopie blühender Landschaften vor Augen zu stellen, »sonst wäre die Vereinigung gar nicht richtig in Fahrt gekommen«.[130]

Eines freilich trübt das Bild der deutschen Erfolgsstory: Die Arbeitslosigkeit ist im Osten seit zwanzig Jahren stets doppelt so hoch wie im Westen – im August 2010 betrug sie in den neuen Bundesländern 11,5 Prozent, in den alten hingegen nur 6,6 Prozent (insgesamt: 7,6 Prozent). Eine Folge davon ist eine drastische Abwanderung. Als die Berliner Mauer fiel, zählte die DDR etwas über 15 Millionen Einwohner. Seitdem ist die Bevölkerung um 2 Millionen geschrumpft. Ostdeutschland blutet demographisch aus. Die Jungen, Dynamischen, Mobilen ziehen weg – und der Zuzug von Westdeutschen macht den Aderlass nicht wett.

Es bleibt daher trotz allen Fortschritts ein breiter Graben zwischen Ost und West – ein tiefer Graben auch, was Denkweisen, Gemütsverfassung und Lebenseinstellungen anbelangt. Man braucht sich nur die Parteienlandschaft und das Wahlverhalten, die Arbeitslosenzahlen und die Abwanderungsstatistiken in den fünf ostdeutschen Bundesländern anzusehen.

Helmut Schmidt ist dies nicht entgangen. »Ein einig Volk? Das braucht noch zwanzig Jahre«, sagte er im Jahre 2003 dem *Hamburger Abendblatt*: »Man muss ganz deutlich sagen, dass auf mehreren Feldern die Wiederherstellung einer gemeinsamen Identität der Deutschen noch lange nicht vollendet ist. Zum Beispiel ökonomisch. Wir haben in Ostdeutschland eine wesentlich geringere Produktivität pro Arbeitsstunde als in Westdeutschland. Sie haben eine oft dreimal so hohe Arbeitslosigkeit. Aber auch die seelische Befindlichkeit vieler Menschen in Thüringen, Mecklenburg oder Brandenburg unterscheidet sich vielfältig von der Befindlichkeit der Menschen in Oberbayern oder Nordrhein-Westfalen. Wir sind leider, was das Zusammenwachsen des deutschen Volkes angeht, mehr von Enttäuschungen beeindruckt als von den Erfolgen.«[131] In drei oder vier Jahrzehnten jedoch würden das typisch Ostdeutsche und das typisch Westdeutsche verschwunden sein, meinte er 2004.[132]

Das Thema ließ Helmut Schmidt auch danach nicht los. Es gab nur ein zweites, das ihn ähnlich stark beschäftigte: Europa.

Der Europapolitiker

Helmut Schmidt war nie ein Mann der großen Europa-Visionen, wie er ja überhaupt für Visionen und Visionäre wenig übrig hatte. Die europäische Integration war für ihn vor allem eine Sache der praktischen Vernunft. Er habe sich nie für einen Europa-Idealisten gehalten, hat er einmal bekannt: »Ich war und bleibe ein engagierter Anhänger der europäischen Integration aus strategischem, patriotischem Interesse.«[1] Selbst die größeren Staaten Europas, erklärte er seine Haltung, würden durch die schwergewichtigen Weltmächte USA, Russland, China und Japan marginalisiert (zehn Jahre später ließ er Japan in dieser Reihe weg). Allein könnten England, Frankreich, Italien oder Deutschland – »nur Mittelgewichte« – ihre politisch-strategischen, ihre ökonomischen und ihre anderen existenziellen Interessen nicht mit Erfolg auf den globalen Bühnen vertreten.[2] Und was das patriotische Interesse betraf, so erinnerte er seine Landsleute an das unumstößliche Faktum, dass die Deutschen mit 80 Millionen Menschen nur gut ein Prozent der Menschheit ausmachen und dass dieser Anteil noch sinken wird. Seine Schlussfolgerung: »Unser außenpolitisches Handeln kann Gewicht haben nur im Verbund mit unseren Partnern in Europa und im Atlantischen Bündnis. Wir hoffen auf die Festigung der Europäischen Union und auf eine gemeinsame Außen- und Sicherheitspolitik.«[3]

Auch da war er von Anfang an Realist. Dass die gemeinsame Außen- und Sicherheitspolitik eines Tages Wirklichkeit würde, hielt er keineswegs für gewiss. Er blieb sich, wie er 1978 im Vorwort zu Jean Monnets Erinnerungen schrieb, stets bewusst, dass Europas Integration einen langen Atem benötige: »Das epochale Werk der Einigung Europas braucht seine Zeit.« Monnets Vision ließ er als

Fernziel gelten, doch sei »jetzt leider nicht die Zeit für europäische Höhenflüge, deren kometenhafte Bahnen oft in Monnets Memoiren aufleuchten«, befand er als Bundeskanzler. »Wir müssen uns vielmehr darüber im Klaren sein, dass wir uns dem hochgesteckten Ziel nicht in großen Integrationssprüngen nähern können, sondern in hartem Bemühen der Wirklichkeit Fortschritte abringen müssen.«[4] Auch das hatte er ja von Monnet gelernt: pragmatisches, schrittweises Vorgehen.[5] Und der politische Wille zur Zusammenarbeit erschien ihm all die Jahre »auf jeden Fall wichtiger als zusätzliche Institutionen«, die immer komplizierter, undurchsichtiger und undurchdringlicher wurden.

Schmidts Vorstellungen über Europa sind sich in den sechs Jahrzehnten seines politischen und publizistischen Wirkens durchaus nicht gleich geblieben. In der frühen Nachkriegszeit faszinierte den Neunundzwanzigjährigen die Idee einer »dritten Kraft – *the third way – la troisième force*«. Zuweilen redete er auch von einer »dritten Macht«.[6] Dahinter stand die Erwägung, damit lasse sich der große Konflikt zwischen Ost und West »neutralisieren«. Nur bei schnellem gemeinsamem Handeln bestehe die Hoffnung, »dass eine starke politische und wirtschaftliche Vereinigung Resteuropas auf den Feldern der Weltwirtschaft wie der Weltpolitik rechtzeitig ein so starkes Gewicht erlangen kann, dass sie die Balance zwischen Ost und West zu halten vermag«. Die »Zurückdrängung der kapitalistischen Einflüsse aus Amerika« erschien dem im August 1947 zum Bundesvorsitzenden des Sozialistischen Studentenbundes (SDS) gewählten Volkswirtschaftsstudenten »nicht weniger wichtig als der propagandistische Kampf gegen den Bolschewismus«.[7]

Aber dann veränderte sich seine Haltung. Europas politische und wirtschaftliche Vereinigung erschien ihm von Jahr zu Jahr notwendiger. Und bald schon strebte er für das ihm vorschwebende Europa keine geopolitische Mittelstellung mehr an, sondern eine enge Verklammerung mit den Vereinigten Staaten. Während der sowjetischen Blockade Westberlins 1948/49 ging ihm auf, dass Westeuropa ohne die Amerikaner hilflos dem Druck Moskaus ausgesetzt wäre. Auf seiner ersten Reise in die USA war er dann 1950 spontan fasziniert: »Meine Zuneigung zu Amerika nahm ihren Anfang.«[8] In der zweiten Berlin-Krise (1958–61) wurde ihm vollends deutlich, »wie eng unser Schicksal mit dem der Vereinigten Staaten verzahnt ist«.[9]

Doch auch aus einer ganz anderen Erwägung strebte Helmut Schmidt die enge Zusammenarbeit in Europa an. Früh schon wuchs in ihm die Überzeugung, dass eine künftige deutsche Einheit nur unter dem Europagesichtspunkt denkbar sei. Unter dem gesamteuropäischen Aspekt betrachtete er auch die Frage nach der Wiedergewinnung der verlorenen deutschen Ostgebiete. Wenn sie ohne Krieg oder Gewalt nicht gelöst werden könne, war seine Empfehlung, nicht daran zu rühren: »Lassen! Wollen wir das Spiel rückwärts laufen lassen?«[10]

Mit dieser Einstellung zu Europa und zur Oder-Neiße-Grenze setzte sich der junge Schmidt in direkten Gegensatz zu der betont nationalpatriotischen Parteilinie, wie sie der SPD-Vorsitzende Kurt Schumacher vertrat – »aus dem illusionären Motiv, die Wiedervereinigung müsse Vorrang haben, aber auch aus einer antikapitalistischen Grundhaltung«.[11] Dies erwies sich in aller Klarheit an Schmidts positiver Haltung zu dem Ende 1948 von den westlichen Siegermächten verkündeten Ruhrstatut, das einer von Frankreich, England und den Benelux-Staaten plus Deutschland gebildeten internationalen Behörde die Kontrolle über die deutsche Montanindustrie übertrug. Hier werde mit dem Abbau von Angstvorstellungen gegenüber den Deutschen der Anfang gemacht, die bis dahin das schwerwiegendste Hindernis auf dem Weg zur europäischen Zusammenarbeit gewesen seien, widersprach er der SPD-Führung, die in dem Statut nur einen Kompromiss der Sieger zu Lasten der Deutschen, »ein wenig europäisch frisiert«, sehen wollte. Deutschland könne nur gesunden, wenn Westeuropa gesunde, war seine Ansicht. Er baute darauf, dass sich bald die Erkenntnis Bahn brechen werde, »dass die Entgegennahme der Marshallhilfe allein den einzelnen Volkswirtschaften nicht wieder auf die Beine hilft, sondern dass darüber hinaus gemeinsame Planung von Produktion und

Außenwirtschaft nötig ist«.[12] Ähnliche Überlegungen bewogen ein Jahr später Jean Monnet, den »Vater Europas«, die Idee der Montanunion auf die Tagesordnung zu setzen. Den SPD-Oberen missfiel Schmidts Beitrag; er fing sich dafür eine Rüge des damals in Hannover sitzenden Parteivorstands ein.

Den »patriotischen deutschen Argumentationen«, wie Helmut Schmidt sie vielfach in der Studentenschaft und in der eigenen Partei antraf, stellte er das »Prinzip des internationalen Kompromisses« entgegen. Mehrere öffentliche Stellungnahmen und seine Mitgliedschaft im *Mouvement socialiste pour les États Unis de l'Europe* ließen erkennen, dass er in der Europapolitik Konrad Adenauer inzwischen näherstand als Kurt Schumacher.[13] Seine europäische Überzeugung brachte ihn 1950 auch dazu, gegen seine Partei den Schuman-Plan zur Bildung der Europäischen Gemeinschaft für Kohle und Stahl (Montanunion) zu verteidigen. Im Rückblick erklärte er einmal: »Ich war von der Wünschbarkeit der europäischen Einigung seit den späten vierziger Jahren überzeugt. Ich war nicht in Übereinstimmung mit meiner Partei in diesem Punkte.«[14]

Ganz konsequent hielt er seine Linie nicht durch. Als er 1953 zum ersten Mal für den Bundestag kandidierte, vertrat er – eingedenk des Ärgers wegen seiner vorangegangenen Abweichlerei, doch *contre cœur* – in puncto Europäische Verteidigungsgemeinschaft und Wiedervereinigung den Standpunkt der Partei: Er sagte nein zur Ratifizierung des EVG-Vertrages, weil dieser Verhandlungen mit Moskau über die deutsche Einheit erschwere oder ganz unmöglich mache. Als die französische Nationalversammlung den Pleven-Plan für eine gemeinsame europäische Armee kippte, worüber die SPD jubelte, zeigte er sich freilich zutiefst entsetzt.[15]

Die Sozialdemokraten stimmten 1957 den Römischen Verträgen zu, der Geburtsurkunde der heutigen Europäischen Union, Helmut Schmidt jedoch enthielt sich erstaunlicherweise der Stimme. Nicht weil er gegen Europa gewesen wäre; im Gegenteil: Das Europa der Römischen Verträge war ihm zu klein. Er versagte seine Zustimmung »aus der Vorstellung heraus, dass die Sache ohne Beteiligung

Englands schiefgehen werde«.[16] Später gelangte er freilich zu der Überzeugung, dass es *mit* England erst recht nicht gutgehen konnte. London werde auch in Zukunft ein Bremser der Integration bleiben. »Für mich«, bekannte er, »bedeutete diese Einsicht eine tiefe Enttäuschung, denn infolge meiner hanseatischen Erziehung, auf Grund meiner Bewunderung für die Qualitäten und geschichtlichen Leistungen der Engländer und nicht zuletzt wegen meiner inneren Zustimmung zu ihrem politischen Pragmatismus hatte ich mir lange Zeit eine erfolgreiche Europäische Gemeinschaft nicht ohne England vorstellen können. Im Lauf der sechziger Jahre begriff ich diese Vorstellung als Illusion. [...] Daraus entwickelte sich meine Option für engste deutsch-französische Zusammenarbeit.«[17] England behindere den Fortschritt Europas ganz allgemein, war und blieb seine Ansicht. »Noch auf Jahrzehnte wird die atlantisch-insulare Grundstimmung der Engländer jede Regierung in London hemmen und die britische Allianz mit den USA für wesentlich wichtiger erscheinen lassen als die EU«, formulierte er sein resigniertes Urteil.[18]

Nach dem Inkrafttreten der Römischen Verträge engagierte sich Schmidt europapolitisch immer stärker. Im Februar 1958 wurde er von der SPD-Fraktion in das Europäische Parlament entsandt, dessen Mitglieder damals noch von den nationalen Parlamenten delegiert, nicht in direkter Wahl bestimmt wurden. Acht Jahre lang, bis er Hamburger Innensenator wurde, gehörte er diesem Gremium an. Bei den Sitzungen in Straßburg, Brüssel oder Luxemburg lernte er viele Politiker kennen, die ihn beeindruckten, darunter seinen späteren Partner und Freund Valéry Giscard d'Estaing. Als er 1966 wieder nach Bonn zurückkehrte, wurde er, von Herbert Wehner dazu angestoßen, Mitglied des 1955 von Jean Monnet gegründeten Aktionskomitees für die Vereinigten Staaten von Europa zu werden, einer Art privater Gesprächsgruppe, in der sich westeuropäische Politiker aus allen Parteien zusammenfanden – Sozialisten und Sozialdemokraten, Liberale und Konservative.

Dieses Monnet-Komitee sei für ihn eine überaus lehrreiche Schule gewesen, bekannte er einmal: »Ich habe zu einem wichtigen Teil durch dieses Komitees und durch diesen Mann die Probleme Europas zu durchschauen gelernt, die wesentlichen Elemente zur Lösung der Probleme, aber auch die kleinen Details.«[19] Ein andermal erinnerte er sich: »Von Monnet habe ich vor allem zwei Dinge gelernt: die Notwendigkeit des politischen Weitblicks auf ein entferntes Ziel und die gleichzeitige Notwendigkeit des schrittweisen Vorgehens.«[20] Er habe stets zu Geduld ermahnt, wissend, dass nur steter Tropfen den Stein höhlt.«[21]

Monnets Kerngedanke blieb ihm zeit seines Lebens im Gedächtnis haften: dass man dem großen Ziel der Zusammenführung der europäischen Nationen »kaum mit der Verkündung großer Visionen und durch rhetorische Glanzleistungen näher kommt, sondern dass man vielmehr einen Schritt nach dem anderen tun muss. Und dass jeder Schritt praktisch begründet und als vorteilhaft erkennbar sein muss. Und dass man Geduld braucht«.[22] Dankbar vermerkte er, dass Monnet ihn noch im hohen Alter im Bundeskanzleramt besuchte[23] – und ihm auch immer wieder einmal eine Flasche Cognac aus seinem Familienunternehmen schickte.[24] Als Finanzminister und Bundeskanzler hatte Schmidt »diesem hellsichtigen, unideologischen und unvoreingenommenen, zielklaren und zugleich pragmatisch vorausschreitenden Mann«, wie er ihn erinnerte, »vielerlei politischen Ratschlag und Hinweis« zu danken: »Er ist ein Vorbild: als Patriot, als Europäer und als ein Politiker, der sowohl Ziele setzen als auch die Wege ebnen kann.«[25]

Helmut Schmidts europapolitisch gestalterische Phase kam in den siebziger Jahren. Dabei hatte er dass Glück, in Valéry Giscard d'Estaing einen gleichgesinnten Partner zu finden. Ein weiteres Mal brachte ein deutsch-französisches Gespann Europa auf seinem Integrationsweg ein gutes Stück voran. Beide wurden sie 1972 Finanzminister, und im Mai 1974 rückten sie gleichzeitig in die Chefpositionen ihrer Länder ein.[26] Von Anfang an stimmten sie nicht nur ökonomisch weitgehend überein, sondern ebenso in ihrer zweigleisigen Strategie gegenüber der Sowjetunion, einerseits dem

Willen und der Fähigkeit zur gemeinsamen Verteidigung, andererseits der Bereitschaft zu Verhandlung und Entspannung. Vor allem aber stimmten sie nach Schmidts Darstellung in dem überragenden strategischen Interesse beider Nationen an stetiger gegenseitiger Annäherung und ihrer Einbindung in die Europäische Gemeinschaft überein. Das Schwergewicht ihrer gemeinsamen Politik, unterstrich Schmidt in seinen Erinnerungen, lag dabei innerhalb der EG. Sie setzten die Einrichtung des Europäischen Rates der Regierungschefs oberhalb der wuchernden Vielzahl von Ministerratssitzungen durch, womit sie das Gewicht der Brüsseler Verwaltung wie der nationalen Bürokratien zurückzudrängen suchten. Desgleichen überzeugten sie ihre Kollegen von der Notwendigkeit, dem EG-Parlament dadurch mehr Legitimität zu verschaffen, dass die Abgeordneten direkt von den Bürgern gewählt wurden, anstatt von den nationalen Parlamenten delegiert zu werden.[27] Unter dem Eindruck, die negativen Auswirkungen des Ölpreisschocks im Wesentlichen abgeschmettert zu haben, beschlossen sie dann Ende 1977, den Kurs Europas in Richtung auf eine Wirtschafts- und Währungsunion wiederaufzunehmen.

Die entscheidenden Gespräche führten der französische Staatspräsident, dessen Außenminister François-Poncet, der Bundeskanzler, sein Wirtschaftsberater Horst Schulmann und Bernard Clappier, der Präsident der Banque de France, Ende Juni 1978 am großen Esszimmertisch in Schmidts Reihenhaus in Langenhorn. Loki versorgte die Herren mit Kaffee. Am nächsten Tag erzählte sie, die Männer hätten jedes Mal, wenn sie ins Zimmer kam, etwas legerer gesessen, zunächst noch im Jackett, dann ohne und am Schluss auch ohne Schlips. Bei dieser Gelegenheit machte Giscard den Vorschlag, die neue europäische Verrechnungseinheit »Ecu« zu nennen; so hieß eine französische Goldmünze, die unter Ludwig IX. zum ersten Mal geprägt worden war, so lautete aber auch die Abkürzung des englischen Begriffs *European Currency Unit*. Seine »inzwischen hochentwickelte Frankophilie«, bekennt Schmidt, habe ihn den Vorschlag sofort akzeptieren lassen.[28]

Giscard und Schmidt waren überzeugt, das Europäische Währungssystem zur Verwirklichung ihrer eigenen ökonomischen Politik unbedingt zu benötigen. »Experten der Finanz- und Agrarministerien, der Zentralbanken und der Verbände hatten lange genug Bedenken und Hindernisse erfunden; jetzt hatten wir genug davon«, erklärte er später.[29] Ihre Ungeduld trieb sie voran: »Wir hatten beide die alten Europasprüche satt, wir wollten endlich konkreten, nützlichen Fortschritt.«[30] Zunächst blieb das Vorhaben noch geheim; es sollte nicht von der Fachwelt und den Interessengruppen zerredet werden. Erst beim Bremer EG-Gipfel wurde es Anfang Juli in die offiziellen Kanäle gegeben. Allenthalben entzündeten sich daran stürmische Debatten, aber im Dezember, zum Abschluss des deutschen Präsidentschaftshalbjahres, wurde es verabschiedet. Am 19. März 1979 trat das Europäische Währungssystem in Kraft. England blieb zunächst draußen.[31]

Die Schaffung des EWS war das wichtigste und zugleich schwierigste Projekt des deutsch-französischen Tandems. Schmidt und Giscard verfolgten damit mehrere Ziele. Zunächst einmal argumentierten sie, der gemeinsame Markt könne schwerlich zufriedenstellend funktionieren, solange ein Dutzend verschiedener Währungen und mehrere Dutzend häufig sich ändernder Wechselkurse die volle Entfaltung der Wirtschafts- und Wohlstandsvorteile behindere. Zugleich war ihnen deutlich, dass die einzelnen europäischen Staaten allein auf sich gestellt den Stürmen der Weltwirtschaft nicht würden trotzen können. Schließlich hatten sie die spätere Schaffung einer gemeinsamen europäischen Währung im Auge, die sie zur inneren Festigung der Brüsseler Gemeinschaft für unausweichlich notwendig hielten, einer Währung, »die der weltwirtschaftlichen Bedeutung des Dollars und des Yen endlich gleichkäme«.[32] Den Ecu sahen sie als »allmählich wachsende Keimzelle« einer solchen Weltwährung.[33] Ohne eine gemeinsame Währung bliebe die EG (heute EU) ein Zollverein mit einigen zusätzlichen gemeinsamen wirtschaftlichen Regelungen und Organen[34] – von »Anhängseln« und »Randverzierungen« sprach er bei anderer Gelegenheit. Im

Zeitalter der Globalisierung, der zunehmenden Offshore-Geschäfte und neuer, der Kontrolle entzogener Finanzinstrumente werde dies nicht ausreichen. Hinter diesem Raisonnement stand auch – zumindest später eingestanden – ein tiefes Misstrauen gegen den »amerikanischen Vormachtsanspruch über Europa«[35] und die Absicht, die Gemeinschaft vom »Dollar-Jo-Jo«[36] Washingtons möglichst unabhängig zu machen. Sein Ziel war eindeutig: »Schaffung eines Gegengewichts gegenüber der ansonsten unerreichbaren finanzwirtschaftlichen, ökonomischen Übermacht der uns befreundet und verbündet bleibenden Vereinigten Staaten. Nur bei einigermaßen gleichgewichtigen Größenordnungen wird auf die Dauer eine partnerschaftliche Zusammenarbeit möglich sein.«[37] Die Amerikaner hätten schon lange gewusst, dass der Euro eine große Zukunft haben werde, schrieb er fast zwei Jahrzehnte nach Verlassen des Kanzleramtes – »deshalb nämlich waren sie gegen das neue Geld«, das den Europäern helfen werde, sich »der überwältigenden Dominanz der amerikanischen Finanzhäuser« zu erwehren.[38] Die »Harmonisierung der ökonomischen Politiken der EG-Staaten« war für ihn ein »gesamtstrategisches Element zur Festigung der politischen Eigenständigkeit Europas.«[39]

Für den früheren Bundeskanzler hatte noch ein weiteres Argument ausschlaggebende Bedeutung. Er befürchtete, dass ohne eine einheitliche Währung die zunehmende Dominanz der D-Mark und die »vorhersehbare wirtschaftliche Macht Deutschlands« bei den Nachbarn ungute Gefühle auslösen werde. »Wenn unser Land sich nicht isolieren will«, räsonierte er, »wenn Europa nicht zur Politik der Koalitionen als Gegengewicht gegen Deutschland zurückkehren soll, dann bedürfen wir Deutschen der Einbindung in eine funktionsfähige Europäische Gemeinschaft. [...] Ohne gemeinsame Währung würde auf die Dauer die D-Mark die erste Geige spielen, und die deutschen Banken und Versicherungen würden weit über unsere Grenzen hinaus marktbeherrschende Positionen erreichen, zum Ärger und Neid der anderen – und mit bösen politischen Konsequenzen für uns.«[40]

Valéry Giscard d'Estaing schied 1981 aus dem Amt, Helmut Schmidt ein Jahr später. Beide beunruhigte der nach der EWS-Einführung eingetretene Stillstand im europäischen Integrationsprozess. Vor allen Dingen bekümmerte sie, dass die Entwicklung des Europäischen Währungssystems zur Europäischen Währungsunion nicht voranging. Nach seinem und Giscards Ausscheiden aus dem Amt, klagte der ZEIT-Herausgeber, habe zunächst niemand in verantwortlicher Position den weiteren Ausbau des EWS zu seiner eigenen Sache machen wollen.[41] »Wenn ich jemals mein Ausscheiden aus dem Amt bedauern sollte, so allein wegen der Tatsache, dass Valéry Giscard d'Estaing und ich das EWS in halbfertigem Zustand hinterlassen mussten«, bekannte er.[42] Im Jahre 1986 gründeten Schmidt und Giscard das private »Komitee für eine Europäische Währungsunion«, das mit internen Diskussionen, öffentlichen Erklärungen und Detailstudien Vorarbeit für die Gemeinschaftswährung leistete.[43] Das Tandem Mitterrand/Kohl habe politisch gut funktioniert, jedoch hätten sich die beiden neuen Chefs weniger für Währungsfragen engagiert, begründete Schmidt später die Einrichtung dieses Komitees, dem einige herausragende Banker und Unternehmer angehörten, darunter Hans Merkle (Bosch), Giovanni Agnelli (Fiat) und Cornelis van der Klugt (Philips).[44]

Und er wurde nicht müde, in der ZEIT ein ums andere Mal zu mäkeln und zu mahnen, zu quengeln und zu drängeln – einem Kutscher gleich, der die müden Gäule voranzupeitschen suchte. In vielen Leitartikeln und Analysen brachte er damals seine Sorge über den mangelnden Fortgang der europäischen Sache zum Ausdruck. »Europa braucht Fortschritte«, drängte er 1984[45]; »Europa muss jetzt handeln«, forderte er 1985[46]; »Europa braucht mehr Mut«, schalt er 1986[47]; die Bundesrepublik müsse ihre Partner zum Handeln drängen; »Europa braucht Führung«, polterte er 1987[48]; »Europa muss die Weichen stellen«, verlangte der Autor in einer Überschrift 1991[49]; »Lasst den Worten endlich Taten folgen«, forderte er, ungeduldiger und besorgter werdend, im Jahre 2001.[50] Seinem Nachfolger Kohl warf Schmidt vor, er rede sonntags zwar häufig von der Wirtschafts- und Währungsunion, sein tatsächliches Regierungshandeln bleibe jedoch – unter dem Einfluss der um ihre nationalen Privilegien kämpfenden Bundesbank – in Verbalismus befangen.[51] Der Kanzler gehe leichtfertig mit der deutsch-französischen Europapolitik um.

Die Bundesbank hatte 1977/78 schon die Einführung des EWS bekämpft. »Alle sogenannten Fachleute waren damals dagegen«, zürnte Schmidt noch im Rückblick.[52] Der seinerzeitige Bundesbankpräsident Otmar Emminger überschrieb dann aber ein Kapitel seiner Memoiren »EWS unerwartet erfolgreich« und räumte sogar ein, »angesichts der fast emotionalen Appelle Helmut Schmidts zugunsten einer rascheren Weiterentwicklung des EWS« bestehe kein Zweifel mehr, dass sein Motiv, einen Beitrag für die Einheit und Stärkung Europas zu leisten, vorherrschend geworden sei. Jetzt aber sah sich Schmidt aufs Neue veranlasst, gegen die Blockadestrategie der Kleinmütigen anzugehen, all die »strategischen Pygmäen«[53], »Provinz-Außenpolitiker und Provinz-Ökonomen«.[54] Wiederum richtete sich seine Kritik in erster Linie an die Bundesbank.

»Der Bundesbankpräsident ist in Deutschland der mächtigste Gegner der Währungsunion«, schrieb Schmidt 1996.[55] Gewiss, er hatte mit dem damaligen Bundesbankpräsidenten Hans Tietmeyer noch ein Hühnchen zu rupfen, denn der hatte 1982 als Abteilungsleiter im Bundeswirtschaftsministerium jenes »Lambsdorff-Papier« verfasst, das zum Scheidungsbrief der sozialliberalen Koalition wurde. Aber seine Kritik war grundsätzlicher. Er gab Tietmeyer 1993 die Schuld daran, dass der – inzwischen Staatssekretär im Bundesfinanzministerium – »durch de-facto-Zerstörung des bis dahin gut funktionierenden Europäischen Währungssystems« dem Maastrichter Vertragsziel, zum 1. Januar 1999 unwiderruflich in die Währungsunion einzutreten, eine der Ausgangsgrundlagen entzogen habe. Ferner machte er ihm (und anderen »Stabilitätsaposteln«) den Vorwurf, die fünf Konvergenzkriterien des Vertrags mutwillig so eng auszulegen, dass die Währungsunion vereitelt werde. Dabei bezog er sich insbesondere auf die beiden Kriterien, wonach der Gesamtverschuldungsstand der öffentlichen Hände 60 Prozent des Bruttoinlandsprodukts, die Neuverschuldung 3 Prozent nicht übersteigen dürfe. Er hielt es für fraglich, ob sie in die damalige Landschaft passten. Das 3-Prozent-Kriterium sei »nur sinnvoll in einer normalen wirtschaftlichen Lage«. Seine Begründung: »Ein in Mark und Pfennig genau beziffertes Haushaltsdefizit kann bei guter Wirtschaftslage unterhalb von 3 Prozent des Bruttoinlandsproduktes liegen, bei schlechter Wirtschaftslage darüber.« Auch in der Schuldengrenze von 60 Prozent sah er kein zwingendes Patentrezept: »Belgiens Staatsschuld lag 1995 bei 134 Prozent, die Luxemburgs bei 8 Prozent, obgleich beide Staaten seit langem ausschließlich die gleiche Währung benutzen, nämlich den belgischen Franken.« Im Übrigen erlaube der Vertrag für beide Kriterien erhebliche Flexibilität. Außerdem obliege die Feststellung, ob ein übermäßiges Defizit besteht, nach Artikel 104 des Maastrichter Vertrags dem Europäischen Rat, nicht der Bundesbank (oder der künftigen Europäischen Zentralbank).[56] Im Klartext: »Der politische Wille der Regierungschefs entscheidet.« Darauf hatte er schon früher gepocht: »Die Sache der Europäischen Gemeinschaft ist eine Sache der großen Politik, nicht eine Sache der währungspolitischen Experten.«[57] Und daran ließ er nicht rütteln.

Die verschiedenen, vom Bundesbankpräsidenten und einigen seiner Kollegen im Zentralbankrat nacheinander vorgetragenen Contra-Argumente hielt Helmut Schmidt sämtlich für vorgeschoben. Dies galt vor allem für die »Krönungstheorie«, nach der es die Währungsunion erst geben dürfe, wenn als Krönung des Integrationsprozesses, das heißt nach Abschluss aller anderen integrativen Schritte, ein europäischer Gesamtstaat entstanden sei – »also möglichst spät, vielleicht erst am St. Nimmerleinstag«, war sein sarkastischer Kommentar. Gnadenlos legte er den Finger in die Wunde: »In Wahrheit haben die Bundesbank-Herren, die heute wegen frei flottierender Wechselkurse mächtiger sind als jemals vor 1993, ein ganz einfaches Motiv für die Ablehnung der Währungsunion: Sie möchten nicht zur abhängigen Filiale einer Zentralbank werden, die noch unabhängiger ist, als sie selber es heute sind«,[58] und sie hielten »ihre in der Welt ziemlich einmalige Ideologie für alleinseligmachend«.[59]

Schmidt ärgerte sich nicht nur über die Hochzinspolitik der Bundesbank, die bei den Partnern und Nachbarn ihrer negativen Auswirkungen wegen Unruhe und Unmut auslöse.[60] Er sah in der Haltung des Bundesbankpräsidenten eine Überschreitung seiner Kompetenzen. Tietmeyer werfe sich damit zum »heimlichen deutschen Außenminister« auf, der alle Partner unter ideologischen Druck setze. Zuständig seien die Frankfurter Bundesbanker jedoch nur für die Geldpolitik, nicht für die Währungspolitik. »Währungspolitik ist Außenpolitik«, befand er. Unmissverständlich forderte er: »Es muss ein Ende damit haben, dass der Zentralbankrat europapolitisch eine größere Rolle spielt als der Bundeskanzler.«[61] Bei dieser Ansicht blieb er erst recht, als im Herbst 1992 Großbritannien und Italien dem Europäischen Währungssystem den Rücken kehrten und er dessen Zusammenbruch befürchten musste.

Nach dem Kollaps des Kommunismus und dem Zerfall des Sowjetreiches sah Helmut Schmidt frühzeitig die Heraufkunft einer völlig neuen Weltordnung voraus. Zu Beginn des 21. Jahrhunderts werde die Erde von einem »Fünfeck der Macht« geprägt sein: »den Vereinigten Staaten, der Europäischen Union, China, Japan (welches einstweilen das größte Finanzkraftwerk und der größte Kapitalexporteur bleiben wird) und Russland (welches eine Weltmacht bleibt, trotz jahrzehntelanger ökonomischer und politischer innerer Unruhe)«. Die inzwischen schon zwei Jahrzehnte dauernde Stagnation des Tenno-Reiches und dessen Verschwinden im Schlagschatten eines Chinas, das Japan als Wirtschaftsgroßmacht überflügelte, erschien ihm damals noch nicht vorstellbar. Den Aufstieg Indiens zur Weltmacht, der sich nach der Öffnung des Landes und dem Beginn wirtschaftlicher Liberalisierung im Jahre 1991 in Umrissen abzeichnete, vermerkte er Mitte des Jahrzehnts zum ersten Mal.[62]

Doch bereits Ende 1993 war es Schmidt klar, dass die Welt der

Bipolarität im Versinken und ein multipolares Mächtemuster im Entstehen begriffen war; auch dass sich eine gewaltige Verschiebung von Macht und Wohlstand nach Asien anbahnte. »Die nahe Zukunft: der Ferne Osten«, überschrieb er damals einen seiner Leitartikel. Hellsichtig formulierte er: »Chinas Sozialprodukt kann im nächsten Jahrzehnt nicht nur das japanische, sondern auch das Sozialprodukt der Vereinigten Staaten und der Europäischen Union überholen – in der Summe, wenn auch längst nicht im Pro-Kopf-Anteil. Die chinesische Volkswirtschaft kann also ziemlich schnell zur größten der Welt werden.«[63]

Schmidt behielt recht: Im Nullerjahrzehnt marschierte China in schnellem Tempo auf das Ziel zu, abermals das zu werden, was es bis 1820/1830 gewesen war: die größte Volkswirtschaft der Erde. Es überholte Deutschland 2007, Japan 2009 und wird, wenn man den Auguren glauben darf, 2025 oder 2035 auch mit Amerika gleichziehen, jedenfalls was das Bruttoinlandsprodukt angeht, nicht freilich – noch lange nicht – beim Pro-Kopf-Einkommen.

Im Blick auf das heraufdämmernde Jahrhundert Asiens zog Helmut Schmidt die einzig realistische Konsequenz: Nun komme es erst recht darauf an, die Einigung Europas voranzutreiben und seine Einheit zu schmieden. Hier lag nach seiner Ansicht am Ende des 21. Jahrhunderts ein neues, zusätzliches Motiv für den Zusammenschluss zur Europäischen Union. Von den beiden ursprünglichen Motiven – gemeinsame Abwehr des sowjetkommunistischen Expansionismus und Einbindung Deutschlands – sei das erste mit dem Ende des Ostblocks hinfällig geworden, das zweite nach der Wiedervereinigung eher noch verstärkt worden. Ein drittes habe nach wie vor Gültigkeit: die Einsicht in die großen ökonomischen und sozialen Vorteile, die der Gemeinsame Markt biete. Nun aber müsse das strategische Prinzip der gemeinsamen Selbstbehauptung gleichen Rang erhalten. Für die Zukunft werde dieses Motiv eine »wachsende und schließlich überragende Bedeutung« gewinnen.[64] »Wer in Europa die künftige Struktur der Welt vor Augen hat, der wird sein Land nicht als vereinzelten Nationalstaat unter die Räder des Weltgetriebes kommen lassen wollen.«[65] Die Selbstbehauptung Europas wurde zu dieser Zeit zum beherrschenden Thema Helmut Schmidts. Seine Gedanken legte er im Jahr 2000 in einem Buch nieder, das diesen Titel trug.[66] Die Kernbotschaft: »Nur gemeinsam werden die europäischen Nationen und ihre Staaten den globalen Herausforderungen gewachsen sein.«[67]

In seinen ZEIT-Artikeln geißelte er weiterhin, die ganzen neunziger Jahre hindurch, die Euro-Verzögerer und die Europa-Skeptiker. Es werde schlimme Konsequenzen haben, warnte er, sollten jene »negativen Kräfte« Erfolg haben, die Ängste vor einer angeblichen Instabilität des Euro schürten – er nannte in diesem Zusammenhang den Bundestag, das Bundesverfassungsgericht und wiederum die Bundesbank. Eine weitere Aufwertung der D-Mark, den weiteren Verlust von Arbeitsplätzen, höhere Zinsen, abermalige Kürzung der Sozialleistungen und Renten sah er für diesen Fall voraus. Aufgeschoben sei aufgehoben: »Jede Verschiebung bedeutet mit hoher Wahrscheinlichkeit eine endgültige Aufgabe des Projektes Währungsunion.« Damit falle Europa in die schwerste Krise seiner Integration seit 1950. Allein und als Einzelne seien die EG-Staaten jedoch zu schwach, »um sich zukünftig gegen die Weltmächte USA, China, Russland, Japan (und demnächst Indien) zu behaupten und ihre Interessen im Welthandel, auf den Weltfinanzmärkten oder in Sachen des Schutzes der Atmosphäre und der Meere mit Erfolg vertreten zu können«. Wenn die Währungsunion an deutscher ideologischer Besserwisserei und deutscher Rechthaberei scheitere, zitierte er Hans-Dietrich Genscher, »dann würde es eiskalt für Deutschland«.[68] Die Ängstlichen beruhigte er mit der Versicherung, der Außenwert des Euro werde stabiler sein als der Wechselkurs der D-Mark, der Binnenwert auf dem gemeinsamen Markt ähnlich stabil wie bisher. Defizitländer müssten sich in Zukunft ihre Kredite auf den privaten Finanzmärkten holen, da es der Europäischen Zentralbank verboten sei, Teilnehmerstaaten Kredite zu geben (eine Vorschrift, die allerdings in der Euro-Krise von 2010 ins Wanken geriet).

Es kann dahingestellt bleiben, ob Schmidts Kassandrarufe überflüssig waren oder wie viel sie dazu beitrugen, eine fatale Fehlentwicklung zu verhindern. Auf jeden Fall halfen sie, im Lande die Pro-Euro-Stimmung zu verbessern. Ein Bericht von Jacques Delors, mittlerweile Präsident der EG-Kommission, ebnete 1989 den Weg zum Maastrichter Vertrag vom Dezember 1991 und damit zum Euro. Helmut Schmidt und Valéry Giscard widerfuhr jedenfalls die Genugtuung, dass die Gemeinschaftswährung zum anvisierten Termin kam. Am 1. Januar 1998 nahm die Europäische Zentralbank in Frankfurt am Main ihre Arbeit auf, der elf nationale Zentralbanken ein Jahr später die volle Verantwortung übertrugen. Gleichzeitig wurde am 1. Januar 1999 der Euro in elf Ländern als gesetzliche Buchungswährung eingeführt. Am 1. Januar 2002 schließlich bekamen die Bürger die neuen Münzen und Scheine in die Hand. Ein »Starterkit« von 10,32 Euro gab es in Deutschland als Eingewöhnungshilfe für 20,00 D-Mark. (Griechenland folgte ein Jahr später; inzwischen zählt die Euro-Zone 16 Mitglieder, denen sich weitere sechs, nicht der EU angehörige europäische Mikro-Staaten angeschlossen haben.)

Schmidt begrüßte die neue Währung mit Erleichterung und Zuversicht; sie habe eine große Zukunft.[69] »Die Europäische Union befähigt sich zur Selbstbehauptung auf den globalisierten Finanzmärkten«, urteilte er – und schloss die Bemerkung an, sie werde dieses ökonomische Gewicht auch weltpolitisch einsetzen können, wenn sie »sich zu einer gemeinsamen Außenpolitik befähigen sollte«. In diesem Falle werde die EU »gemeinsam in die Rolle einer fünften Weltmacht hineinwachsen«.[70] Was den Euro anbetraf, so hatte er nicht den geringsten Zweifel, dass der sich durchsetzen und zur »zweitwichtigsten Währung der Welt«[71] entwickeln werde: »In zwei oder drei Jahrzehnten wird es neben US-Dollar, Euro und chinesischem Renminbi keine weitere Weltwährung und damit keine große Reservewährung geben. Nicht nur Yen, auch Sterling oder Schweizer Franken werden de facto auf regionale Bedeutung beschränkt sein.«[72] So ist es gekommen: Bis Mitte 2010 ist der Anteil des Dollars an den Weltwährungsreserven von 70 Prozent 2001 auf 57 Prozent zurückgegangen, der Anteil des Euro auf 27,3 Prozent gestiegen.

Nach der Einführung des Euro äußerte sich Schmidt nicht mehr oft zu diesem Thema. Nur gelegentlich griff er noch zur Feder, um gegen die Rede vom »Teuro« anzugehen oder die Stabilität des neuen Geldes zu belegen. »Freunde, hört auf mit dem Gejammer!«, schrieb er schon im Herbst 2000: »Der Euro ist stabil«[73] (fünf Jahre später betrachtete er ihn sogar »eher als überstabil«[74]). Der Trend des Dollar-Wechselkurses lasse keine Änderung erkennen: »Kein Grund zur Aufregung. Wer heute den Euro schlechtredet, der spielt bloß jenen Finanzmanagern in die Hände, die bei jedwedem Auf und Ab verdienen, vor allem jenen Finanzmanagern, die auf steigende Dollar- und Dollar-Aktienkurse spekulieren.« Aus aller Welt flössen Kapitalien nach Amerika, weil dort Kursgewinne und höhere Zinsen winkten – »es könnte aber auch morgen einen Börsenzusammenbruch in Amerika geben«, fügte er ahnungsvoll hinzu.

Der Zusammenbruch ließ kaum ein Jahr auf sich warten. Und auch eine andere Voraussage bewahrheitete sich binnen kurzer Zeit: »Die amerikanischen Aktien werden eines Tages wieder fallen, ebenso der Dollar. Dann wird wiederum der Euro steigen.«[75] In der Tat stieg er – nachdem er 2001 vorübergehend auf $ 0,87 gefallen war – bis zur Griechenland-Krise stetig an. Seinen höchsten Stand erreichte er mit $ 1,51 am 3. Dezember 2009 und lag selbst bei Beginn der Krise im März 2010 noch immer bei € 1,35, weit über dem ursprünglichen Einstandskurs von $ 1,18, unter den er sogar auf dem Höhepunkt der Währungsturbulenzen im Frühjahr 2010 nur für kurze Zeit absank.

Zuweilen äußerte sich Helmut Schmidt noch zum Stabilitätspakt. Skeptisch wie zuvor warnte er 2005 davor, ihn mit seiner Begrenzung der Neuverschuldung auf 3 Prozent des Bruttoinlandsproduktes und der Gesamtverschuldung des Staates auf 60 Prozent zu inflexibel zu handhaben. »Eine starre Handhabung kann sogar schädlich werden.« Dieser fünf Jahre nach Maastricht nachgeschobene »Pakt«, merkte er kritisch an, habe keine Vertragsqualität, sondern bestehe bloß aus einer Entschließung und zwei Verordnungen. Der Vereinbarung habe vor allem das Drängen der Deutschen Bundesbank zugrunde gelegen, »zuallererst müsse die Preisstabilität gewährleistet sein, für die allein sie sich verantwortlich fühlte, während sie eine Mitverantwortung für die ökonomischen Folgen der deutschen Wiedervereinigung, für Arbeitslosigkeit, Wachstum oder die Fragen der Außenwirtschaft weit von sich schob«. Schmidt war nicht für die Abschaffung des Paktes, da er dazu beitrage, Defizitexzesse wie in Italien oder Verschuldungsexzesse wie in Belgien einzufangen. Wohl aber solle man ihn flexibel und ökonomisch vernünftig handhaben; schließlich enthalte er überall nur Kann-Bestimmungen.[76]

Fünf Jahre darauf, in der Euro-Krise des Frühjahrs 2010, schien Helmut Schmidt diese entschiedene Position aufzuweichen. Vor der Notwendigkeit, Staatspleiten zu verhindern oder ein systemisches Risiko für den Euro auf sich zu nehmen, beugte er sich dem Zwang, Solidarität auch mit den Unsoliden zu üben. In einem Appell, den er zusammen mit Giscard d'Estaing in der ZEIT veröffentlichte, beschrieb er den Stabilitätspakt als den bisher »einzigen und recht bescheidenen politischen Fortschritt«; er sei jedoch weder respektiert noch ausreichend überwacht worden. Nun sei es das Wichtigste, ihm »neue Kraft zu verleihen und ihn mit präzisen – an europäische Hilfsgelder gekoppelten – Sanktionen auszustatten, im Klartext: den Defizitsündern und Rekordschuldnern Zahlungen aus den Brüsseler Kassen zu verweigern. Auch regten die beiden *elder statesmen* eine stärkere Abstimmung der nationalen Haushaltspolitiken im Europäischen Rat noch vor der parlamentarischen Behandlung in den Parlamenten an – eine auffällige Parallele zu dem französischen Verlangen nach einem *gouvernement économique*, einer europäischen Wirtschaftsregierung. Desgleichen forderten sie einen realistischen Zeitplan für die schrittweise Zurückführung der Staatsdefizite.[77] Immer schon hatte Schmidt gefordert, die Europäische Union müsse »soziale und ökonomische Kohärenz durchgängig zustande« bringen.[78] In der Griechenland-Krise erkannte er, dass die Kluft zwischen den Anforderungen der Währungsunion und der Autonomie der Euro-Staaten in der Wirtschafts-, Finanz- und Sozialpolitik angesichts des Bruchs der Maastrichter *no-bail-out*-Vorschrift anders nicht zu überbrücken war als dadurch, dass dem Stabilitätspakt schärfere Sanktionsinstrumente beigegeben würden.

Doch waren es nach der Jahrtausendwende zwei andere europapolitische Fragen, die Helmut Schmidt in erster Linie bewegten. Beide hingen sie mit der Erweiterung der EU-15 zusammen. Die erste Frage bezog sich ganz allgemein auf das Wie und Wann und die Voraussetzungen einer Aufnahme von neuen Mitgliedern. Die zweite galt der Erwägung, wer eigentlich dazugehöre und wer nicht. Es war Goethes und Schillers alte Frage aus ihren *Xenien*, »Deutschland, aber wo liegt es?«, nun ins Europäische gewendet: »Europa, aber wo liegt es?«

In einem 1991 für das *Europa-Archiv* geschriebenen Aufsatz stellte Schmidt die Frage: »Was meinen wir eigentlich, wenn wir für Europa sprechen?« Damals zeichnete sich der Zerfall der Sowjetunion bereits ab, ebenso die kriegsträchtige Auflösung Jugoslawiens. Die westlichen Sowjetrepubliken könnten wir schon einmal in unsere europäischen Vorstellungen einfließen lassen, meinte er, »zum Beispiel mit Gewissheit die drei baltischen Republiken, aber auch Weißrussland und die Ukraine«. Bei der russischen Republik bleibe die Frage, ob bis nach Kamtschatka (»Ich weiß sie nicht zu beantworten«). Schon bei den transkaukasischen Republiken kämen uns wahrscheinlich Zweifel, ob wir sie einschließen sollten, und erst recht bei den zentralasiatischen muslimischen Republiken. Darüber hinaus könne man sich fragen, ob wir gegenwärtig Albanien oder Rumänien oder die Türkei in einen politischen Europa-Begriff einschließen könnten, ganz zu schweigen von den sechs Republiken plus zwei autonomen Gebieten des derzeitigen Staates Jugoslawien. Und da er nicht von einem zukünftigen Europa als einer »Wesenseinheit« sprechen könne, machte er den Vorschlag, »dass wir es im Ergebnis bewusst bei der Unklarheit belassen, was eigentlich gemeint ist mit dem politischen Begriffsnamen: Europa«.[79] Doch lange beließ Helmut Schmidt es nicht bei solcher Unklarheit. In der Abwägung zwischen Erweiterung und Vertiefung sprach er sich immer deutlicher gegen jede überstürzte oder übertriebene Erweiterung aus.

Erweiterung und Vertiefung waren von Anfang an die Bewegungsmomente des europäischen Einigungsprozesses. Das begann mit der Europäischen Zahlungsunion (1950) und der Montanunion (1951). Im Jahre 1957 wurden dann die Römischen Verträge unterzeichnet. Die Europäische Wirtschaftsgemeinschaft (EWG) trat am 1. Januar 1958 auf den Plan; ihr gehörten die sechs Länder Frankreich, Italien, Bundesrepublik Deutschland, die Niederlande, Belgien und Luxemburg an. Allmählich entwickelte sich die EWG dann zur EG: zu einer Europäischen Gemeinschaft, deren Kompetenz und Anspruch mehr und mehr über den rein wirtschaftlichen Bezirk und über die Grenzen des alten Karolinger-Reiches hinauswuchsen.

Die Gemeinschaft wurde ständig erweitert: 1973 kamen Großbritannien, Irland und Dänemark hinzu; 1981 Griechenland, 1985 Spanien und Portugal; Anfang 1995 Österreich, Finnland und Schweden; 2004 die acht osteuropäischen Länder Polen, Tschechien, Slowakei, Ungarn, Litauen; Lettland, Estland und Slowenien, dazu die beiden Mittelmeerinseln Malta und Zypern, 2007 schließlich Bulgarien und Rumänien.

Zugleich wurde die Gemeinschaft ständig vertieft. Sie schuf sich ein Parlament, einen Rechnungshof und viele andere gemeinsame Institutionen. Im Jahre 1979 riefen Helmut Schmidt und Giscard d'Estaing das Europäische Währungssystem ins Leben – den Vorläufer des Euro. Der Einheitliche Binnenmarkt trat 1990 in Kraft. In Maastricht wurden dann 1991 die Weichen in Richtung Währungsunion und Politische Union gestellt. Am 1. November 1993 trat der Vertrag in Kraft, aus der EG wurde die EU. Das Schengener Abkommen schaffte 1985 die Grenzkontrollen zwischen Frankreich,

Deutschland und den Benelux-Staaten ab; 1995 wurde es auf 13 der damals 15 EU-Mitglieder erweitert, nur England und Irland hielten sich abseits; dafür beteiligten sich auch die Nicht-EU-Mitglieder Island und Norwegen. Heute genießen 26 Länder die Vorteile der Schengen-Regelung, darunter seit Ende 2008 auch die Schweiz. Pünktlich am 1. Januar 1999 trat dann die Währungsunion ins Leben. Sie zählt heute 16 Mitglieder, deren Bürger alle seit dem 1. Januar 2002 den Euro im Portemonnaie haben. Im Oktober 1999 schließlich wurde Javier Solana als Hoher Repräsentant der Gemeinsamen Außen- und Sicherheitspolitik eingesetzt – noch kein EU-Außenminister, doch eine erste koordinierende, repräsentierende, diplomatisch im Namen der Union handelnde und verhandelnde außenpolitische Instanz.

In der Regel hinkte die Vertiefung der Erweiterung hinterher. In aufeinanderfolgenden Verträgen suchten die Europäer daher die institutionellen Schwächen ihres Verbundes zu beheben: Maastricht 1992, Amsterdam 1999, Nizza 2003 (»Der Aufwand war groß, der Erfolg jedoch fast gleich null«, kommentierte Schmidt[80]). Das Projekt einer EU-Verfassung scheiterte 2005 am Nein der französischen und niederländischen Bürger. Mit Mühe und Not wurden dann wesentliche Elemente des Verfassungsvertrages in den Lissabonner Vertrag hinübergerettet, der am 1. Dezember 2009 in Kraft trat. Freilich ließ sich nur schwer absehen, ob er mit seiner organisatorischen Vielgleisigkeit und angesichts der schwächlichen personellen Besetzung der Führungspositionen das Funktionieren der Europäischen Union tatsächlich entscheidend verbessern oder in Wirklichkeit eher verschlimmbessern wird.

Helmut Schmidt gehörte von Anbeginn an zu den Zweiflern. Er griff das Thema Erweiterung schon relativ früh auf. Im Herbst 1999 schlug er sich mit Aplomb auf die Seite der Bremser: »Die Straffung der Institutionen und Verfahren der EU muss zeitlich Vorrang haben vor der Erweiterung um neue Mitgliedsstaaten. Nach der Erweiterung würden die Hürden für institutionelle Reformer noch höher sein als heute.« Allerdings: »Vor der Erweiterung der Union muss ihre Vertiefung kommen.«[81] Allerdings: »Die Erweiterung der EU um die 60 Millionen Menschen aus Polen, Tschechien und Ungarn ist gut, weil notwendig«, befand er ohne nähere Erläuterung.[82] Schon dadurch rollten gewaltige finanzielle Lasten auf die Gemeinschaft zu.[83] »Aber eine weit darüber hinausgehende Erweiterung der EU um beispielsweise Rumänien, Bulgarien und am Ende sogar die Türkei würde die Funktionsfähigkeit der gegenwärtigen Institutionen der Währungsunion und die ökonomische Leistungsfähigkeit der bisherigen Mitgliedsstaaten überfordern. Solange einige der beitrittswilligen Staaten die inneren Konflikte mit ihren großen nationalen Minderheiten nicht einwandfrei und dauerhaft gelöst haben, ist ihre Integration in die EU nicht ratsam. Vor allem aber würde die Entscheidungsfähigkeit der Gremien der EU schwer beeinträchtigt, sofern jeder Mitgliedsstaat auch zukünftig Anspruch auf ein Kommissionsmitglied (und die großen Staaten sogar zwei!) in Brüssel haben sollte, sofern die Zahl der Abgeordneten des Europäischen Parlaments nochmals erhöht werden und sofern es im Rat der EU beim Einstimmigkeitsprinzip bleiben sollte.«[84]

Vertiefung vor Erweiterung: Das hieß für Schmidt mehr Rechte für das Europäische Parlament; Schluss mit dem »undurchdringlichen Wust« von Papieren und Paragraphen; Schluss auch mit der Herrschaft der »de facto aus den Oberbürokraten der 15 Mitgliedsstaaten bestehenden rund 20 ›Räte‹, die das Subsidiaritätsprinzip am laufen Band missachten«. Nicht ohne Sarkasmus erklärte er: »Weder der Ladenverkaufspreis von Büchern oder der zulässige Lärm von Rasenmähern noch die Sitzflächen auf landwirtschaftlichen Traktoren, weder die Reinheit des Bieres noch der Krümmungsgrad von Salatgurken bedürfen einer europäischen Gleichschaltung. Auch sollte der Europäische Gerichtshof nicht gezwungen werden können, über die Mehrwertsteuer-Befreiung von Straßenmusikanten zu entscheiden.«[85]

Den Ruf nach einer europäischen Verfassung – in den der Bundesaußenminister Joschka Fischer kraftvoll eingestimmt hatte – hielt Helmut Schmidt für verfehlt. Der Wunsch sei verständlich, befand er, aber er könne nicht zum Ziel führen.[86] »Die EU ist nicht reif für eine Verfassung, die heute auch nicht erforderlich ist«, schrieb er 2001. »Möglicherweise wird die EU auch in einigen Jahrzehnten keine Verfassung benötigen.« Wohl wäre etwas gewonnen, wenn die im Laufe eines halben Jahrhunderts kunterbunt zusammengewürfelten und aufeinandergehäuften Rechtsvorschriften aus einer Vielzahl von Verträgen in einem systematisch gegliederten, übersichtlichen Kodex zusammengeführt würden.[87] Eine Verfassung jedoch – nein. Wenn sie nur die wesentlichen Inhalte der verschiedenen Verträge festschriebe, würde sie keine der notwendigen Reformen vorsehen, ja künftige Reformen sogar erschweren; sollte sie jedoch die unabdingbaren Reformen anstreben, würde es »viele Jahre und Jahrzehnte« dauern, bis eine Einigung zustande käme. Alle, »die von einer Europäischen Verfassung schwärmen oder die ansonsten voller Idealismus über europäische Probleme reden«, wies er darauf hin, dass die Europäische Union nicht im Bewusstsein ihrer Bürger den Nationalstaat aushöhlen darf: »Wir Europäer müssen lernen, dass wir zugleich unserem Nationalstaat anhängen – man merkt das am deutlichsten bei Fußballspielen – und zugleich Europäer sein wollen. Sein müssen! Zur Selbstidentifikation der Menschen, die in Europa leben, bleibt ihnen aber ihr Nationalstaat der wichtigste Ankergrund.«[88] So riet er ab und blieb zurückhaltend auch, als sein Freund Valéry Giscard d'Estaing den Vorsitz des Europäischen Konvents übernahm, der 1999/2000 zehn Monate lang an einem Verfassungstext bosselte und am Ende wegen des französischen »Non!« und des holländischen »Nee!« doch damit scheiterte. Schmidts skeptische Zurückhaltung erwies sich als begründet.

In puncto Erweiterung blieb er dabei: »Wer heute die Erweiterung der EU um eine Vielzahl neuer Mitglieder betreibt, der liefe das Risiko, dass die schwerfälligen, in ihren Aufgaben unklar abgegrenzten Verfahren zwischen Parlament, Kommission, Rat (de facto heute rund 20 Räte!) und demnächst über zwei Dutzend nationalen Regierungen in absehbarer Zeit erstarren.« Alle nötigen institutionellen Reformen (»Vertiefungen«) würden dann noch schwieriger werden. »Deshalb ist es außenpolitischer Opportunismus, einem Dutzend beitrittswilliger Staaten die Aussicht auf baldige Beitrittsverhandlungen und einigen sogar auf baldigen Beitritt zu eröffnen. Es ist absolut leichtfertig, sogar darüber hinaus die Aufnahme weiterer Nachfolgestaaten von Titos Jugoslawien ins Auge zu fassen« (im Balkan vermochte Schmidt nur einen »Flickenteppich von militärisch gesicherten UN-Protektoraten zu sehen). »Rom ist nicht an einem einzigen Tag erbaut worden«, erklärte er. »Das Gleiche gilt für Europa.«

Die Erweiterung von 9 auf 12 Mitglieder durch die Aufnahme Griechenlands, Spaniens und Portugals war während der Kanzlerschaft Helmut Schmidts und mit seinem Einverständnis beschlossen worden, um diesen Ländern, nachdem sie ihre Militärdiktaturen abgeschüttelt hatten, Rückhalt und Unterstützung in der Gemeinschaft der westeuropäischen Demokratien zu geben. Aber schon für den Verbund von 12 Staaten – jeder einzelne mit Vetorecht in jeder Frage – waren seiner Ansicht nach die Institutionen der EU, die Kompetenzverteilung zwischen ihnen, ihre Verfahrensregeln und finanzpolitischen Vorkehrungen »insgesamt bereits unzureichend«.[89] Europa müsse sich nicht erweitern, sondern integrieren, war seine Ansicht vor dem Mauerfall.[90] Aus anderen Gründen war er damals auch gegen die Aufnahme Österreichs – weil nämlich dessen Neutralität, der Alpenrepublik von den Sowjets oktroyiert (obzwar die Österreicher sich gern einredeten, sie sei das Ergebnis ihrer freien Entscheidung gewesen), anders als die irische Neutralität in Moskau sauer aufstoßen könnte.[91] Jetzt sah er der Ost-Erweiterung immer skeptischer entgegen, und nach Osten wie nach Süden zog er klare Grenzlinien.

Dabei formulierte er seine Bedenken gegen den Beitritt Polens, Tschechiens und Ungarns mit größter Zurückhaltung – zumal gegenüber Polen, dessen Beitritt ihm politisch und psychologisch als der bedeutsamste von allen erschien. Mit 40 Millionen Menschen sei es der größte Staat im östlichen Mitteleuropa; es habe im Laufe der letzten zweieinhalb Jahrhunderte mehr gelitten als alle anderen europäischen Nationen; schließlich »weil Polen – nächst Frankreich – unser wichtigster Nachbar ist«. Allerdings habe es wegen der Strukturprobleme der Landwirtschaft und der Industrie auch besonders große Schwierigkeiten der Anpassung vor sich. Ohne Polen allerdings wäre die östliche Erweiterung der EU strategisch sinnlos. Deshalb dürfe man damit rechnen, dass die Hürden überwunden würden, die dem Beitritt noch im Wege stünden – »jedenfalls sollte er im Laufe des ersten Jahrzehnts vollzogen werden«. Ungarn und die Tschechische Republik hätten ähnliche Anpassungsprobleme, doch spreche vieles dafür, sie zugleich mit Polen aufzunehmen. Zwei Jahre nach dem Mauerfall räumte Schmidt darüber hinaus ein, es gebe keinen vernünftigen Grund, Österreich, die baltischen Republiken, Schweden und Finnland (»ja selbst die Schweiz«) auf die Dauer auszuschließen.[92] Indessen rechnete er damit, dass bis dahin noch einige Jahre vergehen würden. Der Beitritt im Zehnerpack, wie er sich dann 2004 vollzog, war schwerlich nach seinem Gusto, zumal Zypern die volle Mitgliedschaft zuerkannt wurde, ohne dass vorher die Probleme zwischen der griechischen und der türkischen Volksgruppe gelöst wurden und damit die Teilung der Insel ein Ende fand.[93]

Skeptisch bis ablehnend blieb Helmut Schmidts Haltung gegenüber den Balkanstaaten. Es wäre ein großes Wunder, schrieb er, wenn Bulgarien und Rumänien noch im ersten Jahrzehnt die Beitrittsreife erreichten. (Sie wurden entgegen seiner Annahme schon 2007 in die EU aufgenommen; aber Schmidts Bedenken stellten sich im Nachhinein als durchaus gerechtfertigt heraus.) Was die jugoslawischen Nachfolgestaaten anbetraf, so hatte nach seiner Einschätzung mit Ausnahme Sloweniens keiner die Aussicht auf baldige Erfüllung der Beitrittsbedingungen.[94] Und er warnte: »Die Europäische Union selbst sollte sich auf keinen Fall die balkanischen Unruheherde einverleiben.«[95]

Eine »Vollendung« der Europäischen Union im Sinne einer alle europäischen Staaten umfassenden Vereinigung werde es, so

Schmidt, »mindestens für weit mehr als ein Jahrzehnt« nicht geben. Wer aber von der Einbeziehung Russlands träume, der sei »entweder ein idealistischer Träumer oder ein größenwahnsinniger Phantast«.[96] Wie die Balkanstaaten hätten sich Russland, die Ukraine und Weißrussland nur in beschränktem Maße in das kulturelle Kontinuum Europas eingefügt, argumentierte er. Sie müssten als eigener Kulturkreis betrachtet werden, wobei er in seinen Kulturbegriff auch die politische, soziale und wirtschaftliche Kultur einschloss.[97] Russland habe weder die Renaissance noch die Aufklärung erlebt, einen Beitrag der Russen gebe es nur auf den Feldern der Literatur und der Musik, nicht aber zur Kultur des Rechts, zur politischen Kultur oder zur ökonomischen Kultur. Das Gleiche gelte für Weißrussland und die Ukraine. Im Übrigen sei Russland mit seinem Territorium größer als sämtliche Staaten der Welt. Im Osten stoße es an den Stillen Ozean, und es habe eine lange gemeinsame Grenze mit China. »Um sich eine gemeinsame Außenpolitik der Europäer, die bis China und Korea reicht, vorzustellen, muss man wirklich ein Verrückter, ein Idealist sein«, urteilte er lapidar.[98] Indessen warnte er nachdrücklich davor, Russland zum neuen Feind zu stilisieren. Die Europäer müssten »schneller als die Amerikaner begreifen, dass Russland kein Feind ist« und dass es unserer Zusammenarbeit bedarf (davon hätten wir auch nur Vorteile). Wir Europäer brauchten eine positive Russlandpolitik.[99] »Es steht uns nicht zu, antirussische Gefühle zu hegen«, auf gutnachbarliche Beziehungen komme es an.[100]

Gegenüber der Türkei war und blieb Helmut Schmidts Urteil von unerbittlicher Härte. Zur gleichen Zeit, da er 1989 dafür plädierte, dem europäischen Integrationsprozess vor allem auf den Feldern der Sicherheits- und Währungspolitik neuen Schwung zu verleihen, um nicht zu einem »strategischen Klienten« der USA herabzusinken und »in der nächsten Krise der Weltfinanzmärkte einem wild schwankenden Dollar anheimzufallen«, formulierte er eine eindeutige Absage an die Türkei. Viele Gründe sprächen dagegen, sie als Mitglied in die Europäische Gemeinschaft aufzunehmen: »Ihr wirtschaftliches und Wohlstandsniveau liegt weit unter dem Durchschnitt der EG. Die Türkei erscheint als Demokratie noch keineswegs gefestigt; die Menschenrechte – zum Beispiel für Kurden und Armenier – erscheinen nicht gesichert.« Aber bei diesen Einwänden ließ er es nicht bewenden. Die Europäer, argumentierte er weiter, seien gemeinsam auf das Stärkste von der auf dem Boden judeo-christlicher Traditionen gewachsenen Kultur geprägt – »die Türken als weit überwiegend muslimische Nation gehören einem ganz anderen Kulturkreis an, der seine Heimat in Asien und Afrika hat, nicht aber in Europa«. Ihr EG-Beitritt würde überdies die komplexen türkisch-griechischen Konflikte (zum Beispiel über Zypern) zu innergemeinschaftlichen Streitfragen machen und den Zusammenhalt der Gemeinschaft gefährden«. Die Antwort könne daher nur lauten: »Lediglich spezielle Verträge zur ökonomischen Assoziation mit der EG sind möglich.« Dies umso mehr, als die volle Freizügigkeit aller Arbeitskräfte zu einer »Verlagerung der mediterranen Bevölkerungsexplosion in die EG und damit zu unlösbaren Problemen und – auf mittlere Sicht – zum politischen Kollaps der Gemeinschaft« führen werde.[101]

Im Jahre 2000 brachte Schmidt seine Ansicht komprimiert auf den Punkt. Er schrieb: »Geopolitische Erwägungen und demographische Prognosen, vor allem aber die Anerkenntnis großer kultureller Verschiedenheit sollte dazu führen, Abstand zu nehmen von wortreichen, in Wahrheit unredlichen Erklärungen über eine Beitrittskandidatur der Türkei. Allerdings braucht die EU eine positive, eindeutige Politik auch gegenüber der Türkei, die für deren Entwicklung und Selbstbewusstsein hilfreich ist.«[102] Seine Vorstellungen einer solchen Politik waren und blieben jedoch minimalistisch.

Schmidt war seit Anfang der neunziger Jahre dagegen gewesen, die Europäische Gemeinschaft in ihrem halbfertigen Zustand um ein Dutzend Staaten zu erweitern und daraus einen »Flickenteppich mit einigen Fransen« entstehen zu lassen. Die Entwicklung überrollte ihn. Doch beharrte er eisern auf seiner Ablehnung einer türkischen EU-Mitgliedschaft. Ende 2004 warnte er die 25 Regierungschefs der damaligen Europäischen Union vor der Aufnahme von Verhandlungen über einen Beitritt der Türkei; er würde die Union überfordern. Er warf ihnen Größenwahn vor. So bezichtigte er den deutschen EU-Kommissar Günter Verheugen der »Neigung zu Illusionen«, weil der erklärt hatte, mit dem Beitritt der Türkei werde die Europäische Union zum weltpolitischen Akteur. Etwas milder beurteilte er das Plädoyer von Bundeskanzler Schröder für eine Aufnahme der Türkei, damit sie »zu einem Vorbild für andere muslimische Länder in unserer europäischen Nachbarschaft« werde. Es missfiel ihm auch, dass Washington auf den Beitritt Ankaras vor allem in der strategischen Absicht drängte, über die Doppelmitgliedschaft der Türkei in der NATO und in der EU die US-Dominanz im Mittleren Osten, aber zugleich gegenüber Russland und der Europäischen Union zu verfestigen.[103] Sein eingefleischtes Misstrauen gegenüber der amerikanischen Hegemonialpolitik führte ihm dabei die Feder.

Im Laufe der Zeit klangen Schmidts Kassandrarufe immer düsterer. »Wenn es zur Aufnahme der Türkei kommt«, schrieb er 2010, »kann das der Anfang vom Ende der Europäischen Union werden. Inwieweit das die Amerikaner berührt, will ich jetzt mal dahingestellt sein lassen. Für Europa wäre es eine Katastrophe. Die Türkei sind heute 70 Millionen Menschen, am Ende des Jahrhunderts werden es über 100 Millionen Menschen sein. Die Türkei wäre dann das volkreichste Land Europas. Wir würden einen Teil unserer öffentlichen Haushalte darauf verwenden, aus der Türkei endlich einen fortgeschrittenen Industriestaat zu machen, und hätten gleichzeitig, dank der Freizügigkeit in allen Mitgliedsstaaten, nicht 2,5, sondern 7 Millionen Türken in Deutschland. Das alles vor dem Hintergrund, dass die Türkei zurzeit in einem Prozess zunehmender Re-Islamisierung begriffen ist.«

Seinen ablehnenden Standpunkt hat Schmidt mit vielerlei sachlichen Argumenten begründet. Doch darf man mit Fug und Recht vermuten, dass seiner Haltung auch der nachwirkende Schock eines Erlebnisses zugrunde liegt, das er nie vergessen, sondern immer wieder, fast zwanghaft, aufs Neue erzählt hat. In seinem Buch *Die Selbstbehauptung Europas*, erschienen im Jahr 2000, schildert er die Episode folgendermaßen: »Vor zwei Jahrzehnten hat mir ein türkischer Ministerpräsident einmal erklärt, angesichts der hohen Geburtenrate in seinem Land müsse die Türkei bis zum Ende des Jahrhunderts weitere 20 Millionen türkischer Menschen nach Deutschland schicken. Ich habe das damals abgelehnt.«[104] Ein andermal sprach er von »weiteren 10 Millionen«.[105] Auf einem ZEIT-Symposium hat er die Schilderung des Gesprächs zwischen dem damaligen Bundeskanzler Schmidt und dem damaligen türkischen Ministerpräsidenten Süleyman Demirel, Ende der siebziger Jahre in Ankara, etwas farbiger ausgeschmückt. Demnach erklärte ihm Demirel: »Wissen Sie, Herr Schmidt, bis zum Ende des Jahrhunderts müssen wir noch 15 Millionen Türken nach Deutschland exportieren.« Schmidt wehrte ab: »Das wird nicht stattfinden, das werden wir nicht zulassen.« Doch Demirel beharrte: »Warten Sie mal ab. Wir produzieren die Kinder, und ihr werdet sie aufnehmen.«[106] Auch im persönlichen Gespräch klang der Schock der Istanbuler Begegnung häufig nach. Wobei der Hinweis erlaubt sein muss, dass weder 20 noch 10 Millionen Türken seitdem nach Deutschland gekommen sind. Neuerdings übersteigt die Zahl der Rückwanderer sogar die Zahl der Zuzügler.

Schmidt hat stets sein Interesse am Wohlergehen und an der Stabilität der Türkei betont; deshalb hatte er 1979 als Bundeskanzler ja auch eine milliardenschwere internationale Finanzhilfe für sie organisiert. Aber seine Zukunftsvorstellungen ähnelten von Anfang an stark dem Konzept einer »privilegierten Partnerschaft«, wie es von Helmut Kohl und Angela Merkel vertreten wurde. Eine Wiederbelebung und Ausweitung des Assoziationsabkommens mit der EU, eine weitreichende wirtschaftliche Kooperation und gegenseitige Zollfreiheit – mehr sollte es nach Ansicht des Altbundeskanzlers nicht werden. Aus dem Ankara-Abkommen von 1963 ergebe sich nur eine einzige rechtliche Verpflichtung: unter bestimmten Voraussetzungen »die Möglichkeit eines Beitritts zur

Europäischen Wirtschaftsgemeinschaft zu prüfen«.[107] Längst sei jedoch aus der alten EWG etwas ganz anderes geworden, als unter den damaligen Umständen vorauszusehen gewesen sei, nämlich ein politischer Verbund. Die Europäische Union sah Helmut Schmidt daher nicht im Obligo.[108]

In der innerdeutschen Kontroverse über den EU-Beitritt der Türkei nahm Helmut Schmidt stets einen ablehnenden Standpunkt ein. Viele im Lande – nach den Umfragen rund eine Zweidrittelmehrheit – teilen ihn. Viele andere freilich vertreten den gegenteiligen Standpunkt. Danach sollte die Türkei in die Europäische Union aufgenommen werden, vorausgesetzt, dass sie die sogenannten Kopenhagener Kriterien von 1993 erfüllt: institutionelle Stabilität als Garantie für demokratische und rechtsstaatliche Ordnung, die Wahrung der Menschenrechte sowie die Achtung und den Schutz von Minderheiten; eine funktionsfähige Marktwirtschaft und die Fähigkeit, dem Wettbewerbsdruck und den Marktkräften innerhalb der Union standzuhalten; ferner die Bereitschaft, die aus einer Mitgliedschaft erwachsenden Verpflichtungen zu übernehmen und sich die Ziele der Politischen Union wie der Wirtschafts- und Währungsunion zu eigen zu machen. Ein viertes, oft übersehenes Kriterium kommt hinzu: Die Fähigkeit der Union, neue Mitglieder aufzunehmen, dabei jedoch die Stoßkraft der europäischen Integration zu erhalten, stellt ebenfalls einen sowohl für die Union als auch für die Beitrittskandidaten wichtigen Gesichtspunkt dar.

Der Streit über die Aufnahme der Türkei (die Gründungsmitglied des Europarats ist, deren Fußballer in der Europäischen Champions League spielen und deren Popstars am European Song Contest von Eurovision teilnehmen, gar nicht davon zu reden, dass Istanbul 2010 eine von drei europäischen Kulturhauptstädten ist) spaltet seit Jahren Parteien, Redaktionen, Stammtische. Die SPD ist grundsätzlich dafür, den Türken eine klare Beitrittsperspektive zu eröffnen. Der türkische Ministerpräsident Erdogan erzählt gern, Altbundeskanzler Gerhard Schröder habe ihm einmal gesagt: „Premier, Sie haben Glück. Sie haben eine große, junge Bevölkerung. In zwanzig

Jahren werden wir ebendeshalb an Ihre Tür klopfen und sagen: ›Türkei, tritt bitte der EU bei!‹«[109] Doch sind Männer wie Hans-Ulrich Klose, SPD-Abgeordneter des Wahlkreises Hamburg-Bergedorf-Harburg und seit 1998 erst als Vorsitzender, dann als stellvertretender Vorsitzender Mitglied des Auswärtigen Ausschusses, vehement dagegen. Ähnlich gespalten ist die CDU. Während die meisten Abgeordneten mit Bundeskanzlerin Angela Merkel nein zu einem türkischen EU-Beitritt sagen, befürworten ihn manche prominenten Christdemokraten mit Verve und Nachdruck. Der CDU-Mann Walter Hallstein, 1963 Präsident der Europäischen Kommission, hatte bei der Unterzeichnung des Assoziationsabkommens erklärt: »Die Türkei gehört zu Europa [...]. Eines Tages soll der letzte Schritt vollzogen werden. Die Türkei soll vollberechtigtes Mitglied der Gemeinschaft sein.« Nicht anders denken zum Beispiel der frühere CDU-Schatzmeister Walther Leisler Kiep, der zeitweilige CDU-Generalsekretär und langjährige Bundesverteidigungsminister Volker Rühe, der frühere Bundespräsident Roman Herzog (»Die EU ist kein christlicher Klub«). Oder auch Ruprecht Polenz, im Bundestag derzeit Vorsitzender des Auswärtigen Ausschusses. Polenz hat sich in einem dicht räsonierten Buch für den Beitritt eingesetzt. Die Türkei gehört in die EU, argumentiert er, dies sei besser für beide. Der Beitrittsprozess der Türkei eröffne der EU die Möglichkeit, ein aufgeklärtes Verständnis ihrer eigenen Identität zu entwickeln und jahrhundertealte stereotype Selbst- und Fremdbilder zu überwinden.[110]

Die ZEIT hat über Jahre hinweg viele verschiedene Stimmen zu Wort kommen lassen. Auf Schmidts Seite stellten sich dabei zwei der angesehensten deutschen Historiker, Hans-Ulrich Wehler und Heinrich August Winkler. Der Türkei, die als erster Beitrittskandidat »nicht als zweifelsfrei europäisch oder wenigstens als europakompatibel gilt«, den Weg in die Europäische Union frei zu machen, nannte Wehler »das riskanteste Unternehmen in der Geschichte der europäischen Einigung«. Das muslimische Osmanenreich habe 450 Jahre lang unablässig gegen das christliche Europa Krieg geführt, dies sei tief verankert im Kollektivgedächtnis der europäischen Völker, aber auch in dem der Türkei. Wehlers Schlussfolgerung: »Es spricht darum nichts dafür, eine solche Inkarnation der Gegnerschaft in die EU aufzunehmen. Auch spreche nichts dafür, »einem anatolischen Millionenheer« die Freizügigkeit in die EU zu eröffnen. Sein kategorischer Befund: »Nach geographischer Lage, historischer Vergangenheit, Religion, Kultur, Mentalität ist die Türkei kein Teil Europas.«[111] Ähnlich scharf fiel das Urteil Winklers aus: »Die Türkei wird keine westliche Demokratie, ihr fehlen dafür die historischen Voraussetzungen [...]. Eine EU-Mitgliedschaft der Türkei würde beide Seiten politisch und emotional überfordern. Historische Prägungen sind nicht auswechselbar [...]. Eine privilegierte Partnerschaft käme den Interessen beider Seiten sehr viel mehr entgegen.« Eine räumliche Überdehnung, wie ein Beitritt der Türkei sie zur Folge hätte, würde die EU nicht stärken, sondern in eine tiefe Krise ihres Selbstverständnisses stürzen, also schwächen.[112] Europa werde nur zusammenwachsen, wenn es sich seiner gemeinsamen Erfahrungen und Prägungen bewusst werde, also ein »Wir-Gefühl« entwickle. »Wo es die historischen Grundlagen eines solchen Wir-Gefühls gibt, da ist Europa. Europa endet dort, wo diese Grundlagen fehlen.« Die Türkei sei – und bleibe noch lange – ein Fremdkörper.[113]

In der ZEIT-Redaktion gab es jedoch auch ganz andere Auffassungen. So habe ich selber in Vorträgen und Artikeln für die Aufnahme der Türkei plädiert, wobei ich stets hinzufügte, dass es zehn oder fünfzehn Jahre dauern könne, bis Ankara die notwendigen Voraussetzungen geschaffen habe. Ich war indes hundertprozentig für den EU-Beitritt der Türkei: »Nicht einer Türkei, deren Demokratie von der Gnade der Militärs abhängt; einer Türkei, wo Dissidenten gewohnheitsmäßig gefoltert werden; einer Türkei, die ihre kurdische Minderheit weiterhin schikaniert und deren Justiz der Einschränkung von Grundrechten immer wieder ihren Segen erteilt. Für solch eine Türkei ist in der Europäischen Union kein Platz. Eine türkische Republik jedoch, die wahrhaftig demokratisch verfasst ist, die ihre Minderheiten respektiert, ihre Soldaten hinter die Kasernenmauern verbannt und der Herrschaft des Rechts im Geist der Aufklärung Raum lässt – solch eine Türkei würde ich gern in der Brüsseler Gemeinschaft begrüßen.«[114] Indessen ließ ich nie einen Zweifel: »Wenn die Türkei ein Teil der Europäischen Gemeinschaft werden will, muss sie abstreifen, was noch an Asiatischem an ihr haftet.«[115] Daran sei nicht zu rütteln. Auch passe eine militär-kemalistische Türkei, in der letztlich die Generäle den zulässigen Grad freiheitlicher Demokratie bestimmen, ebenso wenig nach Europa wie ein Koran-Staat;[116] sie käme heute ja nicht einmal mehr in die NATO, die von allen neuen Mitgliedern verlangt, dass die zivile Kontrolle über das Militär verbürgt ist.[117] Aber meine Grundlinie blieb unverändert: Wer die Türkei prinzipiell und auf ewig draußen lassen wollte, der vertäte eine historische Chance.[118]

In die gleiche Kerbe hieb – neben Ralf Dahrendorf – Michael Thumann, der langjährige außenpolitische Redakteur der ZEIT, der seit 2007 Mittelost-Korrespondent des Blattes mit Sitz in Istanbul ist. Er berichtete aus nächster Nähe, wie die Türkei sich Schritt um Schritt reformierte und das Land damit »weit gen Westen katapultierte«, zumal in den Jahren seit 2002 unter der AKP-Regierung von Recep Tayyip Erdogan. Die Todesstrafe wurde abgeschafft, die Meinungsfreiheit erweitert, die Ausstrahlung von kurdischen Rundfunksendungen und die Verwendung des Kurdischen in Privatschulen erlaubt, eine Amnestie für PKK-Guerilleros erlassen, der Kampf gegen die Folter verstärkt, die Entscheidungsmacht des Militärs begrenzt, eine Verfassungsreform angeschoben, eine Aussöhnung mit Armenien angebahnt. Und mag auch manche Reform noch auf dem Papier stehen – ein Anfang ist gemacht. »Die Türkei wird EU-fähiger«, urteilte Thumann.[119] Sie erlebe »eine historische Umwälzung, getragen von der Aussicht auf den EU-Beitritt. Erdogan will das anatolische Volk mit der westlichen Moderne aussöhnen. Die Türkei passt rein.«[120] Im Übrigen machte auch Thumann sich keine Illusionen. Es wäre »keine Drohung, Ankara wissen zu lassen, dass

Verhandlungen gelingen, aber auch scheitern können. Sie werden viele Jahre dauern und beide Seiten zu überfälligen Reformen zwingen«.[121]

Als wortmächtigster Protagonist der Gegner eines türkischen EU-Beitritts hat Helmut Schmidt eine Debatte angestoßen, die noch lange nicht zu Ende ist. Dabei werden in vielerlei Hinsicht die Argumente abzuwägen sein, die von Ablehnern und Befürwortern ins Feld geführt werden.

Der Altbundeskanzler sieht die Türkei geschichtlich und kulturell außerhalb des europäischen Gesamtzusammenhangs. Das Gegenargument, vertreten durch Ruprecht Polenz: Das christliche Europa hat tiefe Wurzeln in Kleinasien; die sieben Kirchen, die im Buch der Offenbarung erwähnt werden, befinden sich alle dort; die Mutter Jesu soll in Ephesus gestorben sein; bis ins 10. Jahrhundert fanden alle Kirchenkonzilien in Anatolien statt.[122] Und auch in der osmanischen Epoche war die Türkei stets in das europäische Mächtegeflecht eingebunden; der allerchristlichste König von Frankreich, Franz I., paktierte mit dem Sultan gegen den Kaiser des Heiligen Römischen Reiches Deutscher Nation. Gewiss, die Osmanen führten ständig Krieg gegen das christliche Europa, aber das lag eher im Zug der Zeit, die christlichen Staaten standen ja selber ewig im Krieg miteinander.[123] »Christentum, Judentum *und* Islam sind ein Teil der europäischen Geschichte«, sagt Polenz.[124]

Der Stratege Schmidt argumentiert, die Türkei habe nicht nur kurze gemeinsame Grenzen mit Griechenland und Bulgarien, sondern auch längere Grenzen mit Syrien, dem Irak, Iran, Georgien und Armenien. Demirel habe schon vor Jahrzehnten von einer »türkischen Welt« gesprochen, die sich von der Adria bis nach China erstrecke – eine Anspielung auf jene pan-turanische Idee, die immer wieder einmal durch die Köpfe der Türken geistert: die Vision einer Vereinigung aller Turk-Völker. Wer diese geopolitischen Interessen Ankaras – zu denen Schmidt auch das Interesse an Rohrleitungen und Häfen für Öl und Gas aus Zentralasien rechnete – in den Rahmen einer gemeinsamen Außen- und Sicherheitspolitik der

EU einfügen wolle, räsonierte er im Jahre 2002, »der könnte in einer Krise den Zusammenbruch der EU riskieren«.[125]

In den Augen der Beitrittsbefürworter nimmt sich die Sache anders aus. Nicht nur sehen sie in der Türkei eine wichtige Brücke nach Zentralasien, wo längst zwischen den Vereinigten Staaten, Russland und China eine Neuauflage des *Great Game* aus der zweiten Hälfte des 19. Jahrhunderts im Gange ist, Europa bisher aber kaum eine Rolle spielt. Zugleich weisen sie darauf hin, dass uns der Vordere Orient nicht erst als Nachbar einer Eurotürkei Sorgen bereite, wir seien ja heute schon dort engagiert. Die Ostgrenze der Türkei steht seit einem halben Jahrhundert unter dem Schutz der NATO; an die Beistandsgarantie nach Artikel 5 wäre im Falle eines Angriffs auch die Bundesrepublik gebunden. Ohnehin sind europäische Soldaten im Irak, in Usbekistan und in Afghanistan stationiert; eine EU-Troika verhandelt mit Iran über dessen Atomprogramm; in Aserbaidschan, Usbekistan und Kasachstan buhlen wir um Erdöl und vor allem um Erdgas. Als Energiekorridor ist die Türkei für Europa interessant geworden. Nachdrücklich unterstützt von der EU-Kommission halten die Befürworter, wo es um die Diversifizierung der Lieferanten und Lieferwege geht, eine strategische Energiepartnerschaft mit Ankara für unabdingbar. Die Nabucco-Pipeline soll die massive Abhängigkeit von Russland mindern und dadurch die Versorgungssicherheit Europas erhöhen.[126]

Helmut Schmidt tut als »bloße Spekulation« die Annahme ab, die Türkei könne ein Vorbild für andere muslimisch geprägte Staaten werden, gar zu einer »Brücke zum Islam«.[127] Dies widerspricht nicht nur dem Ergebnis einer TESEV-Meinungsumfrage in sieben arabischen Ländern, wonach 61 Prozent das türkische politische System als Modell sehen.[128] Es muss auch jeden verwundern, der Schmidts leidenschaftliche Plädoyers für religiöse Toleranz und für die Vermeidung eines *clash of civilizations* zwischen islamischer und europäischer Kultur kennt und billigt. »Gute Nachbarschaft mit dem Islam wird im Laufe des neuen Jahrhunderts zu einer der Bedingungen für die Selbstbehauptung Europas werden«, schrieb er vor einem Jahrzehnt. Warum dann, fragen die Befürworter, nicht die engstmögliche Nachbarschaft mit der Türkei, die EU-Mitgliedschaft? Sie würde verhindern, dass sich Ankara wieder dem Orient zuwendet (eine Gefahr, die ohnehin von der schleppenden Gangart der seit 2005 laufenden Beitrittsverhandlungen heraufbeschworen wird). Das Land liegt an der Schnittstelle dreier gefahrenträchtiger Konfliktzonen: dem Balkan, dem Mittleren Osten und der Kaukasus-Region. Ist Europas Interessenlage nicht eindeutig angesichts der Instabilität des ganzen Raumes, der neuerdings *Greater Middle East* genannt wird, angesichts der Bedrohung auch, die von dem fundamental-islamistischen Extremismus ausgeht: lieber nämlich eine Türkei, die als liberal-islamischer Staat ein östliches Vorwerk der Demokratie bildet, als eine Türkei, die sich als Speerspitze des islamischen Radikalismus gegen den Westen richtet?[129] Die Türkei innerhalb der EU, so das Argument, könnte eine einzigartige Brücke zwischen Okzident und Orient bilden. Über die Türkei könnte die Europäische Union stabilisierend auf den Vorderen Orient, den südlichen Kaukasus und die zentralasiatischen Republiken einwirken.[130]

Den Altbundeskanzler plagt weiter die Sorge, dass die laizistischen Reformen Atatürks zurückgedrängt werden. Er sieht Anzeichen einer Re-Islamisierung: »Fundamentalismus ist denkbar geworden.«[131] Michael Thumann hält dagegen: »Die Religion in der Türkei ist gemäßigter als der Islam in Deutschland oder Frankreich.« Die Regierung Erdogan führe vor, dass Islam und Demokratie besser zusammenpassen als Kemalismus und Demokratie. Ihre Anhänger seien fromm, nicht radikal.[132]

Auseinander gehen die Meinungen auch in der Einschätzung der türkischen Wirtschaftskraft. Ihr Wirtschafts- und Wohlstandsniveau liege weit unter dem Durchschnitt der Europäischen Gemeinschaft, äußerte Schmidt 1989[133], das Pro-Kopf-Einkommen bei ganzen 22 Prozent. Damals stimmte dies auch. In der Zwischenzeit hat sich die Situation jedoch grundlegend verändert. Seit 2002 verzeichnet die Türkei ein jährliches Wirtschaftswachstum von rund 7 Prozent;[134] das hat schon fast chinesische Ausmaße. Binnen fünf Jahren fiel die Inflationsrate unter 10 Prozent und stieg das Pro-Kopf-Einkommen auf 11 000 Dollar, mehr als in den beiden EU-Mitgliedsstaaten Bulgarien und Rumänien. Die türkische Volkswirtschaft ist heute die sechstgrößte Europas. Von dort kommen nicht nur Billig-Textilien und Haselnüsse, sondern Industriegüter, auf die mittlerweile 90 Prozent des Exports entfallen: Stahl, Autos, Fernsehgeräte. Und nicht länger leben vier Fünftel der Bevölkerung auf dem Land wie zu der Zeit, da Schmidt die Türkei kennenlernte; inzwischen haben sich zwei Drittel in den Großstädten angesiedelt. Die Türkei ist auf dem besten Wege, zum »Tigerstaat« aus eigener Kraft zu werden. Schon heute begreift sie sich jedenfalls nicht als Bittsteller, der es auf die Brüsseler Fleischtöpfe abgesehen hat, sondern eher als Verstärkung für ein ökonomisch und demographisch angeschlagenes Europa.[135]

Es ist eine verständliche, doch müßige Frage, ob Helmut Schmidt selber die Überfremdungsängste teilt, welche die Angstvorstellung einer ungesteuerten türkischen Millionen-Einwanderung nach Deutschland im Volk auslöste. Dahinter stand bei ihm jedoch stets eine weit über die türkischen Zuzügler hinausreichende Einwanderungsskepsis. Schmidt kannte seine Pappenheimer, die Deutschen, und ahnte, dass sie massenhafter Einwanderung nicht gewachsen sein würden – jeder Einwanderung, nicht nur der türkischen. Im November 1981, als Bundeskanzler noch, sagte er auf einer DGB-Veranstaltung seines Hamburger Wahlkreises: »Wir können nicht mehr Ausländer verdauen. Das gibt Mord und Totschlag.« Nicht ohne Genugtuung verwies er darauf, dass die Zahl von 3,5 Millionen Ausländern, davon die Hälfte Türken, in den achteinhalb Jahren seiner Kanzlerzeit konstant geblieben ist.[136]

»Ich sah damals voraus, dass die Deutschen es nicht fertigbringen würden, alle Türken zu integrieren, erklärte er dem ZEIT-Chefredakteur. [...] Ich habe die weitere Zuwanderung von Ausländern gestoppt, ganz leise, weil ich keine Ausländerfeindlichkeit provozieren wollte.«[137] Und als ihn 1982 die bayerische Hotellerie bat, ihre Personalnot zu beheben und deswegen beim Anwerbestopp für ausländische Arbeiter Ausnahmen zu genehmigen, platzte ihm der Kragen. Nina Grunenberg hat die Szene geschildert: »Er schlug mit der flachen Hand auf den Tisch und donnerte wie Prinz Eugen vor der Schlacht um Wien: »Mir kommt kein Türke mehr über die Grenze.«[138] Seine Begründung, nachgeliefert auf dem Parteitag der Hamburger SPD: »Es gibt so eine unterschwellige Neigung bei Millionen Bürgern, auch Arbeitnehmern, den Ausländern für alles die Schuld zu geben« – wie einst den Juden, fügte er hinzu. »Lasst uns das um Gottes willen nicht mitmachen.« Auch könne es nicht gutgehen, wenn die Deutschen alle Drecksarbeit von den Ausländern machen ließen. »Wir laufen Gefahr, eine Zweiklassengesellschaft herbeizuführen.«[139]

Helmut Schmidt hat seit langem keinen Hehl aus seiner Meinung gemacht, dass es ein Fehler gewesen sei, so viele Ausländer ins Land zu lassen. »Wir haben unter idealistischen Vorstellungen [...] viel zu viele Ausländer hereingeholt«, sagte er 2002 zu Sandra Maischberger. »Es war schon ein großer Fehler. Und jetzt sitzen wir da mit einer sehr heterogenen, de facto multikulturellen Gesellschaft und werden damit nicht fertig. Wir Deutschen sind unfähig, die 7 Millionen alle zu assimilieren. Die Deutschen wollen das auch gar nicht, sie sind innerlich weitgehend fremdenfeindlich.«[140]

Lassen wir die Frage beiseite, ob dies in solcher Pauschalität zutrifft. Jedenfalls befürchtet Helmut Schmidt, dass die Mehrzahl der Deutschen sich durch fortdauernde Einwanderung und gleichzeitig misslingende Integration der Immigranten ihres Rückhalts im Eigenen beraubt sehen würde. »Eine Mehrheit reagiert zunehmend negativ auf weitere Zuwanderung«, befand er, »und viele werden auch auf lange Sicht nicht zu einer multikulturellen oder multiethnischen Gesellschaft bereit sein.«[141] »Solche unheilvollen Stimmungen können [...] demagogisch ausgenutzt werden.«[142] Die fremdenfeindliche, nationalistische Reaktion darauf möchte er gar nicht erst herausgefordert sehen; daher seine negative Einstellung.

Es ist denn das Misstrauen in das eigene Volk, das seine Haltung bestimmt, nicht etwa die biologistisch-genetisch-rassistische Dumpfbackigkeit und der statistische Gallimathias eines Thilo Sarrazin. Multikulturelle Gesellschaften können nach Schmidts Ansicht nur in Obrigkeitsstaaten wie Singapur funktionieren. Demokratien traut er ähnlichen Integrationswillen und ähnliche Integrationskraft nicht zu. Wer sich umsieht in der demokratischen Welt, ob in Frankreich oder den Vereinigten Staaten, in Dänemark oder in Holland, in Spanien, Italien oder Griechenland, wird einräumen müssen, dass Schmidts Befürchtungen nicht grundlos sind – wiewohl seine Lösungsvorschläge vage bleiben.

Die Gegenargumente sind zwiefacher Art. Zum einen fußen sie auf der Erfahrungstatsache, dass nach dem Beitritt Spaniens und Portugals keineswegs eine massenhafte Einwanderungswelle zu beobachten war; im Gegenteil: Es setzte eine massive Rückwanderung ein. Auch nach dem Beitritt Polens, der Tschechischen Republik und der Slowakei blieb die gefürchtete Ost-Überflutung aus. Schon 2008 war zu beobachten, dass die Zahl der Zuzügler aus der Türkei unter die Zahl der Rückwanderer absank.[143] Diese Tendenz wird sich in dem Maße fortsetzen, in dem die Türkei sich weiter zum »anatolischen Tigerstaat« entwickelt. Zum anderen ist im Verhandlungsrahmen zwischen der EU und der Türkei ausdrücklich festgehalten, dass jeder einzelne Mitgliedsstaat den Zuzug der Türken nicht nur zeitweilig, sondern auf Dauer ausschließen oder begrenzen kann.

Daran glaubt Schmidt nicht. Eine Aufnahme der Türkei, meint er, »würde Freizügigkeit für alle türkischen Staatsbürger bedeuten und damit die dringend gebotene Integration der bei uns lebenden Türken und Kurden aussichtslos werden lassen«.[144] Abgesehen davon, dass die absolute Freizügigkeit vertraglich ausgeschlossen werden kann, würden die Befürworter eines EU-Beitritts der Türkei genau umgekehrt argumentieren: Ein erfolgreicher Beitritt hilft der Integration.[145] In diesem Sinne schrieb ich: »Sollte die EU den Türken ein für alle Mal die Tür vor der Nase zuschlagen, so hätte dies gerade in Deutschland verheerende Auswirkungen. Über 2,7 Millionen Einwohner türkischer Herkunft (darunter mittlerweile 700 000 Eingebürgerte) würden sich vor den Kopf gestoßen fühlen: zurückgesetzt, herabgewürdigt, ausgeschlossen. Und wer möchte schon die Hand dafür ins Feuer legen, dass nicht rechtsradikale Rabauken, auf einer neuen Welle der Fremdenfeindlichkeit reitend, die teuflische Hetzparole ausgäben: ›Wenn die Türkei nicht zu Europa gehört, dann gehören 2,5 Millionen Türken auch nicht nach Deutschland.‹ Ethnische Säuberung – ein deutscher Albtraum! Selbst wenn er nie Realität würde, die Integration unserer türkischen Mitbürger würde auf jeden Fall unendlich erschwert. Erleichtert aber würde sie, wenn Gastland und Heimatland beide Mitglieder der größeren europäischen Gemeinschaft wären.«[146]

Schließlich: die Angst vor dem türkischen Bevölkerungsdruck. Schmidt ging seit langem davon aus, dass die Einwohnerzahl der Türkei von heute 71 Millionen Menschen bis 2025 auf 100 Millionen ansteigen werde. Gegen Ende des 21. Jahrhunderts, nahm er an, werde es ebenso viele Türken geben wie Deutsche und Franzosen zusammen.[147] In der Tat waren die Türken noch in den zehn Jahren von 1995 bis 2005 »Europameister im Kinderkriegen«, wie es die *Süddeutsche Zeitung* ausdrückte. Sie verzeichneten den größten Bevölkerungszuwachs aller OECD-Staaten und rechneten damit, im Jahr 2050 die 100-Millionen-Marke zu erreichen. In den folgenden neun Jahren ist die Geburtenrate jedoch rapide gesunken, von 2,4 auf 2,1 Kinder je Frau – es herrscht Babypause am Bosporus. »Wir werden die 100 Millionen nie schaffen«, meldete die Erziehungsministerin Nimet Cubukcu. Für 2050 rechnet die Regierung nur noch mit 88 Millionen Türken. Wie überall in der Welt, fällt mit steigendem Wohlstand auch in der Türkei die Geburtenrate (was übrigens auch bei den türkischen Zuwanderern in der Bundesrepublik der Fall ist, wo sie sich mehr und mehr der deutschen angleicht).[148]

Die Diskussion über den EU-Beitritt der Türken wird uns sicherlich noch mindestens ein Jahrzehnt beschäftigen. Die Türkei-Kontroverse berührt freilich nur einen Teilaspekt – und nicht unbedingt den wichtigsten – der alle Einzelfragen überwölbenden Grundsatzdebatte, in der sich die Europäer Klarheit verschaffen müssen über ihre zukünftige Ausrichtung, ihre Organisationsstrukturen und Entscheidungsmechanismen, ihre Grenzen, ihre weltpolitische und weltwirtschaftliche Rolle. Es geht dabei um die Festlegung der nächsten Ziele: die stärkere Koordination, womöglich Angleichung ihrer Finanz- und Wirtschaftspolitiken, darüber hinaus jedoch um die Definition einer gemeinsamen Militärstrategie und, wofür alles spricht, die Schaffung einer gemeinsamen europäischen Armee. Helmut Schmidt hält beides für nötig, um dem gegenwärtigen Durcheinander in der Union ein Ende zu setzen und der Selbstbehauptung Europas eine tragfähige Basis zu verschaffen.

Je mehr sich der Altbundeskanzler den neunzig näherte, desto zwiespältiger wurden allerdings seine Ansichten zur Zukunft Europas. Er schwankte zwischen Optimismus und Pessimismus. Die politische Vernunft gebot ihm, auf das Gelingen des europäischen Einigungswerkes zu bauen, die politische Erfahrung lehrte ihn zweifeln.

Anfang des 21. Jahrhunderts bekannte Schmidt einmal: »Ich habe mir niemals Optimismus erlaubt – ich habe mir allerdings auch niemals Pessimismus erlaubt. Es ist mein Realismus, der den bisherigen Erfolg für nahezu unglaublich hält. Nie zuvor haben sich Völker und Staaten freiwillig und nicht unter dem Diktat eines Eroberers zusammengeschlossen und Teile ihrer Souveränität aus eigenem Entschluss aufgegeben. Ein gewaltiger Erfolg – erzielt im Laufe eines halben Jahrhunderts. Es darf getrost noch einmal ein halbes Jahrhundert dauern, bis wir von Vollendung der Europäischen Union werden reden können.«[149] Aber der Realist Schmidt hielt durchaus auch andere Entwicklungen für möglich. »Es ist nicht ausgeschlossen, dass wir Europäer mit unserem Versuch des freiwilligen Zusammenschlusses demokratisch verfasster souveräner Staaten scheitern oder dass der bisherige Erfolg der Union im Sande verläuft«, schrieb er im Jahr 2000.[150] »Denkbar ist leider eine Schrumpfung zu einer institutionell angereicherten Freihandelszone; die Engländer wären damit wohl ganz zufrieden. Denkbar ist, dass das Europäische Parlament auch ohne Verfassung die dringend nötige Parlamentarisierung aller Brüsseler Entscheidungen erzwingt. Denkbar ist aber auch, dass sich in einigen Jahren durch konkludentes Handeln mehrerer Regierungen ein innerer Kern Europas herausbildet.«[151]

Auf diese Idee eines inneren, engeren Kerns in einem Europa verschiedener Geschwindigkeiten und Dichtegrade, den er schon um die Jahrtausendwende für »unvermeidlich« hielt,[152] ist er oft zurückgekommen, zuletzt im Juni 2010 in einem Interview mit *Cicero*. Da hielt er es für möglich, dass sich im Laufe der nächsten fünfzehn oder zwanzig Jahre ein »de facto innerer Kern der kontinentaleuropäischen Staaten herausbildet, […] der eine stabilere Haushalts- und Finanzpolitik betreibt«. England werde mit großer Wahrscheinlichkeit nicht dazugehören, meinte er, und zustande kommen werde solch ein innerer Kern nur, wenn die Franzosen es wollten und die Deutschen auch. Einen institutionellen oder verfassungsrechtlichen Unterbau brauche es dafür nicht. Entscheidend seien in den Gespannen Adenauer/de Gaulle, Schmidt/Giscard und Kohl/Mitterrand die Personen gewesen, nicht der institutionelle Unterbau. In Zukunft, so folgerte er, werde dies nicht anders sein: »Tatsächliches Handeln und nicht die Erfindung von anderen Institutionen« sei das Erfordernis.[153]

Doch zuweilen überkam Schmidt auch die blanke Verzweiflung. In einem Anfall düsterer Stimmung sagte er im Jahre 2000: »Wenn die Reformen im Inneren scheitern und die EU die Osterweiterung wie vorgesehen realisiert, wird Europa sich in ein paar Jahren in demselben Zustand wie am Ende des Dreißigjährigen Krieges befinden – zersplittert, entzweit und gleichzeitig politisch wie ökonomisch beträchtlich zurückgeworfen.«[154] Im Jahre 2004 sprach er vor einem Auditorium von Historikern und Politikwissenschaftlern in Paris von der »Krise der Handlungsfähigkeit« der EU und setzte hinzu, ein Verfall der Europäischen Union sei »leider nicht mehr undenkbar«.[155] Der Blick auf die europäische Bühne vermochte ihn

nicht wirklich aufzuheitern. Was er da sah, musste ihn an die Unterzeile eines Artikels erinnern, den er 1987 über das führungslose Europa geschrieben hatte: »Viele Statisten, keine tragenden Figuren«.[151]
Dem Realisten Schmidt blieb in dieser Lage nur Gelassenheit. Und die Mahnung aus Shakespeares *Julius Cäsar*, mit der er, den Briten Mut zu Europa machend, Ende November 1974 den europaskeptischen Parteitag der britischen Labour Party zu Standing Ovations gerührt hatte:

There is a tide in the affairs of man
Which taken at the flood
Leads on to fortune.
On such a full sea we are now afloat
And we must take the current when it serves,
Or lose our ventures.

In der Übersetzung, die der Bundeskanzler Schmidt für die deutsche Fassung seiner Rede benutzte:

Der Strom der menschlichen Geschäfte wechselt;
Nimmt man die Flut wahr, führet sie zum Glück.
Wir sind nun flott auf solcher hohen See
Und müssen, wenn der Strom uns hebt, ihn nutzen.
Wo nicht, verlieren wir des Zufalls Gunst.[156]

»Mit William Shakespeare möchte ich mich nicht anlegen«, schloss Helmut Schmidt damals seine Rede vor den Labour-Delegierten. Er hätte sich auch trösten können mit Paul Valérys Einsicht: »*Le pire n'est jamais certain*« – »Das Schlimmste ist nicht immer gewiss«. Auch in Europa nicht.

Der Verteidigungs- und Sicherheitspolitiker

Im tiefsten Wald bei Soltau, wo er sich tagsüber versteckt hatte, wurde der Oberleutnant der Luftwaffe Helmut Schmidt am 24. April 1945 von zwei englischen Soldaten aufgestöbert und gefangen genommen. Mit anderen Kriegsgefangenen wurde er in Viehwagen nach Brüssel geschafft und dort im Offizierslager 2226 in ein Zelt gesteckt. Vier Monate später – prägende Monate für ihn – wurde er entlassen. Ausgehungert und abgemagert kam er am 29. August 1945 in Hamburg an.

Achteinhalb Jahre hatte er, 1937 eingezogen, die Uniform der Luftwaffe getragen; der zweijährige Wehrdienst war nahtlos in den Kriegsdienst übergegangen. Der Unteroffizier Schmidt lag in Flakstellungen rund um Bremen, später in Hamburg und Oberschlesien. Der Leutnant Schmidt, der im Stab einer Flakartillerieschule Ausbildungsanleitungen verfasste, hatte den katastrophalen Ausgang des Krieges deutlich vor Augen, schämte sich jedoch, dass er, anders als die Mehrheit der Soldaten auf den Straßen Berlins, an seiner Uniform keinerlei Tapferkeitsorden tragen konnte, »da ich ja an keinem Feldzug teilgenommen hatte«. Unzufrieden mit dem »ruhmlosen Papierkrieg in Berlin«, drängte er auf Verlegung zur kämpfenden Truppe. Ende August 1941 wurde er an die russische Front versetzt; fünf Monate lang machte er dort als Zugführer in der Flakabteilung 83 im nördlichen Mittelabschnitt erst den Vormarsch auf Moskau mit, dann den Rückzug in Schnee und Eiseskälte, wobei ihm umsichtiges und entschlossenes Handeln das Eiserne Kreuz 2. Klasse eintrug. Im Januar 1942 wurde er dann nach Berlin zurückbeordert, um aufs Neue Bedienungs- und Schießvorschriften für die leichte Flak auszuarbeiten. Immer stärker verfestigte sich zu jener Zeit seine Überzeugung, dass der Krieg verlorengehen werde. Den Zusammenbruch erlebte er als Oberleutnant in der Eifel bei einer motorisierten leichten Flakbatterie, deren Kommando er im Januar 1945 übernahm. Nach Hitlers gescheiterter Ardennenoffensive wurde die Einheit von den unaufhaltsam vorrückenden Amerikanern »völlig zersprengt und zerschlagen«. Vier Wochen war der Siebenundzwanzigjährige danach auf Schusters Rappen unterwegs in Richtung Heimat, anfangs mit Kameraden, zuletzt ganz allein – bis er, nur noch zwei Nachtmärsche von Hamburg entfernt, mittags im Walde schlafend von zwei »Tommies« überrascht und gefangen genommen wurde.[1]

Helmut Schmidt hatte Bombenangriffe auf Bremen und Berlin erlebt. In Russland hatte er das Grauen des Krieges erfahren – nicht nur an einem vor Schmerzen schreienden Kameraden, der einen Hodenschuss abbekommen hatte und den er unter feindlichem Feuer verbinden musste, sondern auch in russischen Dörfern, die zwischen den Fronten zerrieben worden waren. Er habe, sagte er 2010 in einem Gespräch über den fatalen Luftschlag gegen zwei von den Taliban gekaperte Tanklaster bei Kundus, oft genug auf Befehl mit seiner Batterie Dörfer beschießen müssen, in denen seine Einheit, rückte sie hinterher in sie ein, das verbrannte Menschenfleisch riechen konnte, und zwar nicht nur das Fleisch von Rotarmisten oder Partisanen, sondern auch das der Dorfbewohner. (Niemand habe die Truppe damals über die Genfer Konventionen belehrt; nach heutigen Begriffen hätte er wohl ein Dutzend Mal vor ein Kriegsgericht gestellt werden müssen.)[2] Auch das Grauen des Bombenkrieges kannte Schmidt aus eigener Anschauung – aus Hamburg, das der britische Luftwaffenmarschall Arthur Harris im Juli 1943 in Schutt und Asche hatte legen lassen; 37 000 Hamburger kamen bei dessen »Operation Gormorrha« ums Leben. Auf gut Glück war Schmidt nur einen Tag nach dem Ende des mehrtägigen Bombardements aus Kühlungsborn in die Hansestadt gefahren, um nach seinen Eltern, den Schwiegereltern und dem Bruder zu suchen. Alle waren mit dem Leben davongekommen, aber alle waren sie ausgebombt (»Wir selbst auch«). »Alles war verbrannt, unsere Bücher und Noten und Fotos, all unsere Habe. Einige unserer Wohnungen schwelten noch, und es roch nach verbranntem Fleisch [...]. Ich kannte diesen Geruch brennender Leichen aus einigen Orten in Russland.«[3]

Es hätte niemanden verwundert, wenn Helmut Schmidt als Pazifist aus dem Zweiten Weltkrieg zurückgekehrt wäre. Doch dies war nicht der Fall. Wohl antwortete er auf die *FAZ*-Frage, was für ihn das größte Unglück sei, mit der einen Silbe: »Krieg.«[4] Auch schätzte er den Gewaltlosigkeitsapostel Gandhi, doch eher wegen dessen Katalogs der »sozialen Sünden« – Politik ohne Prinzipien, Geschäft ohne Moral und Reichtum ohne Arbeit.[5] Aber nie habe er daran gedacht, Pazifist zu werden, erklärte er ein halbes Jahrhundert später einem Interviewer. Warum nicht? Er habe sich frühzeitig mit der Sicherheitspolitik beschäftigt, und für ihn sei rasch klar gewesen, dass die Sowjetunion eine massive Bedrohung Deutschlands bedeutet habe. »Die Idee, was immer auch passiert, ich mach nicht mit, ist mir bei meiner Machart nicht gekommen.«[6] Unverblümt sagte er: »Wer Pazifist ist, hat keinen politischen Verstand.«[7] Die nüchterne Begründung dieser Ansicht liefert er in seinem Alterswerk *Außer Dienst*: »Pazifismus um den Preis der bedingungslosen Unterwerfung unter die Macht und den Willen eines Eroberers kann den Untergang des eigenen Volkes und des eigenen Staats bewirken.«[8]

Pazifist also: nein. Aber wer hätte gedacht, dass Helmut Schmidt zehn Jahre nach seiner Heimkehr aus dem Krieg einer der führenden Bonner Wehrpolitiker sein würde und keine zwanzig Jahre danach einer der gewichtigsten strategischen Denker der westlichen Welt? Und dass er als Bundeskanzler in der Atlantischen Allianz ein entscheidendes Wort in Sachen Rüstung und Abrüstung haben würde?

Zu Beginn der fünfziger Jahre barg die Gestaltung einer neuen Verkehrsordnung große Faszination für einen jungen Politiker wie Schmidt – der Ausbau des löchrigen Netzes von Bundesstraßen und Bundesautobahnen, der Wiederaufbau und die Modernisierung der Bundesbahn, der Binnenhäfen und Seehäfen, überhaupt die Anpassung der Verkehrsinfrastrukturen an das heraufdämmernde Zeitalter der Automobile und der Passagierflugzeuge. Aber dann schob sich ein anderes Thema immer stärker in den Vordergrund: die äußere Sicherheit Westeuropas im Allgemeinen und der Bundesrepublik im Besonderen. Im Bundestag, wo der Hamburger Abgeordnete 1953 als Verkehrsfachmann begonnen hatte, mauserte er sich mehr und mehr zum Wehrexperten. Als solcher zu gelten »und sich mit den wehrpolitischen Streitfragen herumzuschlagen«, bekannte er noch 1960, habe nicht immer seinen Neigungen entsprochen und ihm »kein Vergnügen« bereitet.[9] Aber es blieb ihm nicht erspart, sich immer tiefer in das Thema einzuarbeiten. Ohne es ursprünglich gewollt zu haben, wurde er so binnen weniger Jahre zur sicherheitspolitischen Autorität.

Dabei lassen sich in unterschiedlichen Phasen der politischen Entwicklung vier aufeinanderfolgende, einander ablösende Interessenschwerpunkte des Sicherheitspolitikers Schmidt erkennen. In der ersten Phase (1954–56) ging es ihm um die Einordnung der Bundeswehr in das demokratische Verfassungsgefüge der jungen Bundesrepublik; in der zweiten stand der Zusammenhang von Verteidigung und Abschreckung im Zeitalter der atomaren Waffen im Mittelpunkt seines Denkens (1957–77); in der dritten (1977–87) trieb ihn die Aufstellung sowjetischer Mittelstreckenraketen gegen Westeuropa zu dem Schluss, diese neue, zusätzliche Bedrohung müsse durch Wegverhandeln dieser Waffen oder durch westliche Nachrüstung aus der Welt geschafft werden; in der vierten Phase schließlich, nach dem Kollaps des Sowjetimperiums, beschäftigte ihn die Frage nach der Notwendigkeit, Erfolgsträchtigkeit, Vertretbarkeit oder Aussichtslosigkeit militärischer Interventionen der NATO einschließlich der Bundeswehr in fernen Weltregionen, etwa Afghanistan.

Fünf Jahre nach dem Ende des Zweiten Weltkriegs war selbst der leiseste Gedanke an eine Wiederbewaffnung der Deutschen mit einem Tabu belegt. Noch im Petersburger Abkommen von 1949, das der jungen Bundesrepublik ein gewisses Maß an Souveränität zugestand, oktroyierten die westlichen Siegermächte der Regierung Adenauer eine Absichtserklärung, »die Entmilitarisierung des Bundesgebietes aufrechtzuerhalten und mit allen ihr zur Verfügung stehenden Mitteln die Neubildung irgendwelcher Streitkräfte zu verhindern«. Doch fing das Blatt schon damals an, sich zu wenden. Die Sowjetisierung Osteuropas, die im Prager Fenstersturz (Februar 1948) gipfelte, und die Berliner Blockade (Mai 1948 bis Juni 1949) signalisierten den Beginn des Kalten Krieges. Sie gaben den unmittelbaren Anstoß zur Bildung der Westeuropäischen Union (Brüsseler Vertrag vom März 1948) und des Nordatlantikpaktes (Washingtoner Vertrag vom April 1949). Einen zusätzlichen Schock versetzte dem Westen dann am 25. Juni 1950 der nordkoreanische Angriff auf Südkorea, vorgetragen mit Stalins Billigung und alsbald von Mao Tse-tung mit Hunderttausenden chinesischer Soldaten unterstützt. War der Überfall auf der koreanischen Halbinsel etwa das bedrohliche Vorspiel eines neuerlichen, diesmal militärischen sowjetischen Vorstoßes nach Westen?

Damals wurden in Bonn die ersten Überlegungen über eine Wiederbewaffnung Westdeutschlands angestellt. Im Kanzleramt entstand Mitte Juli 1950 ein »Memorandum zur Klärung der Grundfragen für Sofortmaßnahmen im Katastrophenfall (Sowjetische Invasion Westdeutschlands)«. Am 14. August legte der damalige General a. D. Hans Speidel eine im Auftrag Adenauers verfasste Denkschrift vor: »Was tun, wenn der Russe kommt?« In einem Sicherheitsmemorandum unter dem Datum des 29. August regte der Bundeskanzler bei dem amerikanischen Hochkommissar John McCloy den Aufbau einer westdeutschen Verteidigungsmacht nahe. Im Oktober 1950 empfahl die »Himmeroder Denkschrift« die »Aufstellung eines deutschen Kontingents im Rahmen einer internationalen Streitmacht zur Verteidigung Europas«.

Bundeskanzler Adenauer arbeitete zielbewusst auf die Wiederbewaffnung hin. Die Pazifisten in der CDU/CSU – Franz Josef Strauß 1949: »Wer noch einmal ein Gewehr in die Hand nehmen will, dem soll die Hand abfallen!« – besannen sich angesichts der neuen

Bedrohungslage zum größten Teil schleunigst eines anderen. Auch die Alliierten drängten nun mit Nachdruck auf einen westdeutschen Verteidigungsbeitrag. Zunächst lief alles auf einen europäischen Rahmen hinaus. So sah der nach dem französischen Premier René Pleven benannte Pleven-Plan vom 24. Oktober 1950 die Aufstellung einer europäischen Armee vor, in die westdeutsche Kontingente bis hinunter auf die Kompanie-Ebene international integriert werden sollten; der Aufbau eigenständiger nationaler Streitkräfte der Bundesrepublik sollte auf diese Weise verhindert werden. Jahrelang wurde dieser Plan für eine Europäische Verteidigungsgemeinschaft (EVG) unter einem europäischen Verteidigungsminister in Regierungen, Parlamenten und Öffentlichkeit aufs Heftigste diskutiert; schließlich wurde der EVG-Vertrag am 30. Juni 1954 unterzeichnet. Im August 1954 jedoch brachte ihn das Veto der französischen Nationalversammlung zu Fall – ein fataler Beschluss für Europa, der noch fünfzig Jahre danach der Brüsseler Gemeinschaft wie ein Bleiklotz an den Beinen hängt. In aller Eile musste nun ein Ersatzrahmen für westdeutsche Streitkräfte gezimmert werden. Dafür kam zum einen die Westeuropäische Union in Frage, die 1948 aus Furcht vor einem wiedererstarkten Deutschland gegründet worden war, die nun aber, erweitert um die Bundesrepublik und Italien, gegen die Sowjetunion gewendet werden sollte. Bonn trat der Westeuripäischen Union im Oktober 1954 bei, doch politisches Gewicht hat dieser Verbund nie gewonnen (2010 wurde er, längst eine bürokratische Mumie, stillschweigend aufgelöst). Entscheidend war denn auch der Beitritt zur NATO, besiegelt am 9. Mai 1955. Die Nordatlantische Vertragsorganisation wurde zum Auffangnetz für die neue deutsche Armee, die nun rasch Gestalt annahm.

Das Hin und Her um eine westdeutsche Aufrüstung war damit beendet; ebenso die parteipolitische Auseinandersetzung, in der die SPD-Opposition die EVG mit der Begründung abgelehnt hatte, sie fördere die Blockkonsolidierung und erschwere, ja vereitle dadurch die angestrebte Wiedervereinigung Deutschlands. Nun stellte sich die Situation völlig neu dar: Die Aufnahme in die Atlantische

Allianz bedingte die Aufstellung einer regelrechten westdeutschen Nationalarmee. Dazu musste die SPD, die mit ihrem prinzipiellen Widerstand gegen die Wiederbewaffnung nicht durchgedrungen war, jetzt Stellung beziehen. Die sozialdemokratische Basis verharrte ebenso in ihrer ablehnenden Skepsis wie die SPD-Führung, die der vorherrschenden »Ohne-mich«-Stimmung im Lande Tribut zollte. Ein Mann wie der spätere nordrhein-westfälische Ministerpräsident Heinz Kühn vertrat eine in der Partei weitverbreitete Stimmung, als er 1954 sagte: »Ich glaube nicht an die Möglichkeit einer demokratischen Armee in Deutschland.« Demgegenüber warnte der realpolitische Flügel, angeführt von Fritz Erler, vor sicherheitspolitischer Abstinenz der Sozialdemokraten. »Wir werden unsere Hemmungen überwinden müssen«, redete Helmut Schmidt den Genossen ins Gewissen.[10]

In der Debatte um die westdeutsche Aufrüstung gehörte er dem realpolitischen Flügel an. Ihm ging es nicht mehr um das grundsätzliche Ja zu westdeutschen Streitkräften, sondern nur noch um das Wie: »Wie soll verfassungsmäßig die Vormacht der politisch-parlamentarischen Instanzen über die militärische Spitze ausgestaltet und gesichert werden? Wie soll die parlamentarische Kontrolle des Wehrwesens aussehen? Welche neuen verfassungsmäßigen Organe wollen wir zu diesem Zweck schaffen?«[11]

Zur EVG hatte Schmidt, der Parteilinie folgend, Nein gesagt. Inzwischen hatte das pragmatische Denken bei ihm die Oberhand gewonnen. Er brachte kein Verständnis für die SPD-Genossen auf, »die glauben, bei den Russen in Verhandlungen etwas holen zu wollen, ohne gestützt zu sein auf den Eventualwillen auch zur […] militärischen Bereitschaft.«[12] Im Tauziehen zwischen Bundestag und Bundesregierung über die bis dato in der deutschen Geschichte noch nie gelöste Frage »Parlamentsheer oder Armee der Exekutive?« trat er fortan immer stärker in den Vordergrund. Entgegen der ambivalenten Haltung der SPD-Führung befürwortete er im Verein mit Fritz Erler ein grundsätzliches Ja zur Wiederbewaffnung. Er wollte nicht, dass Militär und Arbeiterbewegung wiederum –

wie schon in der Weimarer Republik – in einen Gegensatz gerieten. Die SPD dürfe nicht abermals versäumen, die Stellung der Armee und deren inneres Gefüge in der Wehrgesetzgebung und in der Verfassung zu fixieren. Vielmehr komme es darauf an, die bewaffnete Macht in die demokratische Republik und die freiheitliche Gesellschaft einzuordnen, die parlamentarische Kontrolle des Wehrwesens im Grundgesetz zu verankern und die Vormacht der politischen Instanzen über die militärische Spitze zu sichern.

Unabhängig von der grundsätzlichen Gegnerschaft der SPD zur Wiederbewaffnung arbeiteten die Abgeordneten Erler und Schmidt im Sicherheitsausschuss (später Verteidigungsausschuss) konstruktiv an der Ausgestaltung der Wehrgesetze mit. Dies galt gleichermaßen für die Wehrergänzungen des Grundgesetzes (Februar 1954, März 1956), das Soldatengesetz (März 1956), das Wehrpflichtgesetz (Juli 1956) und das Dienstzeitgesetz (September 1956). In einer Art großer Wehrkoalition, einem kleinen Zirkel von Kollegen aus CDU/CSU, SPD und FDP, in dem der CSU-Abgeordnete Richard Jaeger, auf dem Felde der Wehrpolitik überraschend freisinnig, maßgeblichen Einfluss ausübte, trotzten die Verteidigungsexperten der Fraktionen der nur widerwillig sich fügenden Regierung eine Lösung ab, die bis heute Bestand hat. Der Staat schuf sich zum ersten Mal in der deutschen Geschichte seine Armee, nicht umgekehrt. Der Soldat sollte kein Wesen *sui generis* sein, sondern Staatsbürger in Uniform. Und die Bundeswehr sollte keine 08/15-Armee von Schleifern und Schikanierern werden, deren Schreckbild der Bestseller-Autor (und Wiederbewaffnungsgegner) Hans Hellmut Kirst 1954/55 dem Publikum drastisch vor Augen führte. Das Prinzip der *civil control* wurde sowohl in der Regelung der Befehls- und Kommandogewalt verankert – im Frieden liegt sie beim Bundesminister der Verteidigung, im Krieg beim Bundeskanzler – wie in den Vollmachten des Bundestags, der im militärischen Bereich als Gesetzgeber, als Kontroll- und Bewilligungsorgan und als Entscheidungsorgan über die Feststellung des Verteidigungsfalles in Erscheinung tritt.

Schmidts Einsatz war es mit zu verdanken, dass die Frage »Parlamentsheer oder Heer der Exekutive?« zugunsten des Parlamentsheers entschieden wurde. Er sei »entscheidend an der Schaffung und Formulierung des Grundgesetzartikels 65a beteiligt« gewesen, nimmt er für sich in Anspruch.[13] Als Berichterstatter spielte er zudem eine wichtige Rolle bei der Durchsetzung des Personalgutachterausschusses, der überprüfen sollte, ob frühere Wehrmachtsoffiziere, die für Dienstgrade vom Oberst an aufwärts vorgesehen waren, ihrer Denk- und Handlungsweise nach für die Bundeswehr geeignet seien und bereit wären, die Prinzipien der »Inneren Führung« und des »Staatsbürgers in Uniform« hochzuhalten. Auch setzte er sich mit Verve für die Einrichtung des Wehrbeauftragten-Amtes ein, einer Institution zum Schutz der Grundrechte der Soldaten, die als Hilfsorgan zur Ausübung der parlamentarischen Kontrolle große Bedeutung erlangt hat. In der autoritativen Darstellung der *Anfänge westdeutscher Sicherheitspolitik* wird Helmut Schmidt bescheinigt, er habe zu den »militärpolitischen Realisten« gehört, die, schon bald »stark in den Vordergrund rückend«, Einfluss nahmen; er sei »der aktivste Sprecher der Opposition bei den [parlamentarischen] Verhandlungen« gewesen; und er habe sich in den Beratungen »stark profiliert«.[14] Am Einbau der neuen Streitkräfte in das demokratische Gemeinwesen, der Verankerung der Bundeswehr im Grundgesetz und der Festlegung ihrer inneren Strukturen hatte der noch nicht vierzig Jahre alte Hamburger Abgeordnete jedenfalls einen wesentlichen Anteil.

Am 12. November 1955 nahmen in einer zugigen Kraftfahrzeughalle der Bonner Ermekeilkaserne die ersten 101 Soldaten der Bundeswehr ihre Ernennungsurkunden entgegen. Damit begann die Aufstellung der neuen deutschen Streitkräfte – ein Kraftakt sondergleichen. Die ersten drei der zwölf geplanten Heeresdivisionen wurden im Juli 1957 der NATO unterstellt, die letzte Division wurde schon 1965 als einsatzbereit gemeldet. Eine Weile noch arbeitete sich Helmut Schmidt an dem glücklosen ersten Verteidigungsminister Theodor Blank ab, der seinen Posten nach fünfzehn

Monaten für Franz Josef Strauß räumen musste. Auch dem Nachfolger schaute Schmidt kritisch auf die Finger; die Wortwechsel zwischen ihnen gehören zum schneidendsten, was der Bundestag je zu hören bekam. Doch nun verschob sich der Schwerpunkt von Schmidts sicherheitspolitischem Interesse. Nicht länger ging es ihm in der nächsten Phase um konstitutionelle Einbettung und innere Struktur der Bundeswehr. In den Vordergrund rückte jetzt die strategische Doktrin des Westens. Immer häufiger ergriff Helmut Schmidt das Wort in der Debatte über die der Bundesrepublik angemessene Verteidigungspolitik und die sich wandelnde Nuklearstrategie der Vereinigten Staaten.

In jenen Jahren veränderte sich das strategische Denken von Grund auf. Die Sowjetunion besaß seit 1949 die Atombombe und hatte 1953 die erste Wasserstoffbombe getestet – ein Jahr ehe die Amerikaner am Strand von Bikini ihrerseits die erste H-Bombe zur Explosion brachten. Und auch Moskau investierte nun massiv in Fernbomber und Fernraketen. Im Jahre 1957 fuhr dem Westen der Sputnik-Schock gewaltig in die Knochen. Das atomare Patt zwischen den Supermächten zeichnete sich ab. Damit jedoch wurde die Strategie der massiven Vergeltung hinfällig, die bis dahin der Sowjetunion als Antwort selbst auf einen konventionellen Angriff einen atomaren Vernichtungsschlag angedroht hatte – »zum Zeitpunkt und an Orten unserer Wahl«, wie es der amerikanische Außenminister John Foster Dulles im Frühjahr 1954 formuliert hatte. Auf diesem Grundsatz beruhte auch die Radford-Doktrin, nach der – so die Aussage des damals höchsten US-Soldaten – »jeder Krieg in Zukunft nur noch als totaler Atomkrieg *(all-out nuclear war)* geführt werden« könne: »Wenn der Feind angreift, egal wann, egal in welcher Stärke, egal mit welchen militärischen Mitteln – wenn er nicht bis zum Sonnenaufgang des nächsten Tages in seiner Ausgangsstellung zurück ist, schlagen wir mit allen Vergeltungswaffen in unserem Besitz zurück.«[15] Unter den veränderten Umständen war diese Position nicht aufrechtzuerhalten. Von dem Zeitpunkt an, da die Sowjets in der Lage waren, aus den Raketensilos inmitten ihres zerstörten Landes immer noch zu einem verheerenden Gegenschlag auszuholen, galt der zynische, doch sachlich absolut korrekte Satz: »Wer zuerst schießt, stirbt als Zweiter.«

Von der Strategie der massiven Vergeltung hat Schmidt nie etwas gehalten. Sie sei »von vornherein eine für Deutschland inakzeptable Strategie« gewesen, befand er, »denn sie hätte im Falle eines Krieges mein Land ohne jegliche Alternative der nuklearen Zerstörung ausgeliefert«.[16] Auch den Amerikanern dämmerte allmählich, dass die Drohung, bei einem Zusammenstoß amerikanischer und sowjetischer Patrouillen in Berlin den großen Atomkrieg auszulösen, in dem Maße an Glaubwürdigkeit verlor, in dem die Sowjets ihr Fernwaffenarsenal aufstockten. So sah sich Dulles gezwungen, den NATO-Partnern die Abkehr von der Doktrin der massiven Vergeltung zu verkünden. Im Frühjahr 1957 erklärte er ihnen, der Westen könne nicht bei jedem Störfall an der Grenze immer gleich den Einsatz strategischer Atomwaffen androhen; zwischen die konventionellen Streitkräfte, die ja nur ein »Stolperdraht« seien, und die großen Atomknüppel müsse man noch eine dritte Waffenkategorie schieben, die taktischen Atomwaffen. In diesem Sinne forderte Dulles die Verbündeten auf, atomare Trägerwaffen – Artillerie, Jagdbomber und Raketen – in ihre »Schild«-Kräfte einzugliedern. Das westliche Bündnis verlegte sich nun auf die Strategie der *flexible response*. Nach und nach erlangte diese Strategie der flexiblen Erwiderung Bündnisverbindlichkeit; nach John F. Kennedys Amtsantritt wurde sie in der NATO-Doktrin MC-90 festgeschrieben. Bald danach kamen als Ablösung für die Mace und Matador die neuen amerikanischen Atomwaffenträger nach Deutschland, die Kurzstreckenraketen vom Typ Honest John und Sergeant für die Artillerie, die Mittelstreckenrakete Pershing I und die Atombomben für den Jagdbomber F104-G, der später vom Starfighter ersetzt wurde. Am Ende lagerten in der Bundesrepublik 7000 solcher taktischer Atomwaffen in den Arsenalen der Verbündeten. Die Sprengköpfe für die deutschen Trägerwaffen blieben allerdings in amerikanischem Gewahrsam.[17]

Es kann nicht verwundern, dass all diese Entwicklungen in Deutschland wie bei den Verbündeten eine vehemente Debatte über Sinn und Zweck, über Bewaffnung und Strategie der NATO auslöste. Bundesverteidigungsminister Franz Josef Strauß stimmte der neuen Doktrin für die Bundesregierung rückhaltlos zu, Helmut Schmidt hingegen unterzog sie von vornherein schärfster Kritik. Die Wehrdebatte spielte sich vor dem Hintergrund einer ungemein aufgewühlten Öffentlichkeit ab. In den Kinos versetzte der nach Nevil Shutes gleichnamigem Roman gedrehte Weltuntergangsstreifen *On the Beach* das Publikum in Wallung. Hans Hellmut Kirst veröffentlichte seinen Roman *Keiner kommt davon*, in dem der von Franz Josef Strauß angefeindete Schriftsteller die Vernichtung Europas und die völlige Zerstörung Deutschlands in einem nuklearen Holocaust schilderte. Doch nicht nur Leser und Kinogänger gruselten sich; auch ernstzunehmende Warner geboten der Atombewaffnung Einhalt. So protestierten im April 1957 achtzehn deutsche Atomwissenschaftler – darunter Otto Hahn, Werner Heisenberg und Carl-Friedrich von Weizsäcker – in der »Göttinger Erklärung« gegen die Verharmlosung der Atomwaffen durch die Bundesregierung und die Ausrüstung der Bundeswehr mit solchen Waffen; ihr Appell hatte in der Öffentlichkeit ein gewaltiges Echo. In England begannen 1958 die Ostermärsche gegen den Atomtod, die schon zwei Jahre später in der Bundesrepublik Nachahmung fanden.

Drei Grundüberzeugungen verfestigten sich in dieser Zeit bei dem Strategen Schmidt. Erstens: Der Einsatz der großen US-Bombe zum Schutz Europas vor lokalen Übergriffen ist den Amerikanern nicht mehr zuzumuten, seit ihre Anwendung mit einem Existenzrisiko für die Vereinigten Staaten verbunden ist. »Die These von der Unvermeidbarkeit nuklearer Verteidigung ist tödlicher Unfug.« Zweitens: Ebenso wäre es Unfug, sich zur Verteidigung Europas ausschließlich auf taktische Atomwaffen zu verlassen – weil nämlich der Einsatz dieser »kleinen« nuklearen Waffen leicht in die »Atomspirale«, also zur Auslösung des großen atomaren Krieges führen könnte. Außerdem wäre ein solcher Krieg »mit hoher Wahrscheinlichkeit gleichbedeutend mit weitgehender Vernichtung Europas, jedenfalls gleichbedeutend mit weitgehender Vernichtung Deutschlands«. Drittens: Taktische Kernwaffen in Europa und in Deutschland sind zur Abschreckung eines taktischnuklearen Angriffs nötig. Jeder konventionelle Angriff muss hingegen von konventionellen Streitkräften beantwortet werden. Die taktischen Kernwaffen – deren Gefechtsköpfe weiterhin in amerikanischer Verwahrung bleiben müssen – sollen in einem besonderen Befehlsstrang untergebracht werden, damit jeglicher Atomkrieg nur durch einen politischen Beschluss ausgelöst werden kann, nicht aber durch die Entscheidung eines nervösen Truppenkommandeurs in vorderster Linie. Die konventionellen Streitkräfte in Mitteleuropa müssen auf 30 Divisionen verstärkt werden; an ihrer Verstärkung sollte sich die Bundesrepublik proportional beteiligen.

In Bonn debattierte der Bundestag im März 1958 fünf Tage lang über die Frage der atomaren Bewaffnung. Helmut Schmidt war dabei neben Fritz Erler der Hauptkontrahent von Strauß. Den Analytiker ließ er absichtsvoll beiseite, der Polemiker hatte das Wort. Hemmungslos zog Schmidt vom Leder. Dem Minister Strauß attestierte er »beachtliche politische Potenz, ein hervorragendes Gedächtnis, eine rasche Auffassungsgabe, eine nicht unbeträchtliche Bildung«. Aber dann kritisierte er dessen Verlangen nach Atomwaffen für die Bundeswehr und polemisierte: »Ich glaube, der Verteidigungsminister Strauß ist ein gefährlicher Mann, gerade wegen seiner überragenden Eigenschaften, meine Damen und Herren, ein gefährlicher Minister!« Hätte er gewusst, dass Strauß zu jener Zeit eine gemeinsame deutsch-französisch-italienische Atomwaffenproduktion anstrebte (ein Vorhaben, dem Charles de Gaulle nach seinem Einzug ins Elysée ein rüdes Ende bereitete[18]), er hätte den Minister gewiss noch viel schärfer attackiert.

Und wo er schon einmal beim Attackieren war, legte er sich auch gleich noch mit dem Hamburger CDU-Kollegen Gerd Bucerius an, dem Verleger von ZEIT und *Stern*, weil der – »sonst ist das das Ende meiner politischen Karriere« – die Druckmaschinen hatte anhalten lassen, um einen fünf Seiten langen illustrierten Bericht über das Thema »Atomtod – Atomnot« aus dem *Stern* herauszunehmen. Ebenso griff er den CSU-Abgeordneten Richard Jaeger an; der sei der Frage ausgewichen, ob er »seine Matadore auch auf Dresden schießen lassen« wolle. Schließlich wies er auf das NATO-Planspiel »Lion Bleu« hin, bei dessen Vorbereitung deutsche Offiziere geweint hätten, weil sie sich realistisch auf Lagen hätten einstellen müssen, bei denen sie Hunderttausende von Flüchtlingen mit Panzern von den Straßen herunterzufegen hätten.[19] Mit kalter Provokation warf Schmidt der Regierung »ekstatische Entschlossenheit zur atomaren Bewaffnung« vor und versetzte die CDU/CSU-Fraktion in helle Wut. »Lümmel«, »Totengräber der Demokratie«, »eine Beleidigung für das ganze Haus«, »die kommunistische Rede par excellence« waren noch die mildesten Beschimpfungen, mit denen die Kanzlerpartei Schmidts aufpeitschende Tiraden quittierte.[20]

Jahre später gab er zu, dass er »mitbeteiligt und mitschuldig« gewesen sei an der Belastung der wehrpolitischen Debatte »durch Gefühlsmomente, durch Assoziationen, durch Vorurteile«; wer aber den frenetischen Jubel der Regierungsfraktionen noch im Ohr habe, werde »trotz zeitlicher Distanz verstehen, dass diese von der Bundestagsmehrheit anlässlich des Beschlusses zur atomaren Bewaffnung dargebotenen unkontrollierten Gefühlssteigerungen notwendigerweise kalt unterbrochen werden mussten«.[21] Getrieben von seiner tiefen Überzeugung, dass die Ausstattung der Bundeswehr mit Atomwaffen fatale Folgen haben werde, blieb Schmidt damals jedoch längere Zeit bei seiner eifernden, ja geifernden Rhetorik. Als Star-Redner auf vielen Kundgebungen des im März von der SPD gegründeten Komitees »Kampf dem Atomtod« leistete er sich selbst für »Schmidt-Schnauze« ungewöhnlich viele Hass- und Hetztiraden, wütete gegen die »Politik der Raketenchristen«, propagierte eine Volksbefragung und versuchte, die Öffentlichkeit zum Generalstreik aufzuputschen – gefährliches Fahrwasser, wie sein Biograph Hartmut Soell schreibt.[22]

Er wäre jedoch nicht Helmut Schmidt gewesen, wenn der Polemiker nicht alsbald dem Analytiker, der Politiker nicht dem Intellektuellen gewichen wäre. Schmidt bildete sich Ende der fünfziger Jahre zu einem jener *defense intellectuals*, wie es sie sonst in Deutschland damals kaum gab, sehr viele jedoch in Amerika, England und Frankreich. Die Strategie der massiven nuklearen Vergeltung hatte er abgelehnt.«[23] Aber was sollte an deren Stelle treten? Dieser Frage wandte sich Schmidt jetzt zu. Begierig studierte er die amerikanischen, englischen und französischen Bücher über die strategischen und militärstrategischen Probleme des Westens. Doch las er nicht nur, er reiste auch und redete mit den Verfassern, um sich ein eigenes Urteil zu bilden. In den Jahren 1958 bis 1960 lernte er die meisten persönlich kennen: auf internationalen Konferenzen, beim Institute for Strategic Studies[24] in London, an der Harvard University.

In Amerika traf Schmidt auf den jungen Harvard-Assistenzprofessor Henry Kissinger, der gerade sein Buch *Nuclear Weapons and Foreign Policy* (»Kernwaffen und Außenpolitik«) veröffentlicht hatte. Thomas Schelling, der in seinem Werk *Strategy of Conflict* die ökonomische Spieltheorie auf die Nuklearstrategie übertragen hatte, wies ihn in sein Denken ein; desgleichen Albert Wohlstetter, der bei der Rand Corporation, der Denkfabrik in Santa Monica, das Zweitschlagskonzept erdachte, außerdem Bernard Brodie, Arnold Wolfers und Herman Kahn, die Clausewitze des Atomzeitalters. Für die deutsche Ausgabe von Kahns Werk *Eskalation* schrieb Schmidt ein kundiges Vorwort. Darin charakterisierte er viele der hier genannten strategischen Denker.[25] Weitere Gesprächspartner waren Robert Bowie und Klaus Knorr, die damals den Plan favorisierten, die NATO zur »vierten Atommacht« zu machen, aber auch der Diplomat George F. Kennan, der 1947 in einem unter dem Pseudonym »Mr. X« in *Foreign Affairs* erschienenen Essay die Containment-Theorie begründet hatte und jetzt als Urheber des Disengagement-Gedankens für ein Auseinanderrücken der Blöcke in Mitteleuropa eintrat. Sehr beeindruckt war Schmidt zudem von dem pensionierten General Maxwell Taylor, der 1959 in seinem Buch *The Uncer-*

tain Trumpet der Doktrin der massiven Vergeltung eine Absage erteilt und an ihrer Stelle die *flexible response* auf den Schild erhoben hatte, die dem Präsidenten mehr Alternativen als ruhmloses Einknicken oder schrankenlose nukleare Zerstörung beließ.[26]

In England tauschte sich Schmidt mit B. H. Liddell Hart aus, dem Hochmeister des strategischen Denkens in Großbritannien, mit Alastair Buchan, dem Gründer des Institute for Strategic Studies (»Er hat mich die Anfangsgründe des nuklear-strategischen Kalküls verstehen gelehrt«[27]), aber auch mit zwei klugen Militärs, dem Admiral Anthony Buzzard und dem Air Marshall John Slessor; sie alle zerbrachen sich über die Auswirkungen der neuen Kernwaffen auf das strategische Kalkül der Mächte den Kopf. In Paris lernte er Raymond Aron kennen und respektieren, den Verfasser des magistralen Werks *Paix et Guerre*, dazu die Generale André Beaufre und Pierre Gallois, zwei der bedeutendsten strategischen Denker Frankreichs im 20. Jahrhundert. Zugleich standen ihm in Deutschland die Generale Johannes Steinhoff, Wolf Graf Baudissin und Johann Adolf Graf von Kielmansegg nahe, außerdem Carl-Friedrich von Weizsäcker, der Atomphysiker und Philosoph, der 1958 eine große ZEIT-Serie »Mit der Bombe leben« geschrieben hatte. Mit allen führte er lange Gespräche. Und er studierte ihre Bücher.

Unter dem Einfluss Liddell Harts und Kennans liebäugelte Helmut Schmidt eine Zeit lang wohl mit dem Gedanken einer »militärpolitischen Verdünnung« in beiden Teilen Deutschlands; deren erste Stufe könne eine atomwaffenfreie Zone sein. In der Bundestagsdebatte am 22. März 1958 hatte er dazu erklärt, es komme darauf an, »die militärischen Kräfte der Großmächte geographisch voneinander zu trennen«. Davon versprach er sich einiges. »Weswegen«, fragte er, »kann man nicht aus der atomwaffenfreien Zone eine Zone entwickeln, aus der Schritt für Schritt und in gleichen Prozentsätzen die stationierten Kräfte der Sowjets wie auch der Amerikaner abgezogen werden?« Noch im Frühjahr 1960 vertrat er im Sozialdemokratischen Pressedienst den SPD-Vorschlag, »alle ausländischen Truppen schrittweise aus Mitteleuropa zurückzuziehen, die nachbleibenden eigenen Truppen der mitteleuropäischen Staaten zu begrenzen und diese ganze mitteleuropäische Zone begrenzter Rüstung international zu kontrollieren. Nur so kann auch eine Lösung der deutschen Frage möglich werden.«[28]

Bald jedoch differenzierte und nuancierte er seine Ansicht. Er bestand auf beiderseitigen und ausgewogenen Maßnahmen – umso deutlicher, je mehr die Schaffung und Aufrechterhaltung eines militärischen Gleichgewichts in Europa zur zentralen Strebe seines sicherheitspolitischen Gedankengebäudes wurde. Gegen die Einrichtung einer mitteleuropäischen Rüstungsbegrenzungs- und Rüstungskontrollzone auf dieser Grundlage hatte er nichts. Kennans Disengagement-Vorschlägen, soweit sie auf einen Abzug der Amerikaner hinauszulaufen schienen, stimmte er indes nicht zu. Erst recht lehnte er das Konzept eines »neutralen Gürtels in Europa« ab, wie es dem englischen Wehrpolitiker Dennis Healey vorschwebte, der später Schmidts Kollege als Verteidigungsminister wurde. Auch erklärte er eindeutig: »Die Einrichtung einer Rüstungsbegrenzungs- und -kontrollzone bedingt in keiner Weise das Ausscheiden der Bundesrepublik aus der NATO.«[29]

Im Übrigen schloss er sich uneingeschränkt der Ansicht Liddell Harts an, Regierungen, die allein auf die nukleare Abschreckung setzten, seien das in sie gesetzte Vertrauen nicht wert, wenn sie nicht zu einer »nichtselbstmörderischen Form der Verteidigung« fänden.[30] Gegen Atomwaffen war Schmidt auf jeden Fall – auch gegen die Rolle, die ihnen in dem neuen Konzept der flexiblen Erwiderung zugedacht war, und erst recht gegen die Vorstellung eines begrenzten Atomkriegs *(limited nuclear war)*, wie sie in den USA zeitweise von Henry Kissinger und von dem Atomphysiker Edward Teller vertreten wurde (doch von Fachleuten wie William Kaufmann, Robert Osgood, James King und Tom Schelling als logischer und strategischer Irrweg scharfe Kritik erfuhr).

Im Herbst 1958 machte Helmut Schmidt eine vierwöchige Reserveübung bei der Flakabwehrschule Rendsburg. Damit wollte er öffentlich dokumentieren, dass er Wehr und Waffen keinesfalls in

Bausch und Bogen ablehne. Viele seiner Genossen verstörte dies zutiefst. Er erhielt auch umgehend die Quittung: Die SPD-Bundestagsfraktion wählte ihn noch während seiner Übung aus ihrem Vorstand ab, dem er erst knapp ein Jahr angehörte. Aber er ließ sich nicht beirren. Er blieb am Thema und machte sich nun an sein erstes Buch, *Verteidigung und Vergeltung*. Es erschien – die Summe seiner Gespräche, seiner Lektüre und seines eigenen Nachdenkens in den zurückliegenden Jahren – im Jahre 1961. In deutscher Sprache war es die erste intellektuell anspruchsvolle und politisch gewichtige Analyse der Bedrohungslage in Europa und der denkbaren Verteidigungsoptionen. Mit einem Schlag katapultierte das Buch Schmidt in die schmale Riege der beachtenswerten strategischen Denker des Westens. B. H. Liddell Hart, der Doyen der zeitgenössischen Militärtheoretiker, empfahl es amerikanischen Offiziersschülern »als die schlechthin beste Einführung in die militärischen Fragestellungen des Atomzeitalters.[31]

Auf 290 Seiten legte Helmut Schmidt darin die Einsichten und Erfahrungen nieder, die er in den Jahren zuvor auf seiner Pilgerfahrt zu den Hochburgen des strategischen Denkens gewonnen hatte. Seine Absicht, in einer Vorbemerkung formuliert, war es, die »Kollegen im Bundestag, die deutsche Politik im Allgemeinen, die deutsche Presse und auch die Bundeswehr zu intensiveren Bemühungen um die wissenschaftlichen Erkenntnisse moderner militärischer Strategie zu provozieren«.[32] Es war das erste Mal, dass der Politiker Helmut Schmidt zur Feder griff, um seinen Überzeugungen Gehör zu schaffen. Es sollte nicht das letzte Mal bleiben.

Indem er sich des Instruments der Publizistik bediente, um seinen politischen Ansichten und Empfehlungen Nachdruck zu verleihen, praktizierte er zielbewusst, auf gut Clausewitzisch formuliert, eine »Fortsetzung des politischen Verkehrs, ein Durchführen desselben mit anderen Mitteln«. Diese Praxis wurde bald ein Merkmal seines ganzen politischen Wirkens.

Schmidts Ausgangspunkt war die Feststellung, die strategische Doktrin der NATO befinde sich seit zwei Jahren in der Krise.

Die Bundesrepublik als »das Schlachtfeld-Land der NATO« sei weder über die Fragwürdigkeiten noch über die kontroversen Argumente noch über die logischen Schlussfolgerungen ausreichend informiert; sie nehme an der öffentlichen Diskussion der westlichen Welt kaum teil. Dies wollte er ändern. Da wir auf Gedeih und Verderb mit dem Verteidigungssystem des Westens verkoppelt seien, argumentierte er, seien wir nicht nur berechtigt, sondern verpflichtet, an der Festlegung seiner Strategie mitzuwirken. »Fehlentscheidungen könnten die Existenz unseres Volkes aufs Spiel setzen.«[33]

Die Einzelheiten des Werkes werden heute nur noch die Fachleute interessieren. Im Eingangskapitel beleuchtete Schmidt die Entwicklung des strategischen Denkens vom amerikanischen Atom-Monopol bis zum atomaren Patt: von der Doktrin der massiven Vergeltung bis hin zum Konzept der flexiblen Erwiderung und des begrenzten Atomkriegs. Es folgte ein Überblick über das Kräfteverhältnis der beiden Seiten; über die strategischen Doktrinen in Ost und West; über verschiedene Szenarien möglicher Kriegsausbrüche. Für falsch hielt Schmidt den NATO-Beschluss, zum Ausgleich der konventionellen Unterlegenheit des Westens dessen Truppen mit taktischen Atomwaffen auszurüsten und die nach dem Sputnik-Schock in den Vereinigten Staaten – fälschlicherweise – vermutete »Raketenlücke« durch die Stationierung amerikanischer Mittelstreckenraketen vom Typ »Jupiter« und »Thor« in England, Italien und der Türkei wettzumachen. Den Herausforderungen der bevorstehenden sechziger Jahre galt das nächste Kapitel: Rüstung, Rüstungsbegrenzung, Rüstungskontrolle, Abrüstung. Dabei trat ein Begriff immer schärfer hervor, der bald zu einem Eckstein des Schmidt'schen Gedankengebäudes wurde: der Begriff des Gleichgewichts. Die Darstellung der Interessen Deutschlands und die Zukunft der NATO rundeten das Tableau ab.

In vielerlei Hinsicht löckte Schmidt mit seinem Erstlingswerk gegen den Stachel der herrschenden Meinung. Für Konrad Adenauers naiven Satz, taktische Nuklearwaffen seien doch »nichts anderes als die moderne Fortentwicklung der Artillerie«, hatte er nur verständnisloses Kopfschütteln übrig. Er zerpflückte die Annahme, taktische Atomwaffen begünstigten den Verteidiger, da sie den Aggressor zwängen, seine Truppen zu zerstreuen – denn dies gelte ebenso für den Verteidiger. Außerdem ließen sich solche Waffen – etwa die Davy Crockett, eine Art von Atomartillerie (Sprengkraft: zwei Kilotonnen TNT!) – nicht einsetzen, wenn die eigenen Truppen eng mit denen des Gegners verzahnt seien; im Übrigen könnten die angreifenden sowjetischen Panzerverbände nuklear verseuchte Räume relativ rasch durchstoßen. Überhaupt hielt Schmidt jegliche Unterscheidung zwischen »taktischen« und »strategischen« Atomwaffen für »erkünstelt« – wo liege da schon die Schwelle? Die scherzhafte Definition des NATO-Oberbefehlshabers Lauris Norstad – der Einsatz taktischer Atomwaffen entspreche dem Umstoßen eines Milcheimers, der strategischer Kernwaffen dem Schlachten einer Kuh – leuchtete ihm in keiner Weise ein. In der Kuhstall- und Molkereimetaphorik bleibend, hätte er entgegnen können, die europäischen Kälber würden das Umstoßen des Melkeimers nicht überleben. Von der Strategie der »flexiblen Erwiderung«, die das Konzept der massiven Vergeltung abgelöst hatte, hielt Schmidt aus diesem Grunde ebenfalls nur wenig: »Die sogenannte *flexible response* wäre im Verteidigungsfall in Europa nur wenige Tage wirklich flexibel – sie würde anschließend zur nuklearen Zerstörung Mitteleuropas übergehen.«[34] Ohnehin war für ihn klar: »Europa ist das Schlachtfeld, auf dem diese Waffen eingesetzt werden. […] Derjenige, der glaubt, Europa mit dem massenweisen Einsatz solcher Waffen verteidigen zu können, wird Europa nicht verteidigen, sondern zerstören. ›Kampf dem Atomtod‹ ist deshalb eine berechtigte Parole.«

Zugleich erschien es ihm als eine Milchmädchenrechnung, dass Verteidigung mit taktischen Waffen billiger käme als konventionelle Verteidigung, dass sie Soldaten »einspare«. Da durch die Vernichtung ganzer Einheiten mit wesentlich höheren Verlusten gerechnet werden müsse, würden eher mehr Soldaten benötigt. Auch bleibe die Frage offen, wer eigentlich den Einsatz taktischer

Atomwaffen anordnen solle: Militärs, also der NATO-Oberkommandierende oder gar einzelne Feldkommandeure? Der NATO-Rat oder der amerikanische Präsident als politisch Verantwortliche? Und müsse Bonn nicht auf Mitsprache bestehen, da doch die Verwendung dieser Waffen von deutschem Territorium aus das Risiko der Vergeltung gegen die Bundesrepublik einschließe, auch wenn deren eigene Soldaten den Abzugshahn nicht betätigt hätten? Vor allen Dingen jedoch bezweifelte Helmut Schmidt, dass ein mit taktischen Atomwaffen geführter Krieg begrenzt werden könne; die »spiralförmige Entwicklung« zum globalen Vernichtungskrieg mit thermonuklearen Waffen sah er als unermessliche und real gegebene Gefahr an.[35]

Schmidts Buch erschien mitten in der Berlin-Krise, die Nikita Chruschtschow mit seinem Ultimatum vom November 1958 ausgelöst hatte, das Berlin von der Bundesrepublik und den West-Alliierten trennen und in eine wehrlos sowjetischen Pressionen ausgelieferte Freie Stadt umwandeln sollte; es kam nur wenige Monate vor dem Bau der Berliner Mauer auf den Markt. Deswegen trat sein Verfasser bei allen Vorbehalten gegenüber der westlichen Strategie rückhaltlos für die Mitgliedschaft in der Atlantischen Allianz ein: »Die Verschiebung der militärischen und machtpolitischen Lage zwischen Ost und West [hat] zu einer Situation geführt, in der ein wesentlicher Beitrag der Bundesrepublik zur Verteidigung des Westens eine unausweichliche Notwendigkeit geworden ist. Am Beginn des neuen Jahrzehnts stellt uns die Situation vor die Hauptaufgabe, den Frieden zu bewahren und die Freiheit der Deutschen dort zu sichern, wo sie besteht, nämlich in der Bundesrepublik und in Berlin. Diese Aufgabe kann nur gelöst werden, wenn das deutsche Volk das errungene Vertrauen des Westens bewahrt und mehrt und den von der Bundesrepublik übernommenen Platz im Rahmen der Gesamtverteidigung des Westens loyal ausfüllt.«[36]

»Europa kann verteidigt werden«, lautete Schmidts Resümee, und: »Stabilität ist möglich.« Allerdings: »Wir haben kein Interesse an einer Verteidigungsstruktur des Westens, die darauf abgestellt wäre, das zerstörte Gebiet Deutschlands durch eine ›letzte Schlacht‹ wieder befreit zu sehen«; ein solcher Krieg würde von Deutschland wenig übrig lassen.[37] Der Westen müsse zwar solche Waffen zur Verfügung haben, da auch der Gegner sie besitze, aber an der Front des kämpfenden Heeres oder auf Frontflugplätzen der Luftwaffe hätten sie nichts zu suchen. Konsequenterweise, wiewohl für viele – zumal viele seiner Parteigenossen – überraschend, trat er für »eine weitgehende Umrüstung der NATO und vor allem für die Aufstellung zusätzlicher Truppen« ein. »Es ist nicht einzusehen«, argumentierte er, »warum die Völker Europas und die Staaten der NATO nicht das Opfer der Aufstellung größerer Streitkräfte bringen sollten, wenn sie damit die Chance gewönnen, im Verteidigungsfall das Überleben ihrer Völker zu ermöglichen.«[38] Dabei gab er sich keinen Illusionen hin: »Diese Umstellung erfordert mehrere Jahre und erhebliche Finanzmittel; sie wird zunächst nicht populär sein.« Einer Aufstockung der Bundeswehr über die geplanten zwölf Divisionen hinaus erteilte er jedoch im gleichen Atemzug eine Absage – mit Blick auf die noch immer geringe Wehrbegeisterung der Deutschen wohl ebenso wie auf die Empfindlichkeiten vieler Bündnisgenossen, von denen sich manche eine Bundeswehr nach dem sarkastischen Ausspruch von Franz Josef Strauß wünschten: »größer als die sowjetische Rote Armee, aber kleiner als die Streitkräfte Luxemburgs«.

Wichtiger an Schmidts Überlegungen waren drei Botschaften, die er aus seinen Analysen herausfilterte.

Botschaft Nr. 1: Winston Churchill hatte für das Atomzeitalter den Begriff »*balance of terror*« geprägt: »*Safety will be the sturdy child of terror and survival the twin brother of annihilation*«; dies sei *a melancholy paradox*. Schmidt aber hielt sich an Albert Wohlstetters gegenteilige Analyse (»The Delicate Balance of Terror«, in *Foreign Affairs*, Januar 1959): Das Gleichgewicht des Schreckens sei kein stabiles Gleichgewicht, sondern ähnele einem Seiltanz. Die Begründung: Atomstreitkräfte sind verletzlich; ein Überraschungsangriff gewähre immense Vorteile; die Erwartung eines solchen Angriffs lade dazu ein, ihm durch einen »vorwegnehmenden Schlag«

(preventive strike) zuvorzukommen; die Abschreckung setze absolut rationales Verhalten des Gegners in Krisen und im Krieg voraus. Wozu er freilich anmerkte: »Es ist überaus zweifelhaft, ob die Führung einer Großmacht im Falle von Hochspannungszeiten mit ausschließlich rationalem Handeln des Gegners rechnen darf.«[39]

Botschaft Nr. 2: Die Aufstellung amerikanischer Mittelstreckenraketen in Europa, sozusagen vor ihrer Haustür, müsse »für jede Großmacht psychologisch als Provokation wirken«. Dabei spielte Schmidt auf die Pläne an, die Jupiter in der Türkei zu stationieren. Hellsichtig bemerkte er dazu: »Man stelle sich die amerikanische Reaktion bei einer eventuellen Stationierung sowjetischer Mittelstreckenraketen auf Kuba vor!« Die Kuba-Krise im Herbst 1962 gab ihm kaum zehn Monate später absolut recht. Kennedys entschlossenes Handeln zwang Chruschtschow, die Frachter mit den für Fidel Castros karibische Insel bestimmten sowjetischen Raketen abdrehen zu lassen und die im Bau befindlichen Abschussrampen zu demontieren. (Als die Sowjets fünfzehn Jahre später ihre SS-20 gegen Westeuropa richteten, reagierte Schmidt ebenso entschlossen und ebenso heftig).

Botschaft Nr. 3: »Die Verteidigung Europas mit taktischen Nuklearwaffen würde zu weitestgehender Zerstörung Europas und zu weitestgehender Vernichtung der in Europa lebenden Völker führen.«[40] Daran festzuhalten »würde bedeuten, dass jeder denkbare Fall eines militärischen Konflikts in Europa zur Dezimierung der europäischen Völker und vornehmlich des deutschen Volkes führen würde. [...] Dabei bleibt es für die Völker Europas gleichgültig, ob sie von taktischen Nuklearwaffen oder von strategischen Thermonuklearen Raketen um das Leben gebracht würden«.[41]

Schmidts Verdikt über solch eine Euroshima-Strategie war klar: »Die NATO hat sich in Europa auf einen falschen Krieg vorbereitet.« Diese Auffassung begründete er sehr einleuchtend: »Selbst wenn die nukleare Strategie des Westens im Endergebnis zum ›Sieg‹ und zur späteren ›Befreiung‹ Europas führen sollte, so wäre die Inkaufnahme der vorhergehenden Zerstörung Europas wenig sinnvoll. Wenn aber die nukleare Strategie nicht zum ›Endsieg‹ des Westens führen sollte und wenn deshalb die sowjetische Invasion Westeuropas endgültig bliebe, so wäre die dann eintretende Lage infolge der vorherigen Zerstörung Westeuropas nur noch schrecklicher. Die Aussicht auf eine derartige Fortentwicklung eines Konfliktes würde zweifellos die Kampfkraft europäischer Truppen in kurzer Zeit völlig lähmen. Japan hat nach zwei nuklearen Bomben kapituliert – die Truppen in Europa sollen aber eigentlich erst anfangen zu kämpfen, nachdem eine weit höhere Zahl ähnlich schrecklicher Bomben gefallen sein wird. Ein Kampf ohne Aussicht ist auch für die Militärs ein Kampf ohne Sinn.«[42] Seine Schlussfolgerung: »Ein unverzichtbares Stück unserer Politik muss die Erhaltung der menschlichen, sozialen und ökonomischen Volkssubstanz sein.«[43]

Es ist diese dritte Botschaft, die das Denken und Handeln des Politikers Helmut Schmidt die nächsten fünfundzwanzig Jahre beherrschte. Seine Analyse hatte er mit einem Bericht über das NATO-Manöver unterlegt, dessen Lektüre einem noch heute Gänsehaut verursacht: »In der NATO-Übung Carte Blanche im Juni 1955 fielen innerhalb von weniger als drei Tagen 335 nukleare Bomben, davon 268 auf unser Gebiet; man rechnete mit 1,5 bis 1,7 Millionen Toten und 3,5 Millionen Verwundeten in der Bundesrepublik.«[44] Er setzte hinzu: »In Hiroshima hat es nicht 335 nuklearer Bomben, sondern nur einer einzigen 20-kt-Bombe bedurft, um Hekatomben zu verursachen.«[45] Die Herbstmanöver der NATO 1960 in Schleswig-Holstein, bei denen durch Einsatz ebensolcher Waffen binnen 48 Stunden mit 300 000 bis 400 000 Toten unter der Zivilbevölkerung gerechnet wurde, bestärkten Schmidt in seiner Ablehnung. Eine weitere Bestätigung fand er in Henry Kissingers neuestem Buch *The Necessity for Choice* (1961), in dem der Harvard-Stratege von seiner früheren Idee des begrenzten und begrenzbaren Atomkriegs wieder abrückte. Die japanische Option – kapitulieren, um die Auslöschung der eigenen Nation zu verhindern – hat dem späteren Verteidigungsminister stets bedrängend vor Augen gestanden.

Auch eine andere Erwägung, die auf der Hardthöhe Schmidts politisches Handeln beeinflusste, klingt in dem Buch *Verteidigung und Vergeltung* zum ersten Mal unüberhörbar an: Die Deutschen – Bewohner des Schlachtfeldlandes – müssten mitwirken an den Planungen für den Einsatz taktischer Atomwaffen »von deutschem Boden und gegen deutsches Territorium«. Sogar ein Vetorecht bei der Zielplanung sah er als eine legitime Bestrebung, schließlich gehe es um Deutschlands nationale Substanz.[46] Im Laufe weniger Jahre kristalisierte sich diese Erwägung zu einem beinhart vertretenen Anliegen: »Die deutsche Forderung auf volle Mitwirkung bei jeglicher Planung ist unverzichtbar […]. Um die volle Planungsbeteiligung und – soweit deutscher Boden betroffen ist – auch ein Vetorecht zu erhalten, sollten wir das ohnehin nicht zu realisierende Verlangen nach Aufrechterhaltung einer Klausel für nuklearen Mitbesitz eintauschen.«[47]

Bald nach Erscheinen seines Buches ging Helmut Schmidt als Innensenator nach Hamburg. Auf einige Zeit rückte die Sicherheitspolitik bei ihm in den Hintergrund. Seine Verbindungen zur Bundeswehr und zur NATO kamen ihm jedoch in der Sturmflut vom Februar 1962 sehr zustatten, als er auf dem kurzen Dienstweg (und etwas außerhalb der grundgesetzlichen Legalität) den Beistand des Militärs an den Rettungsaktionen anforderte und erhielt. Auch geriet er während der *Spiegel*-Affäre im Herbst 1962 ins Visier der Staatsanwaltschaft, weil er Conrad Ahlers, dem Autor des von Adenauer und Strauß als Landesverrat gebrandmarkten Artikels »Bedingt abwehrbereit«, bei Durchsicht des Manuskript-Entwurfs einige Ratschläge gegeben hatte (darunter den Rat, sich zu vergewissern, ob manche Stellen womöglich der Geheimhaltung unterlägen). Die Ermittlungen wegen Beihilfe zum Landesverrat wurden erst Jahre später eingestellt.

Doch ganz ließ die Sicherheits- und Verteidigungspolitik den Innensenator Schmidt nicht los. Auch riss unser Kontakt nicht ab. Anlass zu Gesprächen über Strategie gab es immer wieder. Im Frühjahr 1962 war dies der Beschluss der Athener NATO-Ratstagung, den nicht-atomaren Verbündeten bei der nuklearstrategischen Planung Mitsprache zu gewähren; zu diesem Zweck wurde die Nukleare Planungsgruppe eingesetzt. Weiteren Gesprächsstoff bot im Herbst 1962 die Kuba-Krise, die im Ost-West-Verhältnis ein für alle Mal der nuklearen Logik und ihrem Grundsatz der *mutual assured destruction* zum Durchbruch verhalf, der unter dem irrwitzig zutreffendem Akronym »MAD« in den Fachjargon einging. Danach ging es mehrere Jahre lang um die Multilateral Fleet (MLF), eine mit Atomraketen ausgerüstete gemeinsame Flotte der Verbündeten. Ich hatte sie in der ZEIT eine Zeit lang befürwortet, bis mir klar wurde, dass sie weder zusätzliches Abschreckungspotenzial schaffen noch den Alliierten mehr als fiktive Mitbestimmungsrechte einräumen würde. Schmidt hielt sie für überflüssig. Seine Meinung war eindeutig: »dass eine zusätzliche Mark, die aus deutschen Steuergeldern für eine brauchbare Territorialverteidigung ausgegeben wird, der Verteidigung Europas besser dient als eine zusätzliche D-Mark für eine zusätzliche strategische Polaris-Flotte – auch wenn Erstere national und Letztere multilateral gebildet wird.« Um die »Brauchbarkeit« unserer Landesverteidigung zu erhöhen, spielte Schmidt damals mit dem Gedanken, eine Territorialmiliz einzuführen.[48]

Wäre die SPD bei den Bundestagswahlen 1966 stärkste Partei geworden, so hätte Helmut Schmidt schon damals das Verteidigungsministerium übernommen. Er tat dies erst 1969, nach der Bildung der sozialliberalen Koalition unter Willy Brandt; und er tat es »mit bleiernen Gliedern«, wie er bekannte. Er wusste, dass er ein »mörderisches Amt« übernahm. Auch schwante ihm, dass er sich in Verteidigungsfragen nicht unbedingt auf die Solidarität seiner Partei verlassen konnte.

Auf der Hardthöhe musste Helmut Schmidt zunächst einmal die unter seinem Vorgänger ins Konservativ-Kommissige abgeglittene Generalität zurechtstutzen, die den Leitbildern der Inneren Führung und des »Staatsbürgers in Uniform« den Rücken kehren wollte. Zugleich hatte er sich mit aufmüpfigen Leutnants und Hauptleuten herumzuschlagen. Vor allem jedoch trieb er die von seinem Planungsstab organisierte »kritische Bestandsaufnahme der Bundeswehr« voran, eine großangelegte Selbsterforschung des neuen Militärs, die im Weißbuch 1970 ihren Niederschlag fand. Dessen Kernaussagen: Der Frieden ist der Ernstfall; die Innere Führung ist keine »Maske«, die man ablegen kann, sondern der Wesenskern der Bundeswehr; die Schule der Armee ist die Nation, nicht umgekehrt.

Rechtzeitig vor seinem Einzug auf der Hardthöhe im Herbst 1969 hatte Schmidt während des Frühjahrs im Ferienhäuschen am Brahmsee sein zweites Buch über Sicherheit und Weltpolitik verfasst: *Strategie des Gleichgewichts* – ein Text, der in vielerlei Hinsicht den Schlüssel zu seinem Denken in den Jahren der sicherheits- und außenpolitischen Verantwortung liefert. Das Buch wurde von den Rezensenten einhellig gerühmt. »Es gibt im Augenblick keine bessere, präzisere und umfassendere Darstellung unserer außenpolitischen Lage als dieses Buch von Helmut Schmidt«, schrieb der *Spiegel*. Fritz René Allemann urteilte in der Züricher *Tat*, bei Schmidt verbinde sich die Leidenschaft des Engagements mit der unpathetischen Nüchternheit fachmännischer Präzision. »Sein ausgeprägter Sinn für Realität erlaube das Urteil«, resümierte die ZEIT, »dass Helmut Schmidt unter allen deutschen Politikern in jüngster Zeit den wichtigsten Beitrag zur politischen Literatur geleistet hat«. Dies war der allgemeine Tenor der Rezensionen. »Schmidt gehört zu den wenigen deutschen Politikern, die sich auf der Höhe der internationalen Diskussion bewegen«, befand die *Hannoversche Allgemeine*, während *Publik* das Buch »eine der genauesten und redlichsten Diagnosen unserer Lage« nannte.

Schmidts zweites Buch basierte auf seinen alten Ideen, doch wendete er sie auf die veränderte Situation an; daraus wiederum ergaben sich neue politische und strategische Vorstellungen. Es ging dem Autor um die »Klärung und Durchsichtigmachung« des Spielraums der deutschen Politik: »Der Hauptgegenstand ist das Netz der Interessen, Motive und Strategien anderer Staaten und die von daher wirksamen Grenzen und Möglichkeiten für unsere eigene Friedenspolitik.« Die zehn Kapitel über Bipolarität und nukleare Strategie, Sowjetimperialismus, westliches Bündnis, Europapolitik, deutsche Teilung und Bonner Entspannungsbemühungen rundeten sich zu einem eindrucksvollen Kompendium der internationalen Beziehungen zu Beginn der siebziger Jahre ab.

An dieser Stelle mag es genügen, den Grundgedanken des Sicherheitspolitikers Schmidt hervorzuheben: dass es im Atomzeitalter entscheidend darauf ankommt, den Frieden durch ständiges Erneuern des Gleichgewichts zwischen möglichen Feinden zu bewahren – wenngleich nicht den Frieden schlechthin, so doch den Frieden zwischen den beiden nuklearen Weltmächten. »Tatsächlich«, formulierte Schmidt, »ist Strategie heute weitgehend zu der Kunst geworden, Kriege zu vermeiden.« Die Kriegsvermeidungsstrategie sei aber »angewiesen auf eine Kontinuität des Gleichgewichts der Machtmittel, um dem möglichen Störer oder Angreifer ein abschreckendes Risiko entgegenzustellen.«[49] Dabei bleibe das militärische Gleichgewicht in Europa *conditio sine qua non*. »Das schließt ein, dass wir unseren eigenen Beitrag zur gemeinsamen Abschreckung und Verteidigung nicht vernachlässigen«[50], sondern »voll leisten müssen.«[51]

Ein besonderes Kapitel widmete Helmut Schmidt der Bundeswehr: ihrer Spitzengliederung, ihren Organisationsstrukturen und ihrem Verhältnis zur zivilen Gesellschaft. Er beklagte den Mangel an Unterführern, geißelte den verwaltungsförmigen Papierkrieg in der Truppe, bemängelte die Materialausstattung und kritisierte die zunehmende Wehrungerechtigkeit. Gleichzeitig forderte er dazu auf, die Einsatzaufträge neu zu definieren, und mahnte eine allgemeine Bestandsaufnahme der Bundeswehr an – eine »kritische und realistische Prüfung ihrer zukünftig wahrscheinlichen Aufgaben und ihrer voraussehbaren, herstellbaren finanziellen und personellen Möglichkeiten«.[52]

Das Bundeswehrkapitel war nicht als Bewerbungsschreiben gedacht; Schmidt wäre am liebsten doch Vorsitzender der SPD-Bundestagsfraktion geblieben. Aber alle Fachleute lasen es als Arbeitsprogramm für den nächsten Verteidigungsminister. Nun war er es selber geworden. Unverzüglich machte er sich an die Umsetzung.

Gefordert sah sich der neue Minister zumal auf dem Felde der NATO-Verteidigungsstrategie. Als Allererstes erwirkte er bei seinem amerikanischen Kollegen Melvin Laird, dass der Plan aufgegeben wurde, entlang der Zonengrenzen einen Gürtel von Atomminen zu verlegen, die bei einem sowjetischen Angriff gleichsam automatisch hochgehen sollten. Eine große Anzahl lagerte bereits in grenznahen Bunkern, mehrere Bohrmaschinen waren bereits angeschafft (eine ließ Verteidigungsminister Volker Rühe (CDU) 1994 zum Brunnenbohren in der Wüste nach Somalia fliegen). Der Erwägung, dass der Einsatz taktischer Atomwaffen die Substanz der deutschen Nation vernichten werde, entsprang auch der Impuls, auf ein Bonner Veto beim Einsatz taktischer Atomwaffen von deutschem Boden aus oder auf deutsche Ziele hin zu drängen – am Ende schwierigster Verhandlungen mit Erfolg.

Als Nächstes widmete sich der neue Minister der seit 1967 gültigen NATO-Doktrin, der *flexible response* – jener Strategie der flexiblen Erwiderung, die einen schrittweisen, selektiven Übergang von konventioneller Verteidigung auf taktisch-nukleare und strategisch-nukleare Kriegsführung vorsah. Er machte sich da nichts vor. Rückblickend schrieb er darüber: »Tatsächlich sahen die Militärpläne und Manöver niemals wirkliche Flexibilität vor. Vielmehr ging die NATO-Führung von einer schnellen Eskalation aus. Sie unterstellten und übten in den Manövern auch den Erstgebrauch nuklearer Waffen durch den Westen.«[53] Dies beunruhigte Schmidt zutiefst. Zwei Jahrzehnte später schilderte er die Seelennöte, in die ihn diese Sachlage stürzte:

»Als ich 1969 Verteidigungsminister wurde, war mir klar, dass die tatsächliche Anwendung dieser Strategie innerhalb weniger Tage zu millionenfacher Vernichtung menschlichen Lebens in beiden Teilen Deutschlands führen konnte. Ich hielt es für völlig unrealistisch, zu glauben, dass im Verteidigungsfall unsere Soldaten weiterhin kämpfen würden, nachdem die ersten nuklearen Waffen auf deutschem Gebiet explodiert sein würden. Die Vorstellung der NATO erschien mir absurd, dass die Bundeswehrsoldaten in diesem Falle den Verteidigungskampf fanatischer und selbstmörderischer fortsetzen würden als die Japaner, die 1945 nach dem Abwurf der beiden Atombomben auf Hiroshima und Nagasaki sofort kapitulierten, obgleich noch kein amerikanischer Soldat die japanischen Hauptinseln betreten hatte. Ich war als damaliger Inhaber der Befehls- und Kommandogewalt fest entschlossen, für den (unwahrscheinlichen) Fall eines sowjetischen konventionellen Angriffs einer westlichen Eskalation in die nukleare Kampfführung keinerlei Beihilfe zu leisten. Es erschien mir allerdings nicht sinnvoll, dies öffentlich auszusprechen; denn es war denkbar, dass ein gewisses Maß an sowjetischer Ungewissheit über die zu erwartende westliche Reaktion abschreckend wirkte.[54]

Helmut Schmidt hat nie ausbuchstabiert, was er mit seiner Formulierung »keinerlei Beihilfe leisten« konkret meinte. In Harvard hatte er 1963 einmal den Ausdruck »preventive surrender« gebraucht, vorauseilende Kapitulation. So weit konnte er als Minister nicht gehen.[55] Ich wusste jedoch, dass er in meiner Zeit als Leiter des Planungsstabs im Verteidigungsministerium darüber lange, gewissensquälerische Gespräche mit seinem Generalinspekteur Ulrich de Maizière geführt hatte. Danach war ich stets davon ausgegangen, dass die beiden eine stillschweigende Übereinkunft getroffen hatten: Wenn im Ernstfall die erste taktische Atomwaffe auf deutschem Boden eingesetzt würde, würde die weiße Fahne gehisst – Kapitulation also um des nationalen Überlebens willen. Es war dies die »japanische Option«, die Schmidt allzeit vor Augen stand. Der ZEIT-Herausgeber Schmidt protestierte nicht, als ich 1966 schrieb, der Minister habe sich mit seinem Generalinspekteur dazu »verschworen«.[56]

In seinen Ministerjahren stand Schmidt als Verfechter einer Politik des Gleichgewichts Pate bei der Anbahnung von Ost-West-Gesprächen über einen beiderseitigen ausgewogenen Truppenabbau, den 1973 begonnenen MBFR-Verhandlungen. Doch beschäftigten ihn nicht nur die großen strategischen Fragen. Sein bleibendes Verdienst ist die Gründung der beiden Bundeswehr-Hochschulen in Hamburg und München. Er wollte den »gebildeten Offizier«, den Goethe einst gepriesen hatte. »Meine Hauptleute dürfen nicht dümmer sein als die Männer, die sie befehligen«, war seine Ansicht. Aber den staatlichen Universitäten, die damals von protestierenden und randalierenden Studenten erschüttert wurden, mochte er seine jungen Offiziere nicht anvertrauen; auch fand er die üblichen Studiengänge mit ihren langen Semesterferien untauglich für die Zwecke der Truppe. Während meiner Zeit als Planungsstabschef nahm in langen nächtlichen Gesprächen der Plan Gestalt an, eigene Bundeswehr-Hochschulen zu gründen. Sie wurden ein allseits anerkannter Erfolg. Inzwischen sind es regelrechte Universitäten geworden, und sie haben das Gesicht wie den Geist unserer Streitkräfte geprägt. Große Volkstümlichkeit erlangte zugleich eine weitere Gründung Helmut Schmidts: die Big Band der Bundeswehr. Der Minister hatte sich darüber geärgert, dass die deutsche Militärmusik noch immer die alten Märsche aus wilhelminischen Zeiten spielte; bei verbündeten Armeen hatte er erlebt, dass es auch zeitgemäßer geht. Der Erfolg der Big Band war enorm.[57]

Wichtiger blieben indes die Themen Atomrüstung und konventionelle Abrüstung, die Schmidt in seinen beiden Büchern untersucht hatte. Sie zogen sich – neben den Weltwirtschaftskrisen nach den beiden Erdölschocks von 1973/74 und 1978/79, neben der Entwicklung des Ost-West-Verhältnisses nach der Unterzeichnung der Schlussakte von Helsinki und neben dem RAF-Terror – bestimmend durch Schmidts ganze Kanzlerschaft. Sie traten Mitte der siebziger Jahre mit Macht in den Vordergrund, als die Wiener MBFR-Gespräche über eine gegenseitige und ausgewogene Verminderung der konventionellen Streitkräfte ins Stocken gerieten und die Sowjets mit der Aufstellung ihrer Mittelstreckenraketen vom Typ SS-20 begannen, einer neuen Waffe, die ausschließlich Westeuropa bedrohte. Beides beunruhigte Schmidt zutiefst. Und obwohl ihn die Entführung Hanns Martin Schleyers am 5. September 1977, die Kaperung der Lufthansa-Passagiermaschine »Landshut« (13. Oktober), deren Befreiung durch die GSG-9 in Mogadischu (18. Oktober), schließlich die Selbstmorde der RAF-Führer in Stammheim und Schleyers Ermordung (18. Oktober) in Atem hielten, ergriff er auf beiden militärstrategischen Feldern zur gleichen Zeit im Herbst 1977 die Initiative. Damit begann die dritte Phase seines sicherheitspolitischen Wirkens.

In Wien schleppten sich die MBFR-Verhandlungen über konventionelle Abrüstung in Europa – NATO-offiziell *Mutual and Balanced Force Reductions* – seit über vier Jahren ergebnislos hin. Am 28. Oktober – eine Woche nach der Ermordung Hanns Martin Schleyers – beklagte Schmidt dies in einer Rede vor dem Londoner International Institute for Strategic Studies. Sehr bestimmt forderte er die Sowjetunion auf, das Prinzip der Parität auch auf konventionellem Gebiet anzuerkennen, anstatt das bestehende Ungleichgewicht immer weiter zu vergrößern. Es gelang ihm jedoch nicht, die Sowjets umzustimmen. Die Wiener Gespräche schleppten sich noch zwölf weitere Jahre hin und wurden im Februar 1989 erfolglos abgebrochen. Wenige Wochen später griffen die 22 Mitgliedsstaaten der NATO und des Warschauer Paktes das Thema jedoch in den Verhandlungen über Konventionelle Streitkräfte in Europa (KSE) erneut auf. Abgeschlossen im November 1989 und in Kraft gesetzt 1992, musste der KSE-Vertrag indes nach der Auflösung des Warschauer Paktes und dem Zerfall des Sowjetunion der neuen Lage angepasst werden; die Definition eines blockbezogenen Gleichgewichts ergab keinen Sinn mehr. Erst 1999 schlossen die mittlerweile 30 Teilnehmerstaaten ein neues Abkommen. Seiner Wirksamkeit standen indes noch elf Jahre danach vielfältige Streitigkeiten im Wege.

Mehr noch als die Stagnation der MBFR-Verhandlungen beunruhigte Schmidt 1977 der ständig fortschreitende Ausbau des sowjetischen SS-20-Arsenals. In seinen Augen beschwor die Aufstellung dieser neuen Waffe die Entstehung eines eurostrategischen Ungleichgewichts herauf. Am 28. Oktober 1977 – zehn Tage nach der Ermordung Hanns Martin Schleyers – hob er vor dem Londoner International Institute for Strategic Studies das Problem ins Bewusstsein der Weltöffentlichkeit. In London verlieh er als erster westlicher Staatsmann seiner Beunruhigung Ausdruck: »Eine auf die Weltmächte USA und Sowjetunion begrenzte strategische Rüstungsbeschränkung muss das Sicherheitsbedürfnis der westeuropäischen Bündnispartner gegenüber der in Europa militärisch überlegenen Sowjetunion beeinträchtigen, wenn es nicht gelingt, die in Europa bestehenden Disparitäten parallel zu den SALT-Verhandlungen abzubauen. Solange dies nicht geschehen ist, müssen wir an der Ausgewogenheit aller Komponenten der Abschreckungsstrategie festhalten. Das bedeutet: Das Bündnis muss bereit sein, für die gültige Strategie ausreichende und richtige Mittel bereitzustellen.«[58]

Eigentlich war es lediglich die Absicht des Kanzlers, den US-Präsidenten Carter dazu zu bringen, die SS-20 bei den amerikanisch-sowjetischen SALT-II-Gesprächen zum Verhandlungsgegenstand zu machen. Aber die Dinge nahmen dann ihren Lauf. Das Pentagon plante schon lange, die veralteten US-Atomwaffen in Europa durch moderne zu ersetzen. Schmidts Warnruf lieferte den US-Militärs das Argument, der Westen müsse ein regionales Gegengewicht gegen die neuen Moskauer Mittelstreckenraketen schaffen. Das State Department und das Weiße Haus sahen dies anders. Sie erklärten bis weit ins Jahr 1978 hinein, neue weitreichende Kernwaffen in Europa seien unnötig, da die Vereinigten Staaten genug zentrale Nuklearkräfte besäßen, um mit jeder sowjetischen Mittelstreckenbedrohung fertig zu werden. Sie setzten sich mit ihrer Auffassung jedoch nicht durch.

Wohl drängte der Bundeskanzler darauf, die Nachrüstungswaffen nicht auf dem Festland, sondern auf See zu postieren, doch gab es dazu keine Zustimmung – aus Kostengründen, aber auch weil die neuen Waffen nicht versteckt werden, sondern laut NATO-Beschluss dem Kriterium der »Sichtbarkeit« genügen sollten. Niemand kam damals auf die Idee, dass in ebendieser Sichtbarkeit die Ursache all jener innenpolitischen Schwierigkeiten lag, die sich später in den vorgesehenen Stationierungsländern ergaben.

Die Weichen waren im Wesentlichen gestellt, als sich nach vielem Hin und Her US-Präsident Carter, Frankreichs Staatspräsident Giscard d'Estaing, der britische Premierminister Callaghan und Bundeskanzler Schmidt im Januar 1979 zu einem Vierergipfel auf der französischen Karibikinsel Guadeloupe trafen. Dort wurde vorformuliert, was in den folgenden elf Monaten zu jenem Doppelbeschluss reifte, den die Nato am 12. Dezember 1979 verabschiedete. In fünf Stationierungsländern sollten 572 neue US-Mittelstreckenwaffen – 108 Pershing II und 464 Cruise Missiles – aufgestellt werden (alle Pershings und 96 Marschflugkörper in der Bundesrepublik). Gleichzeitig jedoch sollten den Sowjets Rüstungskontrollverhandlungen vorgeschlagen werden, von deren Ergebnis die NATO ihren Nachrüstungsbedarf abhängig machen wollte. Verzichtete Moskau auf die SS-20, würde die westliche Allianz von der Aufstellung der Pershings und Cruise Missiles Abstand nehmen; sonst würde sie nach Ablauf von vier Jahren mit westlichen Mittelstreckenwaffen nachziehen.[59]

Helmut Schmidt hat es nicht mehr im Kanzleramt erlebt, dass seine Bemühungen Früchte trugen. Im Rückblick schrieb er: »Auf das Endresultat unserer gemeinsamen, im vollen Bewusstsein der Risiken unternommenen Operation bin ich noch heute stolz. Denn die Verhandlungen mit der Sowjetunion verliefen zunächst zwar ergebnislos, sodass der Westen ab 1983 nachrüstete. Aber vier Jahre später gab Moskau – inzwischen selber von derartigen Waffen bedroht – nach, und es kam zum INF-Vertrag *(Intermediate Nuclear Weapons)*, der auf beiden Seiten zur totalen Abrüstung der Waffen dieser Kategorie geführt hat. Der INF-Vertrag wurde tatsächlich der allererste beiderseitige Abrüstungsvertrag der Geschichte; die Welt verdankt ihn dem Zusammenwirken zwischen Paris, London, Washington und Bonn – und der schließlichen Einsicht in Moskau.«[60]

Es ist müßig, darüber zu streiten, ob die Nachrüstung militärisch unumgänglich war; vermutlich war sie es nicht. Der große amerikanische Atomknüppel in den Raketensilos des US-Festlands (und auf den U-Booten der Polaris-Flotte) hätte allemal zur Abschreckung ausgereicht, solange die Sowjets die Androhung ihres Einsatzes glaubhaft fanden – *What takes care of the cat takes care of the kitten,* sagten die Strategen. Wäre jedoch die Entschlossenheit des Mannes im Weißen Haus zu bezweifeln gewesen, so hätten auch die Pershings und Cruise Missiles nichts genützt; wegen des ihnen innewohnenden Eskalationsrisikos hätte der Präsident auch den kleinen Atomknüppel nicht geschwungen. Der Doppelbeschluss hatte denn eher psychologische und politische Wirkung. Er signalisierte den Kremlherren – »einer machtbesoffenen Sowjetunion«, sagte Schmidt[61] –, dass das Atlantische Bündnis noch handlungs- und beschlussfähig war und sich nicht auf der Nase herumtanzen ließ. Und er brachte immerhin Gorbatschow dazu, sich von der teuren Sinnlosigkeit der SS-20-Raketen zu überzeugen und am Ende klein beizugeben.

Andererseits hatte die NATO-Entscheidung einen polarisierenden Effekt in der Bundesrepublik, am stärksten innerhalb der SPD und bei den Grünen. Die Zahl der Zweifler und Gegner nahm zu, je länger der Beginn der Verhandlungen auf sich warten ließ. Erst zwei Jahre nach dem Doppelbeschluss wurden die Gespräche am 30. November 1981 in Genf eröffnet. Danach zogen sie sich endlos hin. Die »Friedensbewegung« im Lande erhielt ständig größeren Zulauf. Mutlangen, wo die Amerikaner die ersten Pershing-II-Raketen aufstellten, wurde zum Zentrum vehementen Protestes. Schmidt war schon ein Jahr lang nicht mehr Kanzler, als im Oktober 1983 eine Million Menschen in Bonn gegen die Nachrüstung protestierten, darunter auch Willy Brandt und eine halbe Hundertschaft sozialdemokratischer Bundestagsabgeordneter. Er hatte keine Mehrheit mehr in der eigenen Partei und Fraktion. Wie zuvor schon in der Wirtschaftspolitik, versagten sie ihm auch in der Sicherheitspolitik die Gefolgschaft. Auf dem Kölner Parteitag im

November 1983, ein Jahr nach seinem Sturz, stützten gerade noch 16 Abgeordnete seine Position.

Die Geschichte hat Helmut Schmidt recht gegeben; auch seinem Nachfolger Helmut Kohl, der unbeirrt an dem Vorhaben festhielt. Schmidts Weitsicht, seine Beharrlichkeit zahlten sich aus. Zehn Jahre nach seiner Londoner Rede, fünf Jahre nach seinem Sturz widerfuhr ihm die Genugtuung, dass Michail Gorbatschow sich im INF-Vertrag auf die von Schmidt von allem Anfang an erstrebte »Nulllösung« einließ: Sämtliche SS-20 und alle Pershing-II-Raketen wurden danach abgeschafft, die Marschflugkörper aus Europa entfernt. Zum ersten Mal überhaupt wurde damit eine ganze Kategorie von Waffensystemen aus dem Verkehr gezogen. Für Helmut Schmidt war es »ein großer, wenn auch später persönlicher Triumph«.[62]

Als Helmut Schmidt im Frühjahr 1983 bei der ZEIT antrat, bestand darauf noch keine Aussicht. Im Juli davor hatten der amerikanische Unterhändler Paul Nitze und sein sowjetisches Gegenüber Julij Kwizinskij auf ihrem berühmten »Waldspaziergang« einen Kompromiss ausgehandelt, doch lehnte erst Washington, dann Moskau ihn ab. Seitdem dümpelten die Verhandlungen vor sich hin. Für Schmidt war dies der Anlass, die Strategie des Westens zum Thema seines ersten Artikels als ZEIT-Herausgeber zu machen. »Seit Beginn der Carter-Administration sind Konsistenz und Kontinuität der westlichen Gesamtstrategie zuerst langsam, dann immer schneller verlorengegangen«, klagte Schmidt. Carters Unterlassungssünden bei SALT hätten die Sowjets rücksichtslos zum Ausbau einer politischen Pressionswaffe ausgenutzt, die geeignet sei, »Europa und die Vereinigten Staaten in Krisensituationen voneinander zu trennen«. Russland aber »war und ist eine expansionistische Macht – ob unter den Zaren oder unter den Kommunisten. Sie bedarf des entschlossenen Gegengewichts – in Zukunft ebenso wie bisher«. Was nottue, seien Wiederherstellung der Atlantischen Gemeinschaft durch Konsultation und im Verhältnis zum Osten sowohl Abschreckung als auch Zusammenarbeit, vor allem in der Rüstungsbegrenzung. Mit der überfälligen Neubewertung der *grand strategy* des Westens müsse bald begonnen werden.[63]

Die Forderung nach der Definition einer neuen westlichen Gesamtstrategie erhob Schmidt in der Folgezeit immer wieder. Mitte der achtziger Jahre wurde dies für ihn zum Dauerthema. Damals ließ Carters Nachfolger Ronald Reagan das Gespräch mit den Sowjets einschlafen. Zwei Jahre lang vernachlässigte er die Verhandlungen über Rüstungskontrolle und Rüstungsbegrenzung. In der Absicht, die Russen totzurüsten, setzte er auf Hochrüstung statt auf Abrüstung. Schmidt kritisierte dies aus einem zweifachen Grunde. Zum einen hatte er 1978 in Moskau seine Unterschrift neben die Breschnews unter eine Gemeinsame Erklärung gesetzt, in der es hieß: »Beide Seiten betrachten es als wichtig, dass niemand militärische Überlegenheit anstrebt. Sie gehen davon aus, dass annähernde Gleichheit und Parität zur Gewährleistung der Verteidigung ausreicht.« Dieses von ihm postulierte Gleichgewichtsprinzip sah er gefährdet. Zum anderen jedoch sah er in Reagans Politik einen Verstoß gegen die 1967 im Harmel-Bericht niedergelegte »doppelte Grundphilosophie« des westlichen Bündnisses: einerseits ausreichende Solidarität und Verteidigungsfähigkeit, um die Sowjetunion und deren Verbündete abschrecken zu können, notfalls sich auch wirklich verteidigen zu können; andererseits die Bereitschaft, mit der Sowjetunion auf wichtigen Gebieten, besonders auf dem Feld der Rüstungsbegrenzung, zu kooperieren.«[64]

Gleichgewicht bedeutete für Schmidt nie bloß eine ungefähre Ausbalanciertheit der militärischen Kräfte auf möglichst niedrigem Niveau; stets lag ihm zugleich an der Parallelität von Reden und Rüsten. Auf der Grundlage verbürgter Sicherheit sollte der Westen nach seiner Ansicht Zusammenarbeit suchen – zunächst auf dem Gebiet der Rüstungskontrolle, durch gemeinsam vereinbarte Verträge, dann aber auch auf dem Gebiet des Wirtschaftsaustausches.

So zollte er den Ergebnissen der ersten Rüstungskontrollverhandlungen zwischen Ost und West uneingeschränkten Tribut: dem Atomteststopp-Vertrag von 1963; dem Non-Proliferations-Abkommen von 1968, das der Verbreitung von Atomwaffen entgegenwirken sollte (bis heute sind ihm 186 Staaten beigetreten, während sich Israel, Pakistan und Indien fernhielten und Nordkorea 2003 seine Mitgliedschaft kündigte); dem von Nixon und Breschnew erzielten SALT-I-Vertrag von 1972, dem ersten Abkommen über die Begrenzung strategischer Waffen, der Raketen mit interkontinentaler Reichweite also; und schließlich dem ABM-Vertrag, der die Aufstellung von Raketenabwehrsystemen praktisch untersagte. Im Zeitraum 1970 bis 1972 kamen dann die Ostverträge der Bundesrepublik zustande, ferner das Vier-Mächte-Abkommen über Berlin, vor allen Dingen aber der deutsch-deutsche Grundlagenvertrag. Gekrönt wurde diese Phase der Entspannung von der 1975 in Helsinki unterzeichneten Schlussakte der Konferenz über Sicherheit und Zusammenarbeit in Europa (KSZE), die Helmut Schmidt für die Bundesrepublik Deutschland unterschrieb.

In den späten siebziger Jahren aber sah der Bundeskanzler Schmidt die Entspannungspolitik unterminiert – vom sowjetischen Vordringen in der arabischen Welt und in Afrika, von der sowjetischen Invasion Afghanistans Ende 1979 und von der fortgesetzten Moskauer Aufrüstung mit SS-20-Raketen. Ebenso bereitete ihm freilich der Kurs des im Januar 1981 ins Weiße Haus eingezogenen US-Präsidenten Ronald Reagan Sorge. Der sicherte zunächst zwar zu, den 1979 von Carter und Breschnew unterzeichneten, doch nach der Sowjetinvasion Afghanistans vom US-Senat auf Eis gelegten SALT-II-Vertrag einzuhalten, solange dies auch die Sowjets täten. Aber 1984 schon warf er Moskau vor, es habe seine Zurückhaltung aufgegeben, und 1986 erklärte er, die Struktur der amerikanischen strategischen Streitkräfte sei abhängig von der sowjetischen Bedrohung, nicht von den Festlegungen des SALT-II-Vertrages. Außerdem ging seit 1983 die von Reagan angeordnete *Strategic Defense Initiative* (SDI) mit Macht voran. Dieses *Star Wars*-Programm, das sowjetische Interkontinentalraketen vom Boden oder von Weltraumstationen aus abfangen sollte, führte rasch zu einer Eintrübung des Ost-West-Verhältnisses und löste auch im Westen selber heftige

Diskussionen aus. Praktisch kündigte Reagan damit die Entspannungspolitik auf. Dem »Reich des Bösen« sagte er den Kampf an. Wie ließ sich die westliche Allianz wieder auf einen Nenner bringen? In der ZEIT, in den *Evangelischen Kommentaren*, in der *New York Review* drängte Schmidt auf eine »Neuformulierung der gemeinsamen Philosophie«, doch hatte er nicht viel Hoffnung. Die Europäer seien durch ihre endlosen Streitigkeiten in der Europäischen Gemeinschaft geistig-politisch daran gehindert, die Initiative zu ergreifen – »und tatsächlich scheinen auch die Vereinigten Staaten gegenwärtig geistig-politisch nicht dazu prädestiniert, dabei die Führung zu übernehmen.«

Dieser resignative Grundton färbte Schmidts Ansichten noch einige Jahre lang eher düster ein. Doch dann änderten sich mit einem Schlag die Gegebenheiten. In Moskau übernahm im März 1985 Michail Gorbatschow das Ruder, und in seiner zweiten Amtszeit (1985–1989) öffnete sich Ronald Reagan zusehends dem Gespräch mit dem neuen Kremlherren. Im Jahre 1985 nahmen die beiden die START-Verhandlungen über den Abbau strategischer Waffen auf, die 1991 in einem neuen Abkommen endeten; 1986 trafen sie sich in Reykjavik zu Abrüstungsgesprächen; 1987 unterzeichneten sie den INF-Vertrag, in dem sich Amerikaner und Russen verpflichteten, weltweit ihre Atomraketen mit einer Reichweite von 500 bis 5500 Kilometern zu vernichten. Zwei Jahre später fiel die Berliner Mauer, der Warschauer Pakt löste sich am 31. März 1991 auf, und Ende 1991 zerbarst die Sowjetunion in 15 Nachfolgestaaten. Danach musste der Westen sich eine völlig neue Gesamtstrategie zulegen.

Das Ende des Kalten Kriegs veränderte die geopolitische und geostrategische Lage von Grund auf. Der Schatten des Atomkriegs, der fast ein halbes Jahrhundert auf Europa lastete, war mit einem Mal verschwunden. Die letzten russischen Soldaten verabschiedeten sich Ende August 1994 aus dem schon vier Jahre wiedervereinigten Deutschland. Mit der Ost-West-Konfrontation verschwand zugleich die Frontlinie, die den Kontinent vierzig Jahre lang von Travemünde bis Triest durchschnitten hatte. Ein massiver Angriff auf die Bundesrepublik wurde unwahrscheinlich. Da seitdem neun osteuropäische Staaten und drei Balkanländer der NATO beigetreten sind, wäre für die Deutschen Bündnisverteidigung auch im schlimmsten hypothetisch denkbaren Fall nicht länger Landesverteidigung, die Bundesrepublik würde nicht mehr Kampfzone, sondern Verbindungs- und Unterstützungszone.

Die neue Sicherheitslage veränderte auch das strategische Konzept der Atlantischen Allianz. Die Fähigkeit zur kollektiven Verteidigung sollte weiterhin den Frieden der Verbündeten schützen, doch erweiterte das neue Konzept die Aufgabe des Bündnisses um Krisenreaktionseinsätze im »euro-atlantischen Raum« (der wohlweislich undefiniert blieb). *Out of area or out of business,* lautete die neue Parole in Washington: Die NATO sollte nach dieser Lesart nicht länger bloß ihr Vertragsgebiet verteidigen, sondern darüber hinaus auch jenseits dieses Gebiets eingreifen; sonst könne sie sich auch auflösen. Der Artikel 5 blieb erhalten, nach dem ein Angriff auf ein Bündnismitglied als Angriff auf alle betrachtet und behandelt wird. Es war jedoch kennzeichnend, dass er zum ersten und bisher einzigen Mal nicht in einer Ost-West-Krise angerufen wurde, sondern dass die NATO damit auf die Terroranschläge vom 11. September 2001 reagierte. Der Einsatz in Afghanistan war die Folge.

Eine Zeit lang noch blieb Landes- und Bündnisverteidigung die Hauptaufgabe. Daneben jedoch trat von Jahr zu Jahr stärker die Krisen- und Konfliktreaktion. Am 12. Juli 1994 entschied das Bundesverfassungsgericht, dass Kriseneinsätze der Bundeswehr für friedenserhaltende und friedensschaffende Maßnahmen jenseits der deutschen Grenzen und der Bündnisgrenzen im Rahmen der Vereinten Nationen, der NATO oder der WEU rechtlich zulässig sind, sofern jeweils eine Mehrheit des Bundestags zustimmt.

Bis zur Wiedervereinigung 1990 hatte die Bundeswehr mehr als 120 humanitäre Hilfsaktionen in aller Welt ausgeführt. Sie flog Medikamente und Lebensmittel in Hungergebiete, versorgte Flüchtlinge, half bei Erdbeben- und Überschwemmungskatastrophen. An Einsätzen im Auftrag der Vereinten Nationen beteiligte sie sich bis dahin nicht; dies verbot ihr die damals vorherrschende Auslegung des Grundgesetzes. Deshalb nahm Deutschland 1991 nicht am Golfkrieg teil; die Regierung Kohl kaufte sich mit einer Kontribution von 10 Milliarden Dollar los – zu jener Zeit 17 Milliarden Mark. Auch danach bestimmte die »Kultur der Zurückhaltung« (so ein vielzitierter Ausspruch des damaligen CDU-Verteidigungsministers Volker Rühe) die deutsche Politik. Noch in der Amtszeit Kohls (1982–1998) bestand ein gesellschaftlicher Konsens, die Bundeswehr nirgendwo einzusetzen, wo im Zweiten Weltkrieg die Wehrmacht gestanden, gekämpft oder gehaust hatte. Doch vermochte sich die Bundesrepublik den Erwartungen und Forderungen ihrer Partner immer weniger zu entziehen. Nach der Wiedervereinigung konnte sie nicht anders, als mehr weltpolitische Verantwortung zu schultern und immer öfter an Friedens- und Stabilisierungsaktionen fern der deutschen Grenzen teilzunehmen.

So suchte und räumte die Bundesmarine während des Golfkriegs Minen im Persischen Golf. Insgesamt 450 Ärzte und Sanitäter der Bundeswehr unterhielten 1992/93 in dem kriegsverwüsteten Kambodscha ein 60-Betten-Feldhospital, das die UN-Übergangsverwaltung und die einheimische Bevölkerung medizinisch betreute. (Bei diesem Einsatz hatte die Bundeswehr den ersten im Ausland getöteten Soldaten zu beklagen: den Sanitätsfeldwebel Alexander Arndt, der auf offener Straße erschossen wurde.) Bundeswehrhubschrauber flogen 1991 bis 1996 UN-Abrüstungsinspekteure zu ihren Kontrollmissionen im Irak. Deutsche Zerstörer, Fregatten und Seefernaufklärer wirkten 1992 bis 1996 an der Überwachung des gegen Milosevic-Jugoslawien verhängten Handels- und Waffenembargos mit; Luftwaffensoldaten taten in den AWACS-Maschinen der NATO Dienst, die das Flugverbot im jugoslawischen Luftraum überwachten. Die Luftwaffe transportierte vier Jahre lang in fast 2000 Flügen 13 000 Tonnen Hilfsgüter in die belagerte bosnische Hauptstadt Sarajevo und die eingeschlossenen Orte Zepa und Srebrenica. Etwa 1800 Bundeswehrsoldaten waren von 1992 bis 1994 in Somalia eingesetzt, um dort UN-Truppen logistisch zu unterstützen – indische Einheiten, die, wie sich dann herausstellte, nie in dem bürgerkriegsgeschüttelten Land eintrafen.

Nach dem Karlsruher Urteil wurden die Einsätze gefährlicher. In den jugoslawischen Auflösungskriegen stellte die Bundeswehr in Bosnien und Herzegowina ein Kontingent von zeitweise 3300 Soldaten erst für die IFOR, anschließend für die SFOR. Ein Einsatz- und Unterstützungsverband wurde Ende 1998 vorsorglich zur Überwachung eines Friedensabkommens für das Kosovo (das dann nicht zustande kam) in Mazedonien postiert. Von März bis Juni 1999 beteiligte sich die Luftwaffe mit 14 Tornados an den Luftschlägen der NATO gegen Serbien (Unternehmen Allied Force); sie flog 500 der insgesamt 38 000 NATO-Einsätze. Seitdem stehen deutsche Soldaten als Teil der KFOR im Kosovo. Erwähnenswert ist auch das Unternehmen Alba, bei dem 1997 ein Stoßtrupp der Bundeswehr auf dem Flughafen Tirana über hundert Bundesbürger aus der Geiselhaft befreiten. Dabei haben deutsche Soldaten zum ersten Mal seit 1945 im Einsatz scharf geschossen. Im Jahre 2006 leisteten 780 Bundeswehrangehörige einen Beitrag zur Sicherung der Wahlen im kriegsgeschüttelten Kongo. Im Rahmen des Unternehmens *Enduring Freedom* überwachte die Bundesmarine seit Anfang 2002 im Indischen Ozean den Seeraum zwischen dem Horn von Afrika, dem Roten Meer und der Arabischen Halbinsel bis hinauf zum Persischen Golf. Gleichzeitig sicherten deutsche Marine-Einheiten die libanesische Küste und wirkten an *Atalanta* mit, der multilateralen Flotte zur Bekämpfung der somalischen Piraterie.[65]

Rund 290 000 deutsche Soldaten haben in den zurückliegenden zwanzig Jahren Dienst in ausländischen Krisenzonen getan. Etwa 84 000 waren bisher im Einsatz in Afghanistan.

Helmut Schmidt hatte gegen die Ausweitung des NATO-Mandats, vor allem jedoch des Auftrags der Bundeswehr, von vornherein schwere Bedenken. Stets warnte er vor Überheblichkeit, vor wilhelminischem Großmachtsanspruch und dem Erlösungswahn, gemäß dem die Welt am deutschen Wesen genesen sollte. Humanitären Interventionen, dem Einsatz militärischer Gewalt in fernen

Ländern, in denen die Menschenrechte verletzt werden, stand er bei aller tiefgreifenden Empörung über solche Menschenrechtsverletzungen skeptisch gegenüber. Er bezweifelte die Wirkung einer Abschreckungsstrategie gegen Bürgerkriegsparteien in ethnisch und religiös zerklüfteten Staaten ebenso, wie er die Erwartung rationalen Verhaltens bei diesen Staaten für erfahrungswidrig hielt. In aller Nüchternheit sagte er: »Es ist relativ einfach, den Entschluss zu fassen, in ein fremdes Land einzumarschieren. Aber es ist beinahe unmöglich, wieder abzuziehen, wenn man nicht Mord und Totschlag und Katastrophe hinterlassen will.«[66] Dem Vorwurf der Hartherzigkeit begegnet er mit seiner Überzeugung, dass überhaupt keine Methode wirklich positive Erfolgsaussichten eröffne. Der an Marc Aurel geschulte Philosoph gab hier dem Staatsmann Hilfestellung: »Es ist unausweichlich, ein Element der *conditio humana*, dass es Grausamkeit, Verfolgung und Unterdrückung immer wieder gibt.« Wohl räumt Schmidt ein: »Es gibt eine Reihe von Staaten, wo man aus Gründen der Mitmenschlichkeit wohl eingreifen müsste, nicht nur große Staaten wie den Kongo, auch kleine wie Simbabwe und Somalia.« Doch in kalter Einschätzung der realpolitischen Risiken fügt er umgehend an: »Aber wenn wir uns überall einmischen wollten, wo himmelschreiendes Unrecht geschieht, dann riskierten wir den Dritten Weltkrieg.«

Dabei war seine Logik nicht immer geradlinig. Anfangs kritisierte er, dass der Westen zu Beginn der neunziger Jahre einen Flächenbrand verhindern wollte, der über die Balkan-Halbinsel hinausgriff, aber den dazu nötigen Truppeneinsatz scheute. Später, als die NATO sowohl 1993 in Bosnien als auch 1999 in Kosovo mit Militär eingriff, bemängelte er, es fehle die völkerrechtliche Grundlage (was angesichts der UN-Resolutionen 743, 816, 1031, 1199 und 1244 durchaus anders gesehen werden kann). Die erforderliche Stationierung »auf Dauer« von mindestens 100 000 Soldaten des Westens werde die öffentliche Meinung der Demokratien nicht ertragen, räsonierte er. Tatsächlich waren es auf dem Höhepunkt ausländischer Militärpräsenz jedoch nie mehr als 60 000 Mann in Bosnien und 50 000 im Kosovo, und dies nur für kurze Zeit. Mitte 2010 standen in Bosnien noch ganze 2000 Soldaten, nun unter dem Banner der EUFOR, im Kosovo noch 12 000. Den fallweise nötigen »Einsatz von ökonomischen und militärischen Mitteln« empfahl Schmidt zur pragmatischen Beruhigung und Entschärfung, kreidete dem Westen aber zugleich an, er lasse Konzeptionen und Führung vermissen. Als sich die westlichen Mächte schließlich nach langem Zögern zum Eingreifen auf dem Balkan aufrafften, war ihm dies auch nicht recht.[67]

Aus heutiger Warte wird man feststellen müssen, dass Schmidts Balkan-Linie nicht durchweg überzeugte – und dies desto weniger, je mehr er sich, genötigt von der ZEIT-Redaktion, auf kurzfristig ihm abgerungene aktuelle Kommentare einließ und seine Stärke, den Blick für historische Trends, aus dem Spiel ließ. Die Aufrechterhaltung des Vielvölkerstaats Jugoslawien betrachtete er als »von vornherein illusorisch«, aber die diplomatische Anerkennung der Nachfolgestaaten fand er auch nicht klüger; dafür hätte man zumindest bindende Gewaltverzichtserklärungen und Minderheitsstatuten einhandeln müssen;[68] und überhaupt sei die Begünstigung Kroatiens durch die Deutschen »instinktlos gewesen (wie umgekehrt die Begünstigung der Serben durch Paris, London und Moskau eine außenpolitische Anknüpfung an das ausgehende 19. Jahrhundert nahelegte.«[69]

Seiner Haltung zu den Balkankriegen lag eine prinzipielle Abneigung gegen militärisches Eingreifen in weit entfernten Regionen zugrunde. Von humanitären Interventionen hielt er wenig – selbst von Interventionen, die durch Mandate des UN-Sicherheitsrats gedeckt sind; auch sie arteten leicht in Verfolgung imperialer machtpolitischer Ziele aus. Außerdem tendierten sie dazu, sich zu verewigen: Schließlich könne man seine Truppen nicht abziehen, werde es immer heißen, weil sonst Bürgerkrieg und Chaos ausbrächen. Doch selbst eine deutsche Berufsarmee wäre nicht verpflichtet, aus humanitären Gründen ihre Haut zu Markte zu tragen. »Das Grundgesetz sieht nicht vor, dass deutsche Soldaten dafür da sind, in Zentralasien zu sterben.« (Er hätte auch sagen können: dafür zu sorgen, dass muslimische Mädchen zur Schule gehen können.) »Nicht alle Probleme gehen uns etwas an«, war seine Meinung.[70]

In puncto »humanitäre Interventionen« hält Helmut Schmidt es mit dem früheren Bundespräsidenten Roman Herzog, der 1995 im pakistanischen Islamabad, auf islamischem Boden also, gesagt hatte: »Ich halte an der Universalität der Allgemeinen Menschenrechtserklärung fest. Aber genauso, wie wir in Europa Jahrhunderte gebraucht haben, können wir nicht verlangen, dass Indien oder Lateinamerika oder China in dreißig Jahren die Entwicklung nachvollziehen, für die wir selber dreihundert oder vierhundert Jahre gebraucht haben.« – »Mir geht es genauso wie Roman Herzog«, gestand er, wobei er hinzufügte, dessen Wort gelte auch für Araber, für Iraner, für alle Muslime in der Welt. »Wir Europäer haben keine Legitimation, die Prinzipien der Aufklärung mit Gewalt im Mittleren Osten auszubreiten.«[71] Ihn beunruhigte, dass »heutzutage mit nahezu religiöser Inbrunst die durchaus ehrwürdigen Ideologien und Lehren der Demokratie und der Menschenrechte mit militärischer Gewalt ganz anders gewachsenen Kulturen oktroyiert werden sollen.«[72] Und sosehr er im eigenen Land gegen die Unterdrückung von Frauen war, so skeptisch blieb er gegenüber deren Bekämpfung fernab unserer Grenzen: »Ich würde sehr zurückhaltend sein, wenn es darum geht, auf der ganzen Welt die Unterdrückung der Frauen zu bekämpfen, möglicherweise sogar mit Panzern und Kanonen.«[73]

Drei Gründe führte Schmidt für seine Skepsis an. Zum Ersten sei ein Teil der humanitären Interventionen nicht allein aus humanitären Erwägungen erfolgt, sondern auch aus politischen Gründen – unter Einmischung auch machtpolitischer, ja imperialer Motive. Zum Zweiten erscheint ihm zweifelhaft, ob die Vielzahl von Interventionen nach der weltpolitischen Wende von 1989/90 zu einer Vielzahl von Erfolgen geführt hat. Zum Dritten aber unterblieben Interventionen, obwohl moralisch gerechtfertigt oder sogar notwendig, weil sie die Interessen einer Großmacht verletzen oder zu viele Kräfte fordern würden. Hier sah Schmidt einen »weitgreifenden Opportunismus« am Werk. Vollends verwarf er das Argument, wir müssten uns aus Solidarität im NATO-Bündnis an militärischen Bündnissen beteiligen: »Das Argument passt besser in die Nibelungensage als in die heutige Wirklichkeit. Denn das Nordatlantische Bündnis war und ist ein Verteidigungsbündnis, nicht etwa ein Bündnis zur Umgestaltung der Welt. Solange es ein Verteidigungsbündnis bleibt, ist es erwünscht, weil für einen Notfall notwendig. Aber daraus ein Instrument zur Umgestaltung fremder Staaten zu machen, daran sollten wir nicht mitwirken, auch wenn von einigen Politikern oder Schreibern dergleichen als Ausdruck weltpolitischer Verantwortung dargestellt wird.«[74]

Manch einen mag solche Rigorosität befremden. Auch Schmidts Kritik an Deutschlands militärischer Mitwirkung in den jugoslawischen Auflösungskriegen in Bosnien-Herzegowina und im Kosovo (weil sie nicht durch einen Beschluss der Vereinten Nationen und damit nicht durch das Grundgesetz gedeckt waren) wird nicht jedermanns Zustimmung finden. Hätten wir ruhig zusehen sollen, als unser balkanischer Hinterhof im Chaos versank und wir von Hunderttausenden von Flüchtlingen überschwemmt wurden? Die Frage ist berechtigt. Etwas ganz anderes ist freilich der Vordere Orient. Dass die Zielvorstellung, in fernen Zonen mit Waffengewalt Demokratie zu etablieren und *nation-building* zu betreiben eine schiere Illusion ist (»zum Schieflachen«, sagt Schmidt, »eine Ideologie«[75]), hat sich im Mittleren Osten erwiesen; erst im Irak, danach in Afghanistan. Es zeigte sich dort, dass die Abhaltung von Wahlen noch keineswegs inneren Frieden, Stabilität der Regierung und Herrschaft des Rechts bedeutet.

Das Interventions-Thema lässt Helmut Schmidt nicht los. Mehr noch bereitet ihm höchstens die Aussicht Sorgen, dass immer mehr Staaten sich atomare Waffen zulegen könnten. Diese Vorstellung hatte vor sechzig Jahren schon dem jungen Sicherheitspolitiker Schmidt kalte Schauer über den Rücken gejagt. In seinem 1961 veröffentlichten Buch »Verteidigung oder Vergeltung« schrieb er: »Mit der Zahl der Mächte, die über nukleare Waffen verfügen können, wächst mit unausweichlicher Konsequenz die mathematische Wahrscheinlichkeit eines nuklearen Krieges – mögen die Ursachen im Einzelfalle auf Unfall, auf technischem Versagen, auf Fehlinterpretation der Aktionen und Absichten des Gegners, auf dem gewollt provokativen Akt einer dritten Macht oder aber nur auf dem desperaten Alleingang einer einzelnen fanatisierten Flugzeugbesatzung beruhen.«[76]

Das Gleichgewicht des atomaren Schreckens zwischen Ost und West bewahrte während des Kalten Krieges den Frieden; Moskau und Washington hatten spätestens nach der Kuba-Krise einen »nuklearen Waffenstillstand« geschlossen. »Die Aufrechterhaltung dieses nuklearen Waffenstillstandes auf der Welt«, befand Schmidt, »hängt offensichtlich in nicht geringem Maße davon ab, ob die Ausbreitung nuklearer Waffen und ihrer Trägerwaffen in die Hände anderer Mächte noch verhindert werden kann.« Da blieb er skeptisch: »In dem Maße jedoch, in dem relativ unkontrollierte und unkontrollierbare Regierungen im Nahen Osten, in Lateinamerika oder in Ostasien über Atomwaffen verfügen sollten, wird mit geometrischer Progression die Instabilität des nuklearen Waffenstillstandes zunehmen.«[77]

Als Helmut Schmidt dies zu Papier brachte, gab es fünf Atomwaffenmächte in der Welt: die Vereinigten Staaten und die Sowjetunion, Großbritannien, Frankreich und China. In den seitdem vergangenen fünfzig Jahren sind vier weitere hinzugekommen: Israel, Indien, Pakistan und Nordkorea; neuerdings versucht auch der Iran, die Voraussetzungen für die Produktion eigener Atomwaffen zu schaffen. War die Bombe nach dem Zweiten Weltkrieg die Waffe der Starken, so ist sie mehr und mehr zur Waffe der Schwachen geworden. Ob die Logik der atomaren Abschreckung, wonach als Zweiter stirbt, wer als Erster schießt, bei ihnen noch funktioniert, muss vorerst dahingestellt bleiben. Was aber vor allem Besorgnis erregt, ist die nicht auszuschließende Möglichkeit, dass sogenannte nichtstaatliche Akteure – sprich: Terroristen – in den Besitz von Kernwaffen, von waffenfähigem Material oder auch nur von leicht angereichertem Uran für eine »schmutzige Bombe« gelangen. Gegen Möchtegern-Märtyrer, die aus religiösem Fanatismus auf Selbstmord versessen sind, bleibt die Androhung tödlicher Vergeltung wirkungslos; außerdem sind terroristische Dschihadisten anders als Staaten schwer lokalisierbar. Worauf sollen die Vergeltungswaffen denn zielen?

Bis vor kurzem lagerten in den Zeughäusern der Atommächte noch immer rund 23 000 nukleare Sprengköpfe, größtenteils in Amerika und Russland – ein Vernichtungspotenzial, das hunderttausendmal stärker ist als das der Hiroshima-Bombe.[78] Wohl haben die beiden Atomsupermächte seit dem Ende des Ost-West-Konflikts ungefähr 40 000 Sprengköpfe ausgemustert, auch haben sie im START-Abkommen vom April 2010 vereinbart, binnen sieben Jahren die Zahl ihrer Sprengköpfe auf je 1550 zu verringern, die Zahl ihrer Trägersysteme auf 800. Doch lässt sich selbst bei dermaßen abgespeckten Arsenalen noch immer von einer »Overkill«-Kapazität sprechen. Auch entwickeln die Amerikaner wie die Russen neue Atomwaffen und neue Trägersysteme, und eine Militarisierung des Weltraums erscheint nicht ausgeschlossen. Immerhin haben Präsident Obama und Präsident Medwedew bei der Prager Unterzeichnungszeremonie zu Protokoll gegeben, dass sie eine atomwaffenfreie Welt anstreben.

Dabei bekommen sie kräftigen Rückenwind aus einer unverhofften Richtung. Anfang 2007 haben vier amerikanische Veteranen des Kalten Krieges einen Appell an die Staatenlenker dieser Erde und an die Weltöffentlichkeit gerichtet: die beiden ehemaligen Außenminister Henry Kissinger und George Shultz, der Ex-Verteidigungsminister William Perry und der frühere Senator Sam Nunn. In ihrem Aufruf zitierten sie das Wort John F. Kennedys: »Die Welt sollte kein Gefängnis sein, in dem die Menschheit auf ihre Hinrichtung wartet.« Ihr Ziel ist »Global Zero«, eine atomwaffenfreie Welt. Dieses Ziel soll in vier aufeinanderfolgenden Schritten binnen zwanzig Jahren – bis 2030 also – erreicht werden, flankiert von einem System strenger, lückenloser Kontrolle und Überwachung.

Viele angesehene Politiker in aller Welt haben sich dem Appell der amerikanischen »Viererbande« angeschlossen, darunter auf Iniiative von Frank-Walter Steinmeier in Deutschland ein prominentes Polit-Quartett: Richard von Weizsäcker, Helmut Schmidt, Hans-Dietrich Genscher und Egon Bahr. In einer »Erklärung zur Freiheit von Atomwaffen« haben sie den Aufruf der Amerikaner unterstützt und praktische Schritte begrüßt, »damit aus der notwendigen Vision Wirklichkeit wird«. Zugleich meldeten sie die besonderen deutschen Interessen an: baldige weitere Verhandlungen zwischen den USA und dem Kreml; Stärkung des Nichtverbreitungsvertrages; Ratifizierung des Vertrages über einen umfassenden Atomversuchsstopp durch Washington; Vernichtung aller taktischen Atomwaffen; Wiederaufleben des ABM-Vertrages über Raketenabwehr. Ganz spezifisch schlugen sie eine »solide und verbindliche Zusammenarbeit zwischen Amerika Russland, Europa und China« vor, erforderlichenfalls mit eigenen institutionellen Formen neben NATO, EU und KSZE. Auch forderten sie die Atlantische Allianz und die Atomgroßmächte auf, dem Erstgebrauch von Atomwaffen zu entsagen, die Verpflichtung einzugehen, keine Atomwaffen gegen Länder einzusetzen, die über solche Waffen nicht verfügen, und die noch immer in Deutschland stationierten amerikanischen Atomsprengköpfe abzuziehen, von denen im Ernstfall ein Teil für den Einsatz durch deutsche Kampfflugzeuge vorgesehen ist. Ihrer Erklärung lag die Erkenntnis zugrunde, dass heutzutage kein globales Problem durch Konfrontation oder durch den Einsatz militärischer Macht zu lösen sei – »weder die Bewahrung der Umwelt und der Klimaschutz noch auch der Energiebedarf für eine wachsende Weltbevölkerung«.[79]

Dieser »Berliner Aufruf« verriet weithin das Denken Helmut Schmidts. Schon 1984 hatte er bemängelt, dass viel zu viel Atom-Munition in der Bundesrepublik lagere – »überflüssiger Aufwand für eine nukleare Zweitrolle der deutschen Luftwaffe«, wie er meinte. »Darauf kann verzichtet werden.«[80] Und immer wieder hat er den klassischen Atomwaffenmächten angekreidet, dass sie allen anderen den Griff nach der Bombe strikt verwehrten, selber aber keinesfalls bereit seien, ihrer Abrüstungsverpflichtung nach Artikel VI des Nichtverbreitungsvertrages nachzukommen. Die »Global Zero«-Initiative gab dem Neunzigjährigen den Anstoß, ein Thema wieder in den Vordergrund rücken, das schon den Vierzigjährigen umgetrieben hatte.

Wäre er noch im Amt gewesen, sein Realismus hätte ihm wohl geboten, sich mit einer Minimal-Abschreckung der gegenwärtigen und künftigen Supermächte abzufinden, hundert oder auch nur fünfzig nukleare Sprengköpfe für jede. Er glaubte ja an die abschreckende Wirkung der Atomwaffen. So hatte er 1987 in der ZEIT geschrieben: »Wenn moralisch intakte Idealisten eine nukleare Totalabrüstung der ganzen Welt verlangen, so ist dies glaubwürdig und ehrenhaft – realistisch ist es nicht. Denn weder die Sowjetunion noch die Vereinigten Staaten, weder China, Frankreich oder England noch die geheimen Nuklearmächte in anderen Kontinenten werden bereit sein, auf die letzte Kernwaffe zu verzichten. Es ist realistisch, auch für die Zukunft mit der Existenz nuklarer Waffen zu rechnen. Es ist ebenso realistisch, für ihre weitgehende Verringerung einzutreten.«[81] Noch 2003 hatte er in seiner Washingtoner Gerd Bucerius Lecture gesagt: »Das Vorhandensein nuklearer Waffen auf fast allen Seiten macht einen Krieg zwischen Großstaaten ziemlich unwahrscheinlich.«[82] Möglicherweise hat er sich für die Zero-Lösung in der Erkenntnis eingesetzt, dass sie zwar nie zu erreichen sein wird, dass sie als Zielvorstellung aber doch die Staatenlenker bewegen könnte, auf ein zur Abschreckung etwaiger Gegner notwendiges absolutes Minimum herunterzurüsten. Die ersten fünfundneunzig Schritte sind ihm wichtiger als die letzten fünf – und dann wird man weitersehen.

Wie weit das Blickfeld reicht? Bismarck pflegte zu sagen: fünf oder zehn Jahre. Helmut Schmidt blickt da nur unwesentlich weiter. Bei aller politischen Lebenserfahrung, sagt er, »reicht mein Blickfeld kaum über die nächsten beiden Jahrzehnte hinaus. Schon morgen oder übermorgen kann die Welt ganz anders aussehen.«[83]

Der Außenpolitiker

Zu Bismarcks Zeiten war Außenpolitik in Europa Kabinettspolitik. Die Mächte konnten Geheimverträge schließen, ohne Parlamente zu befragen. Sie führten Krieg, um politische Ziele zu erreichen, und sie gingen Bündnisse ein, um Kriege zu verhindern. Die Partner wie die Gegner wechselten in verblüffend rascher Folge. Die übrige Welt lag in weiter Ferne; in der Kolonialpolitik verlängerten sich lediglich die heimischen Interessenlinien. Außenwirtschaftspolitik und Währungspolitik spielten keine Rolle; die europäischen Binnenwirtschaften waren noch kaum in die Weltwirtschaft verflochten, und der allgemein anerkannte Goldstandard machte mühselige Währungsverhandlungen überflüssig. Amerika war weltpolitisch noch nicht auf den Plan getreten, in China trieb die Agonie der Qing-Dynastie der Revolution entgegen, das übrige Asien war bis auf Japan und das Königreich Siam fest in der Hand europäischer Eroberer. Und noch war Europa kein freundschaftlicher Verbund, sondern eine Ansammlung stets rivalisierender und häufig einander spinnefeinder Mächte.

Der Außenpolitiker Helmut Schmidt hatte es hundert Jahre nach Bismarck mit einer ganz anderen Welt zu tun. Der Fächer dessen, was in der Wissenschaft »internationale Beziehungen« genannt wird, hatte eine ungleich größere Spannweite als zu Zeiten des Eisernern Kanzlers. Die Sicherheitspolitik war im Atomzeitalter in erster Linie darauf ausgerichtet, Kriege zu verhindern, nicht, sie zu führen. Währungspolitik und Außenhandelspolitik waren ein Teil der Außenpolitik geworden. Partnerwechsel war in den Jahrzehnten des Kalten Krieges eine Unmöglichkeit und blieb auch nach dem Zusammenbruch des Kommunismus eine unbekannte Erscheinung. In der sich abzeichnenden multipolaren Welt des 21. Jahrhunderts lockerten sich zwar die alten Allianzbande, doch sie lösten sich nicht einfach auf. Im Zeitalter der europäischen Integration versank die Welt Bismarcks im Erinnerungsschatz der Geschichte. Eine neue Weltordnung – zunächst wohl eher eine neue Weltunordnung – forderte neues Denken.

In den vorangegangenen Kapiteln haben wir den Deutschlandpolitiker, den Sicherheitspolitiker, den Europapolitiker und den Weltwirtschaftspolitiker Helmut Schmidt kennengelernt. In diesem Kapitel geht es um den Außenpolitiker, um seine Grundsätze, Methoden und Ziele.

In seinem Buch *Menschen und Mächte* hat Schmidt 1990 das Verhältnis Deutschlands zu seinen neun Nachbarn analysiert. Die Beziehungen zu den Nachbarvölkern hatten ihm in den Jahren seiner aktiven Beteiligung an der deutschen Politik besonders am Herzen gelegen und ihn auch besondere Anstrengungen gekostet. Die Europäische Union sah er als den Rahmen, in dem Deutschland sein nationales Schicksal erfüllen könne, ohne aufs Neue in Isolierung zu geraten, ohne die Angst der Nachbarn vor einer Wiederkehr deutschen Hegemoniestrebens zu wecken und ohne dem Argwohn der Nationen angesichts unserer Größe und Wirtschaftskraft neue Nahrung zu geben. Einen »dauerhaften, ungefährdeten Frieden« beschrieb er 1990 als sein Ziel – Frieden in Europa und, darüber hinaus, Frieden in der Welt.

Den Frieden zu bewahren, hat er als das »maßgebende Prinzip aller Außenpolitik« bezeichnet. Diese Formulierung dürfe aber nicht den Irrtum aufkommen lassen, dass das Friedensgebot alle anderen überrage – zum Beispiel das Gebot der Selbstverteidigung.[1] »Ich bin kein Gesinnungspazifist um jeden Preis«, sagte er pointiert, »sondern ich würde im Notfall kämpfen wollen, um in Europa Demokratie, Grundrechte und überhaupt die Herrschaft des Rechts zu verteidigen.«[2] Seine Strategie des Gleichgewichts sollte den Eintritt dieses Ernstfalls verhindern – eines Gleichgewichts der konventionellen Streitkräfte ebenso wie der Atomwaffen. Doch dazu bedurfte es der Fähigkeit, sich wehren zu können, der Soldaten also, der militärischen Planung, der Rüstung. »Kämpfen können, um nicht kämpfen zu müssen« – diese Formel des Generalinspekteurs Ulrich de Maizière machte sich Schmidt als Verteidigungsminister zu eigen. Die Doppelstrategie, die der Harmel-Bericht Ende 1967 für die NATO entworfen hatte, wurde seine Leitlinie: einerseits militärische Anstrengungen der westlichen Allianzpartner, um die Sowjetunion von jedem Angriff abzuschrecken, zum anderen Entspannung und Zusammenarbeit mit Moskau auf dem Gebiet der Wirtschaft, der Abrüstung und der Kultur. Rüsten und reden, war Schmidts Devise. Im Reden mit einem schwerbewaffneten Gegner sah er kein Zugeständnis,[3] kein Zurückweichen, auch keinen Akt der Beschwichtigung, sondern den Ausfluss gesunden Menschenverstands. Diese Denkweise bestimmte in anderen Konfliktfällen auch nach dem Kalten Krieg seine Haltung. So warnte er davor, sich von Sicherheitshysterien anstecken zu lassen.[4] Besonders lag ihm daran, dass wir uns nicht von einem islamischen Fundamentalismus, welcher der Faszination militanter Parolen folgt, ohne dass ihm ein echter religiöser Antrieb zugrunde liegt, in Aufgeregtheiten oder gar in Angst versetzen ließen. »Islamische Terroristen sind für eine Milliarde islamischer Gläubiger genauso wenig repräsentativ, wie die RAF-Terroristen für die 60 Millionen Deutschen repräsentativ waren«,[5] wies er alle in die Schranken, die al-Qaida gleichsetzten mit der Umma, der gesamten muslimischen Welt.

Der Außenpolitiker Schmidt hat, als er nicht mehr Kanzler war, ein gewichtiges Buch über *Die Deutschen und ihre Nachbarn* geschrieben – mit 570 Seiten plus Anhang gewichtig nicht nur nach seinem Umfang, sondern auch dem Inhalt nach. Das längste Kapitel widmete er darin Frankreich. Der wichtigste Schlüssel für eine glückliche Zukunft unseres Volkes liege in Paris, schrieb er. »Frankreich hat in der Völkergemeinschaft der Welt ein enormes, auf seine Geschichte und Kultur gegründetes Prestige als Nation, während auf uns Deutschen noch generationenlang die Erinnerung an Auschwitz und alle anderen Naziverbrechen lasten wird.« Deshalb bedürften wir Deutschen der Franzosen, ihres Verständnisses, ihrer Initiativen und ihrer Führung in Europa.»Wir dürfen keinen Schritt ohne Frankreich tun, wir müssen den Franzosen den Vortritt lassen« – die freilich müssten sich entscheiden, ob sie in der Weltpolitik eine autonome Sonderrolle spielen oder die Möglichkeit der initiativen Führung in Europa wahrnehmen wollten.[6]

Mit ähnlich warmherziger Eindringlichkeit hat Helmut Schmidt über kein anderes Land geschrieben. In seinem Buch über die Nachbarn befasste er sich mit allen, den kleinen und den größeren. Es liest sich auch zehn Jahre nach Erscheinen noch interessant, denn es steckt voller gültiger historischer Einsichten. Von fortwirkender Bedeutung sind da neben seinen Ansichten über Frankreich in erster Linie seine Betrachtungen über England und über Polen.

Dem Hamburger Schmidt war die Liebe zu England und die Bewunderung für britische Staatskunst und Lebensart gleichsam in die Wiege gelegt; hier wirkten auch die Erinnerungen an einen Schüleraustausch 1932 und an die fünf Monate Kriegsgefangenschaft 1945 noch nach. Er hatte den Römischen Verträgen nicht zugestimmt, weil er sich eine europäische Integration ohne England nicht vorstellen konnte; Europa brauche die Welterfahrung der Briten. Aber dann erlebte er, wie sie, denen de Gaulle sein *Non!* entgegengesetzt hatte, nach ihrer Aufnahme in die EG im Jahre 1973 doch immer nur mit halbem Herzen dabei waren, unter Harold Wilson die Bedingungen ihrer Mitgliedschaft in Frage stellten und unter Margaret Thatcher *(»I want my money back«)* Obstruktion übten. Zusehends enttäuschte ihn die britische Einstellung zu Europa.[7] Die Engländer spielten nicht wirklich mit, man dürfe auf sie nicht warten. »Gegen eine Degeneration zur Freihandelszone hat man in London nichts einzuwenden, eher im Gegenteil«, klagte er im Jahr 2004. »Es ist kaum zu erwarten, dass man in London Initiativen zur Überwindung der Stillstandskrise ergreift, denn aus englischer Sicht ist der Stillstand ungefährlich, jeder Schritt hin zu einer stärkeren Integration dagegen unerwünscht.«[8] Und im Spaß sagte er manchmal: »Es kann eines Tages so weit kommen, dass die Engländer vor der Frage stehen, ob sie nicht besser der 51. Staat der USA werden.«[9]

Für Polen hat Helmut Schmidt stets ein Herz gehabt. Er habe ein primäres Interesse am Wohlergehen der polnischen Nachbarn. »Denn wenn es ihnen schlechtgeht, so werden zwangsläufig all jene Verletzungen wieder schmerzhaft ins Bewusstsein zurückkehren, die das polnische Volk im Laufe der letzten zweihundert Jahre erlebt hat.« Aus diesem Grund hatte schon der Bundeskanzler Schmidt die – noch kommunistischen – Polen finanziell unterstützt (Abgeltung von Finanzansprüchen: 1,3 Milliarden Mark, Finanzkredit von 1 Milliarde Mark). Es war ihm stets bewusst, welch düsteres Schicksal ihre geopolitische Lage und die Landgier ihrer drei großmächtigen Nachbarn Russland, Österreich-Ungarn und Preußen der polnischen Nation im 19. Jahrhundert auferlegt hat und was ihnen Hitler und Stalin im 20. Jahrhundert angetan haben. Auch hatte er Verständnis dafür, dass in den Augen mancher Polen die Welt noch immer so ähnlich aussieht wie damals, als die benachbarten Mächte das Land drangsalierten; dass sie ein Nachholbedürfnis an Nationalismus verspürten, besonders in der Ära der Kaczynski-Zwillinge; und dass sich Amerika in ihren Augen noch lange verlässlicher ausnahm als Westeuropa. Oft zitierte er den Satz Herbert Wehners: »Man muss die Polen schon deswegen lieben, weil sie am meisten gelitten haben.«[10] Vieles, was er nach der historischen Wende von 1989/90 über Polen schrieb, findet sich verdichtet in dem Satz: »Wer als Deutscher den Frieden in Europa will, der muss wissen: Als Partner zum Frieden sind die Polen für uns von ebenso überragender Bedeutung wie die Franzosen [...]. Uns Deutschen kann es nur gutgehen, wenn es ihnen gutgeht.«[11] Daher sei es im vitalen strategischen Interesse der polnischen Nation und im vitalen strategischen Interesse unserer Nation dringend geboten, dass die beiderseitigen Ressentiments überwunden werden.[12]

Zwiespältig war und blieb Helmut Schmidts Verhältnis zu den Vereinigten Staaten. Die Reform, die er am meisten bewunderte, vertraute er dem »Fragebogen« der *Frankfurter Allgemeinen* an, sei die Idee der amerikanischen Revolution vor zweihundert Jahren; als seinen Helden in der Wirklichkeit gab er Abraham Lincoln an.[13] Bei seinem ersten Amerikabesuch im Jahre 1950 hatten ihn die Weite des Landes beeindruckt und die Großherzigkeit seiner Bewohner. In seiner aktiven politischen Zeit arbeitete er eng und gut mit amerikanischen Politikern zusammen: so dem Verteidigungsminister Melvin Laird, so dem Präsidenten Gerald Ford, so dem Finanzminister und späteren Außenminister George Shultz, so dem Fed-Vorsitzenden Paul Volcker. Oft suchte er Rat bei John McCloy, dem »Chairman des US-Establishments«. Trotz vieler Meinungsverschiedenheiten pflegte er seine Freundschaft mit Henry Kissinger (»ein Geostratege mit weitreichendem Blick«).[14] Auch war er freundschaftlich verbunden mit dem Komponisten Leonard Bernstein (»einer der bedeutendsten Musiker und Musikerzieher des 20. Jahrhunderts«[15]). Er bewunderte das amerikanische Volk, »die großzügigste Nation«.[16] Bisweilen bekannte er sogar: »Wenn ich jemals in ein fremdes Land gehen müsste, so ginge ich in die USA.«[17] Wo es jedoch um konkrete Politik ging, hatte er immer wieder Schwierigkeiten mit den Amerikanern. Washington neige zu Alleingängen, kritisierte er mehr als einmal.

Das begann Anfang der siebziger Jahre, als die Amerikaner gegen den Widerstand der Franzosen, Japaner und Deutschen den Wechselkurs des Dollars freigaben und damit die bis heute anhaltende Berg-und-Talfahrt (»im Durchschnitt lediglich Talfahrt!«) des Greenback auslösten; Schmidt sah darin »eine der entscheidenden Ursachen der weltwirtschaftlichen Turbulenzen, des sich schnell ausbreitenden Spekulationismus und der Las-Vegas-Mentalität auf den Finanzmärkten«.[18] Mitte des Siebzigerjahrzehnts kam es dann zu einem handfesten, auch persönlichen Streit mit Präsident Jimmy Carter. Der Bundeskanzler warf ihm Unbeständigkeit, blauäugigen Idealismus und Wankelmut vor. Er habe gegenüber Moskau zwischen Misstrauen (1977), Brüderküssen (1979 in Wien) und bitteren Vorwürfen (ein Jahr später) geschwankt.[19] In der

Carter'schen Menschenrechtskampagne gegenüber der Sowjetunion sah Schmidt eine Gefährdung des Entspannungsprozesses, da sie der erhofften allmählichen Ausweitung der Bewegungsfreiheit der osteuropäischen Regierungen ein Ende setzen und einen Rückfall in die brutale Handhabung der Breschnew-Doktrin bewirken könne. Vor allem aber erboste ihn, dass die Carter-Administration die Bedrohung Europas durch die neuen sowjetischen Mittelstreckenraketen vom Typ SS-20 völlig außer Acht ließ. Zusätzliche Verärgerung löste der von Washington ausgeübte Druck auf eine expansive Geld- und Finanzpolitik aus (»Wir lehnten ab«); desgleichen der Versuch der Administration, Deutschland die Lieferung von nuklearen Brennstäben zu verweigern, um Bonn unter Bruch eines mit Brasilien geschlossenen Vertrages zu zwingen, diesem Land keine zivile Nukleartechnik mehr zur Verfügung zu stellen. Carter und sein Sicherheitsberater Zbigniew Brzezinski, urteilte Schmidt im Rückblick, hätten die Gestaltbarkeit der Welt durch Entscheidungen aus dem Weißen Haus überschätzt und sich ohne viel Aufhebens über die Interessen des deutschen Verbündeten hinweggesetzt.[20]

Auch nach seiner Kanzlerzeit – und nach Beendigung des Ost-West-Konflikts – fand Schmidt immer wieder Anlass, die amerikanische Politik kritisch zu kommentieren. Washingtons »einsame Beschlüsse« verstießen gegen den Geist der Allianz, monierte er 1984[21] und bemängelte, dass die Amerikaner die nachträgliche Information über längst beschlossene Entscheidungen als ausreichende Konsultation hinstellten. Zwar hatte er nichts als gute Worte für Bush senior, ohne dessen nachdrückliches Engagement die deutsche Wiedervereinigung nicht zustande gekommen wäre. Aber in der Amtszeit des Nachfolgers Bill Clinton und, weit stärker noch, in den beiden Amtszeiten von George W. Bush beklagte er immer wieder den amerikanischen Hang zum Unilateralismus und das Pochen der Amerikaner auf Handlungsfreiheit ohne Rücksicht auf *entangling alliances* (Amerika in ferne Händel verstrickende Bündnisse, von denen schon George Washington in seiner *Farewell*

Address abgeraten hatte). Unter dem jüngeren Bush verstärkte dessen zur Doktrin erhobene Bereitschaft zu Präventivkriegen noch zusätzlich Schmidts Besorgnis.[22] Zugleich verurteilte er die amerikanische Neigung, das Konzept der Menschenrechte zu einem Pressionsinstrument der USA zu machen. Dabei gehe es weniger um die Menschenrechte als um die Aufrechterhaltung der weltweiten Dominanz der Vereinigten Staaten. Dieser Eindruck dränge sich umso mehr auf, als die Vorwürfe sehr wählerisch erhoben würden: gegen China und Iran, nicht aber gegen Israel oder Saudi-Arabien. Schmidts Erklärung für diese »selektive, zweischneidige Menschenrechtspolitik«: »Offensichtlich entscheiden politische Interessen Amerikas darüber, wer angeklagt werden soll und wer nicht.«[23]

In der US-Außenpolitik hätten immer drei verschiedene Grundtendenzen nebeneinander existiert, hat er vielfach ausgeführt: der Isolationismus bis Mitte des 19. Jahrhunderts (solange die USA schwach waren also, und erneut nach dem Ersten Weltkrieg), der Internationalismus (der nach 1945 zum Marshallplan, zur Gründung der Vereinten Nationen, der Weltbank und des Weltwährungsfonds führte) und der Imperialismus (in der zweiten Hälfte des 19. Jahrhunderts). Unter George W. Bush hatte es die Welt nach Schmidts Ansicht verstärkt wieder mit der imperialistischen Tendenz Washingtons zu tun.[24]

Es verwundert nicht, dass Helmut Schmidt gegen den Angriff auf Saddam Husseins Irak war, da es dafür kein UN-Mandat gab und die vorgeschobenen Kriegsgründe fadenscheinig waren; einen Fehler nannte er den Irakkrieg.[25]

Hingegen billigte er den militärischen Angriff auf das afghanische Taliban-Regime nach dem terroristischen Kolossalverbrechen vom 11. September 2001. Er fand es aber »dankenswert«, dass nicht die ganze NATO in den Krieg verwickelt wurde, sondern Bush und sein Pentagon-Chef Rumsfeld lieber auf eine »Koalition der Willigen« setzten. Es entging ihm jedoch nicht, dass sich die Amerikaner damit zugleich jeglicher multilateralen Beschlussfassung entzogen. Die Regierung Schröder habe in der Sache richtig reagiert, als sie den Amerikanern »uneingeschränkte Solidarität« versprach – indes: »Solidarität wäre ausreichend gewesen.« Unter dem »nationalistisch-egoistischen Einfluss imperialistisch gesinnter Intellektueller auf die Strategie der USA«[26] habe sich Washington eine von niemandem einschränkbare nationale Handlungsfreiheit zur Richtschnur gemacht: »Unter George W. Bush hat der Unilateralismus seinen Durchbruch erzielt.« Man müsse sich darauf einrichten, dass er noch auf lange Zeit die Oberhand behalten werde[27] – eine Einschätzung, die jedenfalls für die ersten zwei Jahre der Obama-Ära zutraf (man denke nur daran, wie die Festlegung der Afghanistan-Strategie des Präsidenten sich 2008 monatelang hinzog und das Ergebnis der Überprüfung den Verbündeten dann von oben herab als unabänderlicher Beschluss präsentiert wurde).

Helmut Schmidt zog daraus die Konsequenz. »Wir Europäer sollten aus Gründen der gemeinsamen Geschichte und der einander verwandten Kultur die Freundschaft mit Amerika pflegen«, postulierte er. Diesem Satz fügte er jedoch ein großes Aber an: »Das muss uns nicht hindern zu erkennen, dass wir kein Interesse am Ausbau der amerikanischen Tendenz zum Alleingang oder gar zum Imperialismus haben. Wir müssen keineswegs jedweder außenpolitischen Wendung der USA folgen, so auch nicht dem Druck, künftig wieder mehr Geld für Rüstung auszugeben.«[28] Die Vollendung der Europäischen Union, schrieb er, liege noch in weiter Ferne – möglicherweise bräuchten wir noch einmal fünfzig Jahre. Freilich: »Unterdessen müssen wir uns nicht bevormunden lassen.«[29] Gegen den US-Vormachtsanspruch helfe nur die Festigung der europäischen Eigenständigkeit.[30] Die Europäische Union dürfe nicht zum »strategischen Klienten« Washingtons werden, noch dürfe sie sich in die Position der Graeculi drängen lassen – die unbedeutende Schattenrolle Athens im römischen Weltreich. Und schon gar nicht hätten die Europäer es nötig, sich selbst zu Instrumenten amerikanischer Weltpolizei zu machen oder machen zu lassen. Langfristig allerdings erwartete Schmidt, dass die USA vom Primat der Außenpolitik abrücken: Die Afroamerikaner und die Hispanics, die Masse der Unterschicht würden sich mit ihrem Verlangen nach sozialer Gerechtigkeit gegen jene durchsetzen, die auf weltweite Dominanz der Vereinigten Staaten aus seien.[31]

Sein eingefleischtes Misstrauen gegenüber amerikanischem Hegemonialehrgeiz bestimmte auch immer deutlicher Helmut Schmidts Haltung zur NATO. Im März 1989 schrieb er noch: »Die Amerikaner bleiben unsere wichtigsten Verbündeten. Ohne sie, ohne unser Bündnis hätte Berlin und hätten wir schon längst verloren sein können. Ohne das Bündnis könnten wir auch in den nach Gorbatschow kommenden geschichtlichen Machtverschiebungen verloren sein.«[32] Auch unmittelbar nach dem Ende des Kalten Krieges erschien die NATO ihm noch weiterhin als notwendig, für alle Fälle. Noch 1999 befand er: »Allianz und NATO sind auch im neuen Jahrhundert zur Verteidigung Europas geeignet und sollten deshalb erhalten werden.«[33] Doch bald danach sah er keinen Sinn mehr in dem Militärbündnis. »Neue NATO«, »neue Verantwortungen« – die Suche nach einem zeitgemäßen Bündniszweck verursachte ihm Unbehagen. Skeptisch fragte er: »Gegen welchen Feind soll sich die neue NATO richten? [...] Haben die versammelten Regierungschefs neue friedensschaffende militärische Interventionen außerhalb Europas im Sinn – à la Balkan oder à la Somalia oder Ruanda oder Timor? Oder à la *Desert Storm* im Irak?«[34] Mehr und mehr betrachtete er das Bündnis als bloße Infrastruktur des US-Vormachtsanspruchs[35] und Hebel zur Steuerung der Europäischen Union.[36] Seit 1990 habe es sich »raumgreifend zu einem Instrument amerikanischer Kontrolle über die Staaten Europas« entwickelt.[37] Die wirtschaftlich erstarkenden Mächte China und Indien würden jedoch die Weltlage verändern. »Auf Dauer jedenfalls wird die Aufrechterhaltung eines mit Hilfe der NATO ausgeübten Machtmonopols der USA ziemlich unwahrscheinlich.«[38]

»Die NATO wird im Gleitflug niedergehen«, hatte Schmidt 2003 prophezeit. Zwanzig Jahre nach dem Ende des Kalten Krieges hielt er sie für überflüssig. Den Atlantikpakt wollte er aufrechterhalten, die Nordatlantische Vertragsorganisation hingegen – »diese Riesenkrake von Bürokratie« – sollte nach seiner Ansicht entfallen, denn eine Gleichgewichtsstrategie gegenüber dem heutigen Russland sei »törichtes Zeug« (siehe Gespräch mit Schmidt, S. 372). Und bei Versuchen Washingtons, die NATO zum Instrument einer Weltordnungstruppe zu machen, sollten wir Deutschen jedenfalls nicht mitwirken.[39] Auch riet er dringend ab von jeglicher Beteiligung an militärischen Drohungen gegen Iran oder Nordkorea.[40]

Nach den Terroranschlägen vom 11. September 2001 mahnte Schmidt zu kühler Vernunft: Weder Hass noch Rache seien angebracht. Er billigte die Entschließung des UN-Sicherheitsrates, alle Nationen im Kampf gegen den Terrorismus zur Zusammenarbeit aufzufordern, desgleichen den Beschluss des NATO-Rats, den Bündnisfall auszurufen. Die Berliner Beschlüsse zur Unterstützung der USA nannte er »moralisch geboten, vernünftig und völkerrechtlich in Ordnung«.[41] Doch warnte er sogleich vor militärischen Großaktionen: »Sowohl ein Kommandounternehmen als auch [eine] breit angelegte Bodenintervention sind im Hindukusch nach aller Erfahrung mit enormen Risiken verbunden.« Auch gegen einen Angriff aus der Luft trug er Bedenken vor, vor allem wegen der »nahezu unvermeidlichen Tötung weiterer unschuldiger Menschen aus der Luft«. Die Terroristen hätten mit ihren Angriffen die Spirale der Gewalt begonnen, es werde jedoch eine überragende Maxime der angegriffenen USA sein müssen, die Zahl weiterer Menschenopfer so klein wie nur möglich zu halten. Ahnungsvoll setzte er hinzu: Der internationale Terrorismus wäre mit der Ausschaltung Osama bin Ladens keineswegs erledigt, er sei eine Hydra mit vielen Köpfen; in vielen Staaten – auch in Amerika und Deutschland – lebten »verborgen und getarnt« weitere Terroristen. »Der Abwehrkampf gegen den Terrorismus wird viele Jahre dauern [...]. Wir haben gelernt, dass man die eigenen Emotionen zügeln muss. Dazu braucht man gespannte, angestrengte Geduld. Und man muss die eigene öffentliche Meinung vor Hysterie bewahren.«[42]

Die ersten deutschen Soldaten sind Ende 2001 nach Afghanistan entsandt worden. Zunächst waren dies KSK-Spezialkräfte, die sich an der Jagd nach Bin Laden beteiligten (die deutsche Öffentlichkeit erfuhr davon erst, als Präsident Bush sie bei einem Washington-Besuch Bundeskanzler Schröders für ihren Einsatz belobigte). Zugleich wurden die ersten regulären Einheiten als Teil der ISAF zur Sicherung und Stabilisierung der afghanischen Regierung nach Kabul abkommandiert. Ende 2003 wies dann die NATO der Bundeswehr das nordöstliche Afghanistan als deutschen Verantwortungsbereich zu, insgesamt 9 der 34 Provinzen des Landes. Seitdem wurde die Stärke des Kontingents stetig erhöht, zuletzt auf die Obergrenze von 5200 Mann; die Bundeswehr ist damit der drittgrößte Truppensteller. In den neun Jahren, die sie mittlerweile am Hindukusch steht – beinahe doppelt so lange schon, wie der Zweite Weltkrieg dauerte – hat sich die Sicherheitslage jedoch ständig verschlechtert. Die Zahl der Zwischenfälle, Anschläge und militanten Attacken steigt; die Taliban kontrollieren weite Teile des Landes: unvermindert grassieren Kriminalität und Korruption; die afghanische Armee und die Polizei haben trotz ihres hektisch vorangetriebenen Aufbaus nicht an Zuverlässigkeit gewonnen; und unter dem Präsidenten Karzai ist von Demokratie nicht mehr als ein Zerrbild entstanden. Der Versuch, aus einem Flickenteppich von Stämmen und Clans eine Nation zu bilden, erscheint nach bald zehn Jahren westlicher Intervention so aussichtslos wie eh und je.

Helmut Schmidt beschlichen schon früh Zweifel an der Zweckmäßigkeit des afghanischen Unternehmens – Zweifel, die im Laufe der Zeit immer größer wurden: »Es ist sehr viel leichter, mit militärischer Gewalt in ein fremdes Land hineinzugehen, als mit Anstand wieder hinauszugehen, ohne ein Chaos zu hinterlassen«, war seine Ansicht.[43] Das islamisch geprägte Land sei als Staat nie wirklich regierbar gewesen. Vielfach hätten auswärtige Mächte eingegriffen. Der klügste Interventionist sei Alexander der Große gewesen, der von Westen ins Land kam, durchmarschierte und es am Khyber-Pass im Osten wieder verließ. Die Engländer hingegen hätten sich im 19. Jahrhundert zweimal eine blutige Nase geholt, den Sowjets sei es im 20. Jahrhundert nicht anders ergangen.[44] »Das Ganze ist hoffnungslos«.[45]

Im Sommer 2008 führte Schmidt ein längeres Gespräch mit Bundeskanzlerin Merkel, Bundesverteidigungsminister Jung und Generalinspekteur Schneiderhan. Dabei erläuterte er die seiner Ansicht nach »weitgehende Aussichtslosigkeit« des Unternehmens Afghanistan. Bestenfalls seien regionale Teilerfolge zu erreichen; ein »westliches Gewinnen des Krieges« erschien ihm unwahrscheinlich. Er plädierte nicht für einen deutschen Abzug, wies aber auf die Möglichkeit eines gründlichen Stimmungsumschwungs im Volk hin. Präsident Obamas am 1. Dezember 2009 in West Point verkündete neue Strategie unterstrich dann zusätzlich seine Einschätzung, dass ein Erfolg unwahrscheinlich sei.[46] Vor dem SPD-Parteivorstand belegte er diese Lagebeurteilung Ende Januar 2010 in 28 Punkten. Unter der Überschrift »Dieser Krieg ist nicht zu gewinnen« veröffentlichte die ZEIT seine Thesen wenige Tage später.

Wiederum ging Schmidt davon aus, dass Afghanistan noch nie ein funktionstüchtiger Staat oder eine Nation gewesen sei und dass noch keine ausländische Macht auf längere Dauer sein Territorium habe beherrschen können. In Afghanistan handle es sich nicht um einen »normalen« Krieg, sondern einerseits um einen Guerillakrieg gegen terroristische Partisanen, anderseits um einen Bürgerkrieg, den die Taliban gegen die Regierung, gegen lokale und regionale Machthaber und gegen Teile der eigenen Bevölkerung führten. Da al-Qaida längst auf pakistanisches Gebiet ausgewichen sei, kämpften die Alliierten im Wesentlichen gegen die Taliban. Diese erhielten Unterstützung aus den Stammesgebieten im Westen Pakistans. Um die Grenze zu schließen, brauche man nicht 100 000 oder 150 000 Soldaten, sondern die dreifache Zahl. »Dazu sind die westlichen Regierungen weder materiell fähig noch willens.« Realistisch urteilte er: »Ich muss vermuten, dass sich der Westen letztlich nur unter großen Verlusten der Zivilbevölkerung, der Soldaten, Verlusten an Ansehen und politischem Prestige aus Afghanistan ›herauswursteln‹ kann.«

Zwar beharrte er darauf, dass Deutschland sich nicht durch ein alleiniges oder vorzeitiges Ausscheiden aus der gemeinsamen Intervention innerhalb der NATO und der Europäischen Union isolieren dürfe. Dies gebiete das deutsche Interesse: »Die immer noch erhebliche Funktionsfähigkeit sowohl der NATO als auch der EU sollte nicht aufs Spiel gesetzt werden.« Aber seine Schlussfolgerung erlaubte kein Herumdeuten: »Wer mit der Eventualität rechnen muss, einen Krieg trotz großer eigener Opfer zu verlieren oder abbrechen zu müssen, der sollte rechtzeitig Verhandlungen mit dem Kriegsgegner einleiten« – auch wenn er sich den Waffenstillstandspartner erst selber konstruieren müsste. Ebenso müsse er versuchen, diplomatische Hilfe durch die anderen Mächte zu erreichen. Die Ausbildung der afghanischen Armee und Polizei müsse der Schwerpunkt werden, forderte Schmidt. Indes glaubte er nicht, dass man dabei sonderlich erfolgreich sein werde: »Idealistische Illusionen führen später zu Enttäuschung und Ratlosigkeit.« Weil unserem Volk möglicherweise sehr schwierige Abwägungen und Entscheidungen bevorstünden, sei ein hohes Maß an Realismus geboten. »Dagegen könnte jedweder Idealismus uns in die Irre führen, egal, ob er humanitär oder religiös oder ideologisch-politisch begründet wird.«[47]

Die Frage, die sich in Afghanistan stellt, stellt sich auch anderswo: Wie sollen wir es mit den Menschenrechten halten? Fritz Stern hat seinen Freund Schmidt danach gefragt. Der antwortete zurückhaltend: »Wenn ich nicht mehr kann und ich weiß, dass ich nicht mehr kann, dann will ich auch nicht mehr wollen.«[48] Was er damit meinte, hat er ein andermal erläutert: »Grundsätzlich muss die Regel gelten, dass man keine Aufgaben übernehmen darf, für welche die eigenen Mittel nicht ausreichen können.« Eigene Mittel, das meine vornehmlich die Bundeswehr. »Sie ist ausgebildet für die Verteidigung Deutschlands gegen einen feindlichen Angriff. Sie ist nicht darauf vorbereitet, in Asien den Dorfrichter Adam zu spielen.«[49] Nach dem Grundgesetz sei es nicht die Aufgabe der Bundeswehr, am Hindukusch oder gegen Iran Krieg zu führen.

Deshalb ist Schmidt auch kein Freund des neuerdings aufgekommenen Konzepts der »*Responsibility to Protect*«, der Schutzverantwortung der Staatengemeinschaft für die Bürger jener Staaten, die nicht willens oder nicht in der Lage sind, ihrer Souveränität Genüge zu tun und ihre Bürger vor obrigkeitlichen Zumutungen, Schikanen und Übergriffen zu beschützen. Ein UN-Gipfel hat diese These zwar als eine ethische Norm der internationalen Gesellschaft abgesegnet, aber sie ist bislang ohne rechtliche Verbindlichkeit geblieben. Sie hat jedenfalls noch keinen Eingang ins Völkerrecht gefunden, und so schnell, wie manche Menschenrechtler dies wollen, wird das auch nicht geschehen. Die Staaten des Südens sehen darin vielfach bloß eine Neuauflage des westlichen Kolonialismus, in den Staaten des Nordens jedoch haben sich die Gelüste zum bewaffneten Eingreifen angesichts der wenig ermutigenden Erfahrungen im Irak und in Afghanistan weithin verflüchtigt. »Es ist denkbar«, schrieb Schmidt, »dass sich das Recht (oder gar die moralische Pflicht) zur Intervention zugunsten der Menschenrechte de facto gegen die Charta der Vereinten Nationen durchsetzt. Dennoch werden in jedem Einzelfalle die eigenen Interessen der zur Intervention befähigten Staaten im Vordergrund der Abwägung stehen.« Bei Konfliktfällen in geographischer Nähe könnte es jedoch eigene Interessen der Europäer geben.[50]

An dem seit dem Westfälischen Frieden im Völkerrecht verankerten Prinzip der Nichteinmischung in die inneren Angelegenheiten – einem Grundsatz, der auch in der UN-Charta festgehalten ist – wollte Schmidt nicht rütteln lassen. Deswegen lehnte er auch Sanktionen gegen den Iran ab: »Ökonomische Sanktionen sollen dazu führen, dass das gesteigerte Elend der kleinen Leute deren Regierung zum Umdenken bringt – für mich ist das kein guter Weg.«[51] Immerhin räumte er ein: »Das den Frieden wahrende Prinzip der Nichteinmischung kann in Konflikt mit Vernunft und Moral geraten.«[52] Und er setzte hinzu: »Keine generelle Regel ohne Ausnahme, aber eine sehr ausgesprochene Zurückhaltung.«[53] Damit setzte er sich in Gegensatz zu seinem häufigen Gesprächspartner Ralf Dahrendorf. Der vertrat die gegenteilige Position: »Die prinzipielle Nicht-Intervention in die Angelegenheiten anderer Länder ist für einen liberal denkenden Menschen unerträglich.«[54] Schmidts »Keine Regel ohne Ausnahme« hätte ihm vielleicht milden Trost geboten.[55]

Zeit seines politischen und publizistischen Wirkens haben die Russen – erst die Sowjetunion, dann die postkommunistische Russländische Föderation – Helmut Schmidt beschäftigt, bewegt, bekümmert. Als Sechzehnjähriger hatte er sich in der nahen öffentlichen Bücherhalle die Werke der großen russischen Romanciers und Novellisten des 19. Jahrhunderts ausgeliehen und sie mit jugendlich-überschwänglicher Anteilnahme verschlungen, und immer wieder hat er in späteren Jahren erklärt, dass die Maler, Schriftsteller und Musiker Russlands »ein Teil des kulturellen Kontinuums Europa«[56] seien: »Die Russen haben literarisch und musikalisch einen unschätzbaren Beitrag zur gemeinsamen europäischen Kultur beigesteuert.«[57] Auch während des Krieges hatte er daran nicht gezweifelt. Als die kommunistischen Führer um Gorbatschow Mitte der achtziger Jahre die Zugehörigkeit Russlands zum »gemeinsamen Haus Europa« entdeckten, war er davon angerührt: »Ich musste mich selbst zur Ordnung rufen, damit nicht Rührung und Sympathie mich zur Illusion verführten«, gestand er.[58]

Andererseits fand er Russlands politische Kultur »abstoßend.«[59] Auch war ihm stets bewusst, dass ein missionarischer Impetus alle großen russischen Herrscher umgetrieben hat – ein Missionsdrang, der in Lenins und Stalins Imperialismus seine Fortsetzung fand. Und er wusste auch: »Die europäische Aufklärung, die Ideen des Rechtsstaats und der Demokratie haben die politische Entwicklung Russlands nur wenig beeinflusst.«[60] Die erste dieser Einsichten bestimmte in den Kanzlerjahren seine Politik, die zweite dämpfte nach dem weltpolitischen Umbruch 1989–1991 seinen Optimismus im Hinblick auf die künftige Entwicklung des nachkommunistischen Russlands.

Als Abgeordneter hatte Helmut Schmidt mit Ehefrau Loki und Tochter Susanne im Sommer 1966 die Sowjetunion bereist, ganz privat am Steuer seines Opel Rekord; ein eindruckvolles Foto zeigt die drei, wie sie Arm in Arm über den Roten Platz schlendern. Das Bild der Welt, das er sich dann als Fraktionsvorsitzender und Verteidigungsminister erarbeitete, umschloss die Geschichte Russlands ebenso wie die machtpolitische Rolle der Sowjetunion. Über die Harmlosigkeit der Kremlherren machte er sich nichts vor; gleichwohl warnte er davor, Moskau zu verteufeln. So großen Wert er auch darauf legte, das militärische Gleichgewicht zwischen Ost und West zu erhalten und im Bedarfsfall neu auszutarieren (siehe NATO-Doppelbeschluss), so sehr lag ihm gleichzeitig daran, den Dialog mit den Sowjets zu suchen und den Draht nach Moskau nicht abreißen zu lassen. »Das zaristische Russland war schon zu Bismarcks Zeiten ein gefährlich mächtiger Nachbar – die Sowjetunion ist noch mächtiger«, schrieb er. »Sie ist keineswegs eine international-karitative Institution. Aber als Feind dürfen wir sie nicht ansehen! Wir müssen sie als Nachbarn sehen und gute Nachbarschaft mit ihr erstreben.«[61] Den Deutschen kam dabei seiner Ansicht nach eine besondere Rolle zu. Es sei richtig, die Russen so weit wie möglich an Europa und an europäische Kultur zu binden, davon war er stets überzeugt – »eine Aufgabe, für die wir in Deutschland mehr an historischen Voraussetzungen und Erfahrungen mitbringen als die Völker im Westen Europas oder in Amerika […]. Es ist notwendig, die Brücken zu erneuern und ›zum Tragen‹ zu bringen […]. Die Russen hatten immer schon Schwierigkeiten – und werden sie auch in Zukunft haben –, den Westen zu verstehen; der Westen hat immer Schwierigkeiten, Russland und russische Politik zu verstehen – die Deutschen aber können Verständnis vermitteln.«[62]

Bei dieser Haltung ist Schmidt auch in den Jelzin-Jahren und in der Ära Putin geblieben. Wohl sah er Russland, gemessen am Lebensstandard der breiten Massen, nach westlichen Maßstäben als ein Entwicklungsland; die Kluft zwischen einigen zigtausend Dollarmillionären und dem Viertel des Volkes, das von weniger als 100 Euro monatlich sein Leben fristet, fand er horrend; und nach seiner realistischen Einschätzung braucht das Land für die Umsetzung des Reformprogramms in die gesellschaftliche und wirtschaftliche Wirklichkeit noch viele Jahre. Doch sei Russland wegen seiner ungeheuren territorialen Ausdehnung, wegen seiner noch immer nicht vollständig explorierten Bodenschätze, wegen der großen Zahl seiner Nachbarn und nicht zuletzt wegen seiner umfangreichen atomaren Rüstung nach wie vor eine der drei strategischen Weltmächte. Schmidts Vorhersage: »Das wird so bleiben, auch wenn das Land innenpolitisch und ökonomisch noch über einige Jahrzehnte geschwächt bleiben sollte.«[63]

Es entging ihm freilich nicht, dass die wirtschaftliche und soziale Entwicklung nur höchst schleppende Fortschritte machte. Die Entfaltung eines Mittelstandes aus Gewerbetreibenden, Freiberuflern, Beamten und Intellektuellen stockt, die leistungsfähige Rüstungsindustrie und Rüstungsforschung ist nicht in den Dienst des zivilen Fortschritts gestellt worden, und die enormen Einkünfte aus der Erdöl- und Erdgasförderung versickern ohne erkennbare Aufbauwirkung auf den anderen Sektoren der Wirtschaft. In dieser Hinsicht ist Schmidts Urteil über die Entwicklungsaussichten in der zweiten Hälfte des Nullerjahrzehnts eher pessimistischer geworden. Im Jahre 2004 sah er noch große Chancen,[64] sogar 2008 befand er, es sei ein »erstaunlicher ökonomischer Aufschwung« im Gang.[65] Ende des Jahrzehnts befand er indessen harsch: »In den zwanzig Jahren seit dem Zusammenbruch der Sowjetunion ist dort leider keine wirklich leistungsfähige mittelständische Wirtschaft entstanden.« (Siehe Gespräch mit Schmidt, Seite 374.)

Den alten russischen Missionsgeist, den Ausdehnungsdrang der zaristischen wie der kommunistischen Kremlherren fürchtet Schmidt nicht mehr. Auch nach dem Zusammenbruch der Sowjetunion sei Russland unter Boris Jelzin und Wladimir Putin friedlich geblieben.[66] »Russland ist friedlich gestimmt. Das gilt auch für das Militär, für die Bürokratie und für die Diplomaten. Das Land braucht Zeit für den dringend nötigen Reformprozess.«[67] In dieser Hinsicht war er optimistisch. Anders seine Prognose über die Entwicklung zur Demokratie. Vor dem Hintergrund der russischen Geschichte hielt er eine autoritäre Regierung für »nahezu selbstverständlich«. Eine Parteiendemokratie westeuropäischen Musters werde in Russland auf absehbare Zeit schwerlich Fuß fassen, dagegen erscheine eine Präsidialdemokratie mit weitreichenden Vollmachten für einen gewählten Präsidenten angemessen.[68] Helmut Schmidt empfahl im Hinblick darauf Behutsamkeit und Fingerspitzengefühl. Er war besorgt wegen der Überheblichkeit und Herablassung, die Teile der politischen Klasse der USA, aber auch manche europäischen Politiker den Russen entgegenbringen. »Wir Deutschen haben ein strategisches Interesse an gutem Einvernehmen mit Russland«, postulierte er.[69] »Gerade in der schwierigen Phase des Übergangs darf Russland von seinen Partnern ein besonderes Einfühlungsvermögen erwarten.«[70] Indessen erklärte er jeden, der von der Einbeziehung Russlands in die Europäische Union redete, für einen idealistischen Träumer oder einen größenwahnsinnigen Phantasten.[71]

Ähnliches Einfühlungsvermögen riet er dem Westen auch gegenüber China an. Manche Westler hielten sich für moralisch legitimiert, den Chinesen Vorhaltungen, ja schwere Vorwürfe in Sachen Demokratie und Menschenrechte zu machen, tadelte er. Ihnen fehle es an Respekt vor einer in Jahrtausenden gewachsenen anderen Kultur. Auch fehle ihnen das Bewusstsein, dass über der mühsamen Entwicklung der westlichen Kultur gleichfalls schreckliche Schatten liegen. »Wer die Chinesen kritisiert, sollte sich an die erst wenige Generationen zurückliegende weitgehende Ausrottung der Indianer, an die Sklaverei und an Vietnam erinnern – und an die Nazizeit.«[72] Die Einparteienherrschaft der Kommunisten beurteilte Helmut Schmidt mit Nachsicht. Dieses System sei vielen Amerikanern und Europäern zutiefst suspekt und widerlich; für Deutschland, erklärte er, würde er es aus Erfahrung und Überzeugung bekämpfen. Im Lichte des langen Bürgerkrieges und des ihm folgenden großen maoistischen Experiments mit ungezählten Opfern an Menschenleben erschien ihm jedoch die politische Stabilität, die das gegenwärtige System gewährleistet, als zweckmäßig, ja als wohltuend für das chinesische Volk – und auch für seine Nachbarn.[73] Auf seinem Dutzend Reisen nach China habe er begriffen: »Manche unserer europäischen Maßstäbe können dort nicht angewandt werden«.[74]

Dem Urteil Schmidts über China lag seine generelle Überzeugung zugrunde, dass Entwicklungsdiktaturen in der Dritten Welt Modernisierung und Fortschritt leichter erreichen können als andere. Er drückte sich nicht ganz so krass aus, doch meinte er wohl genau dies, wenn er sagte, diejenigen Entwicklungsländer würden zu den Gewinnern der Globalisierung gehören, »deren Regierungen einerseits ökonomisch aufgeklärt und einsichtig sind und andererseits – diese Wahrheit muss ausgesprochen werden – autoritative innenpolitische Macht ausüben können, um notwendige ökonomische Maßnahmen zu verwirklichen«.[75] Deng Xiaoping habe das Riesenreich so reformiert, dass in der Despotie Reichtum und Wachstum möglich wurden.[76] Unter Verweis auf die Beispiele Japan, Südkorea und Taiwan, wo der autoritäre Kapitalismus von demokratischen Marktwirtschaften abgelöst wurde, schloss Schmidt jedoch eine ähnliche Transformation in China nicht völlig aus: »Wahrscheinlich wird die autoritäre politische Kultur sich im Zuge der marktwirtschaftlichen Entwicklung und als Folge der Öffnung Chinas wandeln.« Schon unter Deng habe die Volksrepublik große Veränderungen erfahren; kein Chinese habe jemals mehr Freiheit im eigenen Land gekannt. Wohl sah er: »China soll nach Dengs Willen eine kommunistische Gesellschaft bleiben, keine liberale, nicht eine demokratische westlichen Zuschnitts, sondern eine autoritäre Gesellschaft in einem autoritären Staat«.[77] Aber er nahm ebenfalls wahr, wie die Kommunistische Partei zwischen Konfuzianismus, Kommunismus und Kapitalismus zu balancieren begann. Auch unter dem Einfluss seines singapurischen Freundes Lee Kuan Yew erwartete Schmidt in China keine völlige Demokratisierung im westlichen Sinne, sondern vielmehr eine weitere allmähliche Durchdringung der maoistisch-kommunistischen Strukturen mit dem konfuzianischen Geist des alten Reichs der Mitte.[78] Auf jeden Fall aber riet er zur Geduld: »Man muss der weiteren Entfaltung Zeit lassen. Ein ernster politischer Versuch, den Prozess von außen zu beschleunigen, verspricht keinen Erfolg, im Gegenteil, er könnte großes Unheil anrichten.«[79] Nach dieser Devise hatte er schon 1990 gehandelt, als im Gefolge der brutalen Niederschlagung des studentischen Protests auf dem Tienanmen-Platz sich die Gefahr eines neuen Kalten Krieges abzeichnete, diesmal zwischen dem Westen und China. Nach seinem Urteil hätte eine Isolierung Chinas die Lage nur verschlechtern können. Mit dem InterAction Council, der Vereinigung ehemaliger Staats- und Ministerpräsidenten, flog er damals zu Gesprächen mit der kommunistischen Führung unter Jiang Zemin nach Peking. »Unser demonstrativer Besuch hat sich bald positiv ausgewirkt«, war sein Resümee, »die Gefahr eine Kalten Krieges ging vorüber«.[80]

Helmut Schmidt hatte China und sein Weltmachtpotenzial schon früh realistisch erkannt (wie übrigens auch die wachsende Rolle Indiens, zu dem er allerdings nie dieselbe Nähe und Affinität fand).[81] Als Verteidigungsminister unternahm er Ende 1971 eine Reise in die asiatisch-pazifische Welt, China dabei umrundend. Nach seiner Rückkehr drängte er den damaligen Kanzler Willy Brandt zur Aufnahme diplomatischer Beziehungen mit Peking.[82] Im Herbst 1972 – sieben Jahre vor den Vereinigten Staaten – tat Bonn diesen Schritt, und 1975 machte Schmidt als erster Bundeskanzler einen Staatsbesuch in der Volksrepublik. Ministerpräsident Zhou Enlai, der ihn eingeladen hatte, war zu diesem Zeitpunkts schon schwerkrank; der Kanzler konnte ihn nicht mehr sehen. Immerhin empfing ihn der sieche Mao, mit dem er über Kant, Haeckel und Clausewitz disputierte und über die sowjetischen Kriegsabsichten stritt. Die Begegnung mit dem greisen Revolutionsführer hat er packend beschrieben.[83] Mao – »vielgerühmt und vielgeschmäht«; »ein genialer Verrückter«[84] – beeindruckte ihn. Aber im Rückblick billigte er Deng Xiaoping, dem stellvertretenden Ministerpräsidenten, der damals wegen des Ausfalls von Zhou Enlai sein Gastgeber wurde, doch den größeren historischen Rang zu. Er nannte ihn den größten Reformpolitiker der Geschichte.[85]

Deng war nach den Wirren der Großen Proletarischen Kulturrevolution, die ihn aufs Land in einen Schweinekoben verbannt hatte, gerade erst wieder in eine verantwortliche Führungsposition zurückgekehrt. Er war es, der dann nach neuerlicher Verbannung und abermaliger Rückkehr 1978 begann, China und seine Milliarde Menschen auf den Pfad der Reform und der Öffnung zur Welt zu stoßen. Der gedrungene Chinese – Kettenraucher, fleißiger Spucknapfbenutzer, vor allem jedoch ein Ausbund an Energie – gefiel und imponierte Helmut Schmidt trotz seiner geringen Körpergröße. »Ich mochte Deng Xiaoping von Anfang an«, schrieb er über ihre ersten Begegnungen.[86] Später nannte er ihn einmal ein führungsbegabtes Genie[87] und attestierte ihm, er habe eine »schier unglaubliche staatsmännische Leistung« vollbracht,[88] sein Land, das in der Weltwirtschaft und in der Weltpolitik nur eine Rolle am Rande gespielt habe, zur Wirtschaftssupermacht zu machen. Wieder und wieder sagte Schmidt voraus, neben dem Dollar und dem Euro werde der chinesische Renminbi bald die dritte wichtige Weltwährung sein. Er sah auch dem Aufstieg Chinas zur Weltmacht, den er früh schon für unaufhaltsam hielt, mit Gelassenheit entgegen. Es werde mit Gewissheit »später auch zu einer militärischen Supermacht« aufsteigen,[89] doch nach seiner Ansicht kein »imperialistischer Großfaktor der Weltpolitik« werden; im Laufe von viertausend Jahren seien die Chinesen sich immer selbst genug gewesen.[90]

Wann immer Helmut Schmidt über Außenpolitik schrieb, redete oder nachdachte – stets spürte er dabei auch der Frage nach, wie und wieweit Deutschland sich außenpolitisch engagieren und exponieren dürfe oder sich angesichts der noch immer wachen Erinnerung der Völker an die Judenvernichtung (»eine bleibende Hypothek«) und an den von Hitler vom Zaun gebrochenen Zweiten Weltkrieg zurückhalten müsse. Die meisten unserer Nachbarn begegneten uns mit Argwohn, sagte er, weil die Deutschen in ihrer Geschichte eine unrühmliche Rolle gespielt hätten; ungeschicktes

Auftreten könnte das im kollektiven Gedächtnis der Nachbarn haftende negative Bild der Deutschen leicht wieder lebendig werden lassen.[91] In dieser Hinsicht stimmte er Helmut Kohl voll zu, der 1993 im französischen Senat erklärte: »Die bösen Geister sind in Europa nicht auf alle Zeit gebannt. Jeder Generation stellt sich die Aufgabe neu, deren Wiederkehr zu verhindern und neuen Argwohn zu überwinden.« Jedweder deutsche Führungsanspruch sei daher überflüssig.[92]

Es war dies ein Thema, das ihn schon früh umgetrieben hatte, und von Anfang an hatte er für Zurückhaltung, Selbstbescheidung und Maßhalten plädiert. Die Mittelmacht Deutschland durfte nach seiner Ansicht weder sich selbst überfordern noch ihre Umwelt, Partner wie Gegner. Das hatte er schon 1969 in seinem Buch *Strategie des Gleichgewichts* geschrieben: »Wenn eine Bundesregierung unsere Handlungsfreiheit überspannen sollte, könnte es uns übel bekommen. Augenmaß für das Mögliche ist die wichtigste Eigenschaft, deren die deutsche Politik zwischen den beiden Weltmächten bedarf.« Dabei blieb er auch, als sich die internationale Großwetterlage nach dem Fall der Berliner Mauer grundstürzend veränderte.

Seine Haltung war geprägt von der Einsicht in die Ungeheuerlichkeit der deutschen Verbrechen während der Nazizeit, von der Erkenntnis ihrer nachhaltigen Wirkung auf die im Krieg eroberten und geknechteten Nachbarn des Deutschen Reiches und von einem tiefsitzenden Misstrauen gegenüber dem eigenen Volk, seiner neuerlichen Verführbarkeit und seinem mangelnden Sinn für Maß und Mitte. Zwar gibt es positive Äußerungen von ihm, etwa: »Nie waren Demokratie und Grundrechtsbewusstsein in Deutschland so gefestigt wie am Ende unseres Jahrhunderts. Deshalb spricht alles dafür, dass Rückfälle in Barbarei und in politisches Unheil nicht möglich sein werden.«[93] Ganz schien er seinem Urteil und auch den Deutschen indes nicht zu trauen. Da stand er auch unter dem Einfluss von Karl Popper, der ihm »Wachsamkeit gegen unsere inneren Gefahren« empfohlen hatte.[94] Er ging nicht so weit wie Golo Mann, der einmal sagte: »Wer die dreißiger und vierziger Jahre als Deutscher durchlebt hat, der kann seiner Nation nie mehr völlig trauen.« Wohl aber sah er, dass die Deutschen sich im 20. Jahrhundert in besonderem Maße als verführbar gezeigt haben, und fürchtete, diese relativ hohe Verführbarkeit sei auch im 21. Jahrhundert noch nicht vollständig verschwunden.[95] Wieder und wieder sagte er: »Wir sind und bleiben ein gefährdetes Volk.«[96]

Er hielt das deutsche Volk selbst im hohen Alter noch für gefährdet, zu einer Zeit also, da viele Nachbarn, viele Partner längst nicht mehr vor deutschem Hegemonialehrgeiz zitterten, sondern deutsche Initiative, deutsche Führungskraft schmerzlich vermissten. Daher warnte er seine Landsleute ein ums andere Mal vor »Großmannssucht«, vor Auftrumpfen und Alleingängen. Deutsche Pilotendienste seien nicht erwünscht: »Niemand in den politischen Klassen der EU-Mitgliedsstaaten wünscht sich Deutschland als Flugzeugführer – ganz im Gegenteil.«[97] Seine Folgerung: »Wenn unsere Politiker jeglicher Versuchung zu deutscher Großmannssucht widerstehen, hätten wir tatsächlich Entscheidendes aus unserer Geschichte gelernt.«[98] Und, nachdrücklicher noch: »Ich möchte sehr wünschen, dass es meinem Land gelingt, auch nach außen als die friedliche Nation zu erscheinen, die wir im Innern doch endlich geworden sind.«[99]

In der Tat, dann hätte die Mahnung Bismarcks, seinerzeit vom wilhelminischen Deutschland in den Wind geschlagen, endlich gefruchtet: Deutschland dürfe in Europa nicht »die Rolle des Mannes spielen, der plötzlich zu Geld gekommen ist und nun, auf die Taler in seiner Tasche pochend, jedermann anrempelt.«[100]

Kurz und bündig formulierte Schmidt: »Deutschland ist keine Weltmacht – wir wollen auch nicht Weltmacht werden, nicht einmal die Europäische Union will Weltmacht werden. Deshalb sollten wir Deutschen uns deutlich zurückhalten, wenn in anderen Kontinenten Streitigkeiten entstehen, gar ein *clash of civilizations* oder ein »heiliger Krieg« propagiert wird. Unser Feld ist nicht die Weltpolitik, unser außenpolitisches Feld liegt in Europa.«[101] Der Historiker wird hier unwillkürlich an die Haltung des greisen Bismarck erinnert, als ihn hanseatische Reeder bedrängten, für das Deutsche Reich Kolonien in Afrika zu erwerben. »Ihre Karte von Afrika ist ja sehr schön, aber meine Karte von Afrika liegt in Europa«, hielt er den Herren entgegen. »Hier liegt Russland und hier liegt Frankreich, und wir sind in der Mitte. Das ist meine Karte von Afrika.«[102] Auch Helmut Schmidts Karte von Europa war im Kern auf die Alte Welt konzentriert; er suchte nie weitab von zu Hause nach Ungeheuern zum Erschlagen. Vielmehr postulierte er: »Gutnachbarliche Beziehungen zu unseren Nachbarn sind für uns Deutsche wichtiger als die Beteiligung an Streit und Konflikten am Kaukasus, am Hindukusch oder in Tibet.«[103] Die Forderung, Deutschland solle eine größere Rolle in der Weltpolitik spielen, hielt er, wo nicht für unsinnig, so doch für »unzweckmäßig«.[104]

Lassen wir einmal dahingestellt, ob unsere Nachbarn in Deutschland immer noch in erster Linie den Behemoth des Dritten Reiches sehen, das unbegreifliche Monster der zwölf Hitler-Jahre. Gewiss wird uns das Menschheitsverbrechen der millionenfachen Judenvernichtung nachhängen bis ins siebte Glied (oder auch, so Schmidt, 2500 Jahre im Gedächtnis der Menschheit gegenwärtig bleiben wie die Babylonische Gefangenschaft). Aber in der jüngeren Generation unserer Nachbarländer hat mittlerweile doch ein weit positiveres Bild von Deutschland das Negativbild der frühen Nachkriegszeit überlagert. Auch ist es durchaus fraglich, ob Europa sich einer Weltmachtrolle überhaupt wird entziehen können. Schmidt selber ist in diesem Punkt nicht ganz konsequent, denn letzten Endes steckt hinter seinem Drängen auf den engeren Zusammenschluss Europas nichts anderes als das Bestreben, die Europäische Union zu einem gewichtigen Pol in der heraufziehenden Weltordnung zu machen.

Auch hat es ja durchaus Momente gegeben, in denen Helmut Schmidt das Ausbleiben deutscher Initiative und deutscher Anstöße – will sagen: deutscher Führung – beklagte. »Die Deutschen sollten sich nicht nur mit der eigenen Soße befassen«, erklärte er

2003 dem *Tagesspiegel*.[105] Ein ähnliches Lamento stimmte er zuletzt in der jüngsten globalen Finanz- und Wirtschaftskrise an. Er vermisste, dass Berlin die Obama-Administration zum Handeln drängte und drückte. Seinem Gesprächspartner Giovanni di Lorenzo sagte er Anfang 2010: »Die Regierung Merkel/Westerwelle ist erstaunlich vorsichtig und zurückhaltend auf dem Feld der Finanzaufsicht, die eigentlich im deutschen Interesse liegen müsste. Und nicht nur das: Es kommen keine Vorschläge an die Adresse der Amerikaner, es gibt kaum Vorschläge zu Afghanistan, keine zu Iran, keine zu Israel versus Palästinenser.«

Woran abzulesen ist, dass Helmut Schmidt den Deutschen keine Mauerblümchen-Rolle zuweisen will: Auftrumpfen lehnt er ab, nicht hingegen die aktive Beteiligung an der Definition westlicher Interessen und Strategien. Dies gilt gleichermaßen für Europa. Eine aktive europäische Außenpolitik hat er – wie viele andere – schmerzlich vermisst. Der Brüsseler Gemeinschaft wie der Bundesrepublik Deutschland rät Schmidt zwar von der Verwicklung in ferne Händel ab, doch die selbstbewusste Vertretung und notfalls Verteidigung ihrer Anliegen, Standpunkte und Interessen war ihm als Politiker wie als Publizist stets eine Selbstverständlichkeit.

Auch auf dem Felde der Außenpolitik lieferte die abwägende Vernunft Helmut Schmidt die Richtschnur seines Handelns und Denkens. »Zu dieser Vernunft gehört die unablässige Bemühung um Einsicht in die Interessen der gegenüberstehenden Seite, die unablässige Bemühung um beiderseits akzeptable Kompromisse.«[106] Ein Fatalismus, wie er in dem Ausspruch des Fürsten Bismarck zum Ausdruck kommt, war ihm fremd: »Es ist ja alles nur eine Zeitfrage, Krieg und Frieden; sie kommen und gehen wie Wasserwogen, und das Meer bleibt.«[107] Der Altbundeskanzler setzte auf die das Meer zähmende, den Fluten wehrende Kraft der Ratio: »Es bleibt nicht viel anderes, als auf die Vernunft zu bauen, auf die eigene Vernunft wie auf die Vernunft der Mitspieler und Gegenspieler.«[108]

Der Wirtschaftspolitiker

Es ist Helmut Schmidt nicht an der Wiege gesungen worden, dass er Nationalökonom werden sollte. Vor sieben Jahrzehnten strebte er heraus aus Deutschland. Er hatte 1939 ein halbes Jahr Arbeitsdienst hinter sich und zwei Jahre Wehrpflicht, besaß bereits einen Zivilanzug und wollte als Volontär der Deutschen Shell nach Holländisch-Ostindien, dem heutigen Indonesien. Doch daraus wurde nichts: Er wurde nicht entlassen, sondern musste Soldat bleiben bis 1945.[1] Als er Ende August jenes Jahres endlich aus der Kriegsgefangenschaft heimkehrte, war er 27 Jahre alt, verheiratet und ohne die geringste Berufsausbildung. Am liebsten wäre er, der bis zum Arbeitsdienst viel gezeichnet und gemalt, aber auch Kunst- und Architekturbücher durchgearbeitet hatte, Architekt und Städteplaner geworden; ein Studium in Wien oder München, wo es eine Kunstakademie gab, war sein Traum. Doch nun kam, wie er sich erinnert, nur ein möglichst schnell zu absolvierendes Brotstudium in Frage. Deshalb studierte er Volkswirtschaft, machte nach sieben Semestern sein Examen und fand anschließend in der Hamburger Behörde für Wirtschaft und Verkehr seine erste Anstellung.[2]

Von den Seminararbeiten und Referaten des Volkswirtschaftsstudenten Helmut Schmidt sind zwei erhalten geblieben. Die eine ist eine höchst theoretische Abhandlung aus dem Jahre 1948 über die *General Theory* des John Maynard Keynes, von Loki auf einer Reiseschreibmaschine getippt. Sie ist voller Sätze wie »Der Lohn ist gleich dem Grenzprodukt der Arbeit« oder »Wenn eine gegebene Arbeitsmenge beschäftigt ist, so ist der Nutzen ihres Lohnes gleich der *marginal disutility* dieser Beschäftigung.« Auch Ausdrücke wie »Reibungsarbeitslosigkeit« und »Grenzarbeitsleid« bleiben dem Nichtökonomen verschlossen – ja, es könnte einen nicht Wunder nehmen, wenn Helmut Schmidt selber im Alter für unverständlich hielte, was er damals über Keynes' Kritik des sogenannten zweiten Postulats der klassischen Beschäftigungslehre oder über dessen Kritik des »Say'schen Theorems« zu Papier gebracht hat. Immerhin tauchte in dem Referat auch ein Gedanke auf, dem er später noch zustimmen konnte: »Oft werden die Prämissen einer reinen Theorie in der wirtschaftlichen Wirklichkeit nicht gegeben sein. Wo dann aber trotzdem versucht wird, die Theorie anzuwenden, dort wird aus der Prämisse ein Postulat« – mit anderen Worten: eine Weltanschauung.[3]

Politischer – und zukunftsweisender – ist da Schmidts Seminarreferat »Über die Frage der wirtschaftlichen Zwangsläufigkeiten bei Paul Sering: *Jenseits des Kapitalismus* von Ende 1947. Paul Sering war das Pseudonym von Richard Löwenthal. Im Jahre 1908 von jüdischen Eltern geboren, war er in seiner Jugend Kommunist, bis er 1929 wegen Abweichlerei aus der KPD ausgeschlossen wurde. In der Nazizeit ging er erst in den Untergrund, dann ins englische Exil, wo er zum streitbaren Sozialdemokraten wurde. Nach dem Krieg kehrte er nach Deutschland zurück und lehrte an der FU Berlin – einer der bedeutendsten Politikwissenschaftler der Nachkriegszeit, ein deutscher Raymond Aron. Helmut Schmidt, der sein persönlicher Freund wurde, bewunderte seine »Stetigkeit und nüchterne Tapferkeit«. Ein halbes Jahrhundert später schrieb er über ihn: »Er war Wissenschaftler und Politiker zugleich, ein bedeutender Analytiker, ein Staatsdenker, ein großer Deutscher und eine Figur der europäischen Geistesgeschichte.«[4]

Das Buch Paul Serings erschien Schmidt nach dem Krieg als eine »Leuchtkugel«, die von oben herab das Gelände erleuchtete und die Wesenselemente der im Wiederaufbau befindlichen Sozialdemokratie erhellte. »In meiner Erinnerung war es in den ersten Nachkriegsjahren für mich das bei weitem wichtigste Buch (jedenfalls außerhalb der Belletristik) – für mich und für viele andere eine fast unglaubliche Quelle von Einsichten.«[5] Die beste einschlägige

Veröffentlichung in deutscher Sprache seit Kriegsende nannte er das Werk in seinem Referat.

Sering/Löwenthal argumentierte – in Schmidts stichwortartiger Wiedergabe –, das ökonomische Prinzip werde eingeschränkt und relativiert durch geschichtsphilosophische Faktoren – wiederum also durch Weltanschauung. Der Kapitalismus könne nicht stillstehen, ohne in eine Krise zu geraten. Investitionen dienten nicht der Befriedigung vorhandener Nachfrage, sondern dem Zweck, von Produktionsseite her neue Nachfrage zu schaffen. Steigendes Risiko und die Technik führten zu monopolistischer Konzernbildung und zur Beeinflussung des Staates durch die Monopole, schließlich, wenn die »Großgebilde« ihre Fähigkeit verlören, sich wechselnden Marktlagen anzupassen, zu staatlichen Eingriffen als Norm. Eigentümer-Kapitalisten rückten an den Rand, an ihre Stelle trete als tragender Pfeiler der Manager. Die weitgehende Wirtschaftspolitik des Staates führe zur politischen Einkommensverteilung und damit zu staatlicher Planung; der Staat werde auf diese Weise zum Kampfplatz der Interessen.

Der Sprung in die staatliche Planung, referierte Schmidt weiter, solle zugleich die eigene Wirtschaft gegen »Weltmarktrückschläge« absichern. Dabei gebe es eine Wahlmöglichkeit zwischen Wohlfahrtsplanung à la Roosevelt und imperialistischer Planung à la Hitler. Im einen wie im anderen Fall entstehe eine »Plutobürokratie« als neue Oberklasse – auch in der bolschewistischen Staatswirtschaft, in der Wohlfahrtsplanung an sich möglich sei, aber durch die »Sicherheitsangst« der Führung verhindert werde. Zwischen dem plankapitalistischen Weg mit Tendenz zu Imperialismus und Krieg und dem russischen Weg der bürokratischen Plandiktatur biete sich als »dritter Weg« sozialistische Wohlstandsplanung mit demokratischen Mitteln als wissenschaftlich erkennbare und politisch realisierbare Möglichkeit an. Dabei werde effektive Verfügungsmacht wichtiger als Eigentum. Wieweit Enteignung und Verstaatlichung zur Brechung der Monopolmacht nötig sei, bleibe offen. In der neuen Gesellschaftsordnung stünden sich Staat und Wirtschaft nicht mehr als autonome Sphären gegenüber. Fazit: »Vom Homo oeconomicus als bisheriger Zentralfigur wirtschaftlichen Denkens verschiebt sich der Akzent zur Herrschaft des Politischen.«[6]

In seinem »persönlichen Urteil« stellte Schmidt, fasziniert einerseits, doch skeptisch andererseits, abschließend fest, die Wissenschaft könne wohl Faktoren und Zusammenhänge menschlicher Handlungen aufdecken, die den Verlauf der gesellschaftlichen Entwicklung verursacht hätten; sie werde in diesem Ablauf auch Gesetzmäßigkeiten und Zwangsläufigkeiten erkennen. Die Frage jedoch, ob alle Entwicklung zwangsläufig sei, bleibe eine Sache der Metaphysik und der Ethik, »wie etwa die Frage nach der wertmäßigen Ordnung der Ziele menschlichen Handelns und damit der politischen Ziele«. In seinem Manuskript vermerkte er interessiert Serings Ansicht, es scheine auch nicht- und antisozialistische Auswege aus der Krise des Kapitalismus zu geben.[7]

Es ist wohl kein Zufall, dass Helmut Schmidts Sympathie für den »dritten Weg« zeitlich zur gleichen Zeit ihren Ausdruck fand, in der er europapolitisch für die Entwicklung der Alten Welt zu einer »dritten Kraft« plädierte.[8] Von beiden Positionen rückte er im Laufe der Zeit zusehends ab (wie auch Richard Löwenthal, der dreißig Jahre später, 1977, in der Einführung zur Neuauflage von *Jenseits des Kapitalismus* selbstkritisch seine früheren Ideen als verfehlt bezeichnete).

Im Januar 1948 stand Schmidt, der in Hamburg den Sozialistischen Studentenbund (SDS) mitgegründet hatte und 1946 in die SPD eingetreten war, noch weithin unter dem Eindruck und Einfluss von Serings Ideen. Keine Verfügungsmacht mehr für die herrschenden Schichten, stattdessen demokratische Kontrolle; gleiche Chancen für alle, Nicht-Erblichkeit der Funktionen; keine arbeitslosen Einkommen und keine Ausbeutung mehr; schließlich Vollbeschäftigung für alle – dies forderte er auf einem Gruppenabend des Hamburger SDS. Planung, Investitionslenkung und demokratisch kontrollierte Macht bei Konsumfreiheit waren für ihn keine »Klassenziele«, sondern »Menschheitsrechte«, sie sollten den Menschen aus aller Hörigkeit, zumal aus der anonymen Automatik der kapitalistischen Zwangsgesetze mit ihrer endemischen Arbeitslosigkeit befreien. Doch zog er einen klaren Trennstrich zu den Kommunisten: Die Einkommen sollten nicht nach Bedürfnissen, sondern nach Leistung verteilt werden.

In der Formulierung seiner grundlegenden Vorstellungen zur Politik verriet Schmidt bei dieser Gelegenheit bereits jene Eigenständigkeit des Denkens, die ihn später auszeichnete: »Demokratie als das Prinzip, mit der Opposition zu regieren, ja sie für notwendig zu halten. Humanitas als Prinzip der Mitmenschlichkeit und Sozialismus als Prinzip der Verantwortung des Einzelnen für das Ganze.«[9]

Binnen sechs Wochen – »nachmittags meist in der Bibliothek, Nächte meist bei der Arbeit« – schrieb Helmut Schmidt dann 1949 seine Diplomarbeit, einen Vergleich der japanischen Währungsreform von 1946 mit der deutschen Währungsreform vom 20. Juni 1948. Sie bezeugt Schmidts frühes Interesse für Asien und enthielt, wie Hartmut Soell schreibt,[10] eine bemerkenswert präzise Nahaufnahme auch der in Westdeutschland wirksamen politischen Faktoren: eines dynamischen Wechsels in der Besatzungspolitik der Westalliierten; deren Erkenntnis, dass »Europa nicht auf die Höhe seiner Leistungsfähigkeit« gelangen könne, »bevor nicht Deutschland wieder in dessen Wirtschaft eingebettet« sei; und schließlich der Notwendigkeit, das Gleichgewicht zwischen Investitionsgüterprodukten und der kaufkräftigen Nachfrage nach Konsumgütern aufrechtzuerhalten. Offenkundig hatte sich Schmidt zu diesem Zeitpunkt schon zu einem guten Teil von den Vorstellungen Paul Serings abgenabelt. Soells Resümee: »Die Diplomarbeit macht jedenfalls deutlich, dass er die Chancen marktwirtschaftlicher Dynamik ebenso erkannt hatte wie die Möglichkeit einer möglichst marktkonformen Ausgleichs- und Verteilungspolitik.«[11]

Es war Karl Schiller, Schmidts Nationalökonomie-Professor, seinerzeit Hamburger Senator für Wirtschaft und Verkehr und später Bundeswirtschaftsminister, der Helmut Schmidt 1949 in seine Behörde holte – als persönlichen Referenten zunächst, dann als Leiter der wirtschaftspolitischen Abteilung, 1952 schließlich als Leiter des Amtes für Verkehr. Diesem Amt oblag nicht nur die Führerscheinausgabe, es gehörten auch die Hamburger Hochbahn, die Straßenbahn, der Flughafen und der Luftraum dazu. (Schmidt war beteiligt an der Planung des – nie zustande gekommenen – Großflughafens Kaltenkirchen wie an der Neugründung der Lufthansa.) In den vier Jahren bis zu seinem Einzug in den Bundestag habe er zuerst die volkswirtschaftlichen Zusammenhänge begreifen gelernt, erinnert er sich. Dies trug gewiss dazu bei, dass sich seine betont sozialistische Anschauung von Wirtschaftspolitik mehr und mehr abschliff. Er lernte – und lernte um. Es kam allerdings hinzu, dass sich sein Interessenschwerpunkt ohnehin in eine andere Richtung verlagerte. Wie er Mitte der sechziger Jahre Günter Gaus in dessen ZDF-Interviewreihe erklärte: »In den ersten Jahren nach dem Kriege war in meinen politischen Vorstellungen die sozialistische Komponente viel gewichtiger, heute ist die demokratische viel gewichtiger.« Er hatte mittlerweile erkannt, dass die sozialistische Komponente die Sozialdemokraten noch länger von der Macht fernhalten würde, und objektive Einsichten gewonnen, die das abschreckende Bild des real existierenden Sozialismus ausgelöst hatte. Vor allem aber, sagte er, habe er im Lauf der Zeit erfahren, dass das Funktionieren der Demokratie und des Rechtsstaats »unendlich viel wichtiger ist […] als manches an sozialistischer Akribie, das wir uns damals vorgestellt hatten.« Was immer er unter »Akribie« verstanden haben mochte – Kleingeisterei, Ideologiebesessenheit oder schlicht langatmige, intellektuell begrenzte Debattiersucht –, praktische Ergebnisse waren ihm wichtiger geworden als theoretische Lehrmeinungen.

Erste Anzeichen für solches Umdenken finden sich in einem Artikel, der im November 1952 in den *Gewerkschaftlichen Monatsheften* erschien. Darin skizzierte Schmidt das wirtschaftliche Konzept der SPD Anfang der fünfziger Jahre. Es war in einem »Aktionsprogramm« niedergelegt, das beim Dortmunder Parteitag im September verabschiedet worden war; Schmidt hatte dem Redaktionskomitee angehört. Darin waren neben unverfänglichen Zielen wie Produktionssteigerung und Vollbeschäftigung noch viele Elemente alten Denkens: Überführung der Grundstoffwirtschaft in Gemeineigentum – Verstaatlichung also, damals noch Sozialisierung genannt –, komplementäre Verwendung von Planwirtschaft und »einzelwirtschaftlichem Wettbewerb«, »Kapitallenkung«, »soziale Preispolitik«, »Kampf dem Herreneigentum des Großgrundbesitzers«, Entfall der meisten Verbrauchssteuern durch Differenzierung der Umsatzsteuern – die Thesen und Phrasen von gestern interessieren heute nur noch die Historiker. In unserem Zusammenhang bedeutsamer ist das, was Schmidt in seinem referierenden Aufsatz hervorhebt: Leistungswettbewerb; Ablehnung der Zwangswirtschaft und Bejahung der freien Konsumwahl; Förderung des kleinen und mittleren Privateigentums; Ausrichtung der Außenwirtschaftspolitik – 1952 schon! – auf die »Förderung einer echten europäischen Wirtschaftsgemeinschaft«; Aufrechterhaltung der Haushalts- und Währungsstabilität; schrittweises Vorgehen bei der Reform der Sozialpolitik; und überhaupt: »Beschränkung auf das Erreichbare«.[12]

In den Jahren danach konzentrierte sich Helmut Schmidt vor allem auf die Verkehrspolitik. Als Fachmann auf diesem Gebiet trat er mit eindrucksvollen Analysen hervor[13] und wurde zu einem gefürchteten Gegenspieler des Bundesverkehrsministers Hans-Christoph Seebohm. Doch danach rückte das Thema in den Hintergrund seines Wirkens. Der Sicherheitsexperte, der Hamburger Innensenator, der SPD-Fraktionsvorsitzende, der Verteidigungsminister musste sich vordringlich mit anderen Problemen beschäftigen. Das änderte sich erst, als er 1972 für kurze Zeit in der Rolle des »Superministers« sowohl das Finanz- als auch das Wirtschaftsressort verwaltete, von Ende 1972 bis Mai 1974 das Bundesministerium der Finanzen führte und dann als Bundeskanzler mit den Nachwehen der ersten Ölkrise zu tun bekam. Die Zeit des Theoretisierens war vorbei. Nun ging es um praktische Politik.

Seine Genossen wollten dies lange nicht begreifen. Also las er ihnen gehörig die Leviten: »Theoriedebatte ist etwas Notwendiges – mein Gott: ja, man braucht Grundlagen. [Aber] es gibt ja noch so etwas wie Bundespolitik; es gibt ja so etwas wie schwerwiegende weltwirtschaftliche Probleme, die 80 bis 100 Entwicklungsländer und 22 Industrieländer der Welt im Augenblick in schwerste Bedrückungen bringen mit Inflations- und Arbeitslosigkeitsproblemen und daraus resultierenden Strukturproblemen und innenpolitischen Problemen [...]. Und ihr philosophiert über Vergesellschaftung und Nichtvergesellschaftung! Meine Güte noch mal [...]. Ob links oder rechts – das ist mir völlig wurscht, ich halte das beides für nicht im Zentrum unserer Sorge stehend [...]. Die Weltwirtschaft ist durch diese Verwerfung in eine Krise geraten, die ihr nicht begreifen wollt. Ihr beschäftigt euch mit der Krise des eigenen Hirns statt mit den ökonomischen Bedingungen, mit denen wir es zu tun haben.«[14]

Es meldete sich hier zum ersten Mal in aller Klarheit der Pragmatiker Schmidt zu Wort. »Ob links oder rechts, das ist mir völlig wurscht« – der Satz verriet den gleichen undogmatischen, ergebnisorientierten Geist, den wenige Jahre darauf Chinas Reformator Deng Xiaoping in seinem berühmt gewordenen Ausspruch an den Tag legte: »Egal, ob eine Katze schwarz oder weiß ist – Hauptsache, sie fängt Mäuse.« Schmidt hätte sich auch zwei andere Prinzipien Dengs zu eigen machen können: »die Wahrheit in den Tatsachen suchen« zum einen; zum anderen: »Unverrückbare Grundsätze sind Scheuklappen. Man sieht dann sehr wenig von der Wirklichkeit.«

»Ihr beschäftigt euch mit der Krise des eigenen Hirns« – das war starker Tobak. Doch die Lage der Weltwirtschaft rechtfertigte ihn. Während des Jom-Kippur-Krieges im Oktober 1973 hatten acht arabische OPEC-Länder die Erdölförderung gedrosselt, um die westlichen Länder wegen ihrer Unterstützung Israels unter Druck zu setzen. Die Folgen waren verheerend. Binnen eines Jahres stieg der Barrelpreis von 3 auf 12 Dollar, die Rohstoffe verteuerten sich massiv um 100 Prozent. Überall stürzte die Wirtschaft in eine Rezession, stieg die Arbeitslosigkeit, schnellten die Inflationsraten nach oben. In Deutschland wurde im November 1973 für vier

Wochenenden ein Sonntagsfahrverbot angeordnet; in einigen Entwicklungsländern mussten die Lebensmittel rationiert werden, weil die Importe unbezahlbar geworden waren. Die Bundesrepublik, die damals 22 Prozent ihres Bruttosozialproduktes exportierte (2008: 40 Prozent), womit jeder fünfte Arbeitsplatz vom Welthandel abhing, war gegen Störungen im weltwirtschaftlichen System und die Turbulenzen im Weltwährungssystem besonders anfällig. Die massive Erhöhung des Ölpreises, argumentierte Schmidt, habe für jedermann sichtbar gemacht, wie fraglich das ganze kunstvolle System der Wirtschaftsbeziehungen zwischen den Nationen wirklich sei, vom Gefüge der Zahlungsbilanzen bis zur Handelspolitik.[15] Mit Nachdruck plädierte daher der Bundesfinanzminister, ab Mai 1974 der Bundeskanzler Schmidt, für freien Handel (»Protektionismus ist eine Sackgasse«), für eine Vertiefung der währungspolitischen Zusammenarbeit und für ein neues Verhältnis zu Entwicklungsländern und Rohstoffländern.[16]

Einer der Adressaten waren damals die Vereinigten Staaten. Sie hatten im Februar 1973 den Dollar abgewertet und damit weltweite Turbulenzen ausgelöst; die mehrmalige Aufwertung der D-Mark war der deutsche Beitrag zur Überwindung der Krise. Nun wurde das Defizit der amerikanischen Zahlungsbilanz zu einer immer größer werdenden Belastung für alle anderen – ein Problem, das auch viereinhalb Jahrzehnte später noch immer akut ist. Washingtons an Schnödigkeit kaum zu übertreffende Einstellung *»The dollar is our currency, but your problem«* spießte Helmut Schmidt kurz vor der Ölkrise zum ersten Mal, aber nicht zum letzten Mal auf. Die übrige Welt könne angesichts des Gewichts der amerikanischen Wirtschaft »eine Situation nicht durchstehen, in der Washington die Wirkung seiner Wirtschaftspolitik auf andere Länder vernachlässigt«.[17] Vehement setzte sich Schmidt für ein neues Weltwährungssystem ein, das den über die Leitwährung Dollar erzeugten Inflationsdruck mindere. Er plädierte für mehr Koordinierung, da »nationale Stabilitätspolitik nur noch das Fieber dämpfen, aber die Krankheit nicht mehr heilen kann«. Zugleich verlangte er einen internationalen

Kodex allgemeingültiger Regeln für multinationale Unternehmen.[18] Brillant im fachlichen Detail, plädierte er für eine Ausweitung des Kunstgeldes »Sonderziehungsrechte« als übernationalen Wertmaßstab anstelle des Dollars und für eine schleunige Beendigung der GATT-Runde zur weiteren Liberalisierung des Welthandels.[19] Die technischen Einzelheiten müssen hier beiseitebleiben. Festzuhalten ist jedoch Schmidts Grundeinstellung: »Es liegt im Sinne der weltweiten Friedensförderung, wenn eine umfassende Politik ökonomischer Kooperation, nicht aber eine Politik ökonomischer Apartheid betrieben wird.«[20]

Der zweite Adressat von Schmidts Ermahnungen waren die Ölförderländer. »Arabiens Ölbohrer nagen nun«, schrieb er im *Vorwärts*, »am wirtschaftlichen Nerv der Industrieländer – auch unseres eigenen Landes«.[21] Er warnte davor, das Ölproblem »im Stile früherer Kanonenboot-Diplomatie oder in eigennütziger Selbstherrlichkeit weiterzuverfolgen«. Offenbar kannte er die inzwischen publik gewordenen amerikanischen und britischen Erwägungen, die Ölquellen in Saudi-Arabien, Kuwait und Abu Dhabi militärisch zu besetzen. Jedenfalls wollte er von »einer zumindest theoretisch denkbaren, irrationalen Gewaltschwelle« gar nicht die Rede sein lassen. Nicht von ungefähr wird er Woodrow Wilsons Satz zitiert haben, gesprochen kurz vor Amerikas Eintritt in den Ersten Weltkrieg: »Wenn es eine Alternative zum Konflikt gibt, um Himmels willen, lasst Sie uns ergreifen!«

Aber der Bundesfinanzminister – und Außenpolitiker – Schmidt redete zugleich den Ölscheichs ins Gewissen. Wohl erkannte er den Anspruch der Ölförderländer auf einen höheren Erlös an, doch müssten über Umfang und Modalitäten Verhandlungen geführt werden. Das neue Gleichgewicht dürfe nicht das Ergebnis monopolistischer Praktiken sein, sondern müsse als Resultat von Einsicht und Vorausplanung entstehen.[22] Indessen war der Wink mit dem Zaunpfahl nicht zu übersehen: »[Es wäre] eine Verkennung nicht nur der eigenen Machtposition, sondern vielmehr der eigenen Interessenlage, wenn die Ölerzeuger kurzfristig die maximale Abschöpfung anstrebten. Es widerspricht den langfristigen Interessen der Ölerzeuger, wenn sie eine Preispolitik betreiben, die die westlichen Industrienationen an den Rand oder mitten hinein in die Krise treibt. Man darf die Kuh, die man melken will, nicht schlachten. […] Vor allem aber: Die Industrieländer würden dadurch gezwungen, mit umfassenden Crash-Programmen ihre gesamten Ressourcen, ihre gesamte fortgeschrittene Technik auf die Öl-Substitution zu lenken.« Langfristig könne selbst im Verkehr das Öl durch Elektroantrieb abgelöst werden, erläuterte er, die Kernenergie werde in größerem Umfang zur Verfügung stehen und die Kohle einen größeren Anteil als Chemiegrundstoff übernehmen. Zugleich war er sich allerdings darüber im Klaren, dass das, was damals über Öl gesagt und gedacht wurde, *mutatis mutandis* morgen oder übermorgen auch für die allermeisten anderen Rohstoffe gelten würde.[23]

Die fortan mit Nachdruck verfolgte Öl-Substitution war in der Tat eine Konsequenz der Krise, und Schmidt verfocht sie mit Verve. »Man hat einseitig auf das Pferd der billigsten Energieform gesetzt«, monierte er, »man hat die wachsende Abhängigkeit vom Öl gefördert und die Gesichtspunkte der Sicherheit vernachlässigt.« Demgegenüber pries er die Steinkohleförderung aus dem Bundeshaushalt; sie sei zwar gegen den sogenannten marktwirtschaftlichen Geist, aber aus Gründen der Versorgungssicherheit unausweichlich. Zugleich setzte er auf »fortgeschrittene Atomreaktorsysteme«, etwa Hochtemperaturreaktoren und Schnelle Brüter; wobei er hinzufügte, man müsse den möglichen Gefahren der Kernenergie nach wie vor größte Aufmerksamkeit schenken, dürfe aber auch nicht in Hysterie verfallen. Der Entwicklung von Elektromotoren für Automobile galt ebenfalls sein Interesse. Die Zeit billigen Öls sei vorbei, Sparen unumgänglich: »Je mehr wir sparen, je mehr wir unsere Vorräte strecken, je schneller wir das Öl ersetzen können – umso eher kriegen wir auch die Preise wieder in den Griff, umso geringer sind schließlich die Auswirkungen auf unsere Wirtschaftsfähigkeit.«[24]

Im Rückblick auf die erste Ölkrise (wie auch auf die zweite in den Jahren 1978/79) wird deutlich, dass damals wesentliche Antriebsmomente für den Ausbau der Kernenergie, die staatliche Stützung der heimischen Kohleförderung und die Entwicklung benzinsparender oder benzinunabhängiger Automotoren entstanden sind. Anders als dreißig Jahre später war die Atomenergie zu jener Zeit noch weithin unumstritten, desgleichen die Steinkohle. Auf der Linken wie auf der Rechten erschienen sie als Retter aus der Not. Die Verbesserung des Otto-Motors und seine Ablösung durch Hybridantriebe aber ließ jahrzehntelang auf sich warten. Eine unmittelbare Folge der Krise war übrigens die Einführung der Sommerzeit; das sei kuriositätshalber am Rande erwähnt.

Als Bundeskanzler musste sich Helmut Schmidt weiterhin mit den Weltwährungsproblemen herumschlagen, vor allen Dingen der amerikanischen Hochzinspolitik und, während des Vietnamkriegs, dem Inflationsexport der Amerikaner in alle Welt. Daneben galt sein Hauptaugenmerk der Fortentwicklung der Brüsseler Gemeinschaft. Er drängte auf eine integrierte europäische Gesamtpolitik, die Währungs-, Wirtschafts- und Konjunkturpolitik umfasste. Sein Ziel war eine Stabilitätsgemeinschaft. Erreicht hat er es nur partiell, vor allem auf dem Währungssektor mit dem EWS, und auch dies nur nach vielerlei Krisen; so nach dem Ausscheiden Italiens und Englands aus der »Währungsschlange«, dem Vorläufer des EWS. Wobei sich seine Ansicht bewahrheitete, »dass die Gemeinschaft von Krisen lebt«. Letztlich trügen Krisen immer zur Weiterentwicklung bei. Freilich setzte er hinzu: »Krisen lösen sich nicht von selbst. Krisen sind eine Aufforderung zu entscheiden.«[25]

Im Inneren beschäftigten den Bundeskanzler ganz andere wirtschaftspolitische Probleme: die Steuerreform, die Einbindung der Bundesländer in die konjunkturpolitische Verantwortung, die Dämpfung der ansteigenden Neuverschuldung, die deutschen Zahlungsbilanzüberschüsse, seine zielstrebige Anti-Inflations-Politik. Dabei vertrat er wirtschaftsphilosophisch eine Position der Mitte. So bekannte er vor deutschen Bankern: »Es ist übrigens wahr: Uns Sozialdemokraten liegt die soziale und die wirtschaftliche Lage der Arbeitnehmer am unmittelbarsten am Herzen. Aber gerade deswegen werden wir die Struktur unserer Wirtschaft, ihre Märkte, ihren Wettbewerb, ihre Initiative nicht zerstören; denn darauf beruht die Leistungsfähigkeit, die wir brauchen, um unsere Arbeitnehmer, unsere Konsumenten, unsere Rentner und unsere Kinder zu sichern und Schritt für Schritt besserzustellen.« Wohl lehnte er eine Verstaatlichung der Banken ab, deren »überbordende Machtfülle« er beklagte, doch unterstrich er, die Entwicklung des Bankenapparats und der Kreditwirtschaft bedürfe »des kritischen Auges«. Konkret missfiel ihm der Beteiligungsbesitz der Großbanken an der Industrie; er sprach von »industrie-imperialen Zielen«. Die Kompetenzen der Aufsicht müssten jedenfalls »griffiger« gemacht werden.[26] Zum ersten Mal klang hier ein Thema an, das Helmut Schmidt dreieinhalb Jahrzehnte später so stark beschäftigte wie sonst kaum eines.

Andererseits nahm er jedoch auch vor seinen SPD-Genossen kein Blatt vor den Mund. Zwar konnte er sich auf Arbeitnehmerkonferenzen durchaus klassenkämpferisch gebärden. Ein Beispiel: »Ungeheuer wichtig ist es, dass die große Machtfülle, die der Staat hat, immer wieder auf dem Wege über den Stimmzettel nur auf Zeit und auf Kontrolle vergeben wird; dass sie nur denjenigen anvertraut wird, die diese Macht im Interesse der Mehrheit des Volkes, nämlich der Arbeitnehmerschaft, anwenden wird. Die Minderheit der reichen Mitbürger kann sich einen armen Staat leisten; die könnte sich auch leisten, dass der Staat schlecht funktioniert. Die haben selbst genug Einkommen, um sich Kindermädchen zu leisten und einen Hauslehrer und nicht nur ein Schwimmbad hier, sondern auch noch eines im Tessin und noch ein Haus am dritten Ort. Wir jedoch wollen, dass der Staat, soweit es geht, für die große Mehrheit seiner Bürger für Schwimmbäder sorgt, für Kindergärten und Schulen usw.« Und weniger polemisch, doch beharrlich forderte er die Ausweitung der paritätischen Mitbestimmung. Aber zugleich ermahnte er seine Partei ständig zum Maßhalten. An Deutlichkeit ließ er es auch da nicht fehlen. Ein anderer Auszug aus einer Rede vor Arbeitnehmern mag dies belegen: »Mir liegt daran, euch zu bitten, dass die wirtschaftlichen, finanzwirtschaftlichen und steuerpolitischen Fragen mit einem größtmöglichen Maß an Vernunft in unserer Partei behandelt werden. Vieles, was an gesellschaftlichem Fortschritt ermöglicht wird, beruht auf der Basis einer erfolgreichen wirtschaftlichen Tätigkeit unserer Gesellschaft, die wir nicht gefährden dürfen. Was wir an Zielen verwirklichen wollen, muss auch finanziert werden. Und finanziert werden kann es nur, wenn ordentlich gewirtschaftet worden ist.«[27]

Von Anbeginn seiner Kanzlerschaft machten Helmut Schmidt ideologische Verbohrtheiten in Teilen seiner Partei zu schaffen. »Ihn quält die nackte Angst vor so viel dogmatischem Übermut«, schrieb Nina Grunenberg schon 1975 in der ZEIT.[28] Aber mehr noch quälten ihn die steigenden Ansprüche »sozialer Gruppen in allen Etagen«. Dagegen setzte er seine Ansicht, man dürfe nicht nominalen Ansprüchen nachgeben, wenn man wisse, dass real dabei nichts herauskommen könne. Eindringlich appellierte er in diesem Sinne an die Bürger: »Jedes Jahr werden in der Bundesrepublik Deutschland Ansprüche an das Bruttosozialprodukt gestellt. Von den Unternehmern, die Erträge erwirtschaften wollen, um daraus einen gewissen Anteil Eigenfinanzierung für notwendige Investitionen zu haben; von den Arbeitnehmern, die ihren Reallohn steigern wollen; von den Rentnern, von der Landwirtschaft und von den Beamten. Es werden Ansprüche gestellt, die, wenn Sie das summieren, ungefähr 130 Prozent des Bruttosozialprodukts ausmachen. 100 Prozent sind aber nur zu verteilen in jedem Jahr. Wir können uns auf den Kopf stellen, aber jedes Jahr hat das Sozialprodukt nur 100 Prozent; und trotzdem werden jedes Jahr wieder 130 Prozent verlangt. Dann wird in großen Abwehrschlachten versucht, das zu reduzieren.«[29]

In der gleichen Rede machte Schmidt eine Bemerkung, in der er eine historische Umkehrung der Finanzfronten ausmachte: »Die Parlamente haben früher einmal die Aufgabe gehabt, darüber zu wachen, dass die Fürsten und deren Kämmerer nicht zu viel Geld ausgeben. Heute ist das genau umgekehrt, denn heute sind die Kämmerer in den Staaten diejenigen, die gegen die Parlamente kämpfen müssen, egal um welche Partei und Fraktion es sich handelt. Die Parlamentarier beschließen leicht höhere Ausgaben, weil sie natürlich meinen, dass hier ein Bedarf besteht, der gedeckt werden muss. Im Einzelfall lässt sich das leicht einsehen und beschließen. Nur, in der Summation dürfen nicht nominell 110 Prozent Ansprüche an ein Bruttosozialprodukt akzeptiert werden, wenn doch nur 100 Prozent am Ende des Jahres zur Verfügung stehen.«[30]

Die Mahnung des Bundeskanzlers wurde in der SPD wohl gehört, doch nicht wirklich befolgt. Hierin liegt – neben den innerparteilichen Differenzen über den NATO-Doppelbeschluss – der Hauptgrund für Schmidts Scheitern als Regierungschef. Die Abtrünnigkeit der FDP war eine zusätzliche Ursache, der Auslöser für den Bruch der Koalition, nicht jedoch der letztlich entscheidende Faktor für ihre innere Auszehrung und schließlich ihren Zerfall.

Wer diesen Befund überraschend findet, dem sei angeraten, das Protokoll der Diskussion nachzulesen, die am 30. Juni 1982 in der SPD-Bundestagsfraktion die Meinungsunterschiede zwischen Kanzler und Partei in aller Schroffheit erkennen ließ. Zwei Fragen standen dabei im Vordergrund, mit denen sich die Bundesregierung auch noch fast drei Jahrzehnte danach herumzuschlagen hatte. Erstens: Sozialleistungen kürzen oder die Neuverschuldung erhöhen? Zweitens: Soll der Bund Unternehmen retten, die in Schwierigkeiten geraten sind?

Der linke Flügel der SPD drängte Schmidt, sich zu einer höheren Kreditaufnahme zur Finanzierung beschäftigungswirksamer Maßnahmen zu verstehen. Er wehrte sich dagegen; auch weil die Bonner Regierung mit einem Finanzierungsdefizit von 3,9 Prozent »auf dem Felde der Kreditaufnahme unter den Sündern in der Europäischen Gemeinschaft« sei. »Mit mir ist eine wesentlich höhere Kreditaufnahme nicht zu machen«, erklärte er, »weil ich nicht glaube, sie morgen früh, wenn ich in den Rasierspiegel gucke, als Volkswirt verantworten zu können. […] Wenn wir 28,5 Milliarden Kredit netto in diesem Jahr aufnehmen, dann ist das kaum mehr, als wir an Zinsen für die bisherigen Kredite zahlen. Irgendwo ist das

Ende der Fahnenstange.« Das Arbeitslosengeld werde gezahlt, aber man könne nicht gleichzeitig alle anderen Zahlungen weiterführen, »denn sonst frisst das Sozialbudget jegliche Investitionstätigkeit der Gesamtvolkswirtschaft auf«. Bei der Neuverschuldung über 30 Milliarden zu gehen sei nicht zu verantworten.[31] (Achtzehn Jahre später konnte der Bundesfinanzminister Wolfgang Schäuble nur davon träumen, es dabei – DM 30 Milliarden = € 15 Milliarden – belassen zu können; für 2010 stellte er zunächst eine Nettokreditaufnahme von 80 Milliarden Euro in seinen Haushalt ein.)

In der zweiten Frage – ob der Bund notleidende Unternehmen aus dem Bundeshaushalt unterstützen solle – blieb Schmidt ebenfalls hart. AEG, Pelikan oder Röchling-Burbach lösten damals in drei Bundesländern große Sorgen aus. Der Bundeshaushalt sei dafür nicht zuständig und die Bundesregierung auch nicht. Die Regierung fühle sich zwar in die Verantwortung genommen. »Aber eines wird sie auf keinen Fall tun: Der Bundeshaushalt ist keine Holding-Gesellschaft für teilweise Kapitalbeteiligung an maroden Unternehmen. Es kann nicht unsere Aufgabe sein, sich überall mit Haftkapital qua Bundessteuerzahler zu beteiligen. Es wird nicht geschehen. Geschehen können andere Hilfen, die zeitlich begrenzt sind. Geschehen können auch Bürgschaften in dem einen oder anderen Fall.«[32] Schmidts Argumentation unterschied sich hier nicht viel von der des Bundeswirtschaftsministers zu Guttenberg in der Opel-Krise des Jahres 2009.

Die achteinhalb Jahre, die Helmut Schmidt regierte, waren achteinhalb von der Weltwirtschaftskrise überschattete Jahre. Mal um Mal stagnierte die Produktion. Als er das Kanzleramt übernahm, gab es in der Bundesrepublik 582 481 Arbeitslose (2,6 Prozent); diese Zahl wuchs bis zum neuerlichen Machtwechsel im Herbst 1982 auf 1,82 Millionen (7,2 Prozent). Das bedeutete: Allein das Arbeitslosengeld erhöhte sich von 3,8 Milliarden Mark im Jahr 1972 auf 21 Milliarden 1982. Die Inflationsrate, die 1974 den Gipfelpunkt von 7 Prozent erreicht hatte, lag am Ende seiner Regierungszeit bei 5,3 Prozent (Schmidts beiläufig hingeworfenes Wort, 5 Prozent

Inflation seien leichter zu ertragen als 5 Prozent Arbeitslosigkeit, oft verfälscht und polemisch gegen ihn verwendet, mag nach Jahren, in denen die Arbeitslosigkeit über 10 Prozent lag, milder beurteilt werden als damals).

Dabei stand die Bundesrepublik im internationalen Vergleich höchst eindrucksvoll da. Sie hatte mit Ausnahme Luxemburgs die niedrigste Arbeitslosenquote in der Europäischen Gemeinschaft, mit über 2 Prozent die zweithöchste Wachstumsrate nach Dänemark und die niedrigste Inflationsrate. Das Bundesdefizit blieb auch nach der zweiten Ölkrise fast stationär (Anstieg von 26 Milliarden auf 34 Milliarden Mark 1982; in USA während des gleichen Zeitraumes von 28 Milliarden auf 111 Milliarden Dollar). Schmidts umsichtige Stabilisierungspolitik, das vorsichtige Zurückschneiden unfinanzierbar gewordener Reformen nach Karl Schillers Motto »Genossen, lasst die Tassen im Schrank«, hatte sich ausgezahlt. All jene Staatsmänner, denen er auf den Weltwirtschaftsgipfeln begegnete, sahen es mit Neid. In ihrem Kreis war er der Mahner, der in den Strudeln der ökonomischen Krise auf Kurshalten drängte. Er selber sagte in einem *Spiegel*-Interview ohne falsche Bescheidenheit: »Ich war derjenige, der geholfen hat, die ökonomische Führung der westlichen Welt wieder in feste Hände zu nehmen.« Seine Leistung im eigenen Lande, sosehr es auch selber gebeutelt wurde, nötigte den Gipfelteilnehmern Respekt ab. Die Bundesrepublik war in ihren Augen ein Hort der Stetigkeit. Sie genoss – mit den Worten des früheren Bundesbankpräsidenten – einen »beinahe spektakulären Stabilitätsvorsprung gegenüber allen anderen Industrieländern«.

Dennoch muss den Bundeskanzler Schmidt zum Schluss seiner Amtszeit das Gefühl überkommen haben, er habe noch nicht genug an Stabilisierung geleistet, es müsse noch mehr gespart werden, vor allem sei bei der Verschuldung des Bundes das Maß des Erträglichen erreicht. Die Bundesschulden beliefen sich 1973 auf 57,1 Milliarden Mark – 1982 waren es 305 Milliarden. Die Nettokreditaufnahme des Bundes lag 1973 bei 2,7 Milliarden, 1982 war sie auf 37,2 Milliarden angestiegen. In einer erbarmungslosen Gardinenpredigt vor der SPD-Bundestagsfraktion führte Schmidt Ende Juni 1982 drei bedenkliche Faktoren auf:

1. In dreizehn Jahren hat die sozialliberale Koalition viele Reformen verwirklicht: »Kindergeld, Mutterschaftsurlaub, Renteverbesserung, vielerlei wünschenswerte Reformen, die Geld kosteten«. Der Anteil der Sozialausgaben erhöhte sich zwischen 1970 und 1982 bei Bund und Ländern und Gemeinden von 16 auf 23 Prozent des Bruttosozialprodukts. Das Geld holte sich die Regierung beim Bürger. Die Abgabenquote stieg von 34 Prozent des Sozialprodukts im Jahre 1970 auf 38 Prozent 1982. Vor allen Dingen aber wurden die Arbeitnehmer für den Segen zur Kasse gebeten, mit dem die spendable Obrigkeit sie beglückte. Schmidt: »Das durchschnittliche Arbeitseinkommen war 1970 belastet mit 22,7 Prozent Lohnsteuer und Sozialabgaben. Heute ist es belastet mit 31,7 Prozent.«

2. Die höhere Besteuerung reichte allein nicht aus, den vom Staat verordneten Geldregen zu bezahlen. Bei sinkender Konjunktur wurde ein Teil der Mehrausgaben über höhere Verschuldung finanziert. Schmidt: »Die Kreditaufnahmen von Bund, Ländern, Gemeinden betrugen 1970 nur 1,2 Prozent des Bruttosozialprodukts. Sie waren 1981 auf dem vierfachen Niveau – das heißt bei nahe 5 Prozent.« Kredite finanzierten 1970 knapp 3 Prozent des Bundeshaushalts, 1980 knapp 10 Prozent; 1982 lag der Anteil noch weit darüber.

3. Weil aber auch die höhere Schuldenaufnahme nicht genügte, um alle Rechnungen zu begleichen, die SPD und FDP – meistens übrigens mit parlamentarischer Billigung der Union – ausgestellt hatten, holte sich die unersättliche öffentliche Hand das Geld noch aus einer dritten Quelle: Die staatlichen Investitionen wurden zugunsten der Sozialpolitik zurückgefahren. Schmidt: »Am öffentlichen Gesamthaushalt hatten die Investitionen vor zwölf Jahren einen Anteil von 24,5 Prozent; der ist inzwischen um glatt ein Drittel gesunken auf 16,5 Prozent.« Dies alles spielte sich zu einer Zeit ab, in der die Investitionen der Volkswirtschaft insgesamt zurückgingen: von 26,5 Prozent des Bruttosozialprodukts 1970 auf 21,5 Prozent 1982.[33]

Eine gemischte Bilanz also. Verständlich, dass Schmidt eigentlich selber herbeiführen wollte, was heute »Wende« heißt. Die Chance blieb ihm versagt. Groß war sie ohnehin nicht. Seine Partei wäre ihm auf dem Wege der sanierenden Vernunft schwerlich gefolgt.

Nun war er plötzlich Publizist und konnte nur noch von der Seitenlinie aus Ratschläge erteilen. Zum ersten Mal nach seiner Abwahl meldete sich »Helmut Schmidt, Bundeskanzler a. D.« auf der Leserbriefseite der ZEIT zu Wort – gegen weitere Ausgabenkürzung, für eine höhere Nettokreditaufnahme, für internationale Initiativen der Bundesregierung angesichts der Folgen von Ölpreiskrisen, Währungskrisen und amerikanischer Hochzinspolitik, für eine aktive Rolle des Staates.[34] Nachdem er im Mai 1983 als Herausgeber zur ZEIT gestoßen war, äußerte er sich über die Chancen und Gefahren von Gipfeltreffen: Je intimer, desto besser, befand er.[35] In großflächigen Rund- und Überblicksartikeln – seine Stärke – schilderte er die Wirtschaftslage in den verschiedenen Weltregionen[36] und in Frankreich[37]. Er plädierte für eine Fusion von Daimler-Benz und MBB zur Schaffung eines deutschen Flugzeugbauunternehmens,[38] griff die deutsche Hochzinspolitik an,[39] kritisierte mangelnden ökonomischen Sachverstand in Bonn[40] und fuhr den Frankfurter DM-Ideologen und Euro-Gegnern in die Parade.[41]

Gern ritt Schmidt auch seine Steckenpferde – und dies ist alles andere als abfällig gemeint. Doch wie Don Quijote auf seiner Rosinante kämpfte Helmut Schmidt oft genug vergeblich gegen die Windmühlen der beharrenden Kräfte.

So forderte er nachdrücklich einen Abbau der Bürokratie. Als Kanzler schon hatte er lamentiert, dass er seine Wasserrechnung nicht verstehe, und auch mit dem Rentenantragsformular kam er nicht zurecht. Genüsslich hat er die Geschichte öfter erzählt: Da er bei der ZEIT mit einem Herausgebergehalt gesegnet war, musste er, obwohl längst Pensionär, Rentenversicherungsbeiträge bezahlen. »Und weil das so ist, muss ich jedes Jahr ein komisches Formular ausfüllen, ich konnte daraus niemals schlau werden. Deshalb habe ich letztes Jahr das Formular dem Herrn Minister Blüm zugeschickt und habe ihm gesagt: Klopf mal deinen Ministerialdirektoren auf die Finger, ich werde daraus nicht schlau. Und dann kriegte ich nach einiger Zeit einen Brief von ihm zurück: Schmidt, Sie haben ganz recht, meine Ministerialdirektoren sind daraus auch nicht schlau geworden. Ein Jahr später kriegte ich genau, haargenau dasselbe Formular abermals zugeschickt! Das ist Deutschland, wie es leibt und lebt.«[42]

Zugleich war ihm die Fülle ständig neuer Gesetze, Verordnungen und Vorschriften ein Dorn im Auge. Sie behindere die Innovation und schnüre den Unternehmen den Hals ab. Mitte der neunziger Jahre, rechnete er dem Publikum vor, galten 1930 Bundesgesetze und 2950 Rechtsverordnungen allein des Bundes, zusammen 84 900 Paragraphen und Artikel, nicht gezählt die Verwaltungsanordnungen und Verwaltungserlasse, die Brüsseler Auflagen und die Tarifverträge. Buchstäblich jeden Tag kämen neue Vorschriften hinzu. Wer diesen wuchernden Wildwuchs deutschen Regulierungswahns binnen vier Jahren auf die Hälfte zurückführte, wäre einem Freiherrn vom Stein ebenbürtig. Solch ein Befreiungsakt würde einen wirklich zu Buche schlagenden Abbau der Bürokratien von Staat und Unternehmen ermöglichen.«

Alles Mögliche werde in Deutschland geregelt, kritisierte er, und wenn sich jemand in Deutschland mit seinem Wunsch nicht durchsetze, dies oder jenes gesetzlich zu regeln, »dann marschiert er nach Brüssel und lässt es von dort aus richten«. So geschehen zum Beispiel bei der Festlegung der Breite von Traktorensitzen durch den EG-Ministerrat, beschlossen auf Drängen lobbyistisch begabter Interessenten im Freistaat Bayern. Schmidts Kommentar: »Sehr wenig wird dem gesunden Menschenverstand des Bürgers überlassen, sehr wenig wird dem Verantwortungsbewusstsein des Bürgers überlassen. Dann darf man sich nicht wundern, dass man immer mehr Beamte und Bürokraten braucht. Es ist ein Unsinn, als Erstes die Bürokraten abschaffen zu wollen. Die Regulierungen müssen zunächst abgeschafft werde, dann kann man anschließend im Stellenplan Streichungen vornehmen.«[43]

Gern erzählte Helmut Schmidt auch ein weiteres schlagendes

Beispiel für das papierkriegerische Wiehern des Amtsschimmels: »Ich wollte neulich vor dem Kellereingang meines Einfamilienhauses ein Glasdach anbringen, weil der Regen in den Keller lief, in dem meine ganzen Bücher hochgestapelt sind. Die vergammelten langsam. Das hat dann jemand gesehen und gesagt: »Diesen Bau lege ich hiermit still.« Dann musste ich eine Zeichnung machen. Damit musste ich einen Architekten beauftragen, der machte eine statische Berechnung, und das alles kostete Geld. Und dann wurde das eingereicht. Es dauerte ein paar Wochen, und dann wurde es genehmigt, und dann durfte der Bau fortgesetzt werden. Dieser Bau ist wirklich ein gewaltiges Bauwerk, der hat zusammen keine 3000 DM gekostet, aber viel Ärger und Bürokratie. […] Es fehlt in Deutschland an Zivilcourage, solche Beispiele aufzuspießen und so lange darin herumzubohren, bis jemand sagt: ›Der Kerl hat recht, und das schaffen wir ab.‹«[44]

Schmidts Schlussfolgerung leuchtet jedermann ein: Den Paragraphendschungel durchforsten! Geltende Regulierungen abbauen, vor allem im Baurecht, im Sozial- und Sozialversicherungswesen, im Bereich der Schulen und Hochschulen, im Umweltschutz und auch auf dem Arbeitsmarkt.[45]

Auch andere Erkenntnisse wiederholte Schmidt unverdrossen Mal um Mal.

Erkenntnis Nr. 1: Die Regierungen haben noch immer nicht kapiert, dass Europa anderthalbmal mehr Arbeitslose hat als Landwirte – »sie reden jahrelang über Bauern und Landwirte; das sind aber nur 7,5 Prozent der europäischen Erwerbstätigen, die Arbeitslosen sind dagegen 11 Prozent«.[46] Überhaupt fand er, dass die Politik sich mit der Massenarbeitslosigkeit faktisch abgefunden habe, doch sei sie »das mit Abstand größte Problem unserer Gesellschaft«.[47] Dabei standen ihm lebhaft die Gefahren vor Augen, die der Demokratie erwachsen müssten, wenn sie den Bürgern keine Lebensgrundlage mehr bieten könnte. Ohne soziale Gerechtigkeit, sagte er einst Günter Gaus, sei keine moderne Demokratie existenzfähig.[48] Wirtschaftliches Wachstum müsse die Demokratie absichern – dies war für ihn eine »Lehre aus Weimar«.[49] Wenn die hochgelobte soziale Marktwirtschaft dauerhaft nicht befriedigend funktionieren sollte, in unserem ohnehin von Ängsten geplagten, nachweisbar gegen Psychosen nicht gefeiten Volk, sind Gefahren für Demokratie und offene Gesellschaft nicht mehr undenkbar.[50] »Ohne sozialstaatliche Verrichtungen können Sie eine Demokratie heute nicht mehr aufrechterhalten.« Die Sorge trieb ihn um: »Wenn Arbeitslosigkeit, Überflüssigkeit von Arbeitswilligen, Aussichtslosigkeit junger Menschen und Armut sich weiter ausbreiten sollten, dann werden die Bürger darauf politisch reagieren. [...] Haider in Österreich und Le Pen in Frankreich sind dann vielleicht nur Vorläufer.«[51] Das erste Jahrzehnt des neuen Jahrhunderts sah er daher mit größeren ökonomischen, sozialen und politischen Risiken behaftet als die vorangegangenen Jahrzehnte.

Erkenntnis Nr. 2: Wir müssen uns unseren Lebensstandard mit neuen Technologien erarbeiten. Dazu bedarf es der Innovation unserer Produktpalette. Ohne neue Arbeitsplätze gibt es keinen Weg aus der Krise, und ohne Forschung gibt es keine neuen Jobs.[52] Deshalb müssen die Deutschen »ihre hysterische Technikfeindschaft überwinden«, die »Hysterie gegenüber der Kernkraft, der Gentechnik, gegen den Transrapid«. Vielmehr müssten sie ihr ganzes Gewicht in Erfindungen legen, in Forschung und Entwicklung. »In dreißig Jahren wird die deutsche Automobilindustrie nicht mehr das Rückgrat unserer Exportwirtschaft sein«, erklärte er im Jahre 2006 den Lesern der *Bild*-Zeitung. Da werden allenfalls noch Liebhabermodelle, zum Beispiel von Porsche, aus Deutschland kommen. »Die große Mehrheit unserer heutigen Auslandskunden fährt dann in chinesischen Autos, weil die kaum schlechter, aber vor allem viel billiger zu haben sein werden.«[53] Das war gewiss richtig gesehen; doch könnte es durchaus sein, dass wir keine dreißig Jahre Karenzzeit mehr haben. Schmidts Fazit lautete jedenfalls: »Wir sind darauf angewiesen, modernste Technik zu produzieren oder aber mit 10, 15 oder 20 Prozent Arbeitslosen auf die Dauer zu leben.« Solche Arbeitslosenquoten könnten wir jedoch nicht finanzieren, jedenfalls nicht in der jetzigen Höhe der Unterstützung.[54]

Erkenntnis Nr. 3: Alle müssen länger arbeiten. Dafür nannte Schmidt drei Gründe. Erstens: die Überalterung der Gesellschaft. Hundert Menschen im Erwerbsalter zwischen 20 und 60 Jahren mussten 1960 ganze 32 Rentner unterhalten; 2000 waren es schon 43; 2030 werden es voraussichtlich 54 Alte sein. Jeder Arbeitende wird dann die halbe Versorgung für einen Rentner zu erwirtschaften haben. Zweitens: Heutzutage beziehen die Senioren viel länger Rente als früher. Als Bismarck die Altersversorgung einführte, lag das Renteneintrittsalter bei 70 Jahren – nur wenige erreichten diese Schwelle, die Lebenserwartung eines Fünfjährigen lag bei nur 58 Jahren, bloß eine kleine Minderheit erhielt jemals eine Rente. Noch 1960 lag die durchschnittliche Dauer des Rentenbezugs bei etwas über zehn Jahren; inzwischen ist sie auf 17 Jahre gestiegen. Drittens: Im Jahre 1960 lag der Rentenbeginn regelmäßig beim 65. Geburtstag. Bis 2010 fiel das tatsächliche Renteneintrittsalter auf 61 Jahre; dass man mit 65 in Rente geht, ist zur Ausnahme geworden.

In ihrem Zusammenwirken machen diese drei Faktoren die heutigen Renten auf die Dauer unbezahlbar. In der jüngsten Finanzkrise hat sich zudem die Fragwürdigkeit der privaten und kapitalgedeckten Rente erwiesen, die ja – worauf Schmidt immer wieder hinwies – ebenfalls eine prosperierende Volkswirtschaft und einen finanziell gesunden Staat voraussetzt. Der von spekulierenden Fondsmanagern herbeigeführte Zusammenbruch einiger großer amerikanischer Pensionsfonds sei da ein Warnsignal. So blieben nur drei Auswege: die Lebensarbeitszeit zu verlängern, die Renten zu kürzen oder die aktiv Arbeitenden höher zu belasten. Da eine höhere finanzielle Belastung der arbeitenden Generation politisch kaum durchzusetzen sei, müsse es zur schrittweisen Heraufsetzung des Rentenalters kommen – auf 67, später womöglich auf 70. Wobei dann dafür zu sorgen wäre, dass Leute wie Dachdecker oder Omnibusfahrer, Bäcker, Bauarbeiter oder Bergleute, aber auch Streifenpolizisten mit 50 umgeschult werden auf Jobs, die sie, am

Schreibtisch, am Computer oder sonst wo, länger ausüben können – und dass solche Jobs geschaffen werden. Der Staat könne dazu ermutigen, aber letzten Endes müsse es der Markt machen.[55]

Helmut Schmidt stand mit dieser Ansicht, die er seiner Partei 1994 zum ersten Mal ausführlich darlegte, gegen weite Teile der Sozialdemokratie und der Sozialverbände. Tatsächlich bestätigt die jüngste Entwicklung die Richtigkeit wie die Machbarkeit seiner Vorschläge. Das Potenzial der Senioren wird in immer stärkerem Maße genutzt: Zwischen 2005 und 2010 stieg der Anteil der Sechzig- bis Vierundsechzigjährigen in Arbeit um zwölf Punkte auf 40 Prozent, und der Trend hält an. Schmidts Empfehlung, in langsamen Schritten vorzugehen, wird ohnehin befolgt. Erst 2029 soll die Rente mit 67 voll wirksam werden.

Erkenntnis Nr. 4: »Das Doppelkartell von Gewerkschaftlern und Arbeitgebern hat den Arbeitsmarkt regelrecht stranguliert. Dieses Tarifkartell muss durchbrochen werden.«[56] Diese Forderung erhob der Altbundeskanzler mit großer Beharrlichkeit. Er fand es ökonomisch unsinnig, dass die Tarifpartner Lohnabschlüsse aushandeln konnten, die dann qua Gesetz im gleichen Tarifgebiet für jedermann verbindlich sind, nicht nur für die Angehörigen der beiden Monopole, und dies ohne Rücksicht auf örtliche oder betriebliche Gegebenheiten. Die Flächentarife waren ihm ein Gräuel, ebenso wie die gesetzliche Regelung, wonach der Betriebsrat einer Firma nicht einen Lohn- und Arbeitszeittarif direkt mit der Geschäftsleitung aushandeln darf.[57]

Doch Schmidt behandelte keineswegs nur derlei bedeutsame Einzelfragen. Stets beschäftigten ihn auch grundsätzlichere Fragen: der Geist der Unternehmer, die immer fatalere Rolle der Finanzinstitute und, von Jahrzehnt zu Jahrzehnt, ja von Jahr zu Jahr dringlicher, das amoralische Wesen des Kasino-Kapitalismus.

Schon früh hatte er nach seiner Darstellung das Gespräch mit urteilsfähigen Menschen aus der Wirtschaft gesucht. Er schätzte besonders die Eigentümer-Unternehmer, darunter die Hamburger Kurt Körber und Gyula Trebitsch, Werner Otto, Tyll Necker, aber auch Manager wie Herbert Grünewald bei Bayer, Hans L. Merkle bei Bosch oder Berthold Beitz bei Krupp imponierten ihm. »Natürlich hatten auch sie die Interessen ihrer Firma und ihrer Branche zu vertreten, aber dadurch war ihnen nicht der Blick auf das Ganze verstellt.« Dafür hielt er wenig von den Ruhrbaronen: »Sie behängten ihre Ehefrauen mit kostbaren Edelsteinen und zeigten gern ihren großen Wohlstand. Es gab unter ihnen unangenehme, rechthaberische Typen.« Ähnlich fand er unter den Gewerkschaftsführern Menschen von sehr verschiedenen Qualitäten, die meisten »anständig und aufrichtig«, andere jedoch – wie bei der Bank für Gemeinwirtschaft und der Neuen Heimat – »ihrer Aufgabe nicht gewachsen«. In der Summe seien im Übrigen die Gespräche mit Bankern am ergiebigsten gewesen – von Hermann Josef Abs bis Alfred Herrhausen von der Deutschen Bank, von Karl Klasen an der Spitze der Bundesbank bis zu Paul Volker und Alan Greenspan an der Spitze der amerikanischen Fed. Nach den Finanzkrisen im ersten Jahrzehnt des 21. Jahrhunderts bekannte der Neunzigjährige jedoch: »Inzwischen ist mein Vertrauen in die Klugheit von Bankvorständen leider einer erheblichen Skepsis gewichen.« Und nur mit kaum gezügeltem Zorn sprach er über »jene verachtenswerten Typen, deren verantwortungslose Geldgier und deren zügelloser Größenwahn in den letzten Jahren eine weltweite Banken- und Finanzkrise ausgelöst hat, an deren rezessiven Folgen beinahe die gesamte Menschheit noch Jahre zu leiden haben wird«.[58] Auch die Topmanager der Industrie sah er nun recht ernüchtert.[59] Ein »moralisches Gewissen im Hinterkopf« sah er bei Eigentümern von Familienunternehmen »sehr viel stärker ausgeprägt« als bei Managern großer Aktiengesellschaften.[60]

Von der Gilde der wissenschaftlichen Ökonomen hielt Helmut Schmidt sowieso wenig. Vor den Gutachten des Sachverständigenrates hatte er noch weniger Respekt als vor den Berichten des Bundesnachrichtendienstes.[61] Es machte ihm Vergnügen, sie bei jeder passenden (und mancher unpassenden) Gelegenheit durch den Kakao zu ziehen. Politiker, Publizisten und Ökonomen, gab er in einer »Berliner Lektion« zum Besten, seien alle drei gefährliche Kerle. Die Politiker und Publizisten oder Journalisten entscheiden oder schreiben über Dinge, die sie erst morgen oder übermorgen halbwegs verstehen werden. Die Ökonomen aber seien die allerschlimmsten.[62] Liebend gern erzählte Schmidt die Anekdote von den Ballonfahrern, die sich im Nebel verirrt hatten. Schließlich sahen sie dicht unter sich einen Bauern auf seinem Rübenacker arbeiten. Sie riefen hinunter: »Wo sind wir?« Der Bauer rief zurück: »Ihr seid in einem Ballon, genau über unserem Rübenacker.« Die Ballonfahrer waren sich sofort über drei Dinge einig: Erstens, offensichtlich hatte der Mann recht. Zweitens, offensichtlich war seine Auskunft für ihre Orientierung völlig nutzlos. Und drittens musste er infolgedessen ein Ökonom sein.[63] Je länger Schmidt die Sachverständigen, deren selten richtigen Prognosen und ihre danebenliegenden Analysen verfolgte, desto inniger wurde seine Abneigung.

Vor allem aber zeigte er sich frühzeitig alarmiert von den rasant um sich greifenden neuartigen Methoden der Finanzinstitute. Derivate, Futures, die Praktiken der Hedgefonds und Private-Equity-Häuser bereiteten ihm schon Mitte der neunziger Jahre großes Unbehagen. Als 1995 die Londoner Baring-Bank zusammenbrach, sagte er in einem ZEIT-Artikel – »Wildes Wetten um jeden Preis« – praktisch die Krise voraus, welche die Welt 2008/09 erlebt hat. In schlichten, verständlichen Worten legte er in einem Artikel dar, wie herkömmliche Termingeschäfte getätigt wurden, bei denen es um die Abdeckung von Wechselkursrisiken bei Liefergeschäften ging. Besorgt stellte er fest: »Im Laufe der letzten zehn Jahre hat sich eine große Vielfalt von verschiedenartigen Termingeschäften (*futures*) entwickelt, die gar nicht auf Wechselkurse gezielt sind, sondern auch auf Aktienkurse, auf deren Indizes oder auf bestimmte Höhen des zukünftigen Geldmarktzinses – und desgleichen mehr. Wir sind nicht mehr weit davon entfernt, auf dem weltweiten Finanzmarkt Termingeschäfte zu erleben, deren Maßstab die Wachstumsrate der koreanischen Wirtschaft oder das Wetter in Kalifornien ist. Diesen abstrakten Termingeschäften liegt also gar kein Liefergeschäft mehr zugrunde, von dem der Kontrakt abgeleitet *(derivated)* wäre. Zwar wird der Ausdruck *financial derivates* in diesen heute überhandnehmenden Fällen immer noch benutzt, aber er täuscht bloß noch den Laien darüber hinweg, dass es sich in Wirklichkeit um einen anhand von Wahrscheinlichkeitsüberlegungen und von hochkomplizierten mathematischen Formeln berechneten Wetteinsatz handelt. Wie bei jeder Wette, so kann man auch hier sein Geld verlieren – Geld, das erst zum Termin fällig wird. Wie in Las Vegas, so kann auch hier jemand, der bereits Geld verloren hat, verleitet sein, anschließend den doppelten Einsatz zu wagen, um doch noch zum Ausgleich oder gar Gewinn zu gelangen. Diese Geschäfte in den fälschlich immer noch so genannten *financial derivatives* haben sich in den letzten Jahren schneller über die Welt ausgebreitet als jede Seuche. Die meisten Vorstandsmitglieder selbst angesehenster und größter Banken können die Konstruktionen und Risiken dieser vielfältigen Geschäfte nicht selber beurteilen, die ihre jungen, smarten ›Händler‹ im Namen der Bank täglich abschließen. Sie freuen sich zwar, wenn ihre Händler ihnen Gewinne einbringen. Sie fallen aber aus allen Wolken, wenn es Verluste hagelt. Soweit es sich dabei um eventuelle Zahlungsverpflichtungen der Bank handelt, gehen diese weit überwiegend nicht in die (veröffentlichten) Vermögensbilanzen der Bank ein. Dies gilt genauso für Nichtbanken (wie zum Beispiel die Metallgesellschaft), die sich am Las-Vegas-Spiel mit Derivaten beteiligen.«

Und dann folgte seine hellseherische Prognose: »Wenn jemals nicht nur eine relativ kleine Bank wie Baring in London, sondern eine der weltweit engagierten großen Banken aufgrund ihrer Beteiligung an derartigen Geschäften in Zahlungsschwierigkeiten kommen sollte, so wären Domino-ähnliche Effekte auf andere Banken nicht auszuschließen.«

Die beruhigenden Erklärungen der großen Geschäftsbanken und der wichtigsten Zentralbanken vermochten Schmidt nicht zu überzeugen. Konkret forderte er, die Parlamente müssten öffentliche Anhörungen veranstalten, um sich und der Öffentlichkeit Durchblick zu verschaffen; die Bankaufsichtsbehörden müssten in jedem Einzelfall einschreiten, wenn ihnen die internen Kontrollsysteme einer Bank als unzureichend erscheinen; und allen Nichtbanken sei die Beteiligung an abstrakten *financial derivatives*-Geschäften zu verbieten. »Dies ist kein Alarmruf, aber eine Mahnung zum rechtzeitigen, vorzeitigen Handeln«, beschloss er seinen Artikel.[64]

Drei Jahre später legte Schmidt kräftig nach. Inzwischen war Asien von Südkorea bis Thailand in einer Finanzkrise versunken, Russland, Japan und Brasilien hatte die Krise ebenfalls erfasst. Der Internationale Währungsfonds (IWF), der riesige Hilfskredite vergab, mit denen die Empfängerstaaten ihre ausländischen Gläubiger befriedigen konnten, knüpfte sie jedoch an Auflagen, die nach Schmidts Ansicht wenig sinnvoll waren: Sie gingen an den Notwendigkeiten der betroffenen Länder vorbei. Zugleich flößten sie den westlichen Banken und Investmentfonds die Sicherheit ein, im Ernstfall ohne Schaden davonzukommen. Würde der IWF mit zusätzlichem Kapital aus Steuermitteln der Industriestaaten ausgestattet, so würde damit nur den spekulierenden Häusern in New York, London, Zürich und Frankfurt geholfen – »aber wem sonst?«

Mittlerweile gab es Zigtausende von Derivaten, »komplizierte, mathematisch erklüngelte Wetten darauf, dass eine Währung, eine Aktie, ein Korb von Wertpapieren oder ein Zins steigt oder dass er fällt.« Kein normal begabter Bürger könne sie noch verstehen, schrieb Schmidt, und von zwölf Bankvorständen verstünden höchstens drei, welche Risiken ihre Händler eingehen. Er wiederholte seine Forderung: Ausweitung der Bankenaufsicht auf alle Fonds und Derivat-Geschäfte, und zwar international durch prinzipiell gleiche Regeln. Er wiederholte auch seine Warnung: »Je später dies geschieht, umso größer wird die Wahrscheinlichkeit, dass private Finanzinstitute mit großen kurzfristigen Geldtransaktionen weitere Währungen in Gefahr bringen und mit Fehlspekulationen kettenartige Zusammenbrüche auslösen.« Und er formulierte – der Begriff »Systemrelevanz« war noch nicht im Schwange – klipp und klar: »Es gibt keine moralische Pflicht unserer Steuerzahler, marode

Banken und Fonds zu retten. Sie müssen erkennen: Es wäre gesund und erzieherisch wirksam, wenn der eine oder andere größenwahnsinnige Raubtierkapitalist Pleite machte.«[65] Damit hob Schmidt die Diskussion von der finanztechnischen Ebene auf die moralische.

Im Frühjahr 2000 stürzten die Aktienkurse ab, um nicht ganz die Hälfte in USA, um zwei Drittel in Deutschland. »An den Geld- und Devisenmärkten sind tatsächlich überall Spekulanten am Werke, sie fallen auf jedes Gerücht herein und ergeben sich allzu häufig der Massenhysterie«, klagte er.[66] Die Illusion, dass die Aktienkurse nur noch steigen könnten und weithin die Krisenfähigkeit der Märkte überwunden sei, platzte zugleich mit dem Traum von der *New Economy*. Der Maßstab des Shareholder Value wurde ebenfalls ein Opfer des Marktkollapses.

»Es wird immer deutlicher«, schrieb der ZEIT-Herausgeber Schmidt, »weniger persönlicher Reichtum als vielmehr die Konzentration von finanzieller Verfügungsmacht und massenpsychologischer Einflussmacht in relativ wenigen Händen entwickelt sich zu einer ernsten Gefahr für eine offene Gesellschaft. Die hohe Geschwindigkeit der Übermittlung von Verfügungen, Daten und Nachrichten sowie deren massenhafte Verbreitung können binnen sehr kurzer Zeit enorme Dominoeffekte auslösen. Wo Spekulation und Leichtfertigkeit Unternehmen oder Banken in Gefahr gebracht haben, wo deshalb die Versuchung zum Verbergen und Vertuschen, zur Täuschung und zum Betrug sich ausbreitet, dort stehen wir am Rande des Verfalls. Wo Kapitalismus und Moral sich gegenseitig ausschließen, dort stecken wir bereits tief im Sumpf. […] Damals begann der Absturz der Aktienkurse in Nordamerika und in Europa, bei dem die US-Börse nicht ganz die Hälfte, die deutsche Börse sogar zwei Drittel ihres Wertes verlor. Vorher hatte es eine Massenpsychose gegeben, der manche Topmanager auch in alten, angesehenen Produktions- und Handelsfirmen sowie insbesondere in Banken und Versicherungen anheimgefallen waren; man hatte sich der Illusion ständig steigender Aktienkurse hingegeben. Dazu war in den neunziger Jahren die massenhafte Illusion einer unaufhaltsamen New Economy und eines Neuen Marktes gekommen. Als dann der Absturz erkennbar wurde, haben allzu viele zunächst der Versuchung zum Vertuschen von Fehlern und vielfach auch von Betrügereien nachgegeben. Mit vollem Recht hat der ehemalige amerikanische Finanzminister Paul O'Neill von einer ›Schande‹ gesprochen. Das gleiche Wort trifft auf manchen deutschen Spitzenmanager zu. BDI-Präsident Rogowski hat deshalb verlangt: ›Auch Topmanager haben sich am Begriff des ehrbaren Kaufmanns zu orientieren.‹«[67]

Manche vergäßen freilich allen Anstand, vermerkte Schmidt. In diesem Zusammenhang prangerte er auch die Habgier an, die sich an den Gehältern der Wirtschaftsführer ablesen ließ – tausendmal so viel wie ein durchschnittlicher Arbeiter verdienten die hundert Spitzenmanager in Amerika, das Zweihundert- bis Dreihundertfache immerhin ihre Kollegen in Deutschland. Auch ihr »Synergiedenken« missfiel ihm, das sich in Fusionen und schuldenfinanzierten Übernahmen austobte. Harsch urteilte er: »Wer – etwa eines kurzfristigen Vorteils wegen – ein gutgehendes, alteingesessenes Unternehmen zerschlägt, Beispiel Hapag-Lloyd, der hat sich das Prädikat ›Raubtierkapitalismus‹ verdient. [...] Wer nur noch Global Player sein will, der kann die patriotische Solidarität seiner eigenen Landsleute verspielen.« Ebenso harsch kritisierte er die Wirtschaftsprüfungsfirmen, die einerseits Firmenbilanzen testieren, andererseits von den betreffenden Firmen jedoch weit höhere Beratungsgebühren einstreichen, und die Übernahme der amerikanischen GAAP-Bilanzierungsregeln, die erhebliche Bewertungsspielräume offenließen und regelrecht zu Bilanzbetrug einluden.[68]

Seit der Krise der Weltfinanzen und der Weltwirtschaft in den Jahren 2007 bis 2010 sind solche Einsichten Gemeingut. Helmut Schmidt war einer der ersten Warner. »Die Wurzel der Misere liegt in dem schnellen Rückgang von Moral und Anstand bei einigen Managern«, schrieb er 2003. Der rücksichtslose Gebrauch ihrer Macht könne zu einer ernsten Gefahr für den Bestand der offenen Gesellschaft werden: »Wenn sich das Prinzip des Überlebens allein der Rücksichtslosen und der Stärksten, wenn sich dieser Sozialdarwinismus weiter ausbreiten sollte, dann können der innere Zusammenhang und die Solidarität unserer Gesellschaft zerbröseln.« Aus vollem Herzen stimmte er daher in den Notschrei der Gräfin Dönhoff ein: »Zivilisiert den Kapitalismus!«[69] Darin verriet sich die Kontinuität seines Denkens – schon in seinem ersten Buch, *Verteidigung oder Vergeltung*, hatte er »die Domestikation des Kapitalismus in den modernen Wohlfahrtsstaat hinein« als Herausforderung der Jahrhundertmitte beschrieben.[70]

Immer schärfer nahm Helmut Schmidt nun die Finanzinstitute ins Visier. Hatte ihn in den Siebzigern die überbordende Machtfülle der Großbanken besorgt gemacht, so war es um die Jahrhundertwende deren anmaßende Verstiegenheit und schrankenlose Profitgier, dazu ihre Inkompetenz. »Wenn es heute manchen deutschen Kreditinstituten nicht gutgeht«, schrieb er im Frühjahr 2003, »so ist dies zum großen Teil ihre eigene Schuld. Sie haben zu viel in Aktien investiert. Sie haben die inzwischen zerplatzte Blase der Aktienspekulation selbst angeheizt. Sie haben sich am weltweiten *mergers and acquisitions*-Zirkus munter beteiligt. Sie haben bei vielen Großkrediten die Situation und die Bonität des Kreditunternehmers nicht sorgfältig genug geprüft. Sie haben versagt.« Und er schloss: »Es wäre gut, wenn jetzt in der deutschen Kreditwirtschaft wieder Ruhe einkehrte. Es wäre gut, wenn jetzt alle Mitarbeiter zur Normalität des Geschäfts zurückfänden. Noch besser wäre es, wenn statt der Karrieren großsprecherischer Börsianer und Investmentbanker jetzt wieder die Solidarität von gelernten und erfahrenen Bankkaufleuten zum Vorbild würde.«[71]

Das Gegenteil trat ein. Nach wenigen Jahren schon stürzte die Welt in die zweite Finanzkrise des neuen Jahrhunderts. Diesmal weitete sich die Krise in eine tiefe Rezession der gesamten Weltwirtschaft aus. Das Debakel der Finanzwirtschaft schlug durch auf die Realwirtschaft. Abermals traf Schmidt mit seiner Analyse den Nagel auf den Kopf: »Vor allem in New York und in London haben wir es zu tun mit einer Kombination von hoher Intelligenz samt mathematischer Begabung, extremer Selbstsucht und Selbstbereicherung bei Abwesenheit von ausreichender Urteilskraft und von Verantwortungsbewusstsein. Man kann dieser Krankheit einen Namen geben: hemmungslose Habgier. Zugleich ist aber eine nonchalante Ignoranz der Regierungen und Behörden in Erscheinung getreten, eine unerhörte Fahrlässigkeit der politischen Klasse insgesamt, die sich leichtfertig auf die Illusion einer selbsttätigen Heilungskraft der Finanzmärkte verlassen hat, statt rechtzeitig einzugreifen. Das gilt vornehmlich für die USA und für Großbritannien. Die Regierungen und die Aufsichtsbehörden – und die Parlamente! – haben eine ausreichende Prophylaxe versäumt.[72]

Wiederum, doch konkreter und radikaler als zuvor, schlug Schmidt einen Katalog von Maßnahmen zur Eindämmung der Spekulation vor. Er liest sich auf Anhieb einleuchtend:

»1. Alle privaten Finanzinstitute (inklusive Investmentbanken, Hypothekenbanken, Investment- und Pensionsfonds, Hedgefonds, Equity Trusts, Versicherungsgesellschaften et cetera) und alle marktgängigen Finanzinstrumente werden derselben Banken- und Finanzaufsicht unterstellt.

2. Die Banken- und Finanzaufsicht legt für alle Branchen der privaten Finanzinstitute Eigenkapital-Minima fest.

3. Den Finanzinstituten werden jegliche Geschäfte außerhalb der eigenen Bilanz (und der Gewinn-und-Verlust-Rechnung) verboten und unter Strafe gestellt.

4. Allen Finanzinstituten wird bei Strafe der Handel mit solchen Finanzderivaten und -zertifikaten verboten, die nicht an einer anerkannten Wertpapierbörse zugelassen und notiert sind.

5. Es wird allen Finanzinstituten bei Strafe verboten, per zukünftigem Termin Wertpapiere und Finanzinstrumente zu verkaufen, die sie zur Zeit des Verkaufes nicht zu eigen besitzen. Damit wird die Spekulation auf fallende Kurse (»Shortselling«) erschwert.

6. Finanzeinlagen und Finanzkredite zugunsten solcher Unternehmen und Personen werden bei Strafe verboten, die rechtlich in Steuer- und Aufsichtsoasen registriert sind.«[73]

Schmidt war sich freilich darüber im Klaren: Sosehr solche

Gesetze dem gesunden Menschenverstand entsprächen – die Wortführer der internationalen Finanzindustrie würden mit raffinierten Argumenten dagegen protestieren; und selbstverständlich würden »marktradikal orientierte Regierungen diesem Protest nachgeben, zumal sie sich ohnehin in der unangenehmen Zwangslage befinden, die Erfahrung und Expertise der bisherigen Übeltäter zu benötigen«.[74] Da machte er sich nichts vor. Ebenso realistisch stellte er sich darauf ein, »dass die große Mehrheit der egomanen Manager mit ihrem Reibach davonkommt«, ausgenommen ein paar Finanzstraftäter wie Bernard Madoff, der mit seinem nach dem Schneeballsystem funktionierenden Investmentfonds einen Schaden von 65 Milliarden Dollar angerichtet hat und dafür zu 160 Jahren Zuchthaus verurteilt wurde.[75]

Helmut Schmidt hatte recht mit seiner Behauptung, ohne glaubwürdige Regulierung der Finanzindustrie und ihrer toxischen Finanzinstrumente könne das Zukunftsvertrauen nicht zurückkehren. Durchgesetzt hat er sich mit seiner Einsicht jedoch nicht. Es gab zaghafte erste Ansätze zur Regulierung, hier und dort Einschränkungen des Eigenhandels der Banken, die Begrenzung von Anlagen der Kreditinstitute in Hedge-Fonds und Beteiligungsgesellschaften sowie das Verbot von Leerverkäufen; mehr nicht. In den Vereinigten Staaten durchkreuzte der Kongress Präsident Obamas weitergehende Absichten, in Europa aber war es das alte Lied: Die EU-27 konnte sich nicht einigen; die 16 Euro-Länder waren nicht in der Lage, sich auf einen gemeinsamen Nenner zu verständigen; und nicht einmal Frankreich und Deutschland arbeiteten Hand in Hand. »Wenn es in USA keine Regulierung gibt, wird es auch in England keine geben, und sie wird sich nicht in der Welt ausbreiten«, war Schmidts Kommentar. »Ich wäre schon glücklich, wenn wenigstens die EU innerhalb ihrer Grenzen eine stärkere Regulierung durchsetzen würde. Aber gegenwärtig stehen an ihrer Spitze keine sonderlich starken Personen. Das gilt sowohl für den Präsidenten der Kommission als auch für den neuen ständigen Ratspräsidenten. Beide sind nicht sehr eindrucksvoll.«[76]

Auch von der Einsichtsfähigkeit der Banker versprach sich Schmidt nicht viel. Einige Banken fingen schon wieder an, sich aufzuspielen und unglaubliche Bonifikationen auszuzahlen, monierte er. Und da die Regulierung nicht vorankomme, seien viele Banken schon wieder dabei, dieselben Fehler zu begehen, die seit 2004 zum Entstehen der Blase beigetragen und sie letztlich zum Platzen gebracht hätten. Damit würden die Voraussetzungen für das Entstehen der nächsten Blase geschaffen.[77] In diesem Zusammenhang kritisierte er auch den »Größenwahn mit Folgen«, der viele Landesbanken in Schwierigkeiten gebracht hat.[78]

Ansonsten gab der Nationalökonom Schmidt einige gewichtige Ratschläge. So sagte er, man dürfe sich nicht totsparen – Einschnitte in die konsumtiven Ausgaben seien angebracht, nicht jedoch eine Kürzung der investiven Staatsausgaben.[79] »Es ist Illusion zu meinen, mit allen Annehmlichkeiten und Wohltaten könnte es so weitergehen wie bisher«, schrieb er. Steuerpolitische Wohltaten ließen sich in der Regel kaum revidieren; sie trügen dauerhaft zu künftigen Defiziten der Staatshaushalte bei. »Hingegen sind reale, produktive Investitionen keine Zukunftsbelastung, sondern sie entfalten dauerhafte Wirkung.«[80] Auch lehnte er, der früher vor 30 Milliarden Nettokreditaufnahme zurückgeschreckt war, in der Krise eine Neuverschuldung nicht grundsätzlich ab. Zwar drückten die neuen Schulden den Staat, aber es stehe ihnen in Deutschland auch eine ansehnliche Sparrate gegenüber. Deutsche und Franzosen hätten sich ja bei sich selbst verschuldet, die Schulden ihrer Staaten lägen nicht in den Händen der Chinesen wie die der Amerikaner mit ihrer bei null angesiedelten Sparquote.[81] (In diesem Sinne hatte er unmittelbar nach seinem Ausscheiden aus dem Kanzleramt sogar die höhere Kreditaufnahme des Nachfolgers Kohl gutgeheißen.)

Viele Regierungen und Parlamente, sagte Schmidt einmal, stünden heute vor derselben schwierigen Frage, die ihn als Bundeskanzler geplagt habe: »ob heute eine hohe Arbeitslosigkeit schwerer zu ertragen ist als eine erhebliche Inflation – oder ob umgekehrt eine hohe Geldwertstabilität einen höheren Rang haben muss als ausreichende Raten des ökonomischen Wachstums und der Beschäftigung«. Eine theoretische Patentantwort gebe es darauf derzeit nirgendwo. »Tatsächlich ist damit zu rechnen, dass die Regierenden sich nur schrittweise an die Lösung der heutigen Probleme herantasten.«[82]

Es ist bemerkenswert, dass Helmut Schmidts Grundhaltung in puncto Wirtschaftspolitik sich über die Jahre und Jahrzehnte so gut wie nicht verändert hat. Das Sozialstaatsgebot des Grundgesetzartikels 20 dürfe kein Regierender aus den Augen lassen, aber niemand verstoße gegen das Gebot der sozialen Gerechtigkeit, wenn er Übertreibungen und Missbräuche in unserem ausgeklügelten System beseitige.[83] Andererseits müsse das Selbstinteresse des Einzelnen an die Leine der Vernunft genommen und in Richtung des sozialen Wohls geleitet werden.[84] Darin liege die »relative Bestleistung« der Deutschen nach dem Zweiten Weltkrieg: »dass wir das Glück hatten, die soziale Sicherheit und die soziale Fairness in der Aufteilung des Kuchens immer jedermann bewusst sein zu lassen«.[85]

Oft hat er daran erinnert, dass Adam Smith nicht nur den *Wohlstand der Nationen* geschrieben und die segensreiche Rolle der »unsichtbaren Hand« im Wirtschaftsgeschehen gepriesen hat, sondern auch der Verfasser einer *Theorie der moralischen Empfindungen* ist, einer Moralphilosophie, die auf Mitmenschlichkeit hinausläuft und keineswegs auf Sozialdarwinismus und Raubtierkapitalismus. Beifällig zitierte er Keynes: »Der Nihilismus unregulierter Kapitalmärkte lässt Beschäftigung und Wohlstand zu Nebenergebnissen eines Spielkasinobetriebes werden.«[86] Er beharrte darauf: »Eine Reduzierung des Menschen auf das Ökonomische ist verboten.«[87] Und Gandhis schönes Wort »Geschäft ohne Moral ist eine soziale Sünde« zitierte er sogar im Dialog mit Bundespräsident Horst Köhler.[88]

Auch auf dem Felde der Wirtschaftspolitik blieb Schmidts Haltung stets von aufreizender Illusionslosigkeit gekennzeichnet. Da galt ebenfalls sein Bekenntnis: »Ich halte Pessimismus für etwas Verbotenes, ich halte Optimismus für etwas Verbotenes. Ich bin dafür, dass man den Tatsachen so realistisch, wie man nur kann, ins Auge schaut, um daraus abzuschätzen, was zu tun ist.«[89]

Der Hanseat

Helmut Schmidt ist ein waschechter Hamburger in mehrerlei Hinsicht. Zum einen ist er nicht nur ein gebürtiger Hamburger, sondern ein geborener. Die Hansestädter machen da ja einen feinen Unterschied: Der »geborene« Hamburger hat mindestens in der dritten Generation im Quelleneinzugsgebiet der Alster das Licht der Welt erblickt; der »gebürtige« ist bloß in der ersten Generation dort zur Welt gekommen (alle anderen sind sowieso »Quiddjes«, Zugereiste, oder »Reingeschmeckte«).

Zum Zweiten hat Schmidt aus dem Zufall der Geburt eine ungeniert zur Schau getragene Leidenschaft gemacht. Die Kopfbedeckung, die gemeinhin als Prinz-Heinrich-Mütze bezeichnet wird, die aber in Wahrheit eine Helgoländer Lotsenmütze ist, wurde zu seinem Markenzeichen. Er »s-tößt an«, wie es an der Alster die ganz oben wie die ganz unten beim S-prechen gern tun, und graue Hose samt dunkelblauem Blazer ist seine Lieblingstracht. Vielen im Lande gilt er als die Verkörperung des Hanseatischen – »ökonomisch versiert, musisch gebildet, kühl und vornehm, aber mit großer Leidenschaft für das Gemeinwohl«, wie es Münchens Oberbürgermeister Christian Uhde ausgedrückt hat.

Zum Dritten ist er nicht nur Zufalls-Hamburger oder Gewohnheits-Hamburger, er ist Bekenntnis-Hamburger – »Hamburger von Geburt und Gesinnung«, wie er sich zuweilen stolz vorstellt.[1] »Ich bin durch Hamburgs Genius Loci während der ersten fünfunddreißig Jahre meines Lebens entscheidend erzogen worden«, hat er einmal gesagt.[2] Er hängt, »mit all ihren Vorzügen und Beschränktheiten«,[3] hingebungsvoll an seiner Vaterstadt, der er einmal bescheinigte, sie sei »eine großartige Synthese aus Atlantik und Alster, aus Buddenbrooks und Bebel, aus Leben und Lebenlassen«.[4] Hingerissen bekannte er 1962: »Ich liebe diese Stadt mit ihren kaum verhüllten Anglizismen in Form und Gebärden, mit ihrem zeremoniellen Traditionsstolz, mit ihrem kaufmännischen Pragmatismus und zugleich ihrer liebenswerten Provinzialität.« Nur in Hamburg wolle er leben, bekannte er: »In Frankfurt verdienen sie zu viel Geld, in Düsseldorf zeigen sie es auch noch, in Stuttgart sind sie mir zu eifrig und in Neu-Bonn (seit der Wiedervereinigung würde er sicherlich sagen: Neu-Berlin) zu aufgeblasen."[5] Ein andermal schrieb er: »Ich bin hier geboren und aufgewachsen, und in all den Jahren meines Lebens bin ich mir meiner hanseatischen Wurzeln bewusst geblieben. Welch großes Glück, wenn ein Deutscher nicht nur Hitler überlebt hat, sondern außerdem seine Heimat behalten durfte, wenn er weder aus seiner Heimat hat flüchten müssen noch daraus vertrieben worden ist!«[6] Die Freie und Hansestadt hat ihn geprägt: »Hamburg und die erfahrenen Menschen, mit denen man hier Umgang hatte, das war der Ort, von dem aus ich mir als jüngerer Mann mein Bild von der Welt gemacht habe.«

Doch Helmut Schmidt war nie bloß Hamburger. Er habe sich stets auch als Hanseat gefühlt, bekannte der Neunzigjährige: »Dieses Gefühl hat immer Bremen, Stade, Lüneburg eingeschlossen, natürlich Lübeck, Wismar, Rostock und den Ratzeburger Dom. Die Backsteingotik rund um die Ostsee war für mich Heimat. Es fügte sich, dass der Hamburger Oberbaudirektor Fritz Schumacher mein Ideal wurde. Mein hanseatisches Bewusstsein hat allerdings auch den Blick über Nordsee und Ostsee eingeschlossen, immer den Blick über See, über Atlantik und Pazifik […]. Für mich hat Hanseatentum immer auch die Duplizität des Blicks über die Grenzen und Meere und Bindung an die engere Heimat bedeutet.«[7] Heimatstolz befand er: »Dies ist eine Stadt, die genug Möglichkeiten hat, draußen die Welt einzufangen und zu lernen, was daraus zu lernen ist, und auch der Welt draußen zu helfen.«[8]

Es ist keine Übertreibung, wenn man sagt: Alles, was Helmut Schmidt je über seine Heimatstadt geschrieben hat, ist mit Herzblut geschrieben. Fast alles jedenfalls. Denn was er 1951 über Hamburg zu Papier brachte, war von unterkühlter Sachlichkeit: eine Serie von Interviews nämlich mit Prominenten der Hamburger Geschäftswelt. Sie erschienen in verschiedenen Publikationen und wurden, herausgegeben vom Staatlichen Außenhandelskontor im Carl Holler Verlag, auch auf Englisch veröffentlicht. Der Titel lautete: *Hamburg and the other North Sea Ports*, der Untertitel *Helmut Schmidt asks leading Hamburg persons about their opinion*. Es ging in diesen Artikeln in erster Linie um den Wiederaufbau des Hafens und der deutschen Handelsflotte; um die Kooperation der nordwesteuropäischen Häfen, zumal zwischen Hamburg und dem weit größeren Rotterdam; und um die Aufhebung der Beschränkungen, denen die deutsche Seeschifffahrt noch immer unterlag. Schmidt war damals Leiter der wirtschaftspolitischen Abteilung der Behörde für Wirtschaft; 1952 betraute ihn sein Chef und früherer akademischer Lehrer, der Senator (und spätere Bundeswirtschaftsminister) Karl Schiller, mit der Leitung des Amtes für Verkehr. In diesen frühen Aufsätzen schrieb ein kundiger Fachmann über lebenswichtige Probleme der Hansestadt. Die Herzblut-Lyrik kam viel später.

Acht Jahre lang, von 1953 bis Ende 1961, machte Schmidt dann als SPD-Bundestagsabgeordneter in Bonn Politik – Verkehrspolitik zunächst, dann Verteidigungs- und Sicherheitspolitik und, je länger, desto leidenschaftlicher, klassische Außenpolitik. Aber die ewige Opposition wurde er allmählich leid. Freunden erklärte er gern, er sehne sich nach handfester praktischer Arbeit, in der er Tatkraft und Durchsetzungsfähigkeit beweisen könne; er wolle auch einmal erleben, dass er Anordnungen treffe, die dann auch tatsächlich ausgeführt würden (»Ich bitte um Vollzugsmeldung«), und nicht nur folgenlos reden.[9] So griff er ohne längeres Bedenken zu, als ihn nach den Hamburger Bürgerschaftswahlen vom 12. November 1961 das Angebot erreichte, in den Senat der Hansestadt einzutreten und die Innenbehörde aufzubauen. Er war gerade erst zwei Monate im Amt, da brach die schlimmste Sturmflut seit 1825 über die Elbmetropole herein. Der Hurrikan »Vincinette« fegte mit verheerender Gewalt über die Stadt, an sechzig Stellen brachen die Deiche, 150 000 Menschen wurden vom Wasser eingeschlossen, 17 000 mussten evakuiert werden, 315 kamen in den Fluten um. Schmidt wandte sich direkt an den NATO-Oberbefehlshaber Lauris Norstad, mit dem er lose befreundet war, und forderte 200 Hubschrauber an; er übernahm kurz entschlossen das Kommando über die 8000 Mann in den Hilfseinheiten der Bundeswehr, die sich ihm freiwillig unterstellten; und wo es darum ging, Menschenleben zu retten, schaute er nicht erst nach, was der Dienstweg (oder auch das Grundgesetz) für solche Fälle vorsah.[10] In dieser Katastrophe begründete der Innensenator Schmidt, der die Hilfsaktion leitete, seinen Ruf als »Macher«; vorbei war es mit der Ära von »Schmidt-Schnauze«. Die ganze Bundesrepublik war beeindruckt von seiner Umsicht und Verantwortungsfreudigkeit, die Hamburger aber schlossen Helmut Schmidt ins Herz.

Kaum dass sich die Wasser wieder verlaufen hatten und inmitten verzehrender parteipolitischer Kämpfe beim Neuaufbau der Innenbehörde verfasste Helmut Schmidt seine erste Liebeserklärung an die Freie und Hansestadt Hamburg – einen anonymen Artikel in der *Welt*, einen mit drei Sternen anstelle des Verfassernamens gezeichneten »Brief an Hamburger Freunde.« Es war eine Liebeserklärung voller spitzer Kritikpfeile.

Die rhapsodischen Passagen waren hinreißend formuliert. »Hamburg, Vorort der geistigen Freiheit, des Liberalismus in weitestem Sinne [...], Hamburg, Freistätte für Katholiken und Juden, für Religiöse und Freidenker, eine politische Landschaft, der die Pflanze Demokratie nicht aufgepfropft werden musste«, lautete eine Eloge. Eine andere: »Diese Stadt beherbergt ein unglaubliches Reservoir an weltweiter Erfahrung, an geistigem Potenzial, an realistischen Fähigkeiten zur Kalkulation, an Toleranz und Prinzipientreue, an Weitblick und Wagemut.« Desgleichen rühmte der Anonymus »Hamburgs diskreten Wohlstand, seine reservierte Anständigkeit und seine faire soziale Ordnung«. Doch das waren alles nur *capta-*

tiones benevolentiae. Sie sollten die peitschenden Ermahnungen verzuckern, die nun folgten, ein Aber nach dem anderen.

»Aber ich liebe sie mit Wehmut«, hob das erste Lamento an, »denn sie schläft, meine Schöne, sie träumt; sie ist eitel mit ihren Tugenden, ohne sie recht zu nutzen; sie genießt den heutigen Tag und scheint den morgigen für selbstverständlich zu halten – sie sonnt sich ein wenig zu selbstgefällig und lässt den lieben Gott einen guten Mann sein.«

»Hamburg – das ist unser Wille zu sein«, zitierte Schmidt, ohne ihn zu nennen, Wolfgang Borchert, den Dichter von *Draußen vor der Tür*. Doch das Aber folgte dem Lobpreis auf dem Fuße: »Aber ist Hamburg wirklich der Wille zu sein?«

Und so ging es weiter. Hamburg sei immer noch stolz auf seine Schiffe – »aber in Wahrheit neigt sich die große Zeit des Primats von Hafen und Überseehandel«. Wohl seien sie fleißig, die Hamburger – »aber sie sind zu vornehm, ob sie Brauer heißen oder Sieveking. Sie streiten nicht gern und überlassen den Bonnern das Feld.« Schmidt mochte Bonn nicht: »Bonn als deutsche Hauptstadt ist ein trauriger Witz, aber eine Realität. Bonn prägt Deutschland seit dreizehn Jahren – fast schon eine halbe Generation. Der Klüngel von Rhein und Ruhr macht sich breit in Deutschland. Berlin ist gelähmt und Hamburg schweigt.« Sein Urteil war harsch: »Die politischen Führer der Stadt haben sich ihre Bonner Pflichten bequem gemacht. [...] Das Gewicht Hamburgs fehlt in Bonn.«

Der Artikel endete in einem Schwall dringlicher Appelle. »Macht Gebrauch von [Eurem] Kapital, wuchert mit Eurem Pfunde. Macht Eure Schulen wieder zu bewunderten Beispielen, lasst Euren Schulkindern tolerante Demokratie eine alltägliche Selbstverständlichkeit sein. Macht Eure Universität zu einer Akademie, an der es selbstverständlich ist, die Fragen nicht nur unserer Geschichte, sondern auch unserer politischen Gegenwart und Zukunft anzugehen, an der nicht nur die Sprachen Asiens und Afrikas, sondern ebenso auch die Sorgen und Nöte dieser Kontinente studiert werden, an der man nicht nur Juristen und Betriebswirte, Lehrer und Ärzte produziert, sondern zugleich Menschen mit dem Blick auf die Welt jenseits des Rheins und der Oder, mit einem Wort: Hanseaten. Lasst Euren Senat mehr sein als treusorgendes Stadtregiment. [...] Macht Euer Landesparlament und Eure Parteien fähig zu erkennen, dass die eigentlichen politischen Aufgaben dieser Stadt bis nach Helsinki oder Warschau, nach Djakarta oder Buenos Aires reichen, nach London, Washington und Moskau [...]. Hanseatentum muss nicht eine Sache vergangener Zeiten und deshalb bloß des Lesebuches sein – Hanseaten werden gegenwärtig in der deutschen Politik dringend gebraucht.«[11]

Nur wenige Wochen später veröffentlichte Schmidt in der *Welt* einen zweiten anonymen Artikel, diesmal nicht unter drei Sternen, sondern unter drei Punkten.[12] Aus Bonner Sicht nehme sich Hamburg wie ein »reicher und mächtiger Querulant« aus. In der Tat: Pro Kopf erzeugte die Stadt ein doppelt so hohes Sozialprodukt wie im Bundesdurchschnitt und erreichte damit 190 Prozent des EWG-Durchschnitts – den höchsten Wert in der Brüsseler Gemeinschaft. Aber der hanseatische Kaufmann, argumentierte Schmidt, habe seine dominierende Stellung eingebüßt; die modernen Nachrichten- und Transportmittel ermöglichten es auch den Binnenländern, selbständig Außenhandel zu treiben; die Seehäfen Rotterdam und Antwerpen machten immer stärker das Rennen; die Modernisierung des Hafens und die Vertiefung der Elbe seien Aufgaben der Politik in Land und Bund geworden.[13] Schmidt schwebte eine gemeinsame Wirtschafts-, Verkehrs- und Finanzpolitik für den »von Kiel und Lübeck bis nach Lüneburg und Stade« reichenden Großraum Hamburg vor. Die Sozialdemokraten betrachtete er dabei als die »legitimen heutigen Nachfolger der alten Hanseaten«.[14]

Wurde der Weckruf gehört? Wohl nur unzulänglich, sonst hätte die *Welt* nicht sechzehn Jahre später, im April 1978, den »Brief an Hamburger Freunde« ein zweites Mal abgedruckt – als Auftakt zu einer Diskussion, die angesichts vieler neuer Probleme, denen sich die Freie und Hansestadt gegenübersah, jenen Bürgersinn mobilisieren sollte, »der Hamburg einst groß gemacht hat«. Daneben stellte sie die Antwort eines Hamburgers, der sich nun seinerseits des Drei-Sterne-Pseudonyms bediente. Er richtete einige kritische Fragen an Schmidt: Wer denn heute den Bonnern die Meinung Hamburgs sage, soweit es eine gebe? Wer schütze die schweigende Mehrheit? »Was eigentlich können Sie, können wir in Deutschland, in Europa, in der Welt bewegen, wenn wir schon vor der Entwicklungs-Paralyse einer Stadt wie Hamburg kapitulieren?« Was halte Schmidt »von der Idyllen-Romantik derjenigen, die heute in Hamburg per Lautstärke entscheiden«? (Zusatz: »Wenn es nach ihnen ginge, müsste Hamburg ein ›Bad‹ oder ein Dorf werden, vielleicht gar ein Museumsdorf.«) Schließlich: »Wer denkt hier schon an Washington, London, Paris oder Moskau, wenn es etwa in Langenhorn – ausgerechnet Ihrem Wohnsitz Langenhorn – Streit um eine Umgehungsstraße gibt, obwohl Bonn sie bezahlen will?« Hätten sich, so schloss der erzürnte Antwortverfasser, nach dem Krieg derlei Einstellungen durchgesetzt, wäre der Aufbau nach 1945 nicht möglich gewesen: »Hamburg wäre nicht die lebendige, wachsende, über ihre Grenzen weit hinaus wirkende Weltstadt geworden, wie Sie sie beschrieben haben. Heute allerdings droht Ihre ›Schöne‹ fast wie ein Dornröschen zu entschlummern. Wo ist der Prinz, der sie erweckt?«

Ja, wo war er? Die Antwort muss unbefriedigend ausgefallen sein – aber das liegt nicht an Helmut Schmidt, sondern an der Schwerfälligkeit, ja Unbelehrbarkeit der Hamburger. Jedenfalls veröffentlichte die *Welt* den Drei-Sterne-Artikel am 17. Juni 1999 ein weiteres Mal. Begründung: »Geändert hat sich in unserer Stadt seitdem wenig. Daher drucken wir den ›Brief an Hamburger Freunde‹ noch einmal ab. Er ist heute, kurz vor der Jahrtausendwende, so aktuell wie damals.«[15]

Mitte der sechziger Jahre hatte Helmut Schmidt noch einmal zu Hamburger Angelegenheiten das Wort ergriffen, diesmal im *Sonntagsblatt*, unter vollem Namen samt seiner Amtsbezeichnung »Senator für Inneres«.[16] Unter der Überschrift »Wo das Gemeinwesen noch überschaubar ist« breitete er in diesem Artikel seine

Gedanken zu den Problemen eines Stadtstaates aus, der zwischen der Anhänglichkeit an alte Traditionen und den Anforderungen der Modernität ein neues Gleichgewicht finden musste. Es ging um die dringend notwendige Reform der Hamburger Verfassung, die noch manche konstitutionelle Eigentümlichkeit mit sich herumschleppte, welche nicht mehr in die neue Zeit passte. So zeichnete sich die Verwaltung der Hansestadt durch eine höchst komplizierte Spitzengliederung aus: 20 senatsunmittelbare Behörden wurden von nur 12 Senatoren geführt, 11 Behörden von »Deputationen« geleitet, neben denen noch 5 autonome Ausschüsse Entscheidungen auf höchster Ebene trafen; 7 Bezirksparlamente und 18 Ortsparlamente, deren zweieinhalb Dutzend Ausschüsse und eine Vielzahl ehrenamtlicher Gremien machten den Wirrwarr der Hamburger Verwaltung komplett. Schmidt sah bei diesen Eigentümlichkeiten die Berufung auf alte Traditionen »nicht für stichhaltig« an. (»Tradition ist etwas Wichtiges, aber es ist nicht der Hauptzweck des Lebens«, schrieb er dreiundvierzig Jahre später.[17]) »Dabei hat nicht nur die Überschaubarkeit gelitten, sondern vor allem auch die innere Unabhängigkeit des Landesparlaments«, kritisierte er. Obendrein bezweifelte er, dass »durch die spezifische Hamburger Verwaltungsdemokratie auch das Interesse des Bürgers an der Landes- oder Kommunalpolitik angeregt worden ist«. Er wollte Schluss machen mit der administrativen Kleinteiligkeit, ja Kleinkariertheit. Die hanseatische Verwaltungsstruktur »sollte von rationalen, nicht von traditionellen Gesichtspunkten bestimmt werden«.

Hier zeigte sich nicht nur der Verwaltungsreformer, sondern auch der Verfassungsdenker Schmidt. Die Zusammenführung einer Vielzahl von Ämtern zur Innenbehörde hatte ihn auf die Strukturprobleme der fünfstufigen Hamburger Administration gestoßen. So trieb er leidenschaftlich zur Reform – vergeblich allerdings. In seinen drei Senatsjahren erwarb er sich großes Ansehen in der Hansestadt. Er rüttelte die »schlafende Schöne« auch ein Stück weit wach. Aber mit seinen grundlegenden Reformvorstellungen drang er nicht durch. Die Zeit war dafür zu kurz.[18]

Denn inzwischen hatte sich Helmut Schmidt schon wieder der Bonner Politik zugewandt. Im Wahljahr 1965 war er als Schatten-Verteidigungsminister in die Mannschaft Willy Brandts berufen worden. Über die Landesliste zog er in den Bundestag ein. (Erst 1968 eroberte er den Wahlkreis Bergedorf; auf ihn entfielen 61,1 Prozent der Stimmen. Bei den nachfolgenden Bundestagswahlen erhielt er meist um die 60 Prozent – 1972: 64,0; 1976: 59,7; 1980: 61,3; 1983: 55,6 Prozent.) Nach seinen eigenen Worten schied er Mitte der sechziger Jahre »mit zwei weinenden Augen« aus dem Rathaus der Elbmetropole. »Tiefe Liebe« zu seiner Vaterstadt bekannte er bei dieser Gelegenheit. Doch gehe er in der Überzeugung nach Bonn, dass hamburgischer Geist ein notwendiger Faktor bleibe »unter den Menschen, die von der rheinischen Residenz aus unserer Demokratie Führung und Gestalt geben«.[19] Nach dem Sturz der Regierung Erhard, als Kurt-Georg Kiesinger am 1. Dezember 1966 die erste Große Koalition aus CDU/CSU und SPD bildete, rückte Schmidt in eine zentrale Position ein: Zunächst kommissarisch an Stelle des erkrankten Fritz Erler und nach dessen Tod 1967 offiziell übernahm er den Vorsitz der SPD-Bundestagsfraktion. In den nächsten Jahren war er neben dem CDU-Fraktionsvorsitzenden Rainer Barzel ein tragender Pfeiler des von Bundeskanzler Kiesinger geführten Regierungsbündnisses. Als im Herbst 1969 Willy Brandt ins Palais Schaumburg einzog, wurde Schmidt Bundesminister der Verteidigung, 1972 Bundesfinanzminister und schließlich, nach Brandts Rücktritt im Jahre 1974, dessen Nachfolger im Bundeskanzleramt. Kein Wunder, dass er bei solch drückender Ämterlast für Hamburg dreizehn Jahre lang nur wenig Zeit hatte. Dies änderte sich erst wieder, als er 1983 in seine Vaterstadt zurückkehrte.

»Was ist es eigentlich, das Reiz und Bild dieser Stadt ausmacht?«, fragte er sich nach seiner Heimkehr. Gerade erst – 1983 – war er Ehrenbürger der Freien und Hansestadt Hamburg geworden. Das hinderte ihn jedoch nicht daran, den Hamburgern im Frühjahr 1984 in der ZEIT ein weiteres Mal den Spiegel vorzuhalten.[20] Das Bild, das sie darin sahen, war zwiespältig. Vielerlei Minusposten führte Schmidt auf: »von dem schlechten Zustand der größten deutschen Reederei Hapag-Lloyd und fast aller Werften bis zum Beinahe-Zusammenbruch von Schröder, Münchmeyer und Hengst; von der Schwerfälligkeit hamburgischer Bürokratie bis zur Sterilität aller vier politischen Parteien; von der Schmalheit hamburgischer Kultur- und Schulpolitik bis zur Zuschauerleere zweier Staatstheater«. Aber auch viele Habenposten vermerkte er: »einige Unternehmen mit Weltklasse-Produkten, von Steinway und Diamant-Winter bis Hauni und Beiersdorf; ein hochleistungsfähiger Hafen; eine leistungswillige, gut ausgebildete, sehr zuverlässige Facharbeiterschaft und voll wettbewerbsfähige, immer breitere Schichten von kaufmännisch-administrativer und technischen Intelligenz; ein großes Reservoir an Realitätsbereitschaft; eine breite Tradition kultureller und künstlerischer Aufnahmebereitschaft; vor allem aber die in zwölf Jahrhunderten des Auf und Ab ungebrochene Fähigkeit zum Neubeginn.«

Und nichts weniger als einen Neubeginn verlangte der Altkanzler, nun Mitherausgeber der ZEIT. Die Stadt leide unter einem »ihr nicht ausreichend bewussten wirtschaftlichen Umbruch«, einer »umfassenden Strukturkrise in den Regionen der alten Schornstein-Industrien, von Pittsburgh bis Duisburg, von Liverpool bis Bremen oder Kiel«. Ihre Funktionsfähigkeit sah er beeinträchtigt durch »Flächenknappheit, relativ zu hohe Bodenpreise; hohe, unumgänglich nötige Umweltschutzauflagen; scharfe Konkurrenz zwischen den vier wichtigsten Bodennutzern: Wohnen, Produzieren, Verkehr und Freizeit«. Auch hätten die Nazis 1937 mit dem Groß-Hamburg-Gesetz »das Kleid zu klein geschneidert«. Die Chance, das »minikleine Staatsgebiet« im Zuge einer Neugliederung des Bundesgebiets nach Artikel 29 des Grundgesetzes in einem größeren norddeutschen Verbund aufgehen zu lassen, sei verpasst worden und nun »gleich null«. Jetzt müssten wenigstens die vier Küstenländer sich endlich gegenseitig so behandeln, als gäbe es die kleinstaatlichen Grenzen zwischen ihnen gar nicht.

Dieser Empfehlung lag nicht nur politische Enttäuschung zugrunde, sondern ein ausgeprägtes norddeutsches Zusammengehörigkeitsgefühl. »Für mich als einen geborenen Hamburger«, schrieb er 1985, »war es immer selbstverständlich, dass nicht meine Vaterstadt allein meine Heimat war, sondern zu meiner Heimat gehörte der ganze norddeutsche Raum, die Lüneburger Heide und die Holsteinische Schweiz, die Küsten von Nord- und Ostsee gleichermaßen; dazu gehören Städte wie Stade, Celle oder Lüneburg, Bremen oder Lübeck, Ratzeburg ebenso wie Güstrow oder Wismar. Es sind die Städte mit den Kirchen und Kathedralen der Backsteingotik. [...] Es ist überall das gleiche flache Land der Endmoränen, der Seen und der Küsten. [...] Es ist überall ein sehr ähnliches Plattdeutsch – und überall jene gewisse Schwerfälligkeit der Menschen«.[21]

Viele bekamen in Schmidts ZEIT-Analyse ihr Fett weg: die Unternehmer (»teilweise exzellent, meistenteils jedoch konservativ und träge«); die Politik (»für den Anspruch, Tor zur Welt zu sein, liegt der gemeinsame Nenner reichlich niedrig«); die Verwaltung (»Balkanisierung der Stadt in sieben Bezirke«); die Bürokratie (»von wirtschaftsfeindlicher Langsamkeit«); die Universitäten (»in Sachen Forschung ist Hamburg wirklich noch kein Zentrum«); die ewig Nein sagenden Bürger (»Ohne Ökologie können wir zukünftig nicht leben, aber wir können auch zukünftig nicht von der Ökologie leben. Wenn Millionen von Hafen und Industrie leben wollen, so müssen sie ein Minimum an Lärm und Dreck ertragen«).

Schmidts Fazit war eindeutig: »Die Hamburger müssen sich aus ihren Befangenheiten befreien – die Wirtschaft ebenso wie die Sozialdemokratie.« Den wirtschaftsfernen Lehrern und Akademikern in der SPD verpasste er bei dieser Gelegenheit einen kräftigen Seitenhieb: »Die Erklärung eines Stadtteils zur atomwaffenfreien Zone erscheint manchen von ihnen bedeutsam; die Ansiedlung oder Erweiterung eines Industriebetriebs erscheint ihnen dagegen eher lästig, weil mit Geräusch, Geruch und Verkehr verbunden.« Die FDP, zensierte Schmidt weiter, habe sich selbst aus dem Rathaus abgemeldet; einstweilen sei von ihr »kein Honig zu erwarten«. Die Grünen tat er kurz ab: Mit ihren »teils intellektuell-utopistischen,

teils ökologisch-idealistischen, teils kommunistischen Farbtupfern«
machten sie das Gesamtbild lebendiger, »aber zum konstruktiven
parlamentarischen Handeln fehlen Erfahrung und Wille gleichermaßen« (das sollte sich in Hamburg binnen anderthalb Jahrzehnten
ändern). Die Christdemokraten hatte Schmidt damals überhaupt
nicht auf der Rechnung. Die hanseatische CDU sah er »gekennzeichnet durch die Abwesenheit der Hoffnung, einmal die Rathaus-Mehrheit zu bilden« – eine Ansicht, die erst sechzehn Jahre später,
im Oktober 2001, von Ole von Beust widerlegt werden konnte.

»Als wichtigste Aufgabe muss die umsichtige Förderung und
Hilfe des wirtschaftlichen Strukturwandels verstanden werden«,
postulierte Helmut Schmidt 1984 – »nicht aber der Schrebergarten
plus Parkplatz innerhalb des Weichbildes der Stadt«. Dabei könne
die geistige Führung von den Politikern ausgehen, ebenso von den
führenden Personen der Handelskammer.»Aber das Tun, das Handeln, das Unternehmen des Neuen, die Innovation der Produkt- und
Leistungspalette: Dies hat von den Unternehmensleitern, von den
Ingenieuren, von der angewandten Naturwissenschaft, von der Medizin zu kommen – auch von den Banken und freien Berufen […].
Senat und Verwaltung haben Hilfen zu leisten. Aber sie können keine weltweit patentfähigen Erfindungen oder Verfahren entwickeln,
von denen die Hamburger leben.«

Neues Wasser müsse auf neue Mühlen geleitet werden, schloss
der gestrenge Mahner. Das personelle Reservoir müsse besser ausgeschöpft werden. Frische Kräfte müsse man auch von außerhalb
holen, die Einzubürgernden würden zu Hanseaten werden. »Und
Hanseaten werden hier gegenwärtig dringend gebraucht; will heißen: Menschen, die etwas Neues wagen, um zu gewinnen!«

Wo der Redner Schmidt die Stimme zu heben pflegte, bemühte
der Schreiber Schmidt immer gern das Ausrufezeichen.[22]

War es Altersmilde, oder hatten sich die Hanseaten im Laufe der
nächsten zwölf Jahre wirklich aufgerappelt, zusammengerissen, ermannt? Im Jahre 1996 gab Helmut Schmidt sanftmütig zu Protokoll: »Wenn auch im Rathaus viel häufiger als unvermeidlich klein-

karierte Kirchturmpolitik streitig ausgetragen wird, so kann man doch heute, gegen Ende des Jahrhunderts, nicht mehr sagen, dass Hamburg schlafe. Die Stadt ist aufgewacht, sie hat ihre Versäumnisse verstanden, sie ist selbstkritisch geworden, sie arbeitet bewusst an ihrer Zukunft.«

Eine Wortmeldung Schmidts sorgte Anfang 2004 für Überraschung in der Hansestadt. Ungerührt stellte er Hamburgs Status als Bundesland in Frage. Lieber sprach er von einem »kleinen, in Wahrheit bloß so genannten Stadtstaat«. Dabei kritisierte er auch das Selbstverständnis von Regierungsfraktion und Opposition in der Bürgerschaft, dem Hamburger Landtag. »Nur mit starker Übertreibung kann man die Bürgerschaft eine Legislative nennen«, sagte er; nur selten würden ja neue hamburgische Gesetze benötigt. Der Senat regiere auch nicht einen Staat, sondern leite eine »hochkomplizierte und allzu weit aufgefächerte Stadtverwaltung«.[23] Da sprach noch einmal der Verfassungsdenker. Da er seine Pappenheimer kannte, wird Helmut Schmidt sich nicht allzu sehr gewundert haben, dass seine Thesen bei Hamburgs Politikern wenig Widerhall fanden.

In den folgenden Jahren mischte er sich öfter in Hamburgs Angelegenheiten ein. Häufig tat er dies im Stillen, wenn sich Bürger mit ihren Anliegen hilfesuchend an ihn wandten. In vielen Fällen wusste er da Abhilfe zu schaffen. Ein Brief von ihm beeindruckte jeden Amtsleiter und veranlasste die Beamten, der Sache gründlich nachzugehen.

Die spektakulärste Wirkung erzielte Schmidt wohl mit einer Intervention in seiner Heimatstadt. Es ging um die Bebauung des Domplatzes, auf den er vom Balkon seines Büros im sechsten Stock des Pressehauses hinunterblickt. Dort stand vor 1200 Jahren die Keimzelle der Stadt, die Hammaburg; danach der katholische Mariendom, den die Hamburger nach dem Reichsdeputationshauptschluss von 1803 eiligst abreißen, um die Steine zu verkaufen oder zur Verstärkung der Deiche zu verwenden; anschließend bis 1914 die Gelehrtenschule des Johanneums; schließlich die Staatsbibliothek, die 1943 im Bombenhagel des Unternehmens »Gomorrha« der britischen Air Force zerstört wurde. Sage und schreibe vierundsechzig Jahre lang diente die sandige Brache, die Urzelle der Hansestadt, nach dem Krieg als Parkplatz mit vorgeschalteter Würstchenbude – unansehnlich, pfützenreich, ein Schandfleck im Herzen der City. Alle möglichen Pläne wurden erwogen: Medienzentrum und Zentralbibliothek der Öffentlichen Bücherhallen, Bürogebäude für die Bürgerschaftsabgeordneten, Bürgerforum, Archäologiepark, Wohnungen, gewerbliche Nutzung. Im Frühjahr 2005 rief die Stadt zu einem Gestaltungswettbewerb auf, den die Münchener Architekten Auer + Weber gewannen. Ihr Entwurf sah ein gläsernes Ungetüm vor, das weit hinausragte über die Domstraße, die deswegen wohl um ein Stück hätte verlegt werden müssen. Gegen diese modernistische Verschandelung des traditionsreichen Platzes erhob sich ein öffentlicher Sturm des Protests. Helmut Schmidt, der Architekt und Stadtplaner *manqué*, machte sich zu dessen lautstärkstem Sprecher. Dabei legte er Maßstäbe an, die er Mitte der neunziger Jahre einmal öffentlich dargelegt hatte, als er schrieb: »Ich hoffe auf eine Rückkehr des Klinkers, wie er unserer Landschaft gemäß ist, auf eine Wiedergeburt der Phantasie und auf eine liebevolle Einfühlung in die nachbarschaftlichen Notwendigkeiten.«[24]

In der ZEIT vom 14. Juni 2006 trat er zur Attacke an; er »warf gleichsam den ersten Stein auf den Glaspalast«.[25] Keineswegs könne der von einer Jury ausgesuchte Bauentwurf als »kristallener Solitär« gelten, vielmehr sei er »ein Produkt der globalisierten Allerwelts-Architektur von Bankzentralen«, das auch in Dubai oder Shanghai stehen könne. Er nehme »weder auf Geschichte Rücksicht noch auf Tradition noch auf das städtebauliche Umfeld. Es handelt sich um einen krampfhaft-schiefen, glasverkleideten Stahlskelettbau.« Und dabei ließ es Schmidt nicht bewenden. Barsch setzte er seiner Kritik das Verdammungsurteil obenauf: »Weder zur Geschichte noch zur Baugeschichte der Stadt hat das Bauprojekt eine Verbindung, und dies in der von Fritz Schumacher geprägten

Stadt, in Nachbarschaft zu den um zwei Generationen älteren einzigartigen Backsteinbauten Fritz Högers und der Gersons, in Nachbarschaft zu der um mehr als hundert Jahre älteren backsteinernen Speicherstadt.«

Glas gegen Backstein – Schmidt machte aus seiner Vorliebe für den roten Klinker kein Hehl: »Zur hamburgischen Tradition gehört, dass den über Elbe und Alster weit herausragenden Türmen der großen Kirchen und des Rathauses keine Wolkenkratzer Konkurrenz machen; dass man seine Beton- oder Stahlbauten solide mit doppelt gebranntem Backstein umkleidet; dass die Türme der Hauptkirchen und die Dächer der Bauten rund um die Binnenalster mit grünspanigem Kupfer gedeckt werden.« So hielt er auch nichts davon, in der entstehenden Hafencity »durch langweilige Glasverkleidung Modernität vorzutäuschen«. Eine Ausnahme machte er nur für das neue Wahrzeichen Hamburgs, die Elbphilharmonie, wenn diese »am hervorragenden Kaivorsprung der Hafencity als tatsächlicher Solitär zu dem von weit her sichtbaren faszinierenden Blickpunkt gemacht wird«.

Mag sein, dass Helmut Schmidt den Münchener Architekten unrecht tat; sie hatten sich schließlich an die Vorgaben des Hamburger Senats gehalten. Indessen wirkte seine ernste Mahnung: »Heute steht die Bebauung des Hamburger Domplatzes nicht unter irgendeinem Zeitdruck. Erst recht sollte sie im Stadtparlament nicht zum Gegenstand parteipolitischer Rechthaberei gemacht werden. Jedenfalls ist nochmaliges Nachdenken dringend zu wünschen.«

Und prompt wurde noch einmal nachgedacht. Der Altbundeskanzler hatte vielen Hamburgern aus der Seele gesprochen. Monatelang ereiferten sich die Bürger über das geplante Glasmonstrum. Der gegen Schmidts Kritik erhobene Einwand verfing nicht, Fritz Schumachers Klinkerbauten seien doch selber ein Bruch mit der Tradition gewesen – nämlich ein Protest gegen die Stadt des 19. Jahrhunderts mit ihren weißen Putzbauten. Die Hamburger lästerten über die »gigantische Lackierhalle«; sie zeigten sich erbost über einen »kulturbanausischen Akt«; sie warnten vor »Aquariums-

Architektur« und einem »Einerlei aus Glas und Stahl«. Zunächst blieb der Beust-Senat bei dem Auer-Entwurf, dann wurde über eine Schrumpfung des Multifunktionskolosses nachgedacht, am Ende aber kam den Politikern ihr Schneid abhanden. Nacheinander kündigten die SPD, die Grünen und die CDU die Vereinbarungen, wonach die Fraktionsmitarbeiter in das Gebäude einziehen sollten – zu teuer die Miete, hieß es auf einmal. Kurz vor Weihnachten 2006 kippte der Senat das Vorhaben. Der damalige Bausenator Axel Gedaschko gab dann Ende Mai 2007 den Startschuss zu einem dreiwöchigen Internetforum, bei dem sich herausstellte, dass eine Mehrheit der Bürger gegen eine Überbauung des Domplatzes war. Daraufhin entstand inmitten der Stadt eine grüne Oase der Ruhe. Deren historische Anspielungen – 39 Plastikleuchtkästen, wo einst die Pfeiler des gotischen Mariendoms standen, und mehrere (ziemlich scheußliche, besser: völlig missratene, nur die Spraykünstler erfreuende) grauschwarze Stahlblechwände an den Rändern, die an die Befestigungswälle der Hammaburg erinnern sollen – sind erträgliche Geschmacksverirrungen und allemal besser als das Projekt, das nach Helmut Schmidts Eingreifen im Orkus verschwand.

Die Hamburger wussten es ihrem Ehrenbürger zu danken, dass er einen üblen architektonischen Bruch mit der Geschichte der Hansestadt verhindert hatte. Ebenso wussten sie ihm Dank für die vielfältigen Zeichen seiner Anhänglichkeit an Hamburg, seine immer wieder bekundete Liebe zu der Elbmonopole und sein unausgesprochenes, doch stets durchklingendes Bekenntnis: »Ich bin ein Hamburger.« Dass »nicht nur Stolz, sondern in der Tat auch Eitelkeit im Spiel« ist, wenn die Hamburger von hanseatischer Tradition und Gesinnung sprechen – er wollte es nicht leugnen. Doch sei diese Tradition eben nicht bloß habituelle Dekoration, sondern ein Faktor, der Denken und Handeln beeinflusse und »ein Teil unserer Wirklichkeit« sei.[26] Zum Beleg rühmte er den Stiftergeist der Hamburger, die ihre Stadt zur Stiftungshauptstadt der Bundesrepublik gemacht haben; 1200 von 17 000 deutschen Stiftungen haben rund um die Alster ihren Sitz; und mit den zeitgenössischen Stiftern –

Alfred Toepfer, Kurt Körber, Gerd Bucerius, Werner und Michael Otto, Helmut und Hannelore Greve, Hermann Schnabel – stand Schmidt auf freundschaftlichem Fuß.

Dem Kuratorium der ZEIT-Stiftung gehörte Helmut Schmidt seit 1983 an. Dort spielt er noch immer als großer Anreger und Ideengeber eine maßgebliche Rolle. Nur einmal haben die Kuratoren erlebt, dass er schieflag. Es ging um die Gründung einer privaten Hochschule für Rechtswissenschaften, der Bucerius Law School. Er war vehement dagegen; Marion Dönhoff übrigens auch. Er fand, dass wir überhaupt schon zu viele Juristen haben. Vielleicht wirkte da in ihm die traditionelle Abneigung der Hamburger Kaufleute gegen alle Juristen nach. Typisch für deren Einstellung war die Antwort eines hansestädtischen Geschäftsmannes auf die Frage, was denn sein Sohn so treibe: »Für Kaffee ist der zu dumm, er studiert Jura.« Als man dem Kurator Schmidt entgegenhielt, seine Ansicht basiere doch auf einem reinen Vorurteil, entgegnete er: »Lasst mir doch meine Vorurteile – wo käme denn sonst der Charakter her?« Aber er ließ sich dann doch überzeugen und wurde einer der nachdrücklichsten Verfechter des Law-School-Projektes.

Vorbildlich fand Schmidt stets die Gemeinwohlorientierung der Hanseaten, wie sie in dem Vorspruch der Hamburger Verfassung stipuliert wird (»Jedermann hat die sittliche Verpflichtung, für das Wohl des Ganzen zu wirken«). Immer wieder pries er die Ideale des ehrbaren Kaufmanns, Rechtschaffenheit und Solidität. Auch die Integrationskraft der Stadt erschien ihm rühmenswert: »Sie hat nicht nur Flüchtlinge aus vielen Teilen Europas aufgenommen und eingeschmolzen, sondern Hamburg hat ihnen darüber hinaus auch seine typisch hamburgisch-hanseatischen Eigenarten des reservierten Stils, des zurückhaltenden Umgangs mit anderen, zugleich der Liberalität und der Weltoffenheit eingeprägt.« Allerdings warnte er auch – nicht einer ausländerfeindlichen Anwandlung folgend, sondern seiner nicht unbedingt politisch korrekten, aber in Erfahrung wurzelnden Überzeugung – vor einem Zuviel an Einwanderung. Politik und Gesetzgebung müssten eine »Überflutung« verhindern, um damit der Entstehung »zusätzlicher psychologischer Ängste vor Überflutung« einen Riegel vorzuschieben. In dieser Hinsicht lehnte er den irrealen Idealismus der Linken, deren Haltung es an Klarheit und Stringenz mangele, ebenso ab wie die ideologische Verblendung der Rechten, welche die Einschmelzung der zweiten Generation von Zuwanderern verhindert habe.[27]

Was macht den Hamburger aus? Helmut Schmidt hat es auf den Punkt gebracht: »Leben und leben lassen, auf diese Kurzformel darf man die Philosophie der Hamburger bringen. Sie neigen nicht zum philosophischen Denken, sondern huldigen vielmehr der praktischen Vernunft. Große Worte sind ihnen zuwider, sie dürfen nur bei ganz großen Geburtstagen, eigentlich nur bei Trauerakten gebraucht werden. Die Übertreibungen der Hamburger liegen in ihren Untertreibungen. Unser Lokalpatriotismus und unser leicht provinzieller Traditionsstolz gehören in die gleiche Kategorie.«[28]

Zu Schmidts persönlichem Traditionsstolz gehörte es, dass er keinerlei Orden annahm. Er reihte sich ein die Schar der Unentwegten, die selbst das ihnen angetragene Bundesverdienstkreuz zurückweisen. Als dem damaligen SPD-Fraktionsvorsitzenden das Große Verdienstkreuz am Schulterband mit Stern verliehen werden sollte, sagte er »Danke, nein«. Er verwies auf den alten hanseatischen Brauch, demzufolge es »untunlich« war, Orden aus der Hand fremder Souveräne entgegenzunehmen. Mag sein, dass diese Auffassung längst zur Marotte geworden ist – der Ordensherr, der Bundespräsident nämlich, ist ja schwerlich als fremder Souverän zu bezeichnen. Viele Hamburger halten sich denn auch nicht mehr an den alten Brauch. Für Helmut Schmidt blieb er indes ein Teil seines Hanseatentums.[29]

Seine Definition des vaterstädtischen Geistes imponierte und schmeichelte den Hamburgern. Nur der *Spiegel* konnte sich Häme nicht verkneifen, als Schmidt 1986 in dem ARD-Fernsehfilm *Ein Mann und seine Stadt* die Alstermetropole besang. (»Kühl wie eine Herbstbö«; »lieblos und dröge zusammengeklaubte Altherrenklischees«; »ideal für den fernsehfreien Tag«, den Schmidt einst propagiert hatte).³⁰ Die meisten Hamburger sahen es anders. Sie fühlten sich geschmeichelt und fanden sich erhoben, wenn er Hamburg pries. Etwa in einer ganz persönlichen Liebeserklärung aus dem Jahre 2005: »Ich will meine Stadt nicht idealisieren. Wohl aber bekenne ich gern meine Treue zu ihr und meinen Stolz, den ich immer wieder empfinde, wenn ich von der Lombardsbrücke auf die Kirchtürme Hamburgs schaue, auf den Michel und den Rathausturm und auf die Kupferdächer rund um die Binnenalster. Zwar gibt es hier im Winter genauso viel Regen und Nebel wie in London [...]. Jedoch von Anfang Mai bis Ende September ist meine grüne Stadt rund um die Außenalster schöner als die allermeisten Metropolen der Welt.« ³¹ Ganz in diesem Sinne schrieb er einmal einem englischsprachigen Leserkreis den Ausspruch Georg Christoph Lichtenbergs ins Stammbuch: »*The day may come when you go to heaven and regret not having known Hamburg.*«³² – »Der Tag mag kommen, an dem Sie gen Himmel fahren und bedauern, nie in Hamburg gewesen zu sein.«

Rund um Alster und Elbe liebten sie ihn für sein stolz zur Schau getragenes Hanseatentum. Auch dafür übrigens, dass er bei aller Stilsicherheit des Auftretens, wo das Protokoll Prunk und Gepränge vorschrieb, nie Anstand nahm, die Großen dieser Welt in sein bürgerlich-bescheidenes Reihenhaus nach Langenhorn einzuladen; der französische Adlige Valéry Giscard d'Estaing saß dort ebenso in der engen, doch gemütlichen Kellerbar wie der Kommunist Leonid Breschnew. Im Januar 2009 kürten die Hansestädter den damals Neunzigjährigen zum beliebtesten Hamburger – vor dem Fußball-Idol Uwe Seeler und dem Ersten Bürgermeister Ole von Beust, die sich den zweiten Platz teilten. Selbst Heidi Kabel, Udo Lindenberg und Hans Albers verwies Schmidt auf die Plätze.³³ Ein Dreivierteljahr später wurde er in einer vom *Hamburger Abendblatt* und dem Sender NDR 90,3 durchgeführten Befragung zum »wichtigsten Hamburger« gewählt; 67,5 Prozent der Stimmen entfielen auf ihn.³⁴ Helmut Schmidt und Hamburg – der Mann und seine Stadt waren eins geworden.

Der Philosoph im Politiker

Dass Könige philosophieren, oder Philosophen Könige werden, ist nicht zu erwarten, aber auch nicht zu wünschen; weil der Besitz der Gewalt das freie Urteil der Vernunft unvermeidlich verdirbt« – es war Immanuel Kant, der dies in seinem Traktat »Zum ewigen Frieden« formulierte. Wohl aber solle die gesetzgebende Autorität, die Obrigkeit also, die Philosophen hören und öffentlich sprechen lassen. Der König müsse bei ihnen »über die Grundsätze seines Verhaltens […] Belehrung suchen«; zur »Beleuchtung seines Geschäfts« sei dies unentbehrlich.[1]

Kant war einer der vier Philosophen, bei denen der Politiker, der Staatsmann, der Publizist Helmut Schmidt zeit seines Wirkens Belehrung suchte.[2] Stets hat Schmidt betont, dass er kein Fachphilosoph sei, auch hat er nie systematisch Philosophie studiert. Als er hauptberuflich in die Politik eintrat, gestand er freimütig, hatte er von der staatsphilosophischen Weltliteratur noch fast nichts gelesen und kaum eine Ahnung von ihrer Existenz. Die »Philosophie im Allgemeinen« habe ihn auch nicht angezogen. »Aber es gab Ausnahmen. Je mehr ich in die Politik hineingewachsen bin, um so mehr hat mich die Philosophie des Staates und der Politik interessiert, ebenso die Ethik, die Lehre von den Tugenden und – *last but not least* – die philosophische Kritik der Ökonomie, von Ricardo, Adam Smith und Malthus bis zu Eucken und Hayek.«[3] Er war denn kein philosophischer Dilettant. Jedenfalls war der Hamburger weit mehr als ein »Water-Kant«, wie er zuweilen hämisch abqualifiziert wurde. Er hat viel Philosophisches gelesen, und für die »Grundsätze seines Verhaltens« immer wieder seine vier Vorzugs-Philosophen, ihre Lehren und Lehrsätze in Anspruch genommen. Seine

»Hausapotheker« nannte er sie gern: Marc Aurel, Immanuel Kant, Max Weber und Karl Popper. Nie war er ein bloßer Macher.

Als junger Mann schon schöpfte Helmut Schmidt Anregung, Anleitung und Antrieb aus der Tugendlehre Marc Aurels. Die *Selbstbetrachtungen* des spätrömischen Kaisers, die ein Onkel dem Fünfzehnjährigen in der Nazizeit geschenkt hatte, trug er als Soldat den ganzen Krieg über in einer Packtasche bei sich,[4] neben dem Vermächtnis des Matthias Claudius *An meinen Sohn*. Nichts widerwillig tun, nichts ohne Rücksicht auf das allgemeine Beste, nichts übereilt, nichts im Getriebe der Leidenschaft – diese Lehren Marc Aurels hat Schmidt früh verinnerlicht. Auch die praktischen Ratschläge des Philosophenkaisers machte er sich zum politischen Credo: Entscheidungen sorgfältig vorbereiten, nicht die Angst zum Mittel der Politik machen, äußere Einflüsse nicht an sich herankommen lassen, nicht von seiner Pflicht ablassen. »Marcus Aurelius war einer der Lehrer, die mir beigebracht haben, auf das eigene Gewissen zu horchen«, sagte er einem Interviewer.[5]

Marc Aurel, von dem eine silberne Miniaturstatue auf dem Schreibtisch des Bundeskanzlers stand, lehrte Helmut Schmidt nach seinem eigenen Bekenntnis »die Tugenden der Pflichterfüllung und der inneren Gelassenheit«. Allerdings setzte er hinzu, Marc Aurel habe ihn *nicht* gelehrt, selbst zu erkennen, *was* seine Pflicht sei. Das lernte er erst von Kant. Nicht dass ihn dessen Hauptwerke sonderlich interessiert hätten; er hat sie kaum gelesen, da er die Sprache des Philosophen zu hermetisch fand (»Ich hätte sie wahrscheinlich auch gar nicht verstanden«).[6] Aber dessen Grundideen faszinierten ihn und prägten sein Denken: der kategorische Imperativ zumal, den er sich zu eigen machte; die Feststellung, dass der Friede zwischen den Völkern kein Naturzustand ist, sondern dass er immer wieder gestiftet werden muss, und dass der ewige Friede »nur in einer ins Unendliche fortschreitenden Annäherung wirklich zu machen« sei, schrittweise also; schließlich Kants Pflichtgedanke. Kants Spätschrift *Zum ewigen Frieden*, die er zuerst als junger Kriegsheimkehrer gelesen hatte, hinterließ einen tiefen

Eindruck bei ihm. Immer wieder hat der Staatsmann und später der Publizist Schmidt sich darauf berufen. Auch das Traktat *Idee zur allgemeinen Geschichte in weltbürgerlicher Absicht* war ihm vertraut. Kants drei prinzipielle Appelle hat Schmidt laut eigener Aussage stets zu beherzigen versucht, nämlich: Selbst denken! Sich an die Stelle jedes anderen denken! Jederzeit mit sich selber einstimmig denken![7]

Sein eigener Begriff der Pflicht – nach Kant »die Notwendigkeit einer Handlung aus Achtung fürs Gesetz« – war wesentlich von dem Königsberger Weisen beeinflusst. Auch diente ihm Kants kategorischer Imperativ von früh an als inneres Geländer: »Handle nur nach derjenigen Maxime, durch die du zugleich wollen kannst, dass sie ein allgemeines Gesetz werde.« Auf einem Kant-Kongress der Friedrich-Ebert-Stiftung formulierte er im März 1981 die drei für ihn besonders wichtigen Prinzipien des Königsbergers. »Zum einen der Standpunkt einer Menschlichkeitsethik, die von den fundamentalen Freiheiten aller Menschen ausgeht. Zum anderen die Pflicht zum Frieden und zur Völkergemeinschaft als eine zentrale und nicht nur als eine politische Norm. Drittens aber vor allem die enge Verbindung zwischen dem Prinzip der sittlichen Pflicht und dem Prinzip der Vernunft. Oder, wie man heute sagen mag, der kritischen Ratio.«[8] Sie veranlasste Schmidt auch, in einer Hinsicht über Kant hinauszugehen. Der Begriff Gerechtigkeit habe dem Königsberger nur Rechtsgleichheit, nicht Chancengleichheit bedeutet. Ebenso erfahre das Gebot der Solidarität bei ihm eine starke Einschränkung; es sei von moralischer, nicht von politischer Verbindlichkeit. Nach Kant solle sich der Staat mit der Ausnahme von Waisen- und Findelhäusern aus der Sozialpolitik heraushalten. Wozu Schmidt pointiert anmerkte: »Kant ist eben ein Liberaler und kein Sozialliberaler«. Er habe wohl (»wie viele Liberale heute noch«) die Chancen der Schwachen und Schutzlosen überschätzt, aus eigener Kraft materiell und geistig selbständige Bürger zu werden.[9]

Als Student geriet Helmut Schmidt dann an einen Text, der ihn nach seinem Zeugnis »ungeheuer beeindruckt« hat: den zum Klassiker gewordenen Essay von Max Weber, *Der Beruf zur Politik*. Es ist nicht sicher, wie viel Schmidt darüber hinaus von dem Heidelberger Soziologen gelesen hat; aber es reichte, um sowohl den frühen Weber abzulehnen, der 1885 in seiner Freiburger Antrittsvorlesung verkündet hatte, die Einigung Deutschlands müsse der »Ausgangspunkt einer deutschen Weltmachtpolitik« sein, als auch den mittleren Weber, der kein Bannerträger der Aufklärung war, und den späten Weber, dem Schmidt skeptisch gegenüberstand (»Er wäre kein Demokrat geworden«).[10] In Webers Aufsatz über Politik fand Schmidt jedoch vielerlei Erkenntnisse, die seiner Überzeugung entsprachen. Dazu zählte die Erkenntnis, dass die Trias von Leidenschaft, Verantwortungsgefühl und Augenmaß die unumgänglichen Qualitäten bezeichne, die der Politiker brauche – Leidenschaft nicht im Sinne der sterilen Aufgeregtheit vieler Intellektueller, sondern im Sinne von Sachlichkeit; Verantwortung als Verantwortlichkeit für die Folgen eigenen Handelns oder Nichthandelns, auch für die unbeabsichtigten Folgen und Nebenwirkungen; Augenmaß als »Fähigkeit, die Realitäten mit innerer Sammlung und Ruhe auf sich wirken zu lassen«.[11] Ebenso lag ihm die berühmte Definition Webers: »Die Politik bedeutet ein starkes langsames Bohren von dicken Brettern mit Leidenschaft und Augenmaß zugleich.« Schließlich war Schmidt eine Einsicht nicht fremd, die ihm Trost geboten haben mag in der Schleyer-Krise – die Einsicht in das »Wissen um die Tragik, in die alles Tun, zumal aber das politische Tun, in Wahrheit verflochten ist«.[12]

Jedenfalls hat der Aufsatz *Der Beruf zur Politik* Helmut Schmidt stark beeindruckt. Webers Ethik der Würde und der Verantwortung für die Folgen politischen Handelns, nicht bloß für die Flamme der reinen Gesinnung, traf den Kern seines eigenen Denkens über Politik. Webers Wort, ein Politiker, der für andere handle, dürfe sich keineswegs auf seine Gesinnung oder auf »Gesinnungsethik« zurückziehen, vielmehr habe er für die voraussehbaren Folgen seines Handelns oder Unterlassens aufzukommen, ergänzte er: »In Wirklichkeit muss der Politiker auch für die Folgen aufkommen, die er nicht voraussehen konnte!«[13] Er müsse die Folgen für alle verantworten und nicht bloß die Lauterkeit seiner Motive.[14] Und Schmidt pointierte: »Moral ohne die Fähigkeit zur politischen Verwirklichung bleibt abstrakt.«[15] Pure Gesinnungsethik lehnte er ab: »In anderen Bereichen mag das anders sein, in der Politik, nein.« Gute Gesinnung könne in Fanatismus umschlagen, eine totale Ideologie in totalitäre Herrschaft. Er warnte vor »Wiedertäufern, die für alles ein ganz einfaches moralisches Konzept haben und die nur allzu leicht vergessen, dass dies eine unerlöste Welt bleiben wird«.[16] Von moralischem Eifer und missionarischem Überschwang, von Heilsgewissheiten und Glücksverheißungen hielt Helmut Schmidt daher nichts. Für ihn war Politik stets »pragmatisches Handeln zu sittlichen Zwecken oder zu sittlichen Zielen«. Dabei verstand er unter pragmatischem Handeln nicht *muddling through*, das bloße Durchwursteln, sondern »eine Politik, die mit praktischer Vernunft ethische Ziele oder Zwecke verfolgt, die dies mit Mitteln tut, deren Wirkungen der Situation angemessen sind, deren Nebenwirkungen sorgfältig kalkuliert, die als risikoarm befunden worden sind.« Dies sei das Gegenteil von prinzipienlosem Opportunismus.[17]

In der Gesellschaftsphilosophie und Politiktheorie eines weiteren »Hausapothekers« fand Helmut Schmidt für diese Einstellung Rückhalt und Bestätigung. Es handelte sich um Karl Popper, den österreichisch-englischen Gelehrten, den er erst spät kennenlernte, zu dem er jedoch rasch geistigen Kontakt fand. Poppers Verteidigung der offenen Gesellschaft gegen alle totalitären Anwandlungen hat ihn nachhaltig beeinflusst, aber auch des LSE-Professors Lehre vom *piecemeal social engineering*, einer sachlichen Schritt-für-Schritt-Politik anstelle jenes rücksichtslosen revolutionären Ungestüms, das unentwegt den Himmel auf Erden einrichten will, aber stets die Hölle erzeugt. Bei mehreren Begegnungen in London führten die beiden ausführliche Gespräche, auch standen sie bis zu Poppers Tod 1994 in brieflichem Austausch. Er verdanke Popper, schrieb Schmidt einmal, die rationale Begründung für seine Abneigung gegen alle Formen von politischen Utopien und Visionen einschließlich der vielen Spielarten des Marxismus – und einschließlich der außenpolitischen Utopie einer Sicherheitspolitik auf der Grundlage der Bergpredigt. Und noch eines: »Er hat mich gelehrt, dass Demokratie nicht etwa deshalb die beste Form der Herrschaft ist, weil hier angeblich das Volk herrscht, sondern weil vielmehr eine Mehrheit des Volkes eine bisherige Herrschaft ohne Gewalt stürzen kann.«[18]

Wenn er nicht von »Hausapothekern« sprach, nannte Schmidt Marc Aurel, Kant und Popper seine »Lehrer«. Gelegentlich erwähnte er auch Thomas von Aquin und dessen Kardinaltugenden: *prudentia, iustitia, fortitudo, temperantia* – Klugheit, Gerechtigkeit, Tapferkeit und Maß. An Max Weber faszinierte ihn, wie gesagt, im Wesentlichen der Aufsatz über den Beruf zur Politik; hier fand er sich wieder und sah sich bestätigt;[19] der Rest ließ ihn eher kalt.

Die philosophische Unterfütterung des Handelns und Denkens von Helmut Schmidt hat der Philosoph und Historiker Henning Albrecht in einer glänzenden Studie untersucht.[20] Darin kommt er zu dem Schluss: »Die Intensität, mit der Helmut Schmidt die geistigen und moralischen Grundlagen seiner Politik dargelegt und das Verhältnis von Politik und Moral thematisiert hat, ist einzigartig, vergleicht man dies mit anderen Bundeskanzlern und Politikern […]. Schmidt war gewiss kein Philosoph auf dem Kanzlerstuhl, um das bekannte Wort Platons über die Philosophenkönige abzuwandeln. Aber er hatte philosophische Orientierungspersonen, und dies war Teil seiner lange nicht wahrgenommenen kontemplativ-musischen Seite.« Albrecht widerlegt überzeugend die von Schmidts politischen Gegnern außerhalb wie innerhalb der SPD aufgestellte Behauptung, es habe dem Kanzler an einer theoretischen Fundierung gemangelt. Vielmehr habe er durch seine philosophische Lektüre Substanzielles zu formulieren gewusst und Einblicke in sein Denken geben können. »Kein Bundeskanzler vor ihm und bislang auch keiner nach ihm hat sich so oft und so detailliert in der Öffentlichkeit mit Philosophie auseinandergesetzt wie Helmut

Schmidt«[21], urteilt Albrecht. »Schmidt war deutlich mehr als ein bloßer Macher.«[22]

Ähnlich sah es die Philipps-Universität in Marburg, die dem Altbundeskanzler 2006 – gegen manche internen und externen Widerstände – die Würde eines Ehrendoktors der Philosophie verlieh. In der Begründung hieß es: »Das der Aufklärung verpflichtete Fach Philosophie erkennt in Helmut Schmidt den Philosophen im Politiker. Sein Handeln zeigt eine sichere Orientierung an den Prinzipien unabhängigen Vernunftgebrauchs, moralischer Selbstverpflichtung, kritisch rationaler Situationsbeurteilung und pragmatischer Ausrichtung an der Reichweite menschlicher Vernunft und politischen Handelns. Sein unermüdliches Plädoyer für Vernunft und Verantwortung im Handeln lassen, wo die akademische Philosophie theoretisch bleibt, Philosophie für die Menschen praktisch werden.«[23]

Schmidts Kritiker, linke wie rechte, warfen ihm einen abgemagerten Politikbegriff vor. Sie übersahen, dass all seine Vorstellungen von Politik durchaus eine philosophische Wurzel hatten, dass sie gekoppelt waren an Werthaltungen und ethische Normen, und dass er darüber wohl als einziger Bundeskanzler in der Reihe der bisherigen zu sprechen wusste, ohne auf einen Ghostwriter angewiesen zu sein. Er sagte Bedenkenswertes über »Maximen politischen Handelns«, »Das Humane und die Technik«, »Ethos und Recht in Staat und Gesellschaft«, »Gesinnung und Verantwortung in politischer Sicht« – allesamt Themen, die er mit gedanklicher Schärfe anpackte. Er war nicht nur handlungsfähig, sondern auch denkfähig; ein seltener Fall in der politischen Prominenz.

Helmut Schmidt wollte indes kein »Vorphilosophierer«, kein Vordenker der Nation sein. Seine Erläuterung: »Es widerspräche dem Kant'schen Prinzip des Selbstdenkens, wenn der Staat zum Vordenker würde. Dem folgt nämlich möglicherweise das Bevormunden auf dem Fuße.«[24] Ebenso wies er Mal um Mal die Zumutung zurück, »geistig-moralische Führung« auszuüben. Er sah es nicht als Aufgabe der Bundesregierung an, dem Volk eine Philosophie zu verpassen, gar noch eine einheitliche; darin sah er eine Entmündigung des Bürgers. Die Pluralität der Meinungen wollte er auch in dieser Hinsicht sichern. »Politiker sind nicht berufen zur Philosophie, sie sind berufen zur Lenkung«, sagte er. Wobei er hinzufügte: »Es ist zu wünschen, dass sie eine moralische Grundlage haben. Aber es ist nicht notwendigerweise zu verlangen, dass sie diese Fahne vor sich hertragen und philosophische Lehrbücher schreiben.«[25]

In der Rede, mit der sich Helmut Schmidt am 10. September 1986 aus dem Bundestag verabschiedete, formulierte er zum Schluss noch einmal den Kerngedanken seiner sittlich-moralischen Haltung. Er rief auf »zur Besinnung auf das Ethos eines politischen Pragmatismus in moralischer Absicht, unter moralischer Zielsetzung«. Was die Politik erreichen wolle, müsse moralisch begründet sein, der Weg dahin realistisch, die Schritte klein. »Die Erreichung des moralischen Ziels verlangt pragmatisches, vernunftgemäßes Handeln, Schritt für Schritt. Und die Vernunft erlaubt uns zugleich doch auf diesem Weg ein unvergleichbares Pathos. Denn keine Begeisterung sollte größer sein als die nüchterne Leidenschaft zur praktischen Vernunft.«

In der knappsten Form hat Helmut Schmidt die philosophischen Grundlagen seines Politikverständnisses im Nachwort zu seinem 1996 erschienenen Buch *Weggefährten* zusammengefasst. Dort heißt es: »Jede Politik hat sittlich gerechtfertigten Zielen zu dienen, Politik ohne Moral und Gewissen tendiert zum Verbrechen. Politik ist pragmatisches Handeln zu sittlichen Zwecken, so habe ich oft mein eigenes Bekenntnis formuliert, bisweilen auch abgewandelt in den Satz: Politik soll sein die Anwendung feststehender sittlicher Grundsätze auf wechselnde Situationen.«[26]

Wie hat er es damit in der Praxis seines Regierungshandelns und in seinen publizistischen Meinungsäußerungen gehalten?

Spüren wir der Antwort auf diese Fragen anhand dreier Themenkomplexe nach. Beim ersten geht es um die Auseinandersetzung, die im Frühjahr 1976 an der Hamburger Katholischen Akademie in einem öffentlichen Pro und Contra zwischen dem Bundeskanzler Schmidt und dem damaligen Oppositionsführer Helmut Kohl gipfelte: Ist es Sache der Regierung, geistig-moralische Führung auszuüben? Hat sie eine sittigende Aufgabe? Der zweite dreht sich um Gesetzestreue und Gelassenheit angesichts der Herausforderung des Staates durch die terroristische Rote Armee Fraktion (RAF), die sich, Mord um Mord, das seinerzeit vielumstrittene Etikett »Baader-Meinhof-Bande« immer unabweisbarer verdiente. Der dritte Themenkomplex schließlich gilt Helmut Schmidts Vorstellungen von Gemeinwohl und öffentlicher Moral.

Beim Thema »geistige Führung« ergibt sich ein grundlegendes Paradoxon. Mal um Mal hat Helmut Schmidt gesagt, der Staat sei nicht dazu da, Sinnfragen zu beantworten, ein Bundeskanzler dürfe nicht »Vordenker der Nation« spielen wollen. Der Kanzler sei kein Volkserzieher. Stets hatte er seine Partei vor allzu starker Theorielastigkeit gewarnt (»Was denkt ihr denn, was die Arbeiter interessiert?«). Sein Ausspruch – einmal getan und dann von den Medien zu seiner unumstößlichen Losung erhoben –, wer Visionen habe, möge zum Arzt gehen, verfestigte bei vielen auf der Linken wie auf der Rechten den Eindruck, dass Schmidt ein reiner »Macher« sei, ohne Perspektive und Konzeption, bestenfalls ein agiler Pragmatiker.[27]

Doch nichts wäre den Tatsachen ferner als diese schnöde Lesart. In Wahrheit war Helmut Schmidt seiner ganzen Anlage nach ein kontemplativer, ein nachdenklicher Mensch (Nachdenklichkeit werde heutzutage ein bisschen zu klein geschrieben, sagte er in seiner ersten Regierungserklärung). Obendrein war er ein belesener Mensch, der zudem mit der Fähigkeit ausgestattet war, Ziele zu definieren, auch wenn er sie nicht als Visionen etikettierte, und Führung tatsächlich auszuüben. Sein Bekenntnis, abgelegt 1964 in einer Rede vor dem Hamburger Gemeindetag zu dem Jeremia-Wort »Suchet der Stadt Bestes«, ist unmissverständlich: »Wer der Stadt Bestes erstrebt, muss Ziele vor Augen haben, auch wenn er weiß, dass er sie nicht erreichen kann, auch wenn er weiß, dass die Lösung eines Problems ein anderes, vielleicht noch unbekanntes Problem im Gefolge haben wird.[28] Er habe auch nichts dagegen, »als Pragmatiker bezeichnet zu werden«, sagte er in der Bundestagsdebatte bei seinem Amtsantritt als Kanzler. Doch verstehe er pragmatisches Handeln im Sinne Kants: als jenes Handeln, dass sittlichen Zwecken dient – Zwecken, die aus dem Verantwortungsbewusstsein oder aus dem Gewissen heraus für notwendig gehalten würden.

In derselben Aussprache des Parlaments stimmte Schmidt auch der Aussage des Oppositionsführers Rainer Barzel zu, es genüge nicht, das Richtige zu tun, außerdem müssten auch das Warum und Wozu deutlich werden, die geistigen Grundlagen oder die Perspektiven. »Ich würde von mir aus auch die moralischen Grundlagen hinzufügen«, ergänzte er Barzels Ausführungen. Bei dieser Gelegenheit erinnerte Schmidt den Oppositionsführer auch an seine Definition der Politik als die »Anwendung feststehender sittlicher Maximen auf sich wandelnde Situationen und Erfordernisse«. Nach seinem eigenen Bekenntnis hat er es allerdings immer schwierig gefunden, seine politische Moralphilosophie öffentlich vorzutragen; dazu musste er seine inneren Hemmungen überwinden.[29] Er sei kein theorieloser Politiker und schon gar kein wertfreier. Aber: »Ideen, Maximen, Grundwerte müssen [...] nicht jeden Tag öffentlich aufgesagt werden«, war seine Ansicht. »Ich neige nicht dazu.«[30] Philosophie und Religion hielt er für »etwas sehr Individuelles, sehr Privates.«[31]

Ist der Staat für geistige Führung, für geistige Orientierung zuständig? Einer, mit dem sich Helmut Schmidt über diese Frage mehrfach öffentlich auseinandersetzte, war Helmut Kohl. Im Abstand von drei Wochen sprachen die beiden im Frühjahr 1976 bei der Katholischen Akademie Hamburg unter dem Rubrum »Ethos und Recht in Staat und Gesellschaft« über die Grundwerte der bundesrepublikanischen Gesellschaft. Der Bundestag hatte damals gerade den Abtreibungsparagraphen (§ 218) liberalisiert, was der SPD/FDP-Koalition den Vorwurf der CDU/CSU und der katholischen

Kirche eintrug, die Regierung fördere die Auflösung ethischer Grundüberzeugungen in der deutschen Gesellschaft; der Staat halte sich nicht mehr für verpflichtet, Leben und Würde des Menschen in notwendigem Umfang auch strafrechtlich zu schützen.

Schmidt setzte sich dagegen fulminant zur Wehr. Er räumte ein: Der Mensch lebe nicht allein, das Zusammenleben der Menschen erfordere Übereinstimmung in Werten und Normen, in Grundauffassungen und Grundhaltungen, wenn die Gesellschaft nicht auf Anarchie zutreiben solle. Doch könne es in der pluralistischen Gesellschaft unserer Demokratie »keine volle Identität der Werthaltungen« geben: »Die Bejahung der demokratischen Verfassung bedeutet geradezu den Verzicht auf Totalkonsens.« Es sei falsch, die – für alle verbindlichen – Grundrechte des Grundgesetzes mit transzendent orientierten oder sittlichen Grundwerten gleichzusetzen. Die Grundrechte enthielten keine Garantie für bestimmte Auffassungen; sie eröffneten lediglich die Freiheit, »Auffassungen, Überzeugungen zu haben«. Aus dieser Freiheitsgarantie folge, dass der Staat sich religiös und weltanschaulich neutral zu verhalten habe; er könne sich nicht mit bestimmten ethischen Überzeugungen und Bekenntnissen identifizieren. Die Rechtsordnung des demokratisch verfassten Staates müsse sich an dem tatsächlich in den Menschen vorhandenen Ethos orientieren, und dies unabhängig davon, ob es den normativen Anforderungen einzelner Personen oder Gruppen entspreche. »Der Staat des Grundgesetzes kann als Staat nicht Träger eines eigenen Ethos sein.« Ohnehin würden sittliche Grundhaltungen ja nicht nur abgebaut, es entstünden auch neue – »gegenüber farbigen Menschen, gegenüber Entwicklungsländern, gegenüber Ausländern bei uns«. Dem Staat des Grundgesetzes fehle die Kompetenz, Ethos zu erzwingen. Vor allen Dingen: »Der Staat kann ein nicht mehr vorhandenes Ethos nicht zurückholen, und er kann ein nicht mehr vom Konsens der Gesellschaft getragenes Ethos nicht durch Rechtsnorm für verbindlich erklären.« Zunächst sei es die Aufgabe der Kirche, sittliche Grundauffassungen in der Gesellschaft lebendig zu erhalten. Der Ruf nach dem Staat, schrieb Schmidt der Amtskirche ins Stammbuch, sei »in Wahrheit Ausdruck eigener Ohnmacht«. Hart setzte er seinen liberalen Standpunkt dagegen: »Unser Staat darf nicht und wird nicht an die Stelle der Kirchen treten. Er kann nicht durch Rechtsgebot Überzeugungen garantieren, welche die Kirchen ihren Gliedern, ihren Gläubigen nicht zu vermitteln vermögen.«[32]

Kohls Contra fiel drei Wochen später vergleichsweise dünn aus. Der Oppositionsführer warf Schmidt das »Missverständnis« vor, Politik lasse sich auf eine »Mischung aus Demoskopie und Technologie« verkürzen; enttäuschte Erwartungen und fehlende geistige Orientierungen begünstigten Resignation; Schmidt mache sich die Aufgabe zu leicht, wenn er sich darauf zurückziehe, dass der Staat nur die Grundrechte, nicht aber die gesellschaftlichen Grundwerte zu schützen habe (wobei unausgesprochen mitklang, dass dies die religiösen Wertvorstellungen mit einschließe). Den weltanschaulich neutralen Staat lehnte Kohl ab. Bei den Grundwerten gehe es um unser alle Angelegenheit; man dürfe es nicht den Kirchen überlassen, sich um ihre Anerkennung in der Gesellschaft zu sorgen. Es sei daher nicht das Gebot der Stunde, die Kirchen in ihre Schranken zu verweisen.[33]

Nach Schmidts Sieg im Wahljahr 1980 gerieten die beiden Kontrahenten noch einmal im Bundestag aneinander. Wiederum mahnte Kohl »geistige Führung« und »Führerschaft« an. Wiederum blieb Schmidt bei seiner These: »Ich möchte keine Regierung erleben, die unbescheiden genug ist, von der Regierungsbank aus geistige Führung über das deutsche Volk auszuüben. Es geht um politische Führung […]. In der Demokratie ist Politik Konflikt und Konfliktregelung und nicht das Philosophieren über harmonische Welten. […] Die Organe des Staates sind nicht für geistige Orientierung zuständig.«[34]

Was Helmut Schmidt aus seinem Amtsverständnis heraus ablehnte, verkündete nach dem Machtwechsel 1982 Bundeskanzler Helmut Kohl. Selbstbewusst rief der Nachfolger eine »geistig-moralische Wende« aus, die allerdings aus reinem Unvermögen ebenso wenig zustande kam wie achtzehn Jahre später die von Vizekanzler Guido Westerwelle propagierte »geistig-politische Wende«. In beiden Fällen blieb der Anspruch weit hinter den intellektuellen Möglichkeiten der beiden Wende-Protagonisten zurück.

Doch nicht nur nach rechts musste Schmidt seinen – übrigens schon 1967 formulierten – Standpunkt verteidigen, dass Politiker gemeinhin genauso wenig zum öffentlichen Philosophieren berufen sind wie Philosophen zur Politik.[35] Desgleichen wehrte er sich gegen derlei Zumutungen von links. Dies wurde am deutlichsten in einem 1980 von Fritz J. Raddatz, dem Feuilletonchef der ZEIT, moderierten Gespräch zwischen dem Bundeskanzler Schmidt und den Schriftstellern Günter Grass und Siegfried Lenz. Bei dieser Gelegenheit erklärte Helmut Schmidt: »Ich halte mich selber für einen Intellektuellen, ohne dass ich darin eine ausreichende Charakterisierung meiner Person sehen kann.« Den zudringlichen Fragen von Raddatz, der ihn, ohne den Ausdruck zu gebrauchen, zum Banausen zu stempeln versuchte, hielt er bissig entgegen: »Kultur einzuengen auf das, was Intellektuelle hervorbringen, wäre unredlich.« Und er blieb dabei: »Ein Regierungschef in Deutschland hat nicht die Aufgabe des Volkserziehers, des Kunsterziehers schon gar nicht. Das hat das Grundgesetz nicht so gewollt, und es sollte es auch nicht wollen. Mir tun jene deutschen Gebildeten leid, die sich selber einreden, der jeweilige Regierungschef habe von Amts wegen auf kulturellem Gebiet Erziehungsfunktion. Hat er nicht.« Es sei auch nicht dessen Aufgabe, philosophische Zeichen zu setzen: »Ich bin viel zu liberal, von Hause aus, als Hamburger, als Sozialdemokrat, um mir vorzustellen, dass Regierung die Entwicklungsrichtungen der Kunst zu beeinflussen habe.« Ein kleines, ja ein mittelgroßes Zeichen habe er gesetzt, als er Henry Moores Großplastik *Large Two Forms* auf den »ästhetisch unerträglichen Vorplatz« des neuen Bonner Bundeskanzleramtes – »eine Mischung aus Westwall und lieblosem Heldenfriedhof«[36] – habe setzen lassen. Im Palais Schaumburg veranstaltete er auch Hauskonzerte und Kunstausstellungen. Darüber hinaus mochte er nicht gehen, sieht man von seinem Vorschlag ab, einen fernsehfreien Tag einzuführen und stattdessen mit der Familie Mensch-ärgere-dich-nicht zu spielen oder Musik zu machen oder sonst etwas Schönes.

Der Kanzler machte diesen Vorschlag 1978 in einem ZEIT-Artikel. Als Gründe führte er an: Fernsehen sei eine schleichende Verführung zum Tabubruch und eine Gefahrenquelle für neue Massenpsychosen; das Programm stelle eine unglaubliche Verführung junger Menschen zur Gewalt dar; es ersticke, den Kreis der Familie zum Halbkreis verwandelnd, das zwischenmenschliche Gespräch und verlocke die Eltern, die Erziehung ihrer Kinder den TV-Programmen zu überlassen; es führe zu einer übermäßigen Personalisierung und Emotionalisierung der Politik, verleite die Politiker zur Oberflächlichkeit und könne überhaupt die parlamentarisch-repräsentative Demokratie zurückdrängen.[37] Der Vorschlag trug ihm viele hämische Kommentare ein. (»Oh, was haben die mich verhauen!«) Es ist dann auch nichts daraus geworden, obwohl der Kern von Schmidts Anliegen heute, wo die Polit-Talkshows im öffentlichen Verständnis längst das Parlament an Lebendigkeit, Unterhaltungswert und Einfluss überflügelt haben, eher noch einleuchtender ist als vor dreißig Jahren.

In dem Disput mit den Literaten gestattete Schmidt seinen Gesprächspartnern einen Blick in seine Seele. »Wenn die Zufälle und das Glück meines Lebens es anders gewollt hätten«, sagte er, »und ich wäre Architekt geworden – was ich eigentlich wollte, oder Städtebauer, Städteplaner –, dann würden Sie von mir wahrscheinlich wenige politische Äußerungen im Laufe meines Lebens gefunden haben, aber sehr viele programmatische Äußerungen auf dem Felde der schönen Künste, auf dem Felde der Architektur und was weiß ich. Das Glück, der Zufall oder das Lebensschicksal haben es anders gewollt. Vielleicht werde ich alt genug, um meinen Neigungen und unvollendeten Hoffnungen und Wünschen auf einem anderen Feld noch einmal nachgehen zu können, das kann durchaus sein.«[38]

Helmut Schmidt wurde alt genug, und als Publizist tummelte er sich auf vielen Feldern. Aber zunächst wenigstens blieb er dabei: »Wer geistige Führung im Sinne moralisch-ethischer Grundorientierung vom Staat, von der Regierung im Besonderen oder von der Politik im Allgemeinen erwartet, der klopft an falschen Türen.«[39]

Wobei das Paradox zu verzeichnen ist, dass Helmut Schmidt jene geistig-politische Führung, die er gemeinhin verwarf, in bestimmten Zusammenhängen doch zu rühmen wusste. So sagte er im Rückblick auf »die mörderischen Terrorbande der Baader und Meinhof«, die »geistig-moralische Führung gemeinsam durch die Politiker aller Parteien hat damals im ganzen Volk die Verachtung der RAF bestärkt«. Und dann folgte ein Satz, der im Widerspruch stand zu allem, was er sonst postuliert hatte: »Heute scheint der Anspruch auf geistig-moralische Führung Bankrott gemacht zu haben.«[40] Die Erklärung liegt darin, dass er, trotz all seines öffentlichen Sträubens, geistige Führung zu übernehmen, in seiner Regierungspraxis so viel an geistiger Orientierung und moralischer Unterfütterung seiner Politik geleistet hat wie kaum ein anderer Kanzler vor ihm oder nach ihm. Er tat dies völlig bewusst. Sibylle Krause-Burger sagte er einmal, es liege ihm am Herzen, den Menschen ein Gefühl, eine Überzeugung, möglicherweise sogar eine Leitvorstellung zu geben. Im Wahlkampf 1980 räumte er unumwunden ein: »Auch Demokratie braucht Führung.«[41]

Freilich suchte er selbst den Anschein zu vermeiden, er dränge sich in die Rolle des Volkserziehers. Im Rückblick erklärte er, dies sei eine »kokette, diminuierende Beschreibung der eigenen Funktion« gewesen: »Da habe ich mich selber etwas kleiner gemacht, als ich dachte, dass ich wäre.«[42] Er habe wohl untertrieben, Kohl jedoch habe übertrieben, sagte er 1998 bei einer von Christoph Bertram im Palais Schaumburg moderierten ZEIT-Diskussion mit Helmut Kohl. (Das Verhältnis der beiden entspannte sich danach; Kohl besuchte Schmidt 2007 im Hamburger Pressehaus. »Wir haben über Gott und die Welt gesprochen. Es war ein gutes Gespräch«, urteilte Schmidt im Rückblick.)[43] Bei anderer Gelegenheit merkte Schmidt später an: »So war es denn auch ein missglückter Versuch von Understatement, als ich wiederholt im Bundestag bekannte, mich als Kanzler für die geistig-moralische Führung der Deutschen nicht zuständig zu fühlen. Ich nahm natürlich an, man werde schon wissen, wie sehr ich mich tatsächlich um geistige Führung und öffentliche Moral bemühte. Jedoch wurde dies kaum verstanden oder gar gewürdigt – mit der späten Ausnahme Richard von Weizsäckers [der ihm früher auch Führungsenthaltsamkeit vorgeworfen hatte]. Aber da war Weizsäcker schon Bundespräsident, und ich war schon Privatmann.«[44]

Ein andermal ergänzte er: »Zwangsläufig geht von einem Regierungschef oder Staatspräsidenten oder auch nur von einem Oberbürgermeister moralische Führung in eingeschränkter Weise aus. Es muss zum Beispiel für jedermann ganz deutlich sein, dass er nicht käuflich ist. Aber die moralische Vorbildfunktion möchte ich auf keinen Fall übertreiben. Entscheidend ist, dass einer politisch anständig arbeitet.«[45] Doch Schmidt wusste sehr wohl: »Vertrauen kann es nur geben, wo es Führung gibt – wenn die Menschen sich ernst genommen fühlen in ihren Schmerzen und wenn die Wegweiser über das Tal der Tränen hinauszeigen. Es kann nur wachsen aus dem Zusammenklang von Person und Politik.«[46] Im Nachhinein scheint er zu bedauern, dass er auf dieser von ihm meisterhaft beherrschten Klaviatur nicht öffentlicher, nicht offener gespielt hat.

Helmut Schmidt wollte kein Philosophenkönig sein, und er war es auch nicht. Aber er hat Orientierung gegeben, Richtung gewiesen und Vertrauen eingeflößt. Die Bürger wussten die öffentlichen Angelegenheiten bei ihm in guten Händen. Und sie hielten sich auch nach seinem Ausscheiden aus der aktiven Politik an ihn: als Auskunftsperson, als Vorbild, in schwierigen Zeiten sogar als Alternative zur jeweiligen Bonner oder Berliner Führungsgarnitur. Und je mehr seine – seinerzeit im Volk ja nicht unumstrittene – Politik zum Gegenstand der Geschichtsbücher wurde, desto heller erstrahlten seine Charakterfestigkeit, seine Gelassenheit, seine überlegte, überlegene Art des Regierungshandelns in den Augen der Deutschen.

Sie hatten die Gelassenheit und die Gesetzestreue Schmidts in den Jahren erlebt, in denen der RAF-Terror die Republik erschütterte. Er überschattete fast seine ganze Kanzlerschaft, beginnend mit dem Mord an dem Berliner Kammergerichtspräsidenten von Drenkmann im November 1974; da saß der Bundeskanzler Schmidt gerade ein halbes Jahr im Palais Schaumburg. Danach ging es Schlag auf Schlag. Februar 1975: Entführung des Berliner CDU-Vorsitzenden Peter Lorenz und Freipressung von fünf Terroristen; April 1975: Überfall auf die Botschaft der Bundesrepublik in Stockholm, zwei Todesopfer; April 1977: Ermordung des Generalbundesanwaltes Siegfried Buback, seines Fahrers und des Fahrbereitschaftsleiters der Bundesanwaltschaft; Juli 1977: Mord an Jürgen Ponto, dem Vorstandssprecher der Dresdner Bank. Und am 5. September 1977 fuhr Hanns Martin Schleyer, Präsident der Bundesvereinigung Deutscher Arbeitgeberverbände, in Köln in eine Falle: RAF-Terroristen erschossen seinen Chauffeur samt drei Polizisten und entführten Schleyer in einem VW-Bus. Für die Freilassung ihrer Geisel forderten sie die Freilassung von elf RAF-Gefangenen. Sieben Wochen lang hielt die Schleyer-Krise die Bundesrepublik in Atem. Sie spitzte sich dramatisch zu, als am 13. Oktober die Lufthansa-Maschine »Landshut« mit 82 Passagieren und fünf Besatzungsmitgliedern auf dem Flug Palma–Frankfurt von einem Palästinenserkommando entführt wurde.

Dem Austausch von fünf Terroristen gegen Peter Lorenz hatte der Kanzler, mit hohem Fieber im Bett liegend und nur halb Herr seiner Sinne, widerwillig zugestimmt. Sein Widerwille erwies sich als berechtigt: Einige der Ausgetauschten kehrten in die deutsche Terroristenszene zurück und haben wieder gemordet[47]. Harte Unnachgiebigkeit gegenüber den erpresserischen Forderungen der Terroristen bei aller taktischen Flexibilität und Finesse war von da an Schmidts Losung. Seinen Freund, den schwedischen Ministerpräsidenten Olof Palme, überraschte er mit solcher Unnachgiebigkeit; der musste nun in Stockholm die Härte exekutieren. In der Schleyer-Krise hingegen lag die Verantwortung ganz bei Helmut Schmidt. Er schulterte sie mannhaft.

Im Großen Krisenstab wehrte der Kanzler alle ungesetzlichen, verfassungswidrigen Zumutungen ab. So die Bemerkung des bayerischen Ministerpräsidenten Franz Josef Strauß, eine Anspielung auf die im Hochsicherheitstrakt von Stammheim einsitzenden RAF-Leute Baader, Raspe und Ensslin: »Wir haben doch auch Geiseln, Gefangene.« Als Schmidt nachfragte: »Wie meinen Sie das, Herr Ministerpräsident?«, erhielt er keine Antwort. Es blieb bei vagen Andeutungen aus dem Umkreis von Strauß: »Der Rechtsstaat muss zubeißen«, oder: Der Bürger müsse die roten Ratten dorthin jagen, wo sie hingehörten. Aber alle Teilnehmer der Lagebesprechung hatten verstanden: Der Staat solle doch, einen nach dem anderen, die Gefangenen hinrichten lassen. Doch auf solche Denkmodelle ließ Schmidt sich überhaupt nicht ein. Die Seuche des Terrorismus wollte er bekämpfen, jedoch im Willen zum Gehorsam gegen das Grundgesetz. Im Bundestag sagte er am 15. September, unverkennbar an die Adresse von Strauß gerichtet: »Uns erreichen vielerlei Ratschläge […] bis hin zu dem Vorschlag von Repressionen und Repressalien, die sich gegen das Leben der einsitzenden Terroristen richten. Ich will dem Bundestag dazu meine Überzeugung nicht verhehlen: Androhen kann man nur, was man auch tatsächlich ausführen will und was man auch tatsächlich ausführen darf. Drohungen mit Schritten, die unsere Verfassung brechen würden, sind deshalb untauglich. Die Mitglieder der Bundesregierung und auch ich selbst haben vor dem Bundestag geschworen, das Grundgesetz und die Gesetze des Bundes zu wahren und zu verteidigen. Ich habe den festen Willen, diesem Eid zu gehorchen.«[48]

In diesem Sinne ordnete der Kanzler an, die Suche nach Schleyer intensiv fortzusetzen. Zugleich gab er den Befehl zur Erstürmung der »Landshut« auf dem Flughafen von Mogadischu. Das Unternehmen gelang (andernfalls wäre Schmidt zum Rücktritt entschlossen gewesen). Aber in der Nacht noch begingen die Stammheimer Insassen Selbstmord. Tags darauf wurde die Leiche Hanns Martin Schleyers im Kofferraum eines in Mülhausen abgestellten Wagens aufgefunden. Dem Sieg von Mogadischu folgte die Niederlage von Mülhausen.

Schmidt nahm die Verantwortung dafür auf sich. Er trug nicht leicht daran. Die Schutzpflicht des Staates für den Einzelnen hatte er abzuwägen gehabt gegen die Schutzpflicht des Staates für die Gesamtheit aller Bürger. »Unausweichlich befanden wir uns damit im Bereich von Schuld und Versäumnis«, bekannte er vor dem Bundestag. Und bei aller Empörung über den »mordwütigen Terrorismus« bekannte er sich weiter zu seinen Grundsätzen: »Zugleich haben wir uns aber zur rechtsstaatlichen Mäßigung und zur Verhältnismäßigkeit der Mittel in der Abwehr solcher Gefahren diszipliniert. Bei dieser Selbstdisziplin werden wir bleiben. Denn wir wollen das Übel des Anarchismus nicht mit dem Übel eines antiliberalen Überstaates austreiben und vertauschen.«

Nie war Helmut Schmidt in seiner Amtszeit populärer, nie sein Ansehen höher. Mit aurelianischer Gelassenheit und Festigkeit des Herzens war er allen entgegengetreten, die mit Worten oder Morden eine andere Republik schaffen wollten. Die Bürger achteten ihn, vertrauten ihm, fühlten sich bei ihm gut aufgehoben. Im deutschen Herbst 1977 wuchs er in die Dimension eines Volkskanzlers hinein, der beinahe über den Parteien stand. Ich schrieb damals in der ZEIT über seine Erklärung vor dem Bundestag: »Helmut Schmidt zitiert gern Max Webers Satz, dass alles Tun, zumal aber das politische Tun, in Tragik verflochten sei. In der Krise hat er bewiesen, was nach Max Weber den Staatsmann ausmacht: ›die geschulte Rücksichtslosigkeit des Blickes in die Realitäten des Lebens und die Fähigkeit, sie zu ertragen und ihnen innerlich gewachsen zu sein‹. Der Bürde der Verantwortung innerlich gewachsen zu sein: Dazu gehört nicht nur, das für notwendig Erachtete durchzusetzen. Dazu gehört auch, sich gegen die Versuchung zu feien, im Notstand die Grenzen staatlichen Handelns auszuweiten […]. Der Kanzler und seine Berater haben derlei Versuchungen […] weit von sich gewiesen.«[49] Und in einer *Newsweek*-Kolumne bilanzierte ich wenige Tage nach den Ereignissen in Mogadischu, Stammheim und Mülhausen: »Die Rede, die Schmidt danach im Bundestag hielt, war die eines politischen Philosophen, nicht die eines bloßen Machers. [...] Das makellose Kommando-Unternehmen in Somalia gab der Nation nach Wochen der Frustration endlich wieder Auftrieb. [...] Ein neues Wir-Gefühl breitete sich im Lande aus. Die Westdeutschen identifizierten sich mit ihrem Staat wie nie zuvor. Sie hatten bewiesen, dass sie zu entschiedenem Handeln gegenüber den Gesetzesbrechern fähig waren, ohne die Bürgerrechte zu demontieren. Die Führung und das Volk hatten ihr Gleichgewicht bewahrt.«[50]

Es war der Schmidt der Terrorkrise, der nach seinem Politikerdasein die öffentliche Moral zu seinem großen Thema machte – die Moral der Politiker wie jene der Bürger. »Nicht, dass er sich nun in besonderem Maße für die geistig-moralische Führung der Nation zuständig gefühlt hätte«, charakterisiert Henning Albrecht diesen Aspekt von Helmut Schmidts Wirken. »Dagegen hegte er nach wie vor Vorbehalte. Jedoch setzte er sich spätestens seit Mitte der neunziger Jahre für eine neue gesellschaftliche Ethik ein, für die Stiftung eines ethischen Minimalkonsenses in Deutschland. Schmidt agierte dabei nicht als Moralphilosoph, sondern als Moralist, nicht im idealistisch weltfremden Sinne, sondern als praktischer Politiker mit wachen, auf die Gegenwart und die nahe Zukunft gerichteten Sinnen.«[51]

In einer Reihe von Artikeln, Interviews und Fernsehauftritten ließ der Altkanzler das Thema erstmals anklingen. So ermahnte er im Jahre 1987 die politische Klasse – »Politiker und Journalisten« –, nicht den Eindruck zu erwecken, persönliche Eitelkeit und Geltungsbedürfnis, Erfolgs- und Karrierestreben stünden höher als die Verantwortung gegen das eigene Gewissen wie gegenüber Parlament und Öffentlichkeit; es stehe schlecht um das Land, wenn Eitelkeit, Auflage oder Einschaltquote wichtiger erschienen als das Angebot einer wahrhaften Information oder eines ehrlichen Kommentars.[52] In seinem Buch *Auf der Suche nach einer öffentlichen Moral* fasste er 1998 seine Ansichten zusammen.

Im öffentlichen Raum zerbrösele die Moral, klagte er: »An den Rändern und in manchen Ecken unserer Gesellschaft breitet sich ein bisher ungewohntes Maß an rücksichtslosem Egoismus aus, an Selbstsucht und auch Habgier.«[53] Mit den Funktionseliten des Landes ging er in seiner Analyse schonungslos ins Gericht. »Die Skandale in der politischen Klasse und in der Managerklasse haben sich niemals derart gehäuft wie im gegenwärtigen Jahrzehnt«, warf er ihnen vor. »Spekulationismus, hohe Börsenkurse, Steuerbetrug, egoistische Bereicherung, Korruption, Insuffizienz von Politik, Unternehmen, Schulen und Universitäten, Siegeszug des Fernsehens und seiner Verführung zu Oberflächlichkeit und Gewalt – das sind nur einige der Schlagworte, die den Werteverfall illustrieren […]. Wir sind skeptisch und unsicher geworden.«[54] Sein Befund lief auf die nüchterne Feststellung hinaus: »In Teilen unserer Gesellschaft fallen moralische Hemmungen weg. Das schlechte Gewissen wird verdrängt durch die Genugtuung über den eigenen Erfolg.«[55] Die Politiker sagten uns entweder nicht die volle Wahrheit, oder aber sie seien gar nicht imstande, die Wirklichkeit zu erkennen; wir vertrauten ihnen nur noch in geringem Maße. Auch den Managern und Unternehmen vertrauten wir nur noch im Einzelfall: »Sie reden von Menschen als von ›Humankapital‹ und gefallen sich in ihrer Rolle als *global player*; *shareholder value* nennen sie das vorrangige Ziel ihrer Firma […]. Sie suchen allein den eigenen Vorteil, vom Gemeinwohl dagegen reden sie bloß.«[56] Das Gefühl, der Ehrliche sei der Dumme, habe die Mehrheit der Deutschen befallen. »Von manchen Menschen der mittleren und jüngeren Generationen hören wir, Gemeinwohl, Nächstenliebe, Solidarität, Pflichtgefühl und Verantwortungsbewusstsein seien veraltete Ideale. Jeder sei sich selbst der Nächste, und das Gemeinwohl bleibe doch wohl nur eine Floskel.«[57]

Solcher Schnödigkeit setzt Schmidt seine Forderung nach Mut zur Moral entgegen, nach Gemeinsinn und Verpflichtung aufs Gemeinwohl, nach Verantwortung eines jeden gegenüber anderen Menschen und der Gesellschaft insgesamt. Den Politikern aller

Parteien empfahl er angelegentlich die Verabschiedung eines allgemeinen Verhaltenskodexes. Ein solcher Ethik-Kodex solle »die sittlichen Aufgaben, Pflichten und Verantwortungen der Politiker« umschreiben. Auch solle er von jedem Politiker verlangen, sich eine gute Kenntnis des Grundgesetzes zu erarbeiten, desgleichen grundlegende Kenntnisse der Geschichte Deutschlands wie seiner Nachbarn und Fachwissen plus Gesetzeskenntnis auf mindestens einem Sachgebiet. Vor allem aber gehörten zwei Maximen in den Kodex: »Erstens: Du sollst vor jeder Entscheidung prüfen, ob eine Ungerechtigkeit, ein Missstand, eine Fehlentwicklung, eine Gefährdung vorliegt und wie sie beseitigt werden kann. Deine Aufgabe ist es, zu bewahren und zu gestalten, das heißt zu reformieren [...]. Zweitens: Du sollst in jedem Einzelfall abwägen: Was spricht für die Fraktionsdisziplin, was spricht für eine Gewissensentscheidung? Wenn beides auseinandergeht, sollst du dich bei der Abstimmung so entscheiden, wie dein Gewissen es dir vorgibt.«[58]

Eigentlich sind das alles Selbstverständlichkeiten. Helmut Schmidt wird aus Erfahrung gewusst haben, warum er sie kodifizieren wollte. Große Hoffnungen machte er sich allerdings nicht. »Wenn unser Bundestag einen Verhaltenskodex zustande brächte, so wäre schon viel gewonnen«, schrieb er. Doch setzte er illusionslos hinzu: »Aber ich fürchte, dass man in absehbarer Zukunft mit einem solchen Kodex für die deutsche Politik nicht rechnen kann.«[59] Er hat recht behalten.

Der Managerklasse, deren egomanen Größenwahn und Kult des Erfolgs anstelle des Dienstes am Gemeinwohl er scharf kritisierte, legte er gleichzeitig nahe, »ihr Verantwortungsbewusstsein besser erkennbar zu machen[60] und sich Ludwig Erhards Leitwort von der *sozialen* Marktwirtschaft ernsthaft wieder zu eigen zu machen«.[61] Es bleibe, schrieb er zehn Jahre vor dem großen Kladderadatsch der weltweiten Finanz- und Wirtschaftskrise, »die besondere Aufgabe der Managerklasse, in den eigenen Reihen für Anstand und Moral einzutreten [...]. Wenn ein Manager meint, es genüge, für sich zu bekennen, ›Ich bin ein Kapitalist‹, dann ist in der Tat Marion

Dönhoffs Aufruf gerechtfertigt: Zivilisiert den Kapitalismus.« Konsequenterweise regte Schmidt einen Kodex unternehmerischen Verhaltens an – vier Jahre ehe die von der Bundesregierung eingesetzte Cromme-Kommission 2002 einen solchen Kodex für gute Unternehmensführung (Corporate Governance) vorlegte. In der Krise der Jahre 2007 bis 2010 erwies sich dann freilich als richtig, was der Kommissionsvorsitzende Gerhard Cromme vorausgesagt hatte: »Moral kann man nicht per Gesetz verordnen und auch nicht per Kodex.« Irrationaler Überschwang und ansteckende Habgier – die Begriffe *irrational exuberance* und *infectious greed* stammen von Alan Greenspan, dem früheren Chef des U.S. Federal Reserve Board – sind letztlich doch nur durch die von Helmut Schmidt beschworene »moralische Haltung und die Tugenden des Unternehmers, Managers und Chefs« zu bändigen. Seine Mahnung, nicht die soziale Marktwirtschaft über Bord zu werfen und mit ihr den Artikel 14 des Grundgesetzes (»Eigentum verpflichtet. Sein Gebrauch soll zugleich dem Wohl der Allgemeinheit dienen«), behält deshalb unverändert ihre Gültigkeit – wie auch das bereits erwähnte, von ihm gern zitierte Diktum Gandhis: »Geschäft ohne Moral ist eine Sünde.«[62]

Nie hat sich Helmut Schmidt in seiner doppelten Grundüberzeugung irremachen lassen, dass Eigentum verpflichtet und dass der Einzelne verpflichtet ist, dem Gemeinwesen zu dienen. Er bedauerte, dass der römische Grundsatz *salus publica suprema lex* im Grundgesetz fehlt,[63] und immer wieder zitierte er aufs Neue den Satz aus der Präambel der hamburgischen Verfassung von 1952: »Jedermann hat die sittliche Pflicht, für das Wohl des Ganzen zu wirken.« Davon war er schon seit seinen Studententagen überzeugt. Auf einem Gruppenabend des Hamburger SDS Ende Januar 1948 hatte er Sozialismus in seinem weitesten Sinne als »die Überzeugung von der Verpflichtung jedes freien Einzelnen gegenüber der Gesamtheit« definiert. Demokratie nannte er damals »das Prinzip, mit der Opposition zu regieren, ja sie für lebensnotwendig zu halten«, Humanitas das »Prinzip der Mitmenschlichkeit« und

»Sozialismus das Prinzip der Verantwortung des Einzelnen für das Ganze«.[64] Dies blieb der Kern seines sozialdemokratischen Denkens und Empfindens; ein Marxist ist er jedenfalls nie gewesen. Kein Wunder, dass ihm Poppers Satz einleuchtete: »Jedermann hat eine entscheidende große Verantwortung dafür, dass sein Leben auch Einfluss hat auf das Leben aller anderen.« Kein Wunder auch, dass er Hans Jonas zustimmte, der in seinem Buch *Das Prinzip Verantwortung* ausführte, jeder trage Mitverantwortung dafür, unseren Nachkommen die Erde so zu hinterlassen, wie wir sie selber vorfinden möchten. »Handle so, dass dein Handeln weder die Zukunft des Menschen noch die Zukunft der Natur gefährdet«, deutete er den kategorischen Imperativ zeitgenössisch aus.[65]

Aus der Suche nach einer öffentlichen Moral erwuchsen Helmut Schmidt zwei verwandte Themen, die zeitweise in den Vordergrund seines Räsonierens rückten: die Suche nach einem Weltethos und das Verlangen, den in der Verfassung garantierten Grundrechten eine Vergatterung der Staatsbürger auf ihnen entsprechende Grundpflichten beiseitezustellen.

Schmidts Engagement für ein Weltethos speiste sich aus seiner Erkenntnis, dass die durch Globalisierung und Bevölkerungsüberdruck entstehenden Notlagen und Spannungen durch religiöse und rassistische Elemente verschärft und angeheizt werden. »Soziale oder ökonomische Unsicherheit und Unzufriedenheit schaffen den Boden für böse Konflikte zwischen Menschen verschiedener Religion, Hautfarbe oder auch nur verschiedener Nationalität oder Sprache«, war seine Analyse.[66] Samuel Huntingtons These vom bevorstehenden Zusammenprall der Kulturen und Religionen, dem vielbeschworenen *clash of civilizations*, wies er in aller Deutlichkeit zurück.[67] »Vielmehr bedarf die Welt eines hohen Maßes an religiöser Toleranz«, postulierte er. »Die Weltreligionen enthalten einen großen Schatz an übereinstimmenden moralischen Geboten, allen voran die ›goldene Regel‹, nach der jeder sich gegenüber anderen so verhalten soll, wie er sich wünsche, dass sie sich ihm gegenüber verhalten. Diesen gemeinsamen Schatz ins Bewusstsein zu heben wird für den Frieden im 21. Jahrhundert zu einer der wichtigsten Aufgaben werden. Ob es gelingt, die religiösen und politischen Führer von der Notwendigkeit gegenseitiger Toleranz zu überzeugen, und wieweit sie diese Toleranz in ihrer täglichen Praxis selbst üben, kann über Krieg und Frieden entscheiden.«[68]

Den Anstoß zu einer »Erklärung zum Weltethos« hatte Hans Küngs 1990 erschienenes Buch *Projekt Weltethos* gegeben. Helmut Schmidt stand in enger Fühlung mit dem in Tübingen lehrenden, Rom-kritischen katholischen Theologen, mit dem er öfter auch öffentlich auftrat. Er unterstützte – wie der Wiener Kardinal Franz König und der Geiger Yehudi Menuhin, wie der Oxforder Philosoph Isaiah Berlin und der amerikanische Kommunitarist Amitai Etzioni – den Gedanken religiöser Toleranz als friedensstiftendem Faktor.

Von großem Einfluss war dabei seine »herzliche und sehr persönliche Freundschaft« mit Anwar el-Sadat, dem 1981 ermordeten ägyptischen Präsidenten. Mit ihm hatte Schmidt oft über religiöse Fragen gesprochen, auch über die Möglichkeit des Glaubens, Brücken der Verständigung, der Versöhnung und des Friedens zu schlagen. Die eindringlichen Gespräche hat er immer wieder geschildert: »Wir fuhren zu Schiff nilaufwärts, schließlich bis nach Assuan, wir saßen stundenlang an Deck, hatten Unendlichkeit und Ewigkeit über uns und sprachen über Gott.« Auch redeten sie über die drei abrahamischen Religionen. »Erst von Sadat habe ich gelernt, Lessings Parabel von den drei Ringen voll zu begreifen«, gestand Schmidt. »Ich habe ihn geliebt«, formulierte er in einer bei ihm seltenen Unverschlossenheit. »Wir waren bis auf zwei Tage gleichaltrig. Unsere nächtliche Unterhaltung auf dem Nil gehört zu den glücklichsten Erinnerungen meines politischen Lebens.«[69] Aber auch der israelische Ministerpräsident Jitzhak Rabin, der 1995 in Tel Aviv dem Attentat eines jüdischen Fundamentalisten zum Opfer fiel, war ihm ein leuchtendes Vorbild.[70]

Schmidt stimmte überein mit den Grundgedanken der *Declaration Toward a Global Ethic*, die im September 1993 in Chicago vom Parlament der Weltreligionen als Umriss eines Weltethos verabschiedet wurde, und unterstützte die Suche nach einem »minimalen Grundkonsens bezüglich verbindender Werte, unverrückbarer Maßstäbe und moralischer Grundhaltungen.« Allerdings ist zu bezweifeln, dass der Pragmatiker Schmidt die allumfassende Zielsetzung des Appells von Chicago für realistisch hielt.[71] Wohl kamen ihm die »Wünsche, fast Träume« einer Begegnung der jüdischen, christlichen und islamischen Glaubensgemeinschaften auf dem Berg Sinai, wie sie Sadat vorgeschwebt hatten, wieder in den Sinn, als er die Deklaration zum Weltethos las. Freilich fragte er skeptisch: »Haben jedoch die Religionen heute die Kraft, ein verbindliches Ethos zu vermitteln? Sind sie unter den Bedingungen der modernen Zivilisation imstande, das Verhalten der Menschen umfassend zu prägen?« Diese Fragen bedrängten ihn; und er verhehlte nicht seine Zweifel. Den Anfang eines notwendigen Diskurses sah er immerhin gemacht. Freimütig setzte er allerdings hinzu, dass der begonnene Dialog auf dem Weg zu einem Weltethos nach der Verständigung unter den Religionen weitergetrieben werden müsse »auch in die säkularisierten Bereiche unserer Gesellschaft« hinein; dabei böten die Kernsätze der Chicagoer Erklärung eine gute Grundlage. Aber er unterschlug auch nicht seine Einsicht: »Ein einheitliches Ethos kann nicht mehr vorgegeben werden, es muss aus den lebendigen Werthaltungen der Einzelnen und der Gruppen erwachsen.«[72]

Auf den Einzelnen – 6 Milliarden Einzelne zu Beginn des 21. Jahrhunderts – zielte denn auch Helmut Schmidts nächster Vorstoß auf dem Felde der weltweiten Ethik: die Formulierung einer »Allgemeinen Erklärung der Menschenpflichten«. Die Idee dazu entstand im Schoße jenes InterAction Council, das, in den Achtzigern von dem früheren japanischen Ministerpräsidenten Takeo Fukuda gegründet, bei seinen Jahrestagungen jeweils drei Dutzend ehemaliger Regierungs- und Staatschefs zusammenführte, um mit anderen Spitzenpolitikern und Experten Fragen der internationalen Politik zu besprechen. Helmut Schmidt hatte 1985 den Vorsitz übernommen, den er über ein Jahrzehnt lang behielt. Nach zehnjähriger Vorarbeit im Kreise religiöser und politischer Führungspersönlichkeiten aus allen fünf Kontinenten präsentierte Schmidt, inzwischen Ehrenvorsitzender, den Entwurf der Allgemeinen Erklärung der Menschenpflichten. Hans Küng hatte wiederum maßgeblichen Anteil an deren Formulierung gehabt; sie baut auch weithin auf der Erklärung zum Weltethos auf. Das Dokument trug die Unterschrift von 24 ehemaligen Staatsmännern, darunter Malcolm Fraser, Lord Callaghan, Jimmy Carter, Giscard d'Estaing, Felipe Gonzales, Michail Gorbatschow, Kenneth Kaunda, Kiichi Miyazawa, Lee Kuan Yew, Pierre Trudeau und Franz Vranitzky. Der Text dieser *Universal Declaration of Human Responsibilities* wurde dem UN-Generalsekretär Kofi Annan zur Verabschiedung durch die UN-Vollversammlung übergeben, richtete sich jedoch an die Weltöffentlichkeit insgesamt, besonders an Politiker und Regierungen, an religiöse Führer, Medienleute und Manager.[73]

Die Erklärung geht von der Prämisse aus, dass »das exklusive Bestehen auf Rechten Konflikt, Spaltung und endlosen Streit zur Folge hat und die Vernachlässigung der Menschenpflichten zu Gesetzlosigkeit und Chaos führen kann«. In seiner Einleitung zur deutschen Fassung machte Schmidt zwar deutlich, dass es nur darum gehe, die Menschenrechte zu ergänzen, nicht darum, sie zu verwässern. Dies wurde auch in dem Schlussartikel 19 des Dokuments unterstrichen: Keine seiner Bestimmungen dürfe so ausgelegt werden, dass sich daraus irgendein Recht ergebe, eine Tätigkeit auszuüben oder eine Handlung vorzunehmen, die auf die Vernichtung *(destruction)* der in der Allgemeinen Erklärung der Menschenrechte aufgeführten Pflichten, Rechte und Freiheiten abziele. Jeder Vernünftige musste ja im Übrigen der Feststellung Schmidts zustimmen: »Keine offene Gesellschaft, keine Demokratie kann auf die Dauer Bestand haben ohne das doppelte Prinzip von Rechten und Pflichten jedes Einzelnen.«[74] Dennoch wurde die ganze Erklärung in der Öffentlichkeit kontrovers diskutiert, nicht zuletzt in der ZEIT.

Dabei waren die in dem Kodex aufgeführten 18 Pflichten – *responsibilities* in der englischen Urfassung, Verantwortlichkeiten also – eigentlich unanstößig, ja im Grunde banale Selbstverständlichkeiten, jedenfalls im demokratischen Westen. Alle Menschen menschlich behandeln, unmenschliches Verhalten nicht unterstützen, unter allen Umständen Böses meiden und Gutes fördern, die Goldene Regel einhalten, Leben achten, Streitigkeiten zwischen Staaten, Gruppen oder Individuen nicht mit Gewalt austragen, Tiere und die natürliche Umwelt schützen, niemanden seines Besitzes berauben, überall nachhaltige Entwicklung fördern, die eigenen Fähigkeiten durch Fleiß und Anstrengung entwickeln und Bedürftige, Benachteiligte und Behinderte unterstützen, Eigentum und Reichtum verantwortungsvoll verwenden, wirtschaftliche und politische Macht nicht als Mittel der Herrschaft einsetzen, wahrhaftig reden und handeln (aber, etwas inkonsequent: »Niemand ist verpflichtet, die volle Wahrheit jedem zu jeder Zeit zu sagen«), berufsspezifische Ethik-Kodizes den allgemeinen Maßstäben unterordnen, die Freiheit der Medien mit Verantwortung und Umsicht gebrauchen, Sensationsberichte vermeiden, Hass, Fanatismus oder Glaubenskriege weder anstiften noch legitimieren, einander in der Partnerschaft von Männern und Frauen Achtung und Verständnis zeigen, in der Ehe Liebe, Treue und Vergebung üben, Kinder nicht ausbeuten, missbrauchen oder misshandeln – sarkastisch könnte man sagen: Von allem Wahren, Guten und Schönen haben die Autoren nicht ein Jota ausgelassen. Die zehn Gebote sind kürzer. Kürzer ist auch schon Artikel 29 der UN-Menschenrechtserklärung von 1948, in dem es heißt: »[...] jeder Mensch [hat] Pflichten gegenüber der Gemeinschaft, in der allein die freie und volle Entwicklung seiner Persönlichkeit möglich ist.« Und konziser ist erst recht John F. Kennedys erniger Appell an seine Landsleute: »Fragt nicht, was euer Land für euch tun kann, sondern fragt, was ihr für euer Land tun könnt.«

»Insgesamt war der Versuch, einem Minimalkodex ethischen Verhaltens durch die Berücksichtigung der Vorschläge der Vertreter anderer Kulturen und Religionen zu weltweiter Anerkennung zu verhelfen, aller Ehren wert«, urteilt Schmidts Biograph Hartmut Soell.[75] Wenn sich an dem harmlosen Text heftige Kontroversen entzündeten, so lag dies zum Teil sicherlich an der fragwürdigen Übersetzung von *responsibilities* mit »Pflichten« statt mit »Verantwortung« oder »Verantwortungsbewusstsein«. Der Ausdruck »Pflichten« legte die Auslegung nahe, die Gewährung der Menschenrechte hänge ab von der Erfüllung der postulierten Menschenpflichten. Dies könne, lautete der gewichtigste Einwand, autoritären Regimen dazu dienen, eine Gemeinschaftsmoral zur Norm zu erheben und jede Abweichung von der Norm durch Verweigerung der grundlegenden Menschenrechte zu bestrafen.

Die ZEIT druckte die Erklärung der Menschenpflichten in voller Länge ab, versehen mit einer Einführung von Helmut Schmidt. Anschließend veröffentlichte das Blatt acht Wochen lang Beiträge zu einer Debatte, an der sich auch die Leser lebhaft beteiligten. Neben den ZEIT-Redakteuren Constanze Stelzenmüller, Thomas Kleine-Brockhoff und Susanne Gaschke kamen dabei Hans Küng, der katholische Pastoraltheologe Norbert Greinacher, der evangelische Theologe (und damalige Generalsekretär der deutschen Sektion von Amnesty International) Volkmar Deile und der Schriftsteller Carl Amery zu Wort. Gräfin Dönhoff schloss die Serie, in der Zustimmung und Ablehnung einander ungefähr die Waage hielten, mit einem Leitartikel ab.[76]

Am kritischsten äußerte sich später – in einer Festschrift zu Schmidts achtzigstem Geburtstag – Robert Leicht, ZEIT-Chefredakteur von Oktober 1992 bis September 1997 und nun politischer Kolumnist des Blattes. Er argumentierte, die Grundrechte bestünden ohne die Erfüllung irgendwelcher Pflichten und unterlägen nicht dem Prinzip Leistung und Gegenleistung. Die Grundrechte seien dadurch definiert, »dass sie jeder staatlichen Instanz vorgelagert und übergeordnet sind«. Die Würde des Menschen liege darin, dass der Mensch sie sich nicht erst verdienen müsse; hier stimmte Leicht dem protestantischen Theologen Wolfgang Huber und dessen Feststellung zu, gegen die Würde des Menschen verstieße es, wenn man die Rechte nur dem zukommen ließe, der sich ihrer durch Pflichterfüllung gegenüber der Gemeinschaft als würdig erwiesen habe. Diese Asymmetrie zwischen Grundrechten und rechtlich formulierten Pflichten schütze zugleich die Beherrschten und Regierten vor den Herrschenden und Regierenden und deren machtgesteigerter Fehlbarkeit. Die Machthaber müssten sich Beachtung erst einmal verdienen, indem sie die Grundrechte anerkennten und schützten; deren Gewährung sei nicht abhängig von der Erfüllung irgendwelcher Grundpflichten. Wenn es Handlungsbedarf gäbe, weil der Zusammenhalt unserer Gesellschaften gefährdet sei, so könne es nicht darum gehen, den Diskurs über Menschen- und Grundrechte zu kupieren, sondern nur darum, ihn wirklich zur Geltung zu bringen.

Zu Recht wies Leicht darauf hin, dass sich die Allgemeine Erklärung der Menschenpflichten auf eine rein moralische Appellfunktion beschränke, wohingegen es sich bei der Allgemeinen Erklärung der Menschenrechte aus dem Jahre 1948, wenn nicht schon um innerstaatliches Recht, so doch um eine zwischenstaatlich eingegangene Verpflichtung handle. Nicht ohne Mokanz merkte der ZEIT-Redakteur an, es wäre nur schwer vorstellbar, wie die Völkergemeinschaft sich ähnlich sollte verpflichten können, die angestrebten Menschenpflichten durchzusetzen, etwa: »Jede Person hat die Pflicht, sich integer, ehrlich und fair zu verhalten« (Artikel 8), oder: »Jeder Mensch hat die Pflicht, wahrhaftig zu reden und zu handeln« (Artikel 12). Er hätte dieselbe Frage zu Artikel 16 stellen können, wonach »Geschlechtspartner die Verantwortung für die Sorge um des Wohlergehen des anderen wahrnehmen«.[77]

Tatsächlich mag der Text die ganze Aufregung nicht gerechtfertigt haben. Ähnlich der Erklärung zum Weltethos, die letztlich einen neuen Menschen verlangte, wie es ihn nie geben wird, war auch die Allgemeine Erklärung der Menschenpflichten so visionär, ja utopistisch angesichts der Verschiedenheit der Weltkulturen und der Ungleichzeitigkeit ihrer historischen Entwicklung, dass man eigentlich ihre Ablehnung durch Helmut Schmidt hätte erwarten können. Sie war von besten Absichten getragen, aber weltfremd und realitätsfern. Es kann ihn nicht verwundert haben, dass sie im Räderwerk der UN-Maschinerie hängen blieb und zerschreddert wurde. Illusionen machte er sich da nicht. Es habe sich bald herausgestellt, »dass die im Amt befindlichen Regierungen nicht erpicht darauf sind, von ihren Vorgängern irgendwelche klugen Ratschläge zu erhalten«, gab er Sandra Maischberger zu Protokoll.[78]

Man kann lange darüber rätseln, weshalb sich Helmut Schmidt dermaßen für zwei Erklärungen eingesetzt hat, die erste zum Weltethos, die zweite zu den Menschenpflichten, deren idealistischen Überschwang, gedankliche Schwärmerei und stilistischen Schwulst er normalerweise als »Quallenfett« abgetan hätte. Er wusste ja: »Anstand und Moral sind nicht justitiabel«.[79]

Hartmut Soell mutmaßt, der Altkanzler habe in das Erbe der Aufklärung »ein Stück geistiger Konterbande aus Ostasien einschmuggeln« wollen, um es universaler zu machen; sein Interesse am Wiederaufleben des Konfuzianismus in China und die Bekanntschaft mit Singapurs autoritärem, doch von wirtschaftlichem Erfolg belohntem Erziehungsdiktator Lee Kuan Yew könnten dabei Pate gestanden haben. Dafür spricht, dass die konfuzianischen Wert- und Moraltraditionen Schmidt intellektuell fesselten, vor allem die Wertschätzung von Harmonie und Hierarchie. Beides wollte er nicht auf Europa übertragen wissen – weder die obrigkeitliche Hierarchie noch die meist ja erzwungene Harmonie. Hierarchien, die nur mit Gewalt aufzubrechen und abzulösen sind, widersprachen seinem Begriff von freiheitlicher Verfassung. Und über die Demokratie hat er oft genug gesagt, sie sei keine Veranstaltung der Harmonie, sondern immer streitige Auseinandersetzung, die kontroverse Debatte sei geradezu ihr Wesenskern. Gleichwohl blieb das asiatische Gesellschaftsmodell – Erfolg, obendrein Erfolg ohne die Stützstreben der europäischen Aufklärung – für ihn ein Gegenstand der Faszination.[80] Der Blüte von Kulturen, die mehr auf Ethik, mehr auch auf die Tugend der Herrscher als auf die Geltung gesetzten

Rechts bauten, zollte er Respekt.[81] Ihre Nachahmung empfahl er indessen nicht, wiewohl er die Lebensleistung seines Freundes Lee Kuan Yew bewunderte.[82]

Auch ist die Frage nicht leicht zu beantworten, warum Helmut Schmidt der Erklärung der Menschenpflichten so viel praktische Bedeutung beimaß. Wo immer es um die Menschenrechte ging, deren Ausbreitung über die ganze Welt er als dringend wünschenswert bezeichnete, hatte er mahnend daran erinnert, dass sie sich auch in unseren Breiten erst spät durchgesetzt haben und dass deren Verfechtung vielen Asiaten und Afrikanern einstweilen als westliche Ideologie erscheine, die ihren eigenen Kulturen und Traditionen nicht gemäß sei und von ihnen oft sogar als Neuauflage des westlichen Kolonialismus empfunden werde.[83] Wie konnte er angesichts der politischen Realitäten und der sozialen Zustände in weiten Teilen der Welt annehmen, dass ein Katalog der Menschenpflichten schneller, universeller, verlässlicher Verbindlichkeit zu erlangen vermöchte?

Die einleuchtendste Erklärung dafür bietet Henning Albrecht: Es sei Schmidt darum gegangen, Brücken zu schlagen und gegenseitiges Verständnis zu schaffen, um den Huntington'schen Zusammenprall der Kulturen abzuwehren. Den zentrifugalen Kulturtendenzen auf dem Planeten suchte er eine bindende Kraft entgegenzusetzen. Daneben habe sich sein Engagement gespeist aus dem Bestreben, das Pflichtdenken im eigenen Land zu rehabilitieren und den klassischen Tugenden aufs Neue Geltung zu verschaffen,[84] gemäß seinem Postulat: »Jeder von uns trägt Verantwortung auch für andere und für das Ganze. Daraus ergeben sich Pflichten. Die Pflichten stehen nicht im Gesetz. Mir geht es jedoch nicht um rechtliche, sondern vielmehr um moralische Verantwortungen und Pflichten.«[85] Schmidt kam es darauf an, unsere Pflichten gegenüber dem öffentlichen Wohl, gegenüber dem Staat und gegenüber unseren europäischen Nachbarn ins Bewusstsein zu heben. Daher sein Appell: »Wir brauchen Mut zur öffentlichen Moral.«[86]

In dem Satz, es gehe ihm nicht um rechtliche, sondern um moralische Pflichten, liegt wohl auch die Erklärung, weshalb sich in die Kontroverse damals eine ungewöhnliche Schärfe einschlich. In der ZEIT-Redaktion wurde viel über die allgemeinen Menschenpflichten diskutiert. Der Nichtjurist Schmidt hörte aus der Diskussion nur heraus, es komme in einem freiheitlichen Staat nicht auf Pflichten an, sondern allein auf Rechte, in einem freiheitlichen Staat könne es kein Gleichgewicht zwischen beidem geben. Das war eine unzulässige Vereinfachung und Zuspitzung: Rein juridisch hatten die kritischen Redakteure ja recht, und moralische Pflichten leugneten sie keineswegs. Nicht einer von ihnen würde die Richtigkeit des Schmidt'schen Satzes bestreiten: »Keine offene Gesellschaft, keine Demokratie kann auf die Dauer Bestand haben ohne das doppelte Prinzip von Rechten und Pflichten jedes Einzelnen.« Ein Missverständnis also? Zornbebend verdammte Schmidt die differenziert Andersdenkenden in seinem nächsten Buch: »In meinen Augen waren sie Anarcho-Liberale.«[87] Und er setzte noch eins drauf: »Man muss ein exzessiver deutscher Liberaler oder ein Anarchist sein, um die Pflicht zur Verantwortung für das Gemeinwohl zu negieren oder als Nebensache abzutun.«[88]

Im Abstand von einem Dutzend Jahren wird man sagen dürfen, dass die Schärfe der Kontroverse ganz unnötig war. Die Gemüter haben sich wieder beruhigt. Niemand kann Helmut Schmidt unterstellen, er wolle hierzulande den singapurischen Obrigkeitsstaat einführen. Sein Ausflug in die universalistische Ethik-Propaganda verdunkelt nicht länger den Kern seines ureigenen Anliegens: der Forderung nach Verantwortungsbewusstsein, Gemeinsinn also, als Pendant zu den gesicherten Rechtsansprüchen des Individuums, und das Verlangen nach Wiederbelebung der öffentlichen Tugenden. Womit wir wieder bei dem Philosophen in dem Politiker Helmut Schmidt wären.

Pflichtbewusstsein – das war für ihn ein zentraler Begriff. »Was mich auf den Beinen hält, ist die Pflicht«, sagte er 1973 dem *Stern*.[89] Bei dem Stoiker Marc Aurel und dem Rationalisten Immanuel Kant holte sich der hanseatische Preuße, wie ihn Richard von Weizsäcker genannt hat, Bestätigung und Rückhalt für die in ihm – sei es durch die Gene, durch die Erziehung im Elternhaus oder durch Selbsterziehung und Selbstermahnung inmitten widriger Lebensumstände – gewachsene Pflichtauffassung. Dabei unterschied er zwischen »äußeren Pflichten« wie der Pflicht, bei Rot an der Kreuzung anzuhalten, Steuern zu zahlen oder die Kinder zur Schule zu schicken, und »Pflichten, die aus dem eigenen Gewissen kommen, die inneren Pflichten sozusagen«. Das Gewissen verstand er, wie Immanuel Kant, als einen »inneren Gerichtshof«. Beide zusammen, die von außen oder oben auferlegten Pflichten wie jene, die man sich selber auferlegt, erzeugten Pflichtbewusstsein. In Deutschland sei es über viele Generationen hinweg als eine hohe Tugend angesehen, aber von Hitler auf verbrecherische Weise ausgebeutet und auch von den deutschen Kommunisten ausgenutzt worden.[90]

Schmidt zählte sich selber auch zu den von »Adolf Nazi« Missbrauchten. Immer wieder hat er sich mit der quälerischen Frage auseinandergesetzt, ob er als Soldat im Krieg eine höhere, dem Befehl übergeordnete moralische Pflicht zum Widerstand hätte erkennen können oder müssen.[91] Nicht zuletzt deswegen – und desto nachdrücklicher – legte er sich dafür ins Zeug, dem Pflichtdenken in Staat und Gesellschaft wieder die ihm gebührende, für das Funktionieren und den Zusammenhalt des Gemeinwesens unentbehrliche Geltung zu verschaffen.«[92]

In engem Zusammenhang mit seiner Pflichtauffassung steht Schmidts unerschütterliches Festhalten an den klassischen Tugenden. Nicht nur an den christlichen Tugenden Glaube, Liebe, Hoffnung; auch nicht bloß an den vier Kardinaltugenden Klugheit, Gerechtigkeit, Tapferkeit und Maß, sondern auch an den bürgerlichen Tugenden, *vulgo* Sekundärtugenden, als da sind: Pünktlichkeit, Ordnungsliebe, Fleiß, Sauberkeit, Ehrlichkeit, Höflichkeit, Selbstdisziplin, Rücksichtnahme, Anstand, Treue. »Weder die Nazis noch die Kommunisten haben durch ihren Missbrauch die Tugenden für unsere Gegenwart und Zukunft entwertet«, befand er. »Vielmehr werden wir auch weiterhin die bürgerlichen ebenso wie die Kardinaltugenden nötig haben – vom Pflichtbewusstsein bis zur Klugheit. Letztere kann uns helfen, einen Missbrauch rechtzeitig zu erkennen; und die Tugend der Tapferkeit kann uns helfen, den Missbrauch zu überwinden.«[93] Schmidt selber fügte den herkömmlichen Tugendtafeln auch noch einige »demokratische Tugenden« hinzu: »Augenmaß gegenüber der Sache, Toleranz aus Achtung, nicht aus Duldung gegenüber den Grundüberzeugungen des Andersdenkenden, des politischen Widersachers, und die Fähigkeit und die Bereitschaft zum Kompromiss«,[94] den Willen zum Frieden und Unbestechlichkeit, Fürsorglichkeit, anders gesprochen: Solidarität. Und er ließ keinen Zweifel an seiner Antwort auf die Frage: »Sind nicht auch die Sekundärtugenden Pflichtbewusstsein und Fleiß in Wahrheit unerlässlich für eine arbeitsteilige, sozial gerecht geordnete Gesellschaft?«[95]

Kaum etwas hat Helmut Schmidt je tiefer getroffen als der infame Ausspruch Oskar Lafontaines: »Helmut Schmidt spricht weiter von Pflichtgefühl, Berechenbarkeit, Machbarkeit, Standhaftigkeit. Das sind Sekundärtugenden. Ganz präzis gesagt: Damit kann man auch ein KZ betreiben.«[96] Das Tischtuch zwischen den beiden Männern war danach zerschnitten. Schmidt hat die Unverschämtheit des unstetesten deutschen Nachkriegspolitikers nur weniger Kommentare gewürdigt. Dem *Tagesspiegel* sagte er aber einmal: »Einer ohne Pflichtgefühl taugt nichts, einer ohne Verantwortungsgefühl auch nicht. Ehrlichkeit und Fleiß sind auch Sekundärtugenden im Sinne von Herrn Lafontaine. Was der Mann Sekundärtugenden zu nennen gelernt hat, das heißt normalerweise bürgerliche Tugenden. Wenn einer diese Sekundärtugenden lächerlich macht, so fehlt ihm selbst die Kardinaltugend der Klugheit – und außerdem der Anstand.«[97]

Es stellt sich die Frage: Wieweit haben seine philosophischen »Hausapotheker« Helmut Schmidt in konkreten Entscheidungssituationen beeinflusst? Darauf hat er selber die Antwort gegeben: Nicht direkt. Wohl haben die Philosophen die Grundhaltung geprägt, mit der er an die Probleme heranging – eine Haltung, in der Gesinnung und Verantwortung, Ethik und Ratio ineinanderfließen und die Anstrengung der Vernunft der Entscheidung des Gewissens vorausgeht. »Weder das Ziel noch die Mittel und Wege des Politikers dürfen im Widerspruch zu den von ihm akzeptierten ethischen Grundwerten stehen«, war seine Überzeugung.[98] Die sogenannten philosophischen Grundlagen jedoch, hat er einmal bekannt, könne der Handelnde im Moment der Entscheidung nicht erkennen: »Nachträglich können Sie sie erkennen. In dem Augenblick, wo Sie handeln müssen, handeln sie teils aus dem Instinkt und teils aus der Ratio, aber nicht aus ethischen Entscheidungen.«[99] In seemännischer Metaphorik hat es der Staatsmann mit der Lotsenmütze einmal fast poetisch ausgedrückt: »Es kann kein Kodex ethischer Normen uns der Anstrengung der praktischen Vernunft entheben. Kein Kapitän kann sein Schiff im Sturm allein mit Hilfe eines ethischen Handbuches steuern, sondern er braucht Karten und Kompass, Echolot und Radar und die Fähigkeit, seinen Standort bestimmen zu können. Vor allem braucht er die Erfahrungen als Schiffsoffizier, um dann mit Hilfe seiner Instrumente einen Entschluss zu fassen.«[100]

Wobei anzumerken bliebe, dass die Religion weder für Schmidts konkretes Handeln noch für sein Denken eine wesentliche Rolle gespielt hat. Als eine seiner Quellen der Seelenstärke, des Anstands und des pflichtschuldigen Lebens hat er sie nie aufgeführt, auch nicht als geistige Hilfestellung. Er erwartete solche Hilfe auch nicht: »In tausend konkreten politischen Entscheidungen haben wir im Christentum keine durchschlagende Entscheidungshilfe«, sagte er – ob es nun um die Todesstrafe gehe oder um profanere Dinge wie eine Mehrwertsteueränderung, den Bau einer Autobahn oder einen ständigen deutschen Sitz im Sicherheitsrat der Vereinten Nationen. Eines stand für ihn fest: »Jedwede politische Entscheidung, die wir nicht vor dem eigenen Gewissen geprüft haben, ist unchristliche Politik.« Aus dem Dilemma zwischen der Ergebung in Gottes Willen und unserer persönlichen Verantwortung vor unserem eigenen Gewissen könnten uns die Kirchen nicht befreien; sie könnten uns höchstens seelischen Beistand geben.[101]

Der junge Helmut, obwohl als Protestant getauft, wuchs nicht in einer christlich geprägten Familie auf, auch seine Frau Loki nicht. Gleichwohl wurde er konfirmiert, verstand sich als Christ und glaubte an Gott als wirklich existent. Auch ließ sich das Paar mitten im Krieg kirchlich trauen. Deutschland wird jämmerlich enden, die Deutschen werden in Erdlöchern leben, dachten die beiden Dreiundzwanzigjährigen, und sie rechneten mit dem Zusammenbruch aller Moral. In solcher Lage, begründete Helmut Schmidt den Entschluss zur kirchlichen Eheschließung, konnte man seine Hoffnung nur auf die Kirche setzen, also musste man sie stützen. Die kirchliche Trauung sei weder als Provokation des Regimes gedacht gewesen (»Wir waren auch keine Widerstandskämpfer«) noch als Hinwendung zur christlichen Religion – »sie war vielmehr Ausdruck unserer Hoffnung auf die moralische Kraft der Kirche, die nach dem erwarteten bösen Ende wieder eine anständige Gesellschaft herstellen würde«.[102] Der göttliche Segen sei ihnen nicht wichtig gewesen, sagte er 2007 und fügte hinzu: »Nach dem Krieg hat sich herausgestellt, dass die Kirchen das nicht leisten konnten, was wir uns erhofft hatten.«[103] Immerhin billigte er ihnen zu, sie hätten bei der geistig-moralischen Selbstfindung des Volkes eine wichtige, positive Rolle gespielt«.[104]

Mit dem eigentlichen Glauben jedoch haperte es. Schon im Konfirmandenunterricht vermochte sich der junge Helmut Kernaussagen der Bibel nicht vorzustellen. Im Laufe des Lebens verdichteten sich seine Zweifel. »Können wir wirklich daran glauben«, fragte er bei einem Vortrag in der Hamburger St. Nikolaikirche, »dass Eva aus der Rippe des Adam geschaffen wurde, dass Jesus von einer Jungfrau zart geboren wurde, dass Jesus zum Himmel aufgefahren ist und dass danach sein Grab leer war? Wirklich glauben, dass es nicht nur einen Gott gibt, sondern vielmehr eine Heilige Dreifaltigkeit?«[105]

Im Gespräch, auch in Interviews, ließ Schmidt durchaus ab und zu die Floskeln »um Gottes willen« oder »Gott sei gedankt« einfließen. Es war ihm auch die vielen Male, da er einen Amtseid schwören musste, immer selbstverständlich, den Eid mitsamt der religiösen Zusatzformel »So wahr mir Gott helfe« zu leisten. Dabei hatte er keine Gewissenszweifel, obschon er nicht das gläubige Vertrauen besaß, dass Gott ihm in seinem Amt wirklich helfen werde, und obwohl er auch ohne die religiöse Zusatzformel sein Versprechen eingehalten hätte, das er in Gestalt des Amtseides abgab. »Ich wusste immer«, erläuterte er seine Einstellung, »die Mehrheit unserer Bürger glaubt, dass es Gott gibt, und sie erwartet meine Anrufung Gottes. Es war für mich völlig unproblematisch, dieser Erwartung zu entsprechen.« Allerdings nannte er später sowohl den Eid an sich als auch die zusätzliche Anrufung Gottes »eine zweifelhafte Einrichtung«.[106]

Über eine lange Zeitspanne sah Helmut Schmidt Gott als den »Herren der Geschichte« an. In Russland habe er gelernt, sich innerlich auf Gott zu verlassen, berichtet er. Glaube hieß für ihn, sich letztlich in der Hand Gottes zu begreifen, »wie immer man Gott nennt«. Eigentlich könne nichts passieren, was Gott nicht zulässt,[107] »nichts kann geschehen gegen Gottes Willen«.[108] Beim Deutschen Katholikentag in Düsseldorf sagte der damalige Bundeskanzler 1982: »Wir verfolgen nicht nur das Machbare in der politischen Welt, wir vertrauen auch darauf, dass uns das Heil verheißen ist und nicht die Verdammnis und dass Gott der Herr der Geschichte bleibt.«[109] In der Hannoveraner Marktkirche bekräftigte er diese seine Ansicht noch 1986: »Gott bleibt der Herr über die Geschichte des Menschen. Das Vertrauen auf Gott hat den allermeisten von uns, die wir überlebt haben im Krieg und in der Nazizeit, den Willen zum Leben bewahrt. Er hat mich in der langen Zeit der Abwehr terroristischer Morde und Geiselnahmen […] davor bewahrt, den Weg der an Moral und Recht sich orientierenden Vernunft zu verlassen. Ich glaube, Vertrauen auf den Herrn der Geschichte gibt uns auch den Mut dazu, Ängste auszuhalten; diese Welt, so wie sie wirklich ist, als Heimat anzunehmen, und diese Welt, wo sie noch nicht Heimat ist oder wo sie es nicht mehr ist, wieder zur Heimat zu machen.«[110]

Es mag dahingestellt bleiben, ob er dies so sagte, weil er wusste, was sich bei einem derartigen Anlass gehört, oder ob ihn innere Überzeugung dazu bewog. Im Alter jedenfalls war er sich seiner Meinung nicht mehr so sicher wie in der Mitte des Lebens, bekannte er 1996.[111] Religion war für ihn unwichtiger geworden.[112] Und im darauffolgenden Jahr antwortete er auf die Frage, ob er an Gott glaube: »Schon, wenn auch etwas weniger als früher.«[113] Da haderte er längst mit einem Gott, der millionenfachen Mord und alljährliche Kriege zulässt, der Auschwitz zugelassen hat und Hiroshima und tausendfältigen Tod im Reisfeld: »War dies alles, ist dies alles Gottes Wille? […] Haben wir alle Gottes Willen erfüllt, indem wir Krieg gegeneinander führten?[114] An anderer Stelle fragte er: »Konnte der Krieg wirklich Gottes Wille sein? Und wieso hatte Gott den in meinen Augen größenwahnsinnigen ›Führer‹ als Obrigkeit geduldet?«[115]

Als ein Verlag unlängst mit dem Anliegen an Helmut Schmidt herantrat, eine Aufsatz- und Redensammlung neu aufzulegen, die 1977 unter dem Titel *Als Christ in der politischen Entscheidung* erschienen war, stimmte er erst nach einigem Zögern zu. Nachdem er die alten Texte noch einmal gelesen hatte, überkamen ihn dann Zweifel: »Ich habe begriffen, dass das alles Dinge sind, die ich heute so nicht mehr sagen würde, und dass ich mich heute nur noch mit großen Schwierigkeiten als Christ bezeichnen könnte. Für mich ist der Frieden zwischen den Religionen viel wichtiger als etwa die Zugehörigkeit zum Christentum. Ich habe mich inzwischen ein bisschen mit dem Konfuzianismus beschäftigt, ein bisschen mit dem Islam, ein bisschen mit dem Buddhismus und finde, dass alle diese Religionen und Quasi-Religionen die gleiche Berechtigung haben.«[116] Schmidt griff die Anregung des Verlags auf seine Weise auf, erstellte eine eigene, aktuelle Auswahl ihm wichtiger Texte zum Thema und fasste in einem großen Essay seine Ansichten über die Rolle der Weltreligionen abschließend zusammen.

Die ständige Berufung vieler Politiker auf Gott oder auf Jesus Christus war ihm zu dieser Zeit auch längst verdächtig geworden. Er hielt sie in den allermeisten konkreten Situationen bloß für »eine Selbsttäuschung; aber oft genug darüber hinaus eine Täuschung anderer«.[117] Und schon lange hatte er drei grundlegenden christlichen Lehrsätzen abgeschworen: dem »Seid untertan der Obrigkeit« des Römerbriefs; dem »Die-andere-Backe-Hinhalten« der Bergpredigt und dem Missionsauftrag der Kirche.

In dem Claudius-Heftchen, das Schmidt während des Krieges bei sich trug, waren ihm in dem Vermächtnis des Wandsbeker Pfarrers an seinen Sohn drei Sätze als besonders wichtig erschienen, darunter der Satz: »Gehorche der Obrigkeit und lass die anderen über sie streiten.« Ein Unteroffizier seiner Abteilung, ein Theologiestudent, bekräftigte diese Ermahnung mit dem Zitat aus dem Römerbrief des Paulus: »Jedermann sei untertan der Obrigkeit, die Gewalt über ihn hat. Denn es ist keine Obrigkeit ohne von Gott, wo aber Obrigkeit ist, die ist von Gott verordnet.« (Römer, 13,1). Nach dem Krieg, als er die verbrecherische Natur des Nazi-Regimes durchschauen lernte, rang sich Schmidt bald zu der Erkenntnis durch, dass man nicht jeder Obrigkeit Gehorsam schulde.[118]

Auch die Bergpredigt zog Schmidt immer stärker in Zweifel. Das Gebot »So dir jemand einen Streich gibt auf deinen rechten Backen, dem biete den anderen auch dar« hielt er nicht nur für weltfremd, sondern für verantwortungslos. »Würde denn die Bergpredigt wirklich den rechtfertigen, der wegen der Gefahr für die ihm Anvertrauten auf eigenes Handeln verzichtet, wie dies die Bergpredigt gebietet?«, fragte er in seinem Buch *Weggefährten*. »Ich kann das nicht glauben.«[119] Eine Sicherheitspolitik auf der Grundlage der Bergpredigt betrachtete er als außenpolitische Utopie; gegenüber dem Sowjetimperialismus wäre sie »doch nur Appeasement« gewesen, willfähriges Kuschen also.[120] »Pazifismus um den Preis der bedingungslosen Unterwerfung unter die Macht und den Willen eines Eroberers kann den Untergang des eigenen Volkes und des eigenen Staates bedeuten«, erläuterte er.[121] »Unseren äußeren Frieden zu bewahren, erscheint mir als das maßgebende Prinzip für alle Außenpolitik. Dieser Maßstab zwingt uns gewiss zu manchen Kompromissen. »Ebenso sicher zwingt er nicht zur Unterwerfung unter fremde Gewalt.«[122] Die Vernunft gebiete dem Bedrohten, sich auf eine Notwehr nach dem Grundsatz der Verhältnismäßigkeit vorzubereiten.[123] »Es wäre ein Irrtum, die Bergpredigt als einen Kanon für staatliches Handeln aufzufassen.«[124]

Schließlich erteilte Schmidt auch dem Missionsauftrag und Missionsdrang der christlichen Kirchen eine Absage. Religiöse Toleranz hat er immer für unerlässlich gehalten. Deshalb empfand er die christliche Mission stets als »Verstoß gegen die Menschlichkeit«. Denn: »Wenn einer in seiner Religion Halt und Geborgenheit gefunden hat, dann hat keiner das Recht, diesen Menschen von seiner Religion abzubringen.« Wer aber glaube, es sei seine Pflicht, die eigene Religion zum Sieg über andere Religionen zu führen, der verstoße gegen die Würde und Freiheit des Andersgläubigen – »er ist deshalb ein böser Mitmensch«. Schmidts Postulat: »Jeder Mensch muss jedem anderen Menschen seinen Glauben und seine Religion lassen. Er muss ihm auch seinen Unglauben lassen. Die Menschheit hat religiöse Toleranz nötig.«[125]

In seiner Weltethos-Rede an der Universität Tübingen fasste Helmut Schmidt seine Ansicht im Jahr 2007 zusammen: »Was mich bis heute bei der Berufung auf den christlichen Gott immer wieder stört, das ist die Tendenz zur Ausschließlichkeit, die wir im Christentum antreffen – und ebenso auch in anderen religiösen Bekenntnissen: Du hast unrecht, ich aber bin erleuchtet, meine Überzeugungen und meine Ziele sind gottgefällig. Mir ist seit langem klar geworden: Unsere unterschiedlichen Religionen und Weltanschauungen müssen uns nicht hindern, zum Besten aller zusammenzuarbeiten; denn tatsächlich liegen unsere moralischen Werte nahe beieinander. Friede unter uns ist möglich, allerdings müssen wir den Frieden immer wieder aufs Neue herstellen und *stiften*, wie Kant gesagt hat. Heute beunruhigt es mich sehr, dass im Beginn des 21. Jahrhunderts die Gefahr eines weltweit religiös motivierten und auch religiös verbrämten *clash of civilizations* durchaus real geworden ist.«[126]

Trotz aller Zweifel, aller sachlichen Differenzen und intellektuellen Unvereinbarkeiten hat Helmut Schmidt jedoch nie daran gedacht, aus der Kirche auszutreten – sowenig er ja auch je daran gedacht hat, aus der SPD auszutreten.»Obschon ich in den Augen vieler Kirchenleute vielleicht nur ein schlechter Christ bin, so bin ich doch von der Notwendigkeit der Moral überzeugt, die das Christentum im Laufe von Jahrhunderten entfaltet hat«, lautete seine Begründung.»Wir Deutschen können nicht im politischen und sozialen Frieden miteinander leben ohne die im Christentum entwickelten Pflichten und Tugenden. Die Kirchen müssen Gegengewichte setzen gegen die Tendenzen zum moralischen Verfall unserer Gesellschaft.«[127] Giovanni di Lorenzo gab er auf dessen Frage, warum er denn noch in der Kirche sei, obwohl er doch so wenig glaube, zur Antwort:»Weil Traditionen nützlich sind. Die Kirchen gehören zum Kitt, der die Gesellschaft zusammenhält.«[128]

Doch bleibt Helmut Schmidt bestenfalls ein »distanzierter Christ«, wie er di Lorenzo anvertraute. So tritt er vor allem aus übergeordneten, gesellschaftspolitischen Gründen nicht aus der Kirche aus.»Jedoch bezweifle ich«, sagt er illusionslos von sich selber,»dass Martin Luther oder der Vatikan mich als Christen anerkennen würden.« Er respektiert alle Gläubigen, gleich welcher Religion sie anhängen; das metaphysische Bedürfnis der Menschen nach Orientierung, Halt und Geborgenheit erkennt er an.[129] Indes findet er, dass ethische und politische Lehren nicht an eine Religion gebunden sein müssen.»Es reicht aus, wenn der Einzelne sich seiner Vernunft verpflichtet weiß.«[130] Auch in seinem eigenen Handeln und Denken baut er lieber auf sein Gewissen und seine Vernunft als auf die Bibel oder die Kirchenväter.

Der von ihm verehrte Wiener Kardinal Franz König hat Schmidt einmal ermahnt, nicht die Kraft des persönlichen Gebets zu vergessen. Schmidt hat diese Mahnung nicht befolgt.[131] »Ich habe im Amt aus irgendeinem konkret bedrückenden Anlass niemals gebetet«, bekannte er bei der schon erwähnten Begegnung mit Helmut Kohl, sechzehn Jahre nach dem Machtwechsel von 1982, im Palais Schaumburg.[132] Bei anderer Gelegenheit sagte er, er habe mit anderen gebetet, aber die Gebete seien ihm ziemlich fremd geblieben; er habe vielleicht äußerlich mitgebetet, aber innerlich nicht. Doch setzte er hinzu: »Wenngleich ich in meinem Leben innerlich nicht gebetet habe, so haben mich doch zwei Gebete tief angerührt, nämlich das Vaterunser und sehr viel später das *Serenity Prayer* des Amerikaners Reinhold Niebuhr.«[133] Er gestand: »Das wunderbare Vaterunser habe ich mit innerer Überzeugung gesprochen.«[134] Das *Serenity Prayer* aber wurde für ihn zum Inbegriff jener Gefasstheit und Abgeklärtheit, die der junge Schmidt einst von dem Philosophenkaiser Marc Aurel gelernt hatte.

Niebuhr war der theologische Pate und Patron der realpolitischen Denkschule in Amerika, Autor von *Moral Man and Immoral Society*, der Vater übrigens von Elizabeth Sifton, der Frau seines Freundes Fritz Stern, die über das Gelassenheitsgebet ein kleines Bändchen geschrieben hat, in dem sie mit der Legende aufräumte, es handle sich dabei um die Hervorbringung eines schwäbischen Pietisten.[135] Es hätte als Motto über beiden Lebensphasen Helmut Schmidts stehen können, des Politikers wie des Publizisten: »Gib mir die Gelassenheit, die Dinge zu ertragen, die ich nicht ändern kann; gib mir den Mut, die Dinge zu ändern, die ich ändern kann; gib mir die Weisheit, beides voneinander zu unterscheiden.«[136]

Gelassen blickte auch der fast Zweiundneunzigjährige auf die Welt, auf die Zeitläufte, auf das Leben. Im *FAZ*-Fragebogen hatte er 1980 auf die Frage »Wie möchten Sie sterben?« geantwortet: »Glimpflich – aber noch nicht so bald.« Zwei Jahrzehnte später sagte er zu *Cicero*: »Ich habe keine Angst vor dem Tod.« Eines Tages weg zu sein, fand er »nicht merkwürdig, sondern biologisch normal«.[137] Bei einem Festessen zu seinen Ehren setzte er lakonisch hinzu: »Ich bereite mich nicht auf den Tod vor und weiß auch nicht, wozu das gut wäre.«[138] Die Gebresten des Alters, die ihn mit neunzig in den Rollstuhl zwangen (»ist nicht sehr befriedigend«[139]), haben seiner Schaffensfreude nichts anhaben können. Auch nicht seinem Pflichtbewusstsein. »Ich hoffe, dass er mich überlebt«, sagte Henry Kissinger einem Interviewer, »denn eine Welt ohne Helmut – eigensinnig, perfektionistisch, suchend, fordernd, inspirierend und verlässlich – wäre sehr leer«.[140]

Am Schluss des Gesprächsbuchs *Unser Jahrhundert* erkundigte sich Helmut Schmidt bei seinem Dialogpartner Fritz Stern nach dem Verfasser von vier Gedichtzeilen, die sich ihm vor vielen Jahrzehnten tief eingeprägt haben, in seinem Buch *Menschen und Mächte* hatte er sie 1987 zitiert: »*The woods are lovely, dark and deep/But I have promises to keep/And miles to go before I sleep/And miles to go before I sleep*«. Der Vers stammt von Robert Frost, dem großen amerikanischen Dichter des 21. Jahrhunderts, gab Stern Auskunft. »Robert Frost, richtig«, bemerkte Schmidt versonnen. »Das ist wunderschön: *And miles to go before I sleep. And miles to go before I sleep.*«

Welche Versprechen gedenkt er noch zu halten? Und was hat er sich für die noch vor ihm liegenden Meilen vorgenommen? »Nichts Besonderes«, antwortete Helmut Schmidt im Gespräch (siehe Seite 380). Nichts Besonderes – das heißt, er wird weiter mit wachen Sinnen das Weltgeschehen verfolgen, wird ZEIT-Artikel verfassen, wird das eine oder andere Buch schreiben, wird sich weiterhin einmischen in die öffentlichen Angelegenheiten. Und wird sich – auch das hat ihn Marc Aurel mit seiner Geringschätzung des Nachruhms gelehrt – keine Gedanken über sein Bild in den Geschichtsbüchern machen. Auch da bleibt Helmut Schmidt sich treu: »Das, was die Nachwelt vermutlich über dich denken, sagen und schreiben wird, darf das, was du heute zu tun hast, nicht beeinflussen.«[141]

Ein Gespräch mit Helmut Schmidt

»Miles to go before I sleep«
Bilanz zweier Leben: Rückblick und Ausblick

THEO SOMMER: *Sie sind dreiunddreißig Jahre aktiver Politiker gewesen und sind jetzt seit siebenundzwanzig Jahren ein Mann der Feder, ein Publizist. In zwei ganz verschiedenen Leben haben Sie in Verantwortung gestanden – ausschließlicher Verantwortung oder Mitverantwortung. Im ersten Leben hatten Sie Macht, im zweiten haben Sie Einfluss. Im ersten Leben brauchten Sie Urteilskraft und Tatkraft, im zweiten reicht die Urteilskraft. Wie empfinden Sie diesen Unterschied?*

HELMUT SCHMIDT: Ich habe den Unterschied überhaupt nicht bemerkt und empfinde ihn auch im Rückblick als nicht erheblich. Manchmal braucht ein Politiker Tatkraft – nicht jeden Tag und nicht jedes Jahr, aber manchmal braucht er sie. Von einem Politiker, der jahrzehntelang im Parlament sitzt, ab und zu eine große Rede hält und zwischendurch viele kleinere Bemerkungen macht oder kleinere Reden hält, wird Tatkraft nicht verlangt. Er übt Einfluss aus, das ja. Aber Macht übt er kaum aus und Tatkraft wird von ihm gar nicht verlangt.

Wie war Ihr Verhältnis zur Macht? Haben Sie die Amtsverantwortlichkeit als Last empfunden? Oder, wie Henry Kissinger, als Aphrodisiakum?

Als Last. »Verhältnis zur Macht« ist eine Formulierung, die einem Soziologen oder einem Politologen oder einem Journalisten angemessen ist. Ich selber habe das nicht so empfunden. Ich habe die »Macht« nicht empfunden.

Sie haben einmal gesagt: »*Angenehm ist es nicht, Macht zu haben.*« *Was ist daran unangenehm?*

Die Verantwortung. Die Belastung mit der Verantwortung für das, was man tut, und die Wirkung dessen, was man getan hat. Möglicherweise hat man die Wirkung im Vorwege nicht richtig eingeschätzt. Die Last der Verantwortung ist eine ziemliche Last, und sie ist unvermeidlich.

Ein Aphrodisiakum war die Macht für Sie nicht?

Nein.

Sie hatten ja Scheu, das Kanzleramt zu übernehmen.

Ja, hatte ich.

Waren Sie dann froh, als Sie nach achteinhalb Jahren die Last abgeben konnten?

Auch nicht. Ich wollte es ja. Ich war darauf eingestellt. Man muss dazu wissen, was die Öffentlichkeit vielleicht nicht richtig mitbekommen hat. Als ich 1974 das Kanzleramt von Willy Brandt übernahm, tat ich das in der Vorstellung, es sei meine Aufgabe, die Koalition bis zur nächsten Bundestagswahl mit Anstand zu Ende zu führen. Ich sah eine Regierungszeit von zweieinhalb Jahren vor mir und nicht etwa von achteinhalb Jahren. Ich war von vornherein nicht auf eine lange Periode eingestellt, sondern auf eine relativ kurze.

Sie wurden 1974 Kanzler. Dann haben Sie zweimal im Wahlkampf um die Macht gekämpft, 1976 und 1980, und haben zweimal gewonnen. Hat der Machtverlust Sie dann geschmerzt?

Nein. Wie gesagt, die Kategorie »Macht« hat für mich keine Rolle gespielt.

Reden wir über Deutschland und Ihr Verhältnis zu den Deutschen. Ich möchte mit einem Zitat von Golo Mann anfangen: »*Wer die dreißiger und vierziger Jahre als Deutscher durchlebt hat, der kann sei-*

ner Nation nie mehr völlig trauen, der kann der Demokratie so wenig völlig trauen wie einer anderen Staatsform, der kann den Menschen überhaupt nicht mehr völlig trauen – und am wenigsten dem, was Optimisten früher den Sinn der Geschichte nannten.« Bestimmt Ihre Erfahrung der Nazizeit, des Krieges Ihre Skepsis gegenüber den Deutschen? Manchmal sogar fast eine Art Misstrauen gegen das eigene Volk, eine Furcht, dass es verführbar ist?*

Ich glaube, dass jede Gesellschaft verführbar ist. Jede Nation ist verführbar, jedes Volk ist verführbar. In der jüngsten Geschichte im 20. Jahrhundert haben sich die Deutschen in besonderem Maße als verführbar herausgestellt. Das lässt mich fürchten, dass diese relativ hohe Verführbarkeit auch im 21. Jahrhundert noch nicht vollständig verschwunden sein wird. Ich würde aber nicht so weit gehen wie Golo Mann, der im Ergebnis jedermann misstraut. Das würde ich nicht unterschreiben.

Sie glauben nicht, dass die Deutschen, gerade weil sie durchs Feuer gegangen sind, gebrannte Kinder sind, immunisiert worden sind?

Es handelt sich hier nicht um die Gene eines Volkes, sondern um die Zivilisation, um die Kultur eines Volkes. Die Gene kann niemand durch seinen Willen verändern. Aber es sind gar nicht die Gene, sondern es sind die kulturellen und die zivilisatorischen, in diesem Fall die politischen Traditionen. Es ist die Prägung der Psyche durch die Erziehung, durch den eigenen Lebenslauf, durch den Lebenslauf der Nachbarn, durch den Lebenslauf der eigenen Gesellschaft, der eigenen Nation. Die Gene der Deutschen sind auch nicht anders als die Gene der Franzosen oder der Polen. Aber die politische Verführbarkeit der Deutschen ist noch ein bisschen größer als die politische Verführbarkeit der Franzosen oder der Polen, die beide auch im Laufe der letzten Jahrhunderte ihre eigene Verführbarkeit unter Beweis gestellt haben.

Sie waren der fünfte Bundeskanzler. Ich dächte eigentlich, Sie, Ihre Vorgänger und Ihre Nachfolger hätten einiges getan, um den deutschen Nationalcharakter gründlich und dauerhaft zu ändern.

Man kann lange philosophieren über die Bedeutung des Wortes »Charakter«. Wenn man jemanden einen »aufrechten Charakter« nennt, so heißt das, dass man sich auf ihn verlassen kann; dass das, was er sagt, seine Wahrheit ist; er sagt nichts, was er nicht verantworten kann. Ob das in den Genen so angelegt ist? Das ist wahrscheinlich in höherem Maße ein Ergebnis seiner Erziehung, seiner Sozialisation.

Der Hintergrund meiner Frage sind viele Äußerungen, die Sie im Laufe der Zeit getan haben, in dem Sinne »Wir sind und bleiben ein gefährdetes Volk«. Auch Ihre vielen Warnungen vor einem aufgeblasenen Selbstbewusstsein der Deutschen, vor Großmannssucht, davor, dass sich die Deutschen als Weltmacht aufspielen wollen. Sie sagen, das weckt Erinnerungen und Ängste bei unseren Nachbarn. Auch noch sechzig, bald siebzig Jahre nach dem Krieg?

Möglicherweise auch noch hundertsechzig Jahre nach dem Krieg, hundertsechzig Jahre nach Adolf Nazi möglicherweise. Uns fehlt ja zwangsläufig der zeitliche Abstand von diesen zwölf Nazi-Jahren. Wir fangen gerade erst an zu begreifen, dass möglicherweise die beiden Weltkriege aus der ersten Hälfte des 20. Jahrhunderts als zusammengehörig betrachtet werden. Mit hundert weiteren Jahren Abstand wird man sie möglicherweise als zusammengehörig betrachten.

Schließen Sie aus, dass aus den heutigen Nationen in Europa eines Tages eine europäische Nation erwächst?

Ich würde das nicht ausschließen, ich halte es aber leider nicht für sehr wahrscheinlich.

So wie Bayern und Preußen zusammengewachsen sind zur deutschen Nation – könnten das nicht auch Franzosen und Italiener und Polen und Deutsche?

Ist nicht sehr wahrscheinlich. Für den Nationenbegriff ist die gemeinsame Sprache eine nahezu unerlässliche Bedingung. Und

Bayern und Preußen haben diese Bedingung erfüllt. Sie hatten zwar ihre Dialekte, aber sie benutzten beide dasselbe Schriftdeutsch, und das seit einigen hundert Jahren. Die Europäer haben insgesamt 20, wenn nicht 25 nationale Sprachen. Dass daraus eine Nation wird, in dem heutigen Verständnis des Begriffs, halte ich für sehr unwahrscheinlich.

Aber eine Einheit oder ein Verbund, der mehr ist als ein Pakt zwischen den existierenden Nationen?

Das ja. Ich glaube nur nicht, dass daraus eine gemeinsame Nation entsteht.

Um noch einmal zurückzukommen auf Ihre Warnung vor Großmannssucht. Sie sagen, ein deutscher Führungsanspruch isoliert uns nur. Wenn ich heute in Europa reise, spüre ich in den Hauptstädten wenig Angst vor einem deutschen Führungsanspruch, sondern erfahre eher eine gegenteilige Stimmung: Wo bleibt ihr Deutschen eigentlich? Wo sind eure Initiativen? Wo ist eure Dynamik? Wo ist eure Antriebskraft? Man vermisst uns eher, als dass man uns fürchtet.

Das ist eine Momentaufnahme, von der nicht zulässig ist, sie *ad libitum* in die Zukunft zu verlängern. Im Übrigen ist die deutsche Führungskraft nicht etwa abwesend. Sie manifestiert sich in der Unternehmenswirtschaft.

Müsste das nicht auch in politische Antriebskraft übersetzt werden?

Nach meiner Meinung eben nein. Und ich bin auch nicht begeistert von der ökonomischen Führungsleistung.

Aber Sie haben doch selber – zugegebenermaßen mit Ihrem Freund Valéry Giscard d'Estaing – Europa mächtig vorangetrieben. Da haben Sie doch Führungskraft ausgeübt.

Das ist richtig, wenngleich es nicht so ausgeprägt war, wie Sie es jetzt im Augenblick darzustellen scheinen. Aber ich habe mir damals jedenfalls große Mühe gegeben, es nicht öffentlich zu demonstrieren. Im Gegenteil: Für mich war es selbstverständlich, Valéry Giscard auf dem roten Teppich voranmarschieren zu lassen.

War das Taktik oder Überzeugung?

Das entsprach meiner inneren Überzeugung. Man muss dazu sagen, das liegt nun mehr als dreißig Jahre zurück, und meine inneren Überzeugungen haben sich inzwischen eher verfestigt und stärker ausgeprägt, als sie damals gewesen sind. Aber es war schon damals meine Überzeugung.

Wo ist das richtige Maß? Wenn wir gar keinen Einfluss nehmen? Wenn wir schwache Leute nach Brüssel schicken?

Wir brauchen gute Leute an der Spitze unserer Regierung und im Rat der europäischen Regierungschefs. Da brauchen wir Leute, die einerseits bescheiden auftreten, die andererseits aber durch das Gewicht ihres Arguments die Kollegen beeinflussen können – manchmal sogar auch sie führen können.

Ist es Großmannssucht, deutsche Interessen zu vertreten?

Die deutschen Interessen sind eine zweifelhafte Angelegenheit. Was sind die deutschen Interessen? Das Interesse eines großen Konzerns wie Volkswagen – sind dessen Interessen die deutschen Interessen? Das kann man sich lange fragen, und es ist gar nicht so leicht, Antworten zu finden. Oder ist es vielleicht so, dass vielmehr die Interessen der Arbeitnehmer von Volkswagen oder Siemens die deutschen Interessen sind? Möglicherweise sind deren Interessen eher identisch mit den deutschen Interessen als die des Vorstandsvorsitzenden oder seines Aufsichtsrats. Was die deutschen Interessen sind, das ist leichter im Nachhinein zu entscheiden.

Wenn man versucht, deutsche Interessen zu definieren, dann kommt man ja nicht nur auf ökonomische Interessen. Sicher ist es ein Ziel, unsere soziale Marktwirtschaft zu erhalten. Ein zweites Ziel ist sicherlich, Protektionismus zu verhindern.

Ist es ein rein deutsches Interesse, Protektionismus zu verhindern?

Da bin ich im Zweifel. Es ist das Interesse aller Teilnehmer der Weltwirtschaft und so auch der Deutschen. Es ist kein spezifisch deutsches Interesse. Es ist auch ein Interesse der Amerikaner. Es ist auch ein Interesse – auch wenn sie es vielleicht noch nicht so sehen – der Litauer, der Esten und der Letten. »Soziale Marktwirtschaft« ist ein Ausdruck, auf den ich mich nicht sehr gerne einlasse, weil er zu vieldeutig ist. Da kann jeder hineinlegen und hineinlesen, was er will. Es war ein großes Schlagwort, geprägt von Ludwig Erhard, der gleichzeitig die Europäische Gemeinschaft für Kohle und Stahl mit Missvergnügen betrachtete und die ganze europäische Integration mit noch größerem Missvergnügen. Strategisch gesehen war der Mann auf einem falschen Dampfer. Er war ein glänzender Wirtschaftsdirektor des Zwei-Zonen-Wirtschaftsrates 1948 und blieb ein glänzender deutscher Wirtschaftsminister bis in die Mitte der fünfziger Jahre. Ein Europäer war er nicht. Und deswegen benutze ich auch sein Schlagwort nicht. Ich benutze lieber das Schlagwort vom Sozialstaat. Die Deutschen waren die Vorreiter, was den Sozialstaat angeht, und das verdanken sie Bismarck. Bismarck hätte das nicht gemacht, wenn er sich nicht bedrängt gefühlt hätte durch die wachsende Arbeiterbewegung, die er bekämpft hat. Seine Erfindung der Sozialversicherung war ein taktischer Zug im Kampf gegen die erstarkende Sozialdemokratie.

Er wollte der Sozialdemokratie das Wasser abgraben?

Richtig. Gleichwohl hat er etwas zustande gebracht, was alle Europäer ihm langsam, aber sicher nachmachen mussten. Wie ich heute überzeugt bin, dass sogar in diesem 21. Jahrhundert die Amerikaner ihm den Sozialstaat nachmachen werden – und sie müssen aufpassen, dass sie dabei nicht von den Chinesen überholt werden. Das Prinzip des Sozialstaats hat sich verschwistert mit dem Prinzip der Demokratie. Ohne sozialstaatliche Vorrichtungen können Sie eine Demokratie heute nicht mehr aufrechterhalten. Das gilt eben nicht nur für Europa, es gilt ebenso für die aufstrebenden Staaten Asiens. Es wird – das wird Amerikaner und Europäer besonders überraschen – auch in China gelten.

Nun gibt es neben den wirtschaftlichen Interessen ja auch politische Interessen. Die haben Sie als Kanzler immer sehr stark in den Vordergrund gerückt: Entspannung, Dialog, Bereitschaft zum Dialog, bei gleichzeitiger Bereitschaft, sich zu wehren, wenn das notgetan hätte. Und Sie haben sehr oft formuliert, das maßgebende Prinzip für alle Außenpolitik sei es, unseren äußeren Frieden zu bewahren. Das ist auch kein ausschließlich deutsches Interesse.

Richtig. Wobei diese Formulierung, das sei das maßgebende Prinzip, nicht den Irrtum aufkommen lassen darf, dass das Friedensgebot alle anderen Gebote überragt. Zum Beispiel überragt es nicht das Gebot der Selbstverteidigung im Falle, dass ich von außen mit empfindlichem Nachteil oder gar mit Auslöschung bedroht werde. Dann ist der Friede nicht das oberste Gebot.

Bleiben wir noch einen Moment bei Deutschland. Wie sehen Sie die Zukunft unserer Parteienlandschaft? Und wie verändert sie sich?

Die Deutschen haben sich an ein Bild von Demokratie gewöhnt, das sie im Wesentlichen aus Amerika bezogen haben, nämlich zwei große Parteien.

Und ein »Waagscheißerle«, wie Theodor Heuss gesagt hat, ein Zünglein an der Waage.

Und ein drittes Waagscheißerle. So, wie das in England auch immer funktioniert hat. Da hat es auch im ganzen 19. und 20. Jahrhundert verschiedene Waagscheißerle gegeben. Was die Deutschen nicht verstanden haben, ist, dass sich das Zwei-Parteien-System in USA und in England im Wesentlichen dem dort nicht in den Verfassungen niedergelegten Prinzip des Ein-Mann-Wahlkreises verdankt. Wer die relative Mehrheit erringt, erhält den Wahlkreis zugesprochen. In ganz Kontinentaleuropa gilt ein anderes Prinzip, auch nicht in den Verfassungen festgeschrieben, nämlich das Verhältniswahlrecht. Wenn eine Partei sechs Prozent der Stimmen erreicht, kriegt sie sechs Prozent der Sitze im Parlament. Unser Prinzip des Verhältniswahlrechts führt zwangsläufig zu einer Mehrzahl von Parteien im Parlament. In einigen Ländern, an der Spitze in Deutschland, wird das etwas eingeschränkt, da wurde die Fünf-Prozent-Klausel eingeführt, oder eine Vier- oder Drei-Prozent-Klausel. Wenn es diese Fünf-Prozent-Klausel in Deutschland überhaupt nicht gäbe, könnten wir im theoretischen Falle 19 Parteien im Parlament haben.

Sie waren in der zweiten Hälfte der sechziger Jahre als SPD-Fraktionsvorsitzender an dem Versuch beteiligt, das Mehrheitswahlrecht einzuführen. Der Versuch ist damals misslungen. Geben Sie ihm in Zukunft eine Chance?

Nein. Das wird nicht mehr gelingen.

Und das bedauern Sie? Oder glauben Sie, dass man auch mit fünf Parteien Regierungen bilden kann, die vernünftig zu handeln imstande sind?

Eine Regierung zu bilden aus mehr als zwei Parteien ist ein ziemliches Kunststück. Die Holländer haben darin ganz große Erfolge. Die haben eine Erfahrung, die gründet sich auf mehr als dreihundert Jahre. Die Italiener haben darin weniger Erfahrung, die Deutschen haben darin auch nicht sehr viel Erfahrung. Es ist eine Folge des Verhältniswahlrechts, dass man mehr als zwei oder drei Parteien im Parlament hat, und eine Folge daraus ist, dass man zur Koalitionsbildung gezwungen ist. Die Konsequenz aus diesem Umstand ist, dass man lernen muss, Kompromisse zu schließen. Das kontinentaleuropäische Wahlrecht zwingt in höherem Maße zu Kompromissen, innenpolitischen und manchmal auch außenpolitischen, als etwa das angelsächsische Ein-Mann-Wahlkreis-Wahlrecht. Für die Engländer ist es etwas außerhalb der Regel, dass sie auf dem Kompromisswege eine Koalition bilden müssen.

Sie wollten das Mehrheitsrecht einführen, weil Sie es für ungerecht hielten, dass eine kleine Partei, die weniger als zehn Prozent der Wähler vertritt, einen Regierungswechsel erzwingen kann. Wie werden Sie mit der Erkenntnis fertig, dass das von Ihnen favorisierte Mehrheitswahlrecht zwangsläufig ebenso ungerecht ist? Die englischen Liberalen haben oft um 25 Prozent der Stimmen bekommen, aber nur sechs Prozent der Sitze.

Es ist zwangsläufig ungerecht, das stimmt, genauso wie das kontinentaleuropäische Wahlrecht zwangsläufig das Regieren noch schwieriger macht, als es ohnehin schon ist.

Sie sagen, hier wird eine Änderung nicht mehr gelingen?

Es ist sehr unwahrscheinlich.

Nächste Frage: Wird unser Föderalismus sich ändern müssen? Sie haben ja ab und zu über unseren »Föderasmus« gelästert oder über unsere »Kleinstaaterei«.

Der deutsche Föderalismus hat natürlich eine spezifisch Deutschland kennzeichnende, ziemlich lange Tradition. Die deutsche Kleinstaaterei war im Bewusstsein der Deutschen, zum Beispiel Goethes, fest etabliert, lange ehe der Nationenbegriff etabliert wurde. Die deutsche Kleinstaaterei geht bis tief ins Mittelalter zurück, und sie ist wahrscheinlich – mit einer gewissen Ausnahme auf der Iberischen Halbinsel, mehreren Königreichen, die heutzutage Spanien sind – ziemlich einmalig. In Deutschland gab es Hunderte von völkerrechtlich selbständigen Einheiten. Einige haben daraus dann inzwischen sogar eine *raison d'état* gemacht. Zum Beispiel manche Leute, die in Bayern gegenwärtig den Ton angeben. Diese föderalistische Tradition bringt ein prinzipielles Problem mit sich, das die Deutschen nicht endgültig gelöst haben. Es zeigt sich nämlich auf vielen Feldern, dass man für bestimmte Dinge gemeinsame Lösungen braucht – für den ganzen Staat und nicht nur für das Land Thüringen oder das Land Bayern. Und es stellt sich dann heraus, dass man für gemeinsame Lösungen auch gemeinsam Geld ausgeben muss, dass man das gemeinsam finanzieren muss. Es hat sich nun im Lauf der letzten sechzig Jahre ein unglaublich kompliziertes System von Finanzausgleichen in Deutschland entwickelt. Dazu kommt dann, dass neuerdings noch von Brüssel alles Mögliche mitfinanziert wird. Der tüchtigste Landespolitiker ist einer, der es bewerkstelligt, den eigenen Landeshaushalt zu schonen, und trotzdem in seinem Lande Dinge voranbringt, indem er andere mit zur Kasse bittet. Es gibt da ein für niemand mehr durchschaubares System von Finanzausgleichen, erzwungen durch die deutsche Kleinstaaterei. Die deutsche Kleinstaaterei werden wir nicht mehr abschaffen können. Aber dieser unsystematische Wildwuchs von Finanzausgleichsschemata, der bedarf dringend der Bändigung und der Einengung.

Wenn Sie heute Vorsitzender eines neuen Parlamentarischen Rates wären, würden Sie das Grundgesetz wesentlich anders formulieren?

Die Leute, die damals, 1948, im Parlamentarischen Rat saßen, die am Chiemsee oder auf dem Rittersturz zu Koblenz das Grundgesetz zustande gebracht haben, haben eine fabelhafte Sache gemacht. Es ist die beste Verfassung, die es jemals in Deutschland gab. Punkt. Ob man sie heute, im Jahre 2010, genauso machen würde, ist eine ganz andere Frage. Man hat nun sechzig Jahre Erfahrung, zum Beispiel mit diesen Finanzausgleichssystemen. Man hat inzwischen begriffen, dass es eigentlich sinnlos ist, sämtlichen 16 Ländern die Hoheit über die Schulen zuzugestehen und gleichzeitig mit einer Bundeskultusministerkonferenz doch den Versuch zu machen, einigermaßen einheitlich zu sein, und sich dann schließlich und endlich einem Bologna-Prozess zu unterwerfen, der überhaupt nicht in Deutschland erfunden worden ist, sondern ganz woanders. Die sechzig Jahre Erfahrung mit unserem Grundgesetz würden heute wahrscheinlich zu anderen Überlegungen führen.

Aber auch das Grundgesetz brauchte Mehrheiten. Erstens die Mehrheit im Parlamentarischen Rat, und die Minderheiten durften nicht so schlecht behandelt werden, dass sie bereit gewesen wären, notfalls mit dem Dolch in der Hand ihre Position zu verteidigen. Zweitens brauchten sie eine Mehrheit im Volk. Die Mehrheit im Volk ist für das Grundgesetz erst langsam gewachsen. Die war 1949 nicht vorhanden, es gab nur eine Mehrheit in der politischen Klasse. Wenn wir 1949 eine Volksabstimmung gemacht hätten, weiß niemand, wie die ausgegangen wäre. Die Zustimmung zum Grundgesetz, auf die sich heute jedermann innerlich verlassen kann, die ist erst langsam gewachsen. Wenn Sie heute ein neues Grundgesetz machten, wäre es von vornherein auch nicht sicher, dass Sie sich auf eine Mehrheit verlassen könnten.

Aber Sie würden auf jeden Fall die ganze Finanzstruktur und auch die Bildungspolitik reformieren wollen?

Wir reden hier von einem theoretischen Fall, der nie praktisch wird, nämlich dass wir ein neues Grundgesetz machen. Nach dem Motto: Was wäre, wenn. Gott sei Dank brauchen wir das nicht. Aber dass die Bildungspolitik, wie sie sich de facto darstellt, und dass die öffentlichen Finanzen, wie sie sich de facto darstellen, keine positiven Urteile verdienen, das ist offensichtlich. Es ist ja bei der Eisenbahn einfacher. Die Notwendigkeit, eine Deutsche Reichsbahn zu schaffen, lag so offensichtlich auf der Hand, da konnte sich kein Bayer dagegenwenden. Bei der Schulpolitik oder bei der Finanzpolitik war das leider nicht ganz so offensichtlich.

In den letzten drei bis vier Jahrzehnten hat sich noch etwas verändert: Wir sind ein Einwanderungsland geworden. Sie haben als Kanzler an dieser Entwicklung mitgewirkt. Sie haben 1973 nach der Ölkrise die Anwerbung von Gastarbeitern gestoppt, aber dann erlaubt, dass die in Deutschland bereits lebenden Gastarbeiter ihre Familien nachholen durften. Damit kamen plötzlich allein 1,5 Millionen Menschen zusätzlich aus der Türkei. Heute haben wir 8 Millionen Ausländer. Sie haben einmal geschrieben, wenn es 18 Millionen wären, würde die Anpassung nicht stattfinden. Wie viel Einwanderung ist einem Volk erträglich, das seinen Rückhalt im Eigenen nicht verlieren will?

Zunächst einmal zu Ihrem geschichtlichen Vorspann: Es ist richtig, dass zu meiner Zeit aus allgemein menschlichen, man kann auch sagen, allgemein moralischen Gründen der Familiennachzug ermöglicht wurde. Andererseits bin ich innerlich immer noch stolz darauf, dass in den acht Jahren, in denen ich für die Regierung zuständig war, die Zahl der Ausländer nicht zugenommen hat. Wir haben nicht nur die Anwerbung gestoppt, sondern wir haben es auch erleichtert, dass die Gastarbeiter wieder nach Hause gingen. Die waren ja zu Erhards Zeiten angeworben worden, um das deutsche Lohnniveau zu drücken, das war der innere Zweck der Übung. Und man ging damals davon aus, die Gäste würden eines Tages wieder nach Hause gehen.

Ein Jahr Deutschlandaufenthalt war ursprünglich nur geplant.

Ja. Jetzt stellte sich heraus, die wollten nicht mehr alle nach Hause. Infolgedessen haben wir das ein bisschen gedämpft. Als ich übernahm, gab es 3,5 Millionen Ausländer, als ich 1982 abgegeben habe, waren es immer noch 3,5 Millionen und nicht, wie Sie gesagt haben, 1,5 Millionen mehr. Natürlich haben sich viele, die zivilisatorisch eher auf Westeuropa orientiert waren als auf Anatolien, sprich Klein-Asien, inzwischen angepasst und eingegliedert. Das galt schon in der Weimarer Zeit oder noch vorher in der Kaiserzeit für viele Leute, die aus Polen gekommen waren – siehe all die polnischen Fußballspieler bei Schalke – und es galt insbesondere in der Zeit nach 1960 für die, die als sogenannte Gastarbeiter gekommen waren. Als besonders schwierig hat sich herausgestellt – vorhersehbar – die Anpassung, Eingliederung oder auch Integration der Kinder aus Ehen zwischen einem türkischen Gastarbeiter und seiner jungen, aus einem Dorf in Anatolien geholten Ehefrau. Das ist das quantitativ bei weitem größte Integrationsproblem heute, in Deutschland zu studieren auf dem Kreuzberg in Berlin oder in Wilhelmsburg in Hamburg.

Die Frage, wo das Maximum dessen ist, was ein Volk an Einwanderung ertragen kann, kann ich nicht beantworten. Da mag es von

Zeit zu Zeit verschiedene Antworten geben. Jedenfalls haben wir im Augenblick sehr große Schwierigkeiten mit einer überproportionalen Straffälligkeitsrate bei jungen Ausländern und insbesondere bei Ausländern, die aus Kulturkreisen kommen, die mit Westeuropa relativ wenig Berührung haben.

Wozu auch die Russlanddeutschen gehören.

Für die gilt das auch, was ich eben gesagt habe: relativ wenig Berührung mit dem westeuropäischen Kulturkreis.

Auf der anderen Seite muss man ja auch sehen, dass sich viele Türken sehr rasch anpassen. Wenn Sie heute fernsehen, dann sehen Sie immer öfter türkische Schauspieler und türkische Moderatorinnen. Es gibt türkische Schriftsteller, die auf Deutsch schreiben. Und es gibt 80 000 türkische Unternehmer – und keineswegs nur Dönerbudenbesitzer.

Es ist alles richtig, was Sie sagen. Trotzdem ist die Statistik richtig, von der ich sprach.

Wenn man auf unsere Altersstruktur, auf unsere schrumpfende Bevölkerung schaut, stellt sich dann nicht ein Problem, das sich Ihnen in Ihrer Amtszeit überhaupt nicht gestellt hat: Brauchen wir heute nicht Einwanderung, um unsere Sozialsysteme halten zu können?

Ich will das nicht beantworten, weil allzu viele spekulative Annahmen zwangsläufig in diese Kalkulation eingehen. Es ist noch nicht ganz sicher, dass es bei dem scheinbar säkularen Trend bleibt, dass die für die Bestandserhaltung des eigenen Volkes notwendigen Geburtenraten bei den Italienern, den Deutschen, den Holländern, den Skandinaviern – am wenigsten noch bei den Franzosen – weit unterschritten werden. Die bestandserhaltende Rate liegt bei 2,2 oder 2,3 Geburten pro Frau, und wir liegen bei 1,4. Ob es für das ganze 21. Jahrhundert bei diesem Phänomen bleibt, das weiß ich nicht. Es hängt zusammen mit der Pille, es hängt zusammen mit der Emanzipation der Frauen im Berufsleben, mit dem Eindringen der Frauen in Hierarchien, die ihnen vorher verschlossen gewesen sind, sowohl in der Wirtschaft als auch in der Gesellschaft als auch in der Politik.

Sie gebrauchten den Ausdruck »Aufrechterhaltung des Bestandes«. Wo steht geschrieben, dass wir einen Bestand von 82 Millionen Einwohnern halten müssen?

Es steht nirgendwo geschrieben, es ist ja auch eine Überraschung für die Deutschen selber. Wir haben nicht damit gerechnet, dass wir durch Flucht und Vertreibung und durch Aufnahme von früher so genannten Volksdeutschen aus einer großen Zahl von Staaten im Osten und im Südosten Mitteleuropas zu der quantitativ weit größten Nation Europas geworden sind, hinter den Russen. Übrigens auch zur quantitativ bedeutsamsten Volkswirtschaft. Es steht nirgendwo geschrieben, dass das so bleiben muss. Es ist seit Jahrhunderten das erste Mal, dass mit Zustimmung aller unserer Nachbarn eine deutsche Nation entstanden ist im größten Nationalstaat in Europa. Das ist mir persönlich unsympathisch.

Die Zustimmung der anderen oder die Tatsache, dass wir die Größten geworden sind?

Die anderen haben zugestimmt, ohne es zu merken, ohne es zu spüren. Sie waren eigentlich gegen die deutsche Vereinigung. Aber sie waren für die europäische Vereinigung. Infolgedessen konnten sie die Deutschen nicht auf Dauer daran hindern, sich wieder zusammenzuschließen. Es ist das große Verdienst von zwei Männern, Bundeskanzler Kohl das ermöglicht zu haben. Der eine ist Gorbatschow, der andere Vater Bush. Ohne die beiden hätte Helmut Kohl die Einheit nicht bewerkstelligen können.

Im Allgemeinen wird darüber gejammert, dass unsere Bevölkerung schrumpft ...

Ich jammere nicht!

Sie empfänden es nicht als ein Unglück, wenn wir uns auf 60 Millionen zurückschrumpfen würden? Ließen sich dann unsere Sozialsysteme noch erhalten?

Die Sozialsysteme lassen sich selbstverständlich auch bei Schrumpfung aufrechterhalten. Man muss nur wissen: Wenn die Leute immer älter werden, dann können sie nicht immer weniger arbeiten. Die Lebensarbeitszeit muss verlängert werden. Daraus ergeben sich tausend andere Probleme. Eines davon ist, Einrichtungen zu schaffen, die dafür sorgen, dass jemand im 50. oder 52. Lebensjahr – rechtzeitig – eine Chance bekommt, einen anderen Beruf auszuüben als den, den er die ersten dreißig Jahre ausgeübt hat. Ich kann keinen Siebzigjährigen mehr als Dachdecker aufs Dach schicken. Ich kann ihn auch nicht mehr als Omnibusfahrer einsetzen. Ich muss andere Arbeitsplätze für ihn haben, und ich muss ihn darauf vorbereiten. Ich muss ihn auch psychisch darauf vorbereiten. Was vielleicht auch damit verbunden sein wird, ist eine Minderung seines Sozialstatus. Aber dass wir länger arbeiten müssen, daran besteht überhaupt kein Zweifel. Gerhard Schröder und Franz Müntefering haben das richtig gesehen. Sie haben es handwerklich schlecht gemacht, und sie haben es dem Volk auch nicht richtig erklärt. Aber dass wir eines Tages nicht wie heute im Durchschnitt mit 61 aufhören können zu arbeiten, daran besteht kein Zweifel. Sonst – in der Tat – würde der Sozialstaat in große Schwierigkeiten kommen. Aber wie ich vorhin schon gesagt habe, wenn man den Sozialstaat zurückfahren würde, würde man überall in Westeuropa die Demokratie gefährden. Kein Staat kann sich das leisten. Sie kommen alle vor dieselbe Notwendigkeit, wegen der Alterung ihrer Gesellschaften die Lebensarbeitszeit zu verlängern.

Das heißt aber auch, dass wir Arbeitsplätze erhalten und neu schaffen müssen.

In der Tat. Das größte Problem ist nach wie vor, genug Arbeitsplätze zu schaffen. Es ist nicht nur eine Frage der Ordnung des Sozialstaats, sondern auch eine Frage der Ordnung der Arbeitsmärkte und der Eingriffe oder Nicht-Eingriffe des Staates auf den Arbeitsmärkten. Am besten geregelt ist das Zusammenspiel zwischen sozialstaatlichen und arbeitsmarktpolitischen Veränderungen in Dänemark.

Dänemark ist ein ganz kleines Land. Geht das auch in einem großen Land?

Ja, natürlich. Prinzipiell ist die Machart, die Struktur der dänischen Volkswirtschaft, der deutschen sehr ähnlich. Ein ganz geringer landwirtschaftlicher Anteil, ein einziger großer Konzern, Maersk in Kopenhagen, Deutschland hat deren zehn- oder zwölfmal so viele, und die Masse Mittelstand. Die meisten unserer Arbeitnehmer sind mittelständisch Beschäftigte. Die Dänen haben ihre Sache glänzend gemacht.

Sie haben es in Ihrer Kanzlerzeit und auch danach immer verneint, dass geistig-moralische Führung eine Aufgabe der Regierung sei. Aber im Rückblick haben Sie einmal zugegeben: Ich habe mich etwas kleiner gemacht, als ich dachte, dass ich wäre. Sie haben ja doch als Staatsmann sehr viel Führung ausgeübt, indem Sie Erklärungen Ihrer Politik lieferten, indem Sie Orientierung gegeben und Richtung gewiesen haben.

Ich habe mich nicht kleiner gemacht, jedenfalls nicht bewusst. Aber ich bin nach wie vor nicht der Meinung, dass es die Aufgabe einer Regierung ist, die maximal auf vier Jahre gewählt ist, dem deutschen Volk geistige Führung zu geben. Das ist nicht deren Aufgabe. Auf manchen Gebieten: ja. Auf anderen Gebieten: nein. Auf philosophischem oder religiösem Gebiet jedenfalls: nein. Auf ästhetischem Gebiet hoffentlich auch: nein.

Da haben Sie immerhin ein Zeichen gesetzt, indem Sie Henry Moores Large Two Forms *in den Vorhof des Bonner Kanzleramtes gebracht haben.*

Ein kleines Zeichen.

Sie haben Hauskonzerte im Palais Schaumburg gegeben, Max Ernst und andere ausgestellt im Bundeskanzleramt.

Das ist die normale Tätigkeit eines deutschen Territiorialfürsten. Man hatte seine Hofkapelle, man hatte seine eigene Gemäldegalerie. Das ist nichts Besonderes. Das ist nicht notwendigerweise ästhetische Führung.

Sie haben ja immer Visionen abgelehnt. Es gibt ein Wort von Ihnen, das sich wohl verselbständigt hat: »Wer Visionen hat, sollte zum Arzt gehen.« Aber Sie haben gleichwohl immer Ziele gewiesen.

Ja, aber keine Ziele in fernster Zukunft. Visionen und Utopien haben etwas gemeinsam: Sie reden beide über eine ungewisse Zukunft und entwickeln große Gemälde von dieser Zukunft. Die Zeit, die dazwischenliegt, bis die Zukunft anbricht, die bleibt unbedeckt. Ich bin eigentlich mehr für die Beschränkung auf das, was heute und morgen geschehen muss; was heute in dreißig Jahren geschehen soll, interessiert mich weniger.

Das Ziel ist Ihnen wichtig, aber ebenso wichtig oder noch wichtiger ist Ihnen der Weg dahin?

Der Weg dahin muss die Zukunft offen lassen, er darf die künftige Entwicklung nicht verbauen. Der Weg dahin muss moralisch in Ordnung sein. Er darf nicht amoralisch sein, er darf erst recht nicht antimoralisch sein.

Wie sehen Sie das Mächtemuster, die Weltordnung der näheren Zukunft? Bipolar, multipolar, apolar?

Sicherlich multipolar. Wobei nicht nur der Aufstieg Chinas eine ganz entscheidende Rolle spielen wird, sondern auch der Aufstieg Indiens und Brasiliens zu Weltmächten. Was nicht klar erkennbar ist, ist die Zukunft des Islam. Es gibt ungefähr 60 Staaten von nicht ganz 200 auf der Welt, die islamisch geprägt sind. Davon sind einige klitzekleine Emirate rund um den Persischen Golf, aber es gibt eben auch Staaten mit weit mehr als 200 Millionen Menschen wie Indonesien, der größte islamische Staat. Rund 170 Millionen muslimische Gläubige gibt es in Pakistan und fast ebenso viele in Indien.

Ist das ein Block?

Nein, es ist kein Block. Aber es könnte geschehen, dass es angesichts der ziemlich törichten Haltung des Westens gegenüber allen islamischen Staaten zu engeren Zusammenschlüssen kommt – nicht zu staatlichen Zusammenschlüssen, aber de facto zu Bündnissystemen. Man muss auch die hohen Geburtenraten in diesen Staaten sehen. Am Ende dieses Jahrhunderts wird es mehr gläubige Muslime geben als Christen. Das sind Verschiebungen, deren machtpolitische Konsequenzen vorherzusagen man Leuten wie Oswald Spengler überlassen sollte.

Fürchten Sie einen clash of civilizations, *einen Zusammenprall der Kulturen?*

Ich fürchte die Parole. Wenn sie allgemein geteilt würde, müsste das zwangsläufig Gegenkräfte auslösen.

Sie haben Europa nicht erwähnt als einen der künftigen Pole, eine Weltmacht der Zukunft.

Es sieht nicht danach aus.

Wäre es nicht wünschenswert?

Europa muss nicht unbedingt eine Weltmacht werden wollen, aber ein bisschen mehr Einigkeit wäre schon wünschenswert. Europa war nach 1945 mindestens dreimal in weit besserem Zustand als gegenwärtig: das erste Mal von Ende der fünfziger bis Mitte der sechziger Jahre, unter de Gaulle und Adenauer; das zweite Mal in den sieben Jahren Giscard und Schmidt; das dritte Mal um 1990 unter Kohl und Mitterrand. Dann haben 1992 die damaligen zwölf Mitgliedstaaten – ohne sich vorzustellen, wie das praktisch gehen soll – in Maastricht Beschlüsse gefasst, die Europa in einem Wahnsinnstempo quantitativ ausgeweitet haben. Die große Leistung war, die vorbereiteten Pläne für eine gemeinsame Währung in die Tat umzusetzen. Das ist in Maastricht 1991/92 geschehen, aber die gleichzeitig notwendigen Bedingungen für die Aufrechterhaltung und das Zusammenwachsen der europäischen Wirtschaften hat man nicht richtig im Blick gehabt. Und mit der Ausweitung nach Osten hat sich die Europäische Union quantitativ gewaltig übernommen. Es hätte gereicht, die osteuropäischen Staaten in die NATO aufzunehmen. Wenn man sie aber schon alle in die Europäische Gemeinschaft aufnehmen wollte, so hätte man neue Spielregeln für die Gemeinschaft finden müssen. Das hat man nicht getan, man hat das Problem auch nicht gesehen. Das ist ein schweres Versäumnis, insbesondere der Außenminister jener Jahre.

Man hat ja dann versucht, die neuen Spielregeln im Vertrag von Lissabon zu etablieren.

Das bleibt alles Papier und ist ohne praktische Bedeutung. Was wir haben, ist eine Europäische Zentralbank, die ihre Sache ausgezeichnet gemacht hat, erst unter Wim Duisenberg, einem Holländer, jetzt unter Jean-Claude Trichet, einem Franzosen. Die haben beide ihre Sache ausgezeichnet gemacht. Sie haben ihre auf der Welt absolut einmalige Unabhängigkeit nicht missbraucht, sondern sehr gut genutzt. Die Europäische Zentralbank ist unabhängiger, als es die Bundesbank jemals war. Aber sie hat kein Gegenüber. Sie hat kein Parlament, vor dem sie sich verantworten muss. Der Chef der amerikanischen Notenbank Ben Bernanke dagegen muss im Senat erscheinen.

Aber der Bundesbankpräsident musste doch auch nicht im Bundestag erscheinen.

Er hätte müssen, wenn er gerufen worden wäre. Aber das ist nie der Fall gewesen.

Aber er ist natürlich zum Bundeskanzler gegangen?

Ja, und der Bundeskanzler ist sogar in die Bundesbank gegangen.

Sie erwähnten die NATO. Welchen Sinn und Zweck hat die NATO heute noch? Und was könnte sie in Zukunft für eine Rolle finden?

In Wirklichkeit ist sie überflüssig. Man muss deutlich unterscheiden zwischen dem Bündnis der nordatlantischen Staaten, dem Nordatlantikpakt – den würde ich jedenfalls aufrechterhalten wollen für die nähere Zukunft. Etwas anderes ist die Nordatlantische Vertragsorganisation, dieser Riesenkrake von Bürokratie, teils militärisch, teils zusammengesetzt aus Diplomaten und Tausenden von Hilfskräften. Die waren eine Reihe von Jahren verzweifelt auf der Suche nach einem Feind. Jetzt haben sie eine ganz große Aufgabe gefunden: Afghanistan. In Wirklichkeit ist diese ganze Organisation nicht notwendig. Objektiv gesehen handelt es sich heute um ein Instrument der amerikanischen Außenpolitik, der amerikanischen Weltstrategie.

Das Bündnis erhalten: Heißt das, auch die Beistandsverpflichtung erhalten, die nach Artikel 5 besteht?

Die Beistandsverpflichtung nach Artikel 5 oder überhaupt der ganze Vertragstext sagt nichts von Nibelungentreue, sondern ist so formuliert, dass man seinen Beistand auch auf diplomatischen Beistand beschränken kann. Und das ist eine kluge Formulierung. Der Vertrag ist sehr viel glimpflicher, als die Herren Botschafter, die sich in der NATO regelmäßig treffen und irgendwelche Wichtigtuereien verzapfen, sich das vorstellen. Sie haben durch die Existenz dieser NATO-Bürokratie Eigengesetzlichkeiten entstehen lassen, die eigentlich nicht im Interesse der Deutschen und der Franzosen sind. Sie sind im Interesse der Engländer, weil die Engländer immer noch glauben, dass die amerikanischen Interessen in Wirklichkeit englische Interessen sind.

Nun könnte man ja argumentieren, in der Zeit des Kalten Krieges war die Bürokratie nötig, war auch die militärische Infrastruktur, waren die 2,5 Millionen Mann unter Waffen nötig, um den Sowjets notfalls entgegentreten zu können, um sie abzuschrecken und im Angriffsfalle abzuwehren. Dieser Bündniszweck ist weggefallen.

Ja. Der Zweck war, das Gleichgewicht der militärischen Kapazitäten einigermaßen zu wahren. Ich habe 1969 ein Buch geschrieben über die *Strategie des Gleichgewichts*. Das war auch meine innere Ratio während meiner ganzen Regierungszeit: das Gleichgewicht aufrechterhalten. Aber Gleichgewicht aufrechtzuerhalten, das eröffnet dann gleichzeitig die Chance, Diplomatie zu betreiben. Das ist alles durch den Zusammenbruch der Sowjetunion überflüssig geworden, und eine Gleichgewichtsstrategie gegenüber dem heutigen Russland ist törichtes Zeug. Was nicht sagt, dass es nicht immer noch Amerikaner gäbe, die diesen Unsinn glauben.

Es gibt auch Amerikaner, die sagen, die NATO solle eine Rolle übernehmen, die weit über das transatlantische Gebiet hinausgeht.

Und es gibt genug Leute in der russischen Führung, die sich einbilden, sie könnten ein Gleichgewicht gegenüber Amerika aufrechterhalten.

Welche Rolle, welchen Auftrag oder welche Aufgabe sehen Sie für die Bundeswehr in der sich abzeichnenden neuen Weltordnung?

Ich kann Ihnen darauf eigentlich nur eine negative Antwort geben. Was ich nicht möchte, ist eine Entwicklung der Bundeswehr in Richtung auf eine interventionsbereite und interventionstüchtige Armee, die auf Beschluss, sei es der NATO, sei es des UN-Sicherheitsrats, überall auf der Welt einmarschiert. Das möchte ich nicht. Aber ob wir es vermeiden können, und wenn es so weit ist, ob wir es vermeiden wollen, das hängt einerseits von dem Ausmaß deutscher Großmannssucht ab, andererseits von der aufrechterhaltenen oder zurückgehenden Bedeutung der NATO, dieser militärisch-bürokratischen Organisation, die de facto heutzutage darüber bestimmen kann, dass wir Truppen in Afghanistan in aussichtslose Kämpfe verwickeln.

Sehen Sie ein Problem in der Entwicklung zur Berufsarmee?

Der Trend der europäischen Entwicklung geht in Richtung Berufsarmee. Ob das verfassungspolitisch gesund ist, da habe ich meine erheblichen Zweifel. Natürlich wird eine Berufsarmee rein militärisch tüchtiger sein als eine Armee von Wehrpflichtigen. Sie wird aber auch sehr viel kleiner sein. Auch deswegen, weil sie teurer wird. Sie wird deswegen kleiner sein, weil man gute Gehälter bieten müsste, um die Leute dazu zu bringen, Soldat zu werden. Ich sagte: verfassungspolitisch nicht ganz erwünscht, denn es impliziert die Gefahr einer abermaligen Entstehung einer Militärkaste. Wenn Sie auf das Deutschland des ausgehenden 19. Jahrhunderts schauen, gab es zwei nationalistisch gesinnte Kasten, die sich gegenseitig nicht sonderlich über den Weg trauten. Die eine war das preußische Offizierkorps, und die andere waren die Professoren. Das möchte ich eigentlich nicht wieder haben. Darin liegt eine gewisse Gefahr bei einer Berufsarmee. Sie wurde besonders greifbar in den zehn Jahren, in denen die Weimarer Republik funktionierte. Die Reichswehr hatte ihre eigene Ideologie, ihr eigenes Ethos, das soldatische Ethos war ihr das höchste auf der Welt.

Könnten Sie sich Russland als Mitglied der NATO vorstellen?

Warum? Zu welchem Zweck? Damit sie auch amerikanischen Befehlen folgen?

Um die Verdächtigungen, die in Moskau immer noch grassieren, auszuräumen?

Russland steht vor gewaltigen Problemen, nämlich dieses riesenhafte Territorium – von der Grenze zu Estland und Lettland und Weißrussland im Westen bis nach Kamtschatka, bis an die Beringstraße und nach Wladiwostok im Osten – zur ökonomischen Fruchtbarkeit zu bringen. Wenn sich herausstellen sollte, dass die globale Erwärmung so schnell voranschreitet, wie es uns gegenwärtig vom *Intergovernmental Panel on Climate Change* glauben gemacht wird – ich bin nicht überzeugt von der Geschwindigkeit, die diese

Leute propagieren, aber wenn sie recht haben sollten –, dann wird der Permafrost in ganz Sibirien sich nach Norden bewegen. Im Süden werden erhebliche Teile dieses Riesenterritoriums bewohnbar.

Werden die Chinesen nachrücken?

Oder sonst jemand. Alle asiatischen Völker sind dabei, sich gewaltig zu vermehren. Schon zu sowjetischen Zeiten hatte man in Moskau die Besorgnis eines Zusammenstoßes mit den Chinesen.

Als Sie Verteidigungsminister wurden, da führten die beiden am Ussuri Krieg miteinander.

Ja, und wir hatten damals keine offiziellen Beziehungen zu China. Ich habe mir China von außen angeschaut. Ich habe 1971 eine Weltreise gemacht nach Australien, Neuseeland, Fidschi, Thailand, Korea und Japan. Mein Gefühl, China sei eine aufsteigende Weltmacht – bis dahin war es nur ein Bauchgefühl gewesen –, habe ich damals bestätigt gefunden. Ich habe Willy Brandt dann dazu gebracht, dass wir 1972 diplomatische Beziehungen mit China aufgenommen haben. Das war sieben Jahre vor den Amerikanern.

Aber noch einmal zu Russland. In den zwanzig Jahren seit dem Zusammenbruch der Sowjetunion ist dort leider keine wirklich leistungsfähige mittelständische Wirtschaft entstanden. Sehr zum Nachteil der Russen. Die sind es eben seit Iwan Grosnyj gewohnt, autoritär regiert zu werden, und so soll es offenbar immer weitergehen.

Hätten sie mit ihren Einkünften aus Erdöl und Erdgas mehr machen können? Kann man einen Mittelstand aus dem Boden stampfen?

Aus dem Boden stampfen kann man den ganz gewiss nicht. Aber man kann ihm Freiheiten eröffnen. Der schwerste Fehler, den die Kremlherrn, Jelzin einschließlich, gemacht haben, ist, nach wie vor zu glauben, dass Russland militärisch eine den USA gleichwertige Weltmacht sein muss. Sie haben einen viel zu großen Anteil ihrer

Intelligenz und ihrer ökonomischen Leistungsfähigkeit in Rüstung und Militär gesteckt. Sie haben es nicht fertiggebracht, all die in der Raumfahrt und in der Militärluftfahrt überflüssig gewordenen Physiker, Ingenieure, Chemiker umzupolen zum Beispiel auf Computer oder auf andere, für die zivile Wirtschaft notwendige Güter. Die Russen sind nach wie vor einer der größten Waffenexporteure der Welt, völlig überflüssigerweise.

Sie hätten ja unter Umständen den drittgrößten Flugzeugbaukonzern schaffen können.

Zum Beispiel. Sie hätten mit dem technologischen Know-how in der Fliegerei ohne Weiteres innerhalb von einem bis anderthalb Jahrzehnten einen ähnlichen Konzern aufbauen können wie Airbus oder Boeing. Aber sie haben das versäumt, haben vor allem auch keinen Mittelstand geschaffen. Sie haben alles gesetzt auf die Ausbeutung von Öl und Gas, und der enorme Preisanstieg für Öl und Gas hat sie zusätzlich verleitet.

Wie sollen wir uns gegenüber Russland verhalten? Sie haben einmal gesagt, wir sollten uns nicht in eine neue Sicherheitshysterie hineinschrecken lassen, sondern lieber den Russen helfen – was übrigens wohl auch Bundeskanzlerin Merkel vorhat: zum Entwicklungspartner der Russen zu werden.

Frau Merkel ist zweideutig. Sie mischt sich einerseits ein in die russische Innenpolitik, sie kritisiert das Vorgehen in Tschetschenien, sie kritisiert öffentlich hörbar die Menschenrechtssituation in Russland. Das sollte man den Amerikanern überlassen, die jedermann belehren wollen. Wir müssen nicht die Russen belehren, wie man Demokratie macht, das ist nicht unsere Aufgabe.

Was mich immer wieder erstaunt und gleichzeitig zutiefst innerlich befriedigt, ist der Umstand, dass nach zwei gegeneinander ausgefochtenen Weltkriegen in der Masse des russischen Volkes und auch bei den führenden Geistern keine antideutschen Gefühle nachgeblieben sind und dass – mit einigen Ausnahmen in der früher so genannten DDR – auch in Deutschland keine antirussischen Instinkte mehr vorhanden sind. Das, finde ich, ist wunderbar.

Für uns Deutsche ergibt sich die große Schwierigkeit, dass wir nicht nur zu den Russen ein gutes Verhältnis finden müssen, sondern gleichzeitig aus anderen Gründen ein dringendes Bedürfnis haben, ein gutes Verhältnis zu den Polen zu pflegen. Die Polen jedoch verharren immer noch in ihrer antisowjetischen und heutzutage antirussischen Haltung – vielleicht ja nicht mehr auf ewig.

Wo sehen Sie denn die Vereinigten Staaten im Verhältnis zu uns in den nächsten zwanzig Jahren?

Die werden auch noch in den nächsten zwanzig Jahren versuchen, Europa von außen zu regieren. Es wird ihnen noch schlechter gelingen als gegenwärtig. Aber der Versuch wird aufrechterhalten bleiben, und er wird auch einige Unruhe schaffen. Wenn man allerdings über zwanzig Jahre hinausdenkt und auf die nächsten vierzig Jahre schaut, dann bin ich ganz sicher, dass aus demographischen Gründen, aus Gründen des wachsenden Anteils der Afroamerikaner und der Hispanics in der amerikanischen Gesellschaft, das politische Interesse dieser großen Nation sich stärker auf die Innenpolitik, auf die Entwicklung eines Sozialstaats richten wird. Die Menschen werden auf anständige Schulen drängen, auf Zugang zur Universität für ihre Kinder, und zwar nicht nur zur State University of North Dakota, sondern auch bitte nach Yale und nach Harvard. Die sozialen Fragen werden in Amerika gewaltig an Gewicht zunehmen. Sie werden das Interesse an der Regierung der Welt und an der Ordnung der Welt langsam, aber sicher in einen etwas kleineren Rahmen rücken. Das gilt dann auch für die amerikanische Politik gegenüber Europa.

Würden Sie das als eine neue Phase des Isolationismus nach dem absehbaren Scheitern in Afghanistan bezeichnen?

Isolationismus muss dabei nicht herauskommen. Aber jedenfalls werden die Amerikaner begreifen, dass sie nicht der einzige und schon gar nicht der beherrschende Pol der Welt sein werden. Gleichzeitig werden wir den Aufstieg Chinas erleben, Indiens, Brasiliens, möglicherweise Indonesiens, wahrscheinlicherweise des Iran, möglicherweise des Islam insgesamt. All das wird dazu führen, dass in der zweiten Hälfte des 21. Jahrhunderts die amerikanische Führungsschicht nicht mehr der Illusion anhängen wird, die Ordnung der ganzen Welt garantieren zu müssen. Übrigens werden wir Mitte des Jahrhunderts über 9 Milliarden Erdbewohner sein. Die Masse dieser Menschen wird in Städten leben, und zwar nicht in einer Hütte neben der anderen, sondern in zwanzig Etagen übereinander, und dies im Wesentlichen in bisher so genannten Entwicklungs- und Schwellenländern.

Und von den 9 Milliarden werden Mitte des Jahrhunderts höchstens noch 7 Prozent Europäer sein, Ende des Jahrhunderts 4 Prozent. Wie können wir uns da behaupten? Sie haben vor einigen Jahren ein Buch geschrieben, Die Selbstbehauptung Europas. *Wie können wir uns behaupten, wenn wir uns zahlenmäßig so verringern?*

Möglicherweise werden wir das hinnehmen müssen. Punkt.

Sie sind einer der letzten aus der Generation, die durchs Feuer gegangen ist. Sie haben den Krieg mitgemacht, die Hungerjahre der Nachkriegszeit, die Jahre des Wiederaufbaus aus den Trümmern. Woraus haben Sie, woraus hat Ihre Generation den Antrieb gewonnen, die Dynamik, die Charakterstärke?

Ich weiß nicht, ob ich eine Antwort geben kann für meine Generation, das glaube ich nicht.

Ihre Generation ist im Krieg gehärtet worden.

Was wir aus dem Krieg mitgebracht haben, ist die Fähigkeit, Angst zu überwinden, und die Fähigkeit, in der Gefahr Entscheidungen zu treffen. Ob sie dann richtig oder falsch waren, das stellt sich immer erst hinterher heraus. Aber wir hatten gelernt, Entscheidungen zu treffen, das ja. Und wir hatten gelernt, mit der eigenen Angst fertig zu werden. Aber ansonsten waren wir nicht geistig vorbereitet. Wir haben das alles erst langsam *on the job* gelernt.

Ihre Generation hat Rückgrat bewiesen, hat Profil gezeigt, hat Charisma entwickelt. Wie kann die heutige Generation von Politikern dahin kommen?

Gott sei Dank bleiben ihnen solche Prüfungen wie Weltkriege erspart. Es sind normale Zeiten, und daher wird auch kein Alexander der Große oder Friedrich der Große geboren und erzogen, sondern ganz normale Politiker; keine Helden jedenfalls oder Spitzenleute, die dann in die Weltgeschichte eingehen als sogenannte Große. Wenn man sich diese sogenannten Großen in der Weltgeschichte anschaut, so ist die Hälfte davon militärisch groß geworden, als Eroberer.

Sie haben einmal gesagt, ein Politiker soll einen Beruf gelernt haben, er muss die deutsche Geschichte kennen, und er sollte über spezielle Kenntnisse auf einem Fachgebiet verfügen. Genügt die jetzige Politikergeneration diesem Maßstab?

»Die jetzige Generation von Politikern« ist ein sehr unscharfer Begriff. Der umschließt mindestens 600 Bundestagsabgeordnete und mehr als 600 Landtagsabgeordnete und andere Funktionäre. Und ein großer Teil von denen würde den Anforderungen nicht entsprechen. Die, die den Anforderungen nicht entsprechen, müssen einiges nachholen. Das Schlimme ist, dass wir heute in der Politik allzu viele Leute vorfinden, die tatsächlich von Anfang an die Politik als Beruf erwählt haben, sich als Lebenslauf vorgestellt haben. Das sind Karrieristen. Schon mit 18 Jahren Funktionär der Jungen Union oder der Jusos, mit 23 ein großer Wortführer; einen richtigen Beruf haben sie nicht gelernt – sie sind abhängig davon, in der Politik arbeiten zu können. Das macht im Geist unfrei.

Eine Frage an den Hanseaten Helmut Schmidt. Sie haben 1962 über die Freie und Hansestadt Hamburg geschrieben: »*Sie schläft, meine Schöne, sie träumt; sie ist eitel mit ihren Tugenden, ohne sie recht zu* nutzen; *sie genießt den heutigen Tag und scheint den morgigen für selbstverständlich zu halten.« Gegen Ende des Jahrhunderts meinten Sie aber: »Die Stadt ist aufgewacht, sie hat ihre Versäumnisse verstanden, sie ist selbstkritisch geworden, sie arbeitet bewusst an ihrer Zukunft.« Wie sehen Sie die Gegenwart Ihrer Vaterstadt?*

Auch heute arbeiten die Hamburger und ihre Institutionen bewusst an der Zukunft ihrer Stadt. Dabei leisten sie sich bisweilen auch einige Extravaganzen – von der teuren Wiedereinführung einer Straßenbahn bis zur immer teureren Elbphilharmonie. Aber die Bürger ertragen die Defizite ihrer Verwaltung mit vergleichsweise großer Gelassenheit. Hamburg ist immer noch eine gelassene, eine nur selten aufgeregte Großstadt. Allerdings lässt die hanseatische Gelassenheit leider auch zu, dass die in dieser Stadt konzentrierte Weltkenntnis von der politischen Klasse der Bundesrepublik nur sehr spärlich genutzt wird.

Lassen Sie mich zum Schluss noch einmal auf das zweite Leben zurückkommen, das Sie nach der Politik geführt haben: siebenundzwanzig Jahre bei der ZEIT, fast jedes Jahr ein Buch geschrieben, alles Bestseller, und in diesen siebenundzwanzig Jahren etwa 270 Artikel, meistens große Artikel, für die ZEIT verfasst, dazu unzählige Fernsehauftritte, Interviews, Vorträge. Hat Sie dieses publizistische Wirken befriedigt?

Ja, hat es getan. Ich habe ja nicht nur agiert, sondern reagiert. Auf Ereignisse, auf Personen und auf Einflüsse, die von der Redaktion und aus dem Umkreis der ZEIT-Redaktion ausgegangen sind. Nehmen Sie als Beispiel eine der letzten politischen Konferenzen. Mir saß eine Journalistin gegenüber, die ich auf höchstens dreißig Jahre schätze. Also sechzig Jahre Differenz. Ich habe sie ernst genommen – und musste sie auch ernst nehmen. Das heißt, es war ein Glücksfall für mich, durch die Mitarbeit in der ZEIT jeden Tag und jede Woche mit Menschen konfrontiert zu sein, die zum Teil sechzig Jahre jünger waren und ganz andere Lebenserfahrungen mitbrachten, die vierzig Jahre jünger waren, die zwanzig Jahre jünger waren. Und natürlich – ganz anders, als ein Bundeskanzler das kann – habe ich versucht, meinerseits geistige und politische, auch moralische Einflüsse auszuüben. Ich habe den Übergang von einem Lebensabschnitt in den anderen nicht als schwierig empfunden. Das war vielleicht für die Redaktion schwieriger als für mich.

Da stießen zwei Welten aufeinander.

Das sah für Sie so aus. Nachdem ich den beiden Welten für so lange Zeit angehört habe, sehe ich den Unterschied nicht so deutlich.

Mit Ihren Schriften haben Sie weit in die Öffentlichkeit hineingewirkt.

Wenngleich ich das nicht überschätzen will. Die Öffentlichkeit hat aus solchen Figuren wie Richard von Weizsäcker und mir ja etwas gemacht, was wir in Wirklichkeit nicht sind. Wir stehen da als weise alte Männer. In Wirklichkeit sind wir nicht so ganz weise. Wahr ist, dass wir alt sind.

Es gibt in Ihrem bisher letzten Buch, Ihrem Gespräch mit Fritz Stern, einen wunderschönen Schluss. Da fragen Sie Stern danach, wer der Autor der folgenden Zeilen ist: »The woods are lovely, dark and deep/But I have promises to keep/And miles to go before I sleep/ And miles to go before I sleep«. Diese Zeilen stammen von Robert Frost. Welche Versprechen gedenken Sie noch zu halten? Und was haben Sie sich für die noch vor Ihnen liegenden Meilen vorgenommen?

Nichts Besonderes. Mir hat sich dieser Vers – *»promises to keep and miles to go before I sleep«* – tief eingeprägt. Wahrscheinlich schon vor vielen Jahrzehnten. Ich hatte vergessen, von wem er stammt, aber ich konnte ihn noch hersagen. Nichts Besonderes also.

Anmerkungen

Einleitung

1 Helmut Schmidt, Laudatio auf Richard von Weizsäcker, Körber-Stiftung, Berlin, 25.4.2010; vgl. auch seinen Artikel »Nur keine Anmaßung«, in: DIE ZEIT, 8.7.2010
2 Helmut Schmidt im persönlichen Gespräch mit dem Autor; vgl. Theo Sommer, »Macher und Moralist«, in: ZEITpunkte, 1/2004
3 »Kanzler trifft Altkanzler«. Ein Gespräch zwischen Helmut Kohl und Helmut Schmidt, moderiert von Christoph Bertram, in: DIE ZEIT, 5.3.1998
4 Ulrike Posche, »Schmidt und wir«, in: *Stern*, 2.9.2010
5 Helmut Schmidt im Gespräch mit Ulrich Wickert, *Mut zur Führung*, S. 14
6 Allensbacher Jahrbuch der Demoskopie, 19.8.1983, Band VIII, Hrsg. v. Elisabeth Noelle-Neumann und Edgar Piel (München: Saur, 1983). Siehe dort auch die Angaben über das Einverständnis der Befragten mit der Politik des Bundeskanzlers Schmidt und die Beurteilung seiner Eigenschaften, S. 240f.
7 Ebd.
8 Martin Rupps, *Helmut Schmidt. Eine politische Biographie* (Stuttgart/Leipzig: Hohenheim Verlag, 2002), S. 366
9 Magazin der *Süddeutschen Zeitung*, 21.5.2003, S. 6–8
10 Alexander Smoltczyk, »Die neuen Deutschen«, in: *Der Spiegel*, 34/2010, S. 50–54
11 Malte Lehming, in: *Der Tagesspiegel*, 20.12.2008
12 Georg Diez, »Schmidtismus«, in: *SZ-Magazin*, 2.7.2010
13 Helmut Schmidt, *Jahrhundertwende. Gespräche mit Lee Kuan Yew, Jimmy Carter, Shimon Peres, Valéry Giscard d'Estaing, Ralf Dahrendorf, Michail Gorbatschow, Rainer Barzel, Henry Kissinger, Helmut Kohl und Henning Voscherau*. Herausgegeben von Dorothea Hauser (Berlin: Siedler, 1998)
14 Helmut Schmidt am 17.9.1973 auf der Internationalen Industriekonferenz in San Francisco
15 Helmut Schmidt, »Ansprache eines Musikfreundes« (Hamburg: Musikverlag Hans Sikorski, 1985), S. 9

Herausgeber und Verleger

1 Robert Leicht, »Helmut Schmidt – ein politischer Publizist«, in: Reinhard Appel (Hrsg.), *Helmut Schmidt – Staatsmann. Publizist. Legende* (Köln: Lingen, 2008), S. 156–160
2 Jacques Schuster, »Gebildete Plauderei. Helmut Schmidt und Fritz Stern reden über das 21. Jahrhundert«, in: *Die Welt*, 27. 2. 2010
3 Hans-Peter Schwarz, »Der Kluge überlebt sie alle«, in: *Die Welt*, 9. 12. 2008
4 »Einer wie keiner«, Meldung in: *Süddeutsche Zeitung*, 30. 4. 2010
5 Werner Richter, *Bismarck* (Frankfurt: S. Fischer, 1962), S. 569 ff.
6 Helmut Schmidt, *Weggefährten* (Berlin: Siedler, 1996), S. 217
7 *Sonntagsblatt*, 4. 4. 1965
8 Zum Vorhergehenden Gerd Bucerius an Helmut Schmidt, Brief vom 17. 12. 1983
9 Gerd Bucerius an Helmut Schmidt, 31. 12. 1982
10 Helmut Schmidt, Rede in der Hamburger Bürgerschaft, 15. 1. 1964, in: Helmut Schmidt, *Beiträge* (Stuttgart/Seewald, 1967), S. 325
11 Hartmut Soell, *Helmut Schmidt. Vernunft und Leidenschaft*, München: Deutsche Verlags-Anstalt, 2003), S. 225–227. Schiller war ein schwieriger Mann, erinnerte sich Schmidt: »hochbegabt, mit einer ganz schnellen Intelligenz ausgestattet, auf dem Felde der Ökonomie hervorragend, aber schwierig«.
12 »Schmidts neuer Job. Ein Tag im Arbeitsleben des Ex-Kanzlers«, in: *Quick*, 4. 12. 1986
13 Ebd.
14 Ebd.
15 Helmut Schmidt, Vermerk betreffend Gespräch Th. S./H. S., Gesprächsnotiz, 16. 4. 1987
16 Helmut Schmidt, Hausmitteilung an Theo Sommer, 29.6. 1987
17 Helmut Schmidt, Hausmitteilung an Theo Sommer, 24. 9. 1987
18 Helmut Schmidt, Hausmitteilung an Theo Sommer, 29. 9. 1987 und 30. 5. 1988
19 Helmut Schmidt, Hausmitteilung an Theo Sommer, 24. 9. 1987
20 Helmut Schmidt, Hausmitteilung an Gerd Bucerius, 17. 7. 1987
21 Ebd.
22 Helmut Schmidt, Hausmitteilung an Theo Sommer, 5. 11. 1987
23 Helmut Schmidt, Hausmitteilung an Theo Sommer, 30. 10. 1987
24 Helmut Schmidt, Vermerk betreffend Gespräch Th. S./H. S., 19. 8. 1987
25 Helmut Schmidt, Hausmitteilung an Theo Sommer, 30. 10. 1987
26 Helmut Schmidt, Vermerk betreffend Gespräch Th. S./H. S. am Brahmsee, 19. 8. 1987
27 Ebd.

28 Helmut Schmidt, Vermerk betreffend Gespräch Th. S./H. S., 16. 4. 1987
29 Helmut Schmidt, Hausmitteilung vom 30. 5. 1988
30 Mitteilung Helmut Schmidts im persönlichen Gespräch
31 Helmut Schmidt, Hausmitteilung an Theo Sommer, 30. 10. 1987
32 Theo Sommer, Hausmitteilung an Helmut Schmidt, 5. 11. 1987
33 Helmut Schmidt an Hans Merkle, 16. 2. 1989
34 Helmut Schmidt an Dr. Bertold Mussi, Mailand, 21. 3. 1991
35 »Schmidts neuer Job. Ein Tag im Arbeitsleben des Ex-Kanzlers«, in: *Quick*, 4. 12. 1986
36 Mitteilung Helmut Schmidts im persönlichen Gespräch
37 Helmut Schmidt und Fritz Stern, *Unser Jahrhundert* (München: C. H. Beck, 2010)
38 Dieter Buhl, »Die andere Seite des Realisten«, in: DIE ZEIT, 17. 12. 2008
39 Hans-Joachim Noack, »Das zweite Leben des Helmut Schmidt«, in: *Stern*, 29. 4. 2010

Der Staatsmann und die Journalisten

1 Helmut Schmidt, *Außer Dienst* (Berlin: Siedler, 2008), S. 159 f.
2 Helmut Schmidt, *Weggefährten*, S. 237
3 »Schmidts neuer Job. Ein Tag im Arbeitsleben des Ex-Kanzlers«, in: *Quick*, 4. 12. 1986
4 Nina Grunenberg, Mitteilung vom 25. 5. 2010
5 Martin Rupps, *Helmut Schmidt. Eine politische Biographie*, S. 366
6 Theo Sommer, Redemanuskript vom 4. 5. 1983
7 Z. B. Hausmitteilung vom 30. 5. 1988: Deren »positive Einstellung zu einer unklar bleibenden Demokratisierung« sei ausgeprägter als »die Bejahung unseres demokratischen Staates«.
8 Theo Sommer, Hausmitteilung an Helmut Schmidt, 1. 6. 1988
9 Aussage Helmut Schmidts im persönlichen Gespräch. Vgl. Schmidt/Stern, *Unser Jahrhundert*, S. 195
10 Helmut Schmidt, Hausmitteilung an Gerd Bucerius, 17. 7. 1987
11 Helmut Schmidt, Hausmitteilung an Theo Sommer, 19. 8. 1988
12 Ebd.
13 Helmut Schmidt, Hausmitteilung an Theo Sommer, 12. 8. 1986
14 Helmut Schmidt, Hausmitteilung an Robert Leicht
15 Helmut Schmidt, Hausmitteilung vom 30. 10. 1988
16 Helmut Schmidt, Hausmitteilung vom 30. 5. 1988
17 Helmut Schmidt, Vermerk betreffend Gespräch Th. S./H. S. am Brahmsee, 19. 8. 1987

18 Helmut Schmidt, Hausmitteilung an Theo Sommer, 12.8.1988
19 Helmut Schmidt, Hausmitteilung an Theo Sommer, 1.6.1988
20 Theo Sommer, Hausmitteilung an Helmut Schmidt, 3.10.1988
21 Theo Sommer, Hausmitteilung an Helmut Schmidt, 11.7.1989
22 Theo Sommer, Hausmitteilung an Helmut Schmidt, 5.3.1991. Die gelangweilte bis hämische Reaktion auf seine »Weltwirtschaftsoper« beklagte Schmidt selber einmal vor der SPD-Bundestagsfraktion, so am 30.6.1982. Er sei damit gehänselt worden, weil er versucht habe zu erklären, dass Deutschland von der Weltwirtschaft abhänge; siehe Giovanni di Lorenzo, »Verstehen Sie das, Herr Schmidt?«, in: ZEITmagazin, 3/2010
23 Helmut Schmidt, Hausmitteilung an Theo Sommer, 10.3.1991
24 Cordt Schnibben, *Neues Deutschland*, S. 302 ff., Kapitel »Im Olymp der Wegelagerer« (Hamburg: Rasch und Röhring Verlag, 1988)
25 Robert Leicht, »Helmut Schmidt – ein politischer Publizist«, in: Appel, *Helmut Schmidt*, S. 156–160
26 Helmut Schmidt, handschriftliche Notiz, 18.4.1988
27 Helmut Schmidt, Hausmitteilung an Theo Sommer, 26.9.1987
28 Helmut Schmidt, Hausmitteilung an Theo Sommer, 30.10.1987
29 Hans-Joachim Noack, »Das zweite Leben des Helmut Schmidt«, in: *Stern*, 29.4.2010
30 »Schmidts neuer Job. Ein Tag im Arbeitsleben des Ex-Kanzlers«, in: *Quick*, 4.12.1986
31 Helmut Schmidt, *Weggefährten*, S. 215
32 Helmut Schmidt, *Außer Dienst*, S. 30
33 Robert Leicht, »Helmut Schmidt – ein politischer Publizist«
34 »Helmut Schmidt – Würdigungen, Essays und Glückwünsche zum 90. Geburtstag«, in: DIE ZEIT, 17.12.2008
35 Helmut Schmidt, *Außer Dienst*, S. 30
36 Helmut Schmidt, *Weggefährten*, S. 215
37 Helmut Schmidt, *Außer Dienst*, S. 131
38 Dazu Schmidts Rede in der Hamburger Bürgerschaft, 15.1.1964, in: *Beiträge*, S. 303–327
39 Helmut Schmidt, »Das geistige Profil der Sozialdemokratie«, Rede vom 23.6.1965 in der Hamburger Universität, in: *Beiträge*, S. 135
40 Ebd., S. 126 f.
41 Ebd., S. 81
42 Ebd., S. 29
43 Ebd., S. 30
44 Helmut Schmidt, Hausmitteilung an Theo Sommer, 5.2.1992
45 Helmut Schmidt an Paul Zimmer in Dudweiler, Brief vom 22.3.1983

46 Helmut Schmidt/Giovanni di Lorenzo, *Auf eine Zigarette mit Helmut Schmidt* (Köln: Kiepenheuer & Witsch, 2009), S. 9
47 Hans-Joachim Noack, »Das zweite Leben des Helmut Schmidt«, in: *Stern*, 29.4.2010, S. 146–148
48 Helmut Schmidt, *Außer Dienst*, S. 81
49 Interview mit Helmut Schmidt, in: *Sächsische Zeitung*, 11./12.10.1991
50 Giovanni di Lorenzo, »Auf eine Zigarette mit Helmut Schmidt«, in: ZEITmagazin, 10.7.2008
51 Matthias Nass, »Auf dreizehn Zigaretten mit Helmut Schmidt«, in: DIE ZEIT, 17.12.2008, Beilage »Helmut Schmidt – Der Publizist und Privatmann«, S. 22f.
52 Ebd.
53 Ebd.
54 Helmut Schmidt, *Außer Dienst*, S. 125
55 Heiner Bremer in seiner Laudatio, 7.5.2010
56 Vgl. Hans-Joachim Noack, »Das zweite Leben des Helmut Schmidt«, in *Stern*, 29.4.2010
57 Theo Sommer, »Der Erste Diener dieses Blattes«, in: Die ZEIT, 8.5.2008
58 Hartmut Soell, *Helmut Schmidt. Macht und Verantwortung*, S. 226

Der Zeitungsmann

1 Schmidt zitiert Kleists Essay in: *Die Deutschen und ihre Nachbarn* (Berlin: Siedler, 1990), S. 565. Siehe auch Astrid Zipfel, *Der Macher und die Medien* (Tübingen/Stuttgart/Heidelberg: WF Edition Verlag Journalismus, 2005), besonders das Kapitel »Helmut Schmidt als Kommunikator – Reden und Fernsehauftritte«, S. 99–134
2 Gert Ueding, »Nüchterne Leidenschaft – der Redner Helmut Schmidt«. Nachzulesen in: http://www.hsjp.de/download/artikel-essays.html
3 Für den Text der Rede vom 5.11.1959 siehe Helmut Schmidt, *Beiträge*, S. 230
4 *** (Pseudonym für Helmut Schmidt), »Brief an Hamburger Freunde«, in: *Die Welt*, 28.7.1962
5 Helmut Schmidt, »Das Geheimnis vom Brahmsee«, in: *Nicht nur Gutenacht-Geschichten* (Dresden: Grohmann, 1993), S. 11 ff.
6 Henning Albrecht, *Pragmatisches Handeln zu sittlichen Zwecken. Helmut Schmidt und die Philosophie* (Bremen: Temmen, 2008), S. 117
7 Helmut Schmidt, *Weggefährten*, S. 215–249. Zu Schmidts Lesegewohnheiten siehe auch Zipfel, S. 136f.
8 Ebd., S. 218
9 Ebd., S. 217–222
10 »Sagen Sie mal, Herr Schmidt …«, in: ZEIT-Online, 30.11.2000

11 »Homosexuelle Kanzler? Kein Problem«, Interview mit Helmut Schmidt, in: *Frankfurter Allgemeine Zeitung*, 9.5.2010

12 Jonathan Carr, *Helmut Schmidt. Helmsman of Germany* (London: Weidenfeld & Nicolson, 1985), S. 9

13 Helmut Schmidt, *Weggefährten*, S. 219–222

14 Gutachten von Dr. Christa Hagenmeyer vom 22.3.2010

15 Theo Sommer, Hausmitteilung an Helmut Schmidt, 14.8.1990

16 Helmut Schmidt, »Das große Glück der Freiheit«, in: DIE ZEIT, 17.8.1990

17 Johannes Marbach und Frank Josef Nober (Hrsg.), *Helmut-Schmidt-Bibliographie 19.7.2008* (Wiesbaden: Harrassowitz Verlag, 2009)

Der Deutschlandpolitiker

1 Hartmut Soell, *Helmut Schmidt. Vernunft und Leidenschaft*, S. 516 ff.

2 Helmut Schmidt, »Auf dem Weg zum Miteinander«, in: *Deutschland Archiv*, Bd. 6 (1973)

3 Helmut Schmidt, »Auf Russland warten?«, in: *Abendzeitung*, 28.12.1966

4 Helmut Schmidt, *Strategie des Gleichgewichts* (Stuttgart: Seewald, 1969)

5 Hartmut Soell, *Helmut Schmidt. Vernunft und Leidenschaft*, S. 481

6 Helmut Schmidt im Bundestag, 9.4.1981, Bundestagsprotokolle S. 1545

7 Helmut Schmidt im Bundestag, 18.12.1981, Bundestagsprotokolle S. 4290

8 Helmut Schmidt im Bundestag, 9.4.1981, Bundestagsprotokolle S. 1546

9 Helmut Schmidt, Rede beim Londoner International Institute for Strategic Studies, 28. Oktober 1977

10 Helmut Schmidt im Bundestag, 9.4.1981, Bundestagsprotokolle S. 1547

11 Helmut Schmidt im Bundestag, 18.12.1981, Bundestagsprotokolle S. 4290

12 Helmut Schmidt im Bundestag, 18.12.1981, Bundestagsprotokolle S. 4291

13 Helmut Schmidt, »Vernünftige Nachbarschaft«, in: *Bergedorfer Zeitung*, 17.7.1982

14 Helmut Schmidt, Abschiedsrede im Deutschen Bundestag, 11.9.1986

15 Siehe *Europa-Archiv*, 12/1989

16 Carl Friedrich von Weizsäcker, in: Hildegard Hamm-Brücher, *Die aufgeklärte Republik* (München: Bertelsmann 1989), S. 297

17 Erhard Eppler, Bundestagsprotokoll 17.6.1989

18 Persönliche Mitteilung Geremeks

19 Helmut Schmidt, »Gespräche um des Friedens willen«, in: DIE ZEIT, 16.9.1983

20 Helmut Schmidt, »Mit den Russen leben«, in: DIE ZEIT, 17.6.1983

21 Theo Sommer, »Lieber zweimal Deutschland als einmal?«, in: DIE ZEIT, 21.9.1984

22 Theo Sommer, »Wie offen ist die deutsche Frage?«, in: DIE ZEIT, 17.8.1984
23 Helmut Schmidt, Brief an Theo Sommer, 29. November 1984
24 Für die ZEIT-interne Deutschland-Diskussion siehe Karl-Heinz Janßen, Haug von Kuenheim, Theo Sommer, *DIE ZEIT. Geschichte einer Wochenzeitung, 1946 bis heute* (München: Siedler, 2006), S. 307-313, 316-334
25 Theo Sommer (Hrsg.), *Reise ins andere Deutschland* (Reinbek: Rowohlt, 1986), S. 9-13. In dem Band ist die Serie zusammengefasst, die im Sommer 1986 neun Wochen lang in der ZEIT lief.
26 Helmut Schmidt, *Menschen und Mächte*, S. 504
27 Helmut Schmidt, »Einer unserer Brüder. Zum Besuch Erich Honeckers«, in: DIE ZEIT, 24.7.1987
28 Ebd.
29 Helmut Schmidt, »Mein Treffen mit Honecker«, in: DIE ZEIT, 24.11.1987
30 Helmut Schmidt, »Einer unserer Brüder. Zum Besuch Erich Honeckers«, in: DIE ZEIT, 24.7.1987
31 Helmut Schmidt, »Mein Treffen mit Honecker«, in: DIE ZEIT, 24.11.1987
32 Helmut Schmidt, »Ein Gesamtkonzept für den Westen«, in: DIE ZEIT, 3.3.1989
33 Ebd.
34 Hartmut Soell, *Helmut Schmidt. Vernunft und Leidenschaft*, S. 783
35 Vgl. Helmut Schmidt, »Die Breschnew-Doktrin«, in: *Strategie des Gleichgewichts*, S. 100ff.
36 Helmut Schmidt, »Gorbatschow beim Wort nehmen. Der Westen muss die Chance für einen dauerhaften Frieden nutzen«, in: DIE ZEIT, 9.6.1986
37 Helmut Schmidt, »Folgt Gorbatschow der Reform Deng Xiaopings?«, in: *Bergedorfer Zeitung*, 1.6.1985
38 Hans-Dietrich Genscher beim Weltwirtschaftsforum Davos, 1987
39 Helmut Schmidt, »Ein Gesamtkonzept für den Westen«, in: DIE ZEIT, 3.3.1989
40 Helmut Schmidt, »Gorbatschow beim Wort nehmen«, in: DIE ZEIT, 9.6.1989
41 Helmut Schmidt, »Ein Gesamtkonzept für den Westen«, in: DIE ZEIT, 3.3.1989
42 Helmut Schmidt, »Was ist des Deutschen Vaterland?«, in: DIE ZEIT, 14.7.1989
43 Helmut Schmidt, »Was ist der Deutschen Vaterland?«, in: DIE ZEIT, 14.7.1989
44 Michael R. Beschloss and Strobe Talbot, *At the Highest Levels. The Inside Story of the End of the Cold War* (Boston/Toronto/London: Little, Brown+Company, 1993), S. 53
45 Helmut Schmidt, »Brüderlichkeit – auch im eigenen Interesse«, in: DIE ZEIT, 15.9.1989

46 Vgl. Hartmut Soell, *Helmut Schmidt. Macht und Verantwortung* (München: DVA, 2008)
47 Interview mit Helmut Schmidt, in: *Sächsische Zeitung*, 11./12. 10. 1991
48 Helmut Schmidt, »Ein Aufstand gegen Zwang und Lüge«, in: DIE ZEIT, 10. 11. 1989
49 Helmut Schmidt und Marion Gräfin Dönhoff, »Auf den Westen kommt es an. Chaos oder Aufbau einer neuen Welt, das ist jetzt die Frage«, in: DIE ZEIT, 17. 11. 1989
50 Persönliche Erinnerung. Vgl. Helmut Schmidt, *Auf dem Weg zur deutschen Einheit* (Reinbek: Rowohlt, 2005), S. 104
51 Ebd., S. 105
52 Helmut Schmidt, »Was jetzt in Deutschland geschehen muss«, in: DIE ZEIT, 15. 12. 1989
53 Ebd.
54 Ebd.
55 Klaus Dietmar Henke (Hrsg.), *Revolution und Vereinigung 1989/90* (München: dtv, 2009)
56 Persönliche Mitteilung Horst Teltschiks; vgl. Teltschiks Buch *329 Tage. Innenansichten der Einigung* (München: Siedler, 1996)
57 Patrick Salmon, Keith Hamilton & Stephen Twiggs, *German Unification 1989 –1990. Foreign & Commonwealth Office, Documents on British Policy Overseas*, Series III, Volume VII (London: Routledge, 2009, b. XV), S. 223
58 Vgl. Helmut Schmidt, *Auf dem Weg zur deutschen Einheit*, S. 33–46
59 Helmut Schmidt, »Schritt um Schritt zur Einheit«, in: DIE ZEIT, 23. 3. 1990
60 Helmut Schmidt, *Handeln für Deutschland*, S. 15–35
61 *British Documents*, S. 190
62 Vgl. auch Alain Minc, *Die deutsche Herausforderung* (Hamburg: Hoffmann und Campe, 1989)
63 Stephen F. Szabo, *The Diplomacy of German Reunification* (New York: St. Martin's Press, 1992), S. 50
64 Ebd., S. 49, 102
65 *British Documents*, S. 15
66 Ebd.
67 Fritz Stern, *Fünf Deutschland und ein Leben* (München: C. H. Beck, 2007), S. 592 ff.
68 Szabo, *The Diplomacy of German Reunification*, S. 45
69 Beschloss/Talbot, S. 137
70 Vgl. Klaus-Dieter Henke (Hrsg.), *Revolution und Vereinigung, 1989/90* (München: dtv, 2009), S. 477 f.

71 *Documents on British Policy*, S. 31
72 Secretary James Baker bei einer Pressekonferenz im Weißen Haus, 29.11.1989, in: *Britisch Documents,* S.173. Vgl. Botschaftberichte aus Washington, S. 164 bis 166 und 173–176. Viele ergänzende Einzelheiten finden sich in Philipp Zelikow/Condoleezza Rice, *Germany Unified and Europe Transformed* (Cambridge: Harvard University Press, 1995)
73 *Documents on British Policy,* Botschaftsberichte
74 Malte Lehming, »So war das mit ihm«, in: *Der Tagesspiegel,* 20.12.2008
75 Helmut Schmidt, »Schritt um Schritt zur Einheit«, in: DIE ZEIT, 23.3.1990
76 Ebd.
77 Ebd.
78 Helmut Schmidt, »Uns Deutsche kann der Teufel holen«, in: DIE ZEIT, 17.5.1991
79 Helmut Schmidt, »Zur Lage der Nation«, in: DIE ZEIT, 3.10.1991
80 Helmut Schmidt, »Nicht die Chance verpatzen«, in: DIE ZEIT, 9.3.1990
81 Helmut Schmidt, *Handeln für Deutschland* (Berlin: Rowohlt Berlin, 1993), S. 21
82 Helmut Schmidt, *Außer Dienst,* S. 168
83 Helmut Schmidt, »Die sieben Kardinalfehler der Wiedervereinigung«, in: *Handeln für Deutschland,* S. 22
84 Helmut Schmidt, »Zur Lage der Nation«, in: DIE ZEIT, 3.10.1991
85 Helmut Schmidt, »Die sieben Kardinalfehler der Wiedervereinigung«, in: *Handeln für Deutschland,* S. 20
86 Ebd., S. 25
87 Helmut Schmidt, »Ein Paukenschlag für den Osten«, in: DIE ZEIT, 4.10.2001
88 Helmut Schmidt, *Handeln für Deutschland,* S. 22
89 Vgl. Helmut Schmidt, *Auf dem Weg zur deutschen Einheit,* S. 27
90 Ebd., S. 25
91 Helmut Schmidt, »Ein Aufstand gegen Zwang und Lüge«, in: DIE ZEIT, 10.11.1989
92 Helmut Schmidt, »Schritt um Schritt zur Einheit«, in: DIE ZEIT, 23.3.1990
93 Helmut Schmidt, »Das große Glück der Freiheit«, in: DIE ZEIT, 17.8.1990
94 Ebd.
95 Helmut Schmidt, *Auf dem Weg zur deutschen Einheit,* S. 216
96 Aus diesem Grunde hielt er sich auch bei manchen anderen Themen zurück, etwa in Sachen Afghanistan oder in der Frage, ob die Bundeswehr sich wirklich darauf verlassen könne, von diesem Staat nicht missbraucht zu werden.
97 Helmut Schmidt, »Uns Deutsche kann der Teufel holen«, in: DIE ZEIT, 17.5.1991

98 Helmut Schmidt, »Das große Glück der Freiheit«, in: DIE ZEIT, 17.8.1990

99 Helmut Schmidt und Marion Gräfin Dönhoff, »Der Osten braucht unsere Solidarität«, in: DIE ZEIT, 25.5.1990; Helmut Schmidt, »Uns Deutsche kann der Teufel holen«, in: DIE ZEIT, 17.5.1991

100 Interview mit Helmut Schmidt, in: *Sächsische Zeitung*, 11./12.10.1991

101 Helmut Schmidt, »Mögliche Stufen eines wirtschaftlichen und politischen Wiedervereinigungsprozesses«, in: *Mit Augenmaß und Weitblick* (Berlin: Verlag der Nationen, 1990), S. 7–21

102 Helmut Schmidt, *Auf dem Weg zur deutschen Einheit*, S. 149

103 Helmut Schmidt und Marion Gräfin Dönhoff, »Der Osten braucht unsere Solidarität«, in: DIE ZEIT, 25.5.1990

104 Ebd.

105 Helmut Schmidt, »Was jetzt in Deutschland geschehen muss«, in: DIE ZEIT, 15.12.1989

106 Helmut Schmidt, »Deutschlands große Chance«, in: DIE ZEIT, 5.10.1990

107 Helmut Schmidt, »Der Kanzler muss nun Klartext reden. Wie soll die Rechnung für die Einheit bezahlt werden?«, in: DIE ZEIT, 16.11.1990

108 Helmut Schmidt, »Uns Deutsche kann der Teufel holen«, in: DIE ZEIT, 17.5.1991

109 Helmut Schmidt, »Lichtet den Dschungel der Paragraphen!«, in: Die ZEIT, 4.10.2001

110 Interview mit Helmut Schmidt, in: *Sächsische Zeitung*, 11./12.10.1991

111 Helmut Schmidt, »Die sieben Kardinalfehler der Wiedervereinigung«, in: *Handeln für Deutschland*, S. 15–35)

112 Helmut Schmidt, »Wir sind noch kein normales Volk«, in: DIE ZEIT, 2.4.1993

113 Helmut Schmidt, Rede auf der Veranstaltung der SPD-Bundestagsfraktion, 5.10.1992, Berlin, »Zum Thema: Zwei Jahre deutsche Einheit – eine Zwischenbilanz«, in: Fraktion aktuell: Die SPD im Deutschen Bundestag, S. 44–69

114 Helmut Schmidt, »Der Kanzler muss nun Klartext reden«, in: DIE ZEIT, 16.11.1990

115 Helmut Schmidt, »Der Osten bricht weg«, in: DIE ZEIT, 12.3.1998

116 Helmut Schmidt, »Wir sind noch kein normales Volk«, in: DIE ZEIT, 2.4.1993

117 Helmut Schmidt, *Auf dem Weg zur deutschen Einheit*, S. 209

118 Helmut Schmidt, »Zur Lage der Nation«, in: DIE ZEIT, 3.10.1990

119 Helmut Schmidt, Zehn Jahre Deutsche Nationalstiftung – Ein Rückblick: Zur Gründungsgeschichte auch Helmut Schmidt im Gespräch mit Ulrich Wickert, *Mut zur Führung*, S. 50f.

120 Helmut Schmidt, »Wir sind noch kein normales Volk«, in: DIE ZEIT, 2.4.1993

121 Interview mit Helmut Schmidt, in: *Sächsische Zeitung*, 11. 10. 2003
122 Interview mit Helmut Schmidt, in: *Sächsische Zeitung*, 11./12. 10. 1991
123 Helmut Schmidt, »Wir sind noch kein normales Volk«, in: DIE ZEIT, 2. 4. 1993
124 Helmut Schmidt an Kai-Uwe von Hassel, 5. 3. 1991
125 Helmut Schmidt, *Die Selbstbehauptung Europas* (Stuttgart: Deutsche Verlags-Anstalt, 2000), S. 157
126 Ebd.
127 Helmut Schmidt, »Lichtet den Dschungel der Paragraphen!«, in: Die ZEIT, 4. 10. 2001
128 Helmut Schmidt, »Uns Deutsche kann der Teufel holen«, in: DIE ZEIT, 17. 5. 1991
129 Prof. Dr. Klaus Schroeder, FU-Berlin, Studie »Ostdeutschland 20 Jahre nach dem Mauerfall – eine Wohlstandsbilanz«
130 Interview im *Hamburger Abendblatt*, 26. 8. 2003
131 Moritz Müller-Wirth, Theo Sommer und Martin Spiewak im Gespräch mit Helmut Schmidt, in: DIE ZEIT, 20. 4. 2004; siehe auch Theo Sommer (Hrsg.), *Leben in Deutschland* (Köln: Kiepenheuer & Witsch, 2004), S. 378. Schmidts Gedanken und Erinnerungen an den Vollzug der Wiedervereinigung sind niedergelegt in seinem *Die Deutschen und ihre Nachbarn*, S. 23–90

Der Europapolitiker

1 Helmut Schmidt, *Die Selbstbehauptung Europas*, S. 250
2 Helmut Schmidt, »Vor Alleingängen wird gewarnt«, in: DIE ZEIT, 13. 1. 1995
3 Helmut Schmidt, *Außer Dienst*, S. 188
4 Helmut Schmidt, Vorwort zu Jean Monnet, *Erinnerungen eines Europäers* (München: Hanser, 1978), S. 12–14
5 Ebd., S. 15
6 Helmut Schmidt, »Eine Chance für Europa«, Beitrag im Rundbrief der SDS-Gruppe Hamburg, Juni 1948
7 Hartmut Soell, *Helmut Schmidt. Vernunft und Leidenschaft*, S. 203–207
8 Helmut Schmidt, *Weggefährten*, S. 163
9 Helmut Schmidt, *Menschen und Mächte*, S. 11
10 Hartmut Soell, *Helmut Schmidt. Vernunft und Leidenschaft*, S. 193 f.
11 Helmut Schmidt, *Die Selbstbehauptung Europas*, S. 155
12 Ebd., S. 208 f.
13 Ebd., S. 213
14 Helmut Schmidt, Interview mit Prof. Dr. Gabriele Clemens, Hamburg, 31. 8. 1998

15 Helmut Schmidt, »Jean Monnet und das neue Gesicht Europas nach dem Zweiten Weltkrieg«, Rede in Paris, 28.5.1997
16 Helmut Schmidt, Interview mit Prof. Dr. Gabriele Clemens, Hamburg, 31.8.1998
17 Helmut Schmidt, *Die Selbstbehauptung Europas*, S. 150
18 Helmut Schmidt, »Wege aus Europas Krise«, in: DIE ZEIT, 14.10.1999
19 Persönliche Mitteilung Helmut Schmidts im Gespräch
20 Helmut Schmidt, *Außer Dienst*, S. 63f.
21 Helmut Schmidt, *Weggefährten*, S. 254
22 Helmut Schmidt, »Einer für alle«, in: DIE ZEIT, 15.11.2001
23 Helmut Schmidt, *Außer Dienst*, S. 64
24 Helmut Schmidt, *Weggefährten*, S. 252–255
25 Helmut Schmidt, Vorwort zu Jean Monnet, *Erinnerungen eines Europäers*, S. 15
26 Helmut Schmidt, *Weggefährten*, S. 259
27 Hierzu Helmut Schmidt, *Weggefährten*, S. 255–269; *Deutschland und seine Nachbarn*, S. 144–146, 220–234; auch »Kampf gegen die Nationalisten«, in: DIE ZEIT, 31.8.1990
28 Ebd.; mehr dazu in *Deutschland und seine Nachbarn* und in *Weggefährten*, S. 268f.
29 Helmut Schmidt, *Die Deutschen und ihre Nachbarn*, S. 220
30 Helmut Schmidt, »Am St. Nimmerleinstag?«, in: DIE ZEIT, 7.9.1990
31 Zur Entstehung des EWS auch Hartmut Soell, *Helmut Schmidt, Macht und Verantwortung*, S. 691–708
32 Helmut Schmidt, *Weggefährten*, S. 268 f.; *Die Deutschen und ihre Nachbarn*, S. 230
33 Helmut Schmidt, »Europa braucht Fortschritte«, in: DIE ZEIT, 9.11.1984
34 Helmut Schmidt, »Eine Währung für Europa«, in: DIE ZEIT, 23.6.1989
35 Vgl. Helmut Schmidt, *Außer Dienst*, S. 196f.
36 Helmut Schmidt, »Ein Rückschlag für uns – und Europa«, in: DIE ZEIT, 6.8.1993
37 Helmut Schmidt, »Eine großartige Chance für Europa«, in: DIE ZEIT, 31.1.1992
38 Helmut Schmidt, »Ein hartes Stück Europa«, in: DIE ZEIT, 21.12.2001
39 Helmut Schmidt, »Kampf gegen die Nationalisten«, in: DIE ZEIT, 31.8.1990
40 Helmut Schmidt, »Ein Rückschlag für uns – und Europa«, in: DIE ZEIT, 6.8.1993
41 Ebd.
42 Helmut Schmidt, »Am St. Nimmerleinstag?«, in: DIE ZEIT, 7.9.1990
43 Helmut Schmidt, *Weggefährten*, S. 269

44 Helmut Schmidt, »Einer für alle«, in: DIE ZEIT, 15.11.2001
45 Helmut Schmidt, »Europa braucht Fortschritte«, in: DIE ZEIT, 9.11.1984
46 Helmut Schmidt, »Europa muss jetzt handeln«, in: DIE ZEIT, 4.1.1985
47 Helmut Schmidt, »Europa braucht mehr Mut«, in: DIE ZEIT, 26.12.1986
48 Helmut Schmidt, »Eine Währung für Europa«, in: DIE ZEIT, 23.6.1989
   Helmut Schmidt, »Europa braucht Führung«, in: DIE ZEIT, 4.12.1987
49 Helmut Schmidt, »Europa muss die Weichen stellen«, in: DIE ZEIT, 6.12.1991
50 Helmut Schmidt, »Lasst den Worten endlich Taten folgen«, in: DIE ZEIT, 6.7.2001
51 Helmut Schmidt, »Kampf gegen die Nationalisten«, in: DIE ZEIT, 31.8.1990
52 Helmut Schmidt, »Blockiert von Kleinmütigen«, in: DIE ZEIT, 22.4.1988
53 Helmut Schmidt, »Der zweite Anlauf, die letzte Chance«, in: DIE ZEIT, 5.4.1996
54 Ebd.
55 Ebd.
56 Helmut Schmidt, »Aufgeschoben ist aufgehoben«, in: DIE ZEIT, 13.6.1997
57 Helmut Schmidt: »Blockiert von Kleinmütigen«, in: DIE ZEIT, 22.4.1988
58 Helmut Schmidt, »Der zweite Anlauf, die letzte Chance«, in: DIE ZEIT, 5.4.1996
59 Helmut Schmidt, »Aufgeschoben ist aufgehoben«, in: DIE ZEIT, 13.6.1997
60 Ebd.; auch schon »Deutschland wird zum Störenfried«, in: DIE ZEIT, 11.12.1992
61 Helmut Schmidt, »Ein Rückschlag für uns – und Europa«, in: DIE ZEIT, 6.8.1993
62 Helmut Schmidt, »Aufgeschoben ist aufgehoben«, in: DIE ZEIT, 13.6.1997
63 Siehe DIE ZEIT, 26.11.1993
64 Helmut Schmidt, »Strategie der Selbstbehauptung«, in: DIE ZEIT, 21.12.1999
65 Helmut Schmidt, »Die nahe Zukunft: der Ferne Osten«, in: DIE ZEIT, 26.11.1993
66 Helmut Schmidt, *Die Selbstbehauptung Europas*, S. 79
67 Ebd., S. 80
68 Helmut Schmidt, »Aufgeschoben ist aufgehoben«, in: DIE ZEIT, 13.6.1997
69 Helmut Schmidt, »Ein hartes Stück Europa«, in: DIE ZEIT, 21.12.2001
70 Helmut Schmidt, »Vor Alleingängen wird gewarnt«, in: DIE ZEIT, 13.1.1995
71 Helmut Schmidt, »Der Euro ist stabil«, in: DIE ZEIT, 7.9.2000
72 Helmut Schmidt, »Einer für alle«, in: DIE ZEIT, 15.11.2001
73 Helmut Schmidt, »Der Euro ist stabil«, in: DIE ZEIT, 7.9.2000

74 Helmut Schmidt, »Wenn Stabilität zum Fetisch wird«, in: DIE ZEIT, 17.3.2005
75 Helmut Schmidt, »Der Euro ist stabil«, in: DIE ZEIT, 7.9.2000
76 Helmut Schmidt, »Wenn Stabilität zum Fetisch wird«, in: DIE ZEIT, 17.3.2005
77 Helmut Schmidt und Valéry Giscard d'Estaing, »Gebt Europa eine Chance!«, in: DIE ZEIT, 27.5.2010
78 Helmut Schmidt, *Die Selbstbehauptung Europas*, S. 82
79 Helmut Schmidt, »Deutschlands Rolle im neuen Europa«, in: *Europa-Archiv*, Folge 21/1991
80 Helmut Schmidt, »Erweitern? Erst braucht Europa einen harten Kern«, in: DIE ZEIT, 16.9.2004
81 Hierzu und zum Folgenden Helmut Schmidt, »Wege aus Europas Krise«, in: DIE ZEIT, 14.10.1999
82 Ebd.
83 Helmut Schmidt, »Europas Einheit ist die Voraussetzung zur Selbstbehauptung und zur Lösung der Zukunftsprobleme«, in: *Vollbeschäftigung – kein Wunschtraum*, Seminarbericht vom 30. Monetären Workshop der Friedrich-Ebert-Stiftung, 5.–7.5.2000 in Freudenberg (herausgegeben von Johannes Esswein)
84 Helmut Schmidt, »Wege aus Europas Krise«, in: DIE ZEIT, 14.10.1999
85 Ebd.
86 Ebd.
87 Helmut Schmidt, »Lasst den Worten endlich Taten folgen«, in: DIE ZEIT, 6.7.2001
88 Helmut Schmidt, Rede »Die Selbstbehauptung Europas im neuen Jahrhundert«, in: Europa Visionen, Pernice, Ingolf (Hrsg.), Schriftenreihe: Humboldtreden zu Europa Bd. 1, 2001
89 Helmut Schmidt, »Erweitern? Erst braucht Europa einen harten Kern«, in: DIE ZEIT, 16.9.2004
90 Helmut Schmidt, »Der Teppich braucht keine neuen Flicken: Europa muss sich nicht erweitern, sondern integrieren«, in: DIE ZEIT, 27.1.1989
91 Ebd.
92 Helmut Schmidt, »Europa muss die Weichen stellen«, in: DIE ZEIT, 6.12.1991
93 Helmut Schmidt, *Die Selbstbehauptung Europas*, S. 162–165
94 Helmut Schmidt, »Wer nicht zu Europa gehört«, in: DIE ZEIT, 5.10.2000
95 Helmut Schmidt, *Die Selbstbehauptung Europas*, S. 166
96 Ebd., S. 167
97 Helmut Schmidt, »Wer nicht zu Europa gehört«, in: DIE ZEIT, 5.10.2000
98 »Wohin geht Europa?«, Helmut Schmidt im Gespräch mit Lothar Späth, in: *Neue Gesellschaft*, Frankfurter Hefte, Bd. 49/2002, 1, S. 23–28

99 Ebd.
100 Helmut Schmidt, *Außer Dienst*, S. 116–118
101 Helmut Schmidt, »Der Teppich braucht keine neuen Flicken«, in: DIE ZEIT, 27.1.1989
102 Helmut Schmidt, *Die Selbstbehauptung Europas*, S. 250
103 Helmut Schmidt, »Wer nicht zu Europa gehört«, in: DIE ZEIT, 5.10.2000
104 Helmut Schmidt, *Die Selbstbehauptung Europas*, S. 221
105 Helmut Schmidt, »Bitte keinen Größenwahn«, in: DIE ZEIT, 25.11.2004
106 Theo Sommer (Hrsg.), *Der Islam – Feind des Westens?* (Hamburg: ZEITpunkte, 1/1993), S. 29
107 Helmut Schmidt, »Einbinden, nicht aufnehmen«, in: DIE ZEIT, 12.12.2002
108 Helmut Schmidt, »Wer nicht zu Europa gehört«, in: DIE ZEIT, 5.10.2000
109 Kai Strittmatter, »Babypause am Bosporus«, in: *Süddeutsche Zeitung*, 12.1.2010
110 Ruprecht Polenz, *Die Türkei gehört in die EU. Besser für beide* (Hamburg: edition Körber-Stiftung, 2010)
111 Hans-Ulrich Wehler, »Das Türkenproblem«, in: DIE ZEIT, 12.9.2002
112 Heinrich August Winkler, »Wir erweitern uns zu Tode«, in: DIE ZEIT, 7.11.2002
113 Heinrich August Winkler, »Aus der Geschichte lernen?«, in: *Helmut Schmidt. Ein Symposium zum 85. Geburtstag des Altbundeskanzlers*, ZEITpunkte, 1/2004, S. 37, 67
114 Theo Sommer, Vortrag bei der Atlantik-Brücke, Berlin, 7.5.2004
115 Theo Sommer, »Endet Europa am Bosporus?«, in: DIE ZEIT, 3.4.1992
116 Theo Sommer, »Europa ist kein Christen-Klub«, in: DIE ZEIT, 14.3.1997
117 Theo Sommer, »Die türkische Herausforderung«, in: DIE ZEIT, 16.4.1998
118 Theo Sommer, »Braucht Europa Grenzen?«, in: DIE ZEIT, 9.12.1999
119 Michael Thumann, »Rückzug der Generäle«, in: DIE ZEIT, 7.8.2003
120 Michael Thumann, »Die Türkei passt rein«, in: DIE ZEIT, 19.2.2004
121 Ebd.
122 Ruprecht Polenz, *Die Türkei gehört in die EU*, S. 10
123 Vgl. Michael Thumann, »Sind die Türken Europäer?«, in: DIE ZEIT, 12.12.2002
124 Ruprecht Polenz, *Die Türkei gehört in die EU*, S. 17
125 Helmut Schmidt, »Sind die Türken Europäer?«, in: DIE ZEIT, 12.12.2002
126 Ruprecht Polenz, *Die Türkei gehört in die EU*, S. 83 ff.
127 Helmut Schmidt, »Bitte keinen Größenwahn«, in: DIE ZEIT, 25.1.2004
128 Ruprecht Polenz, *Die Türkei gehört in die EU*, S. 91
129 Vgl. Theo Sommer, Beitrag zur Atlantik-Brücke, 29.4.2004

130 Ruprecht Polenz, *Die Türkei gehört in die EU*, S. 91 ff.
131 Helmut Schmidt, *Die Selbstbehauptung Europas*, S. 223
132 Michael Thumann, »Die Türkei passt rein«, in: DIE ZEIT, 19.2.2004
133 Helmut Schmidt, »Der Teppich braucht keine neuen Flicken«, in: DIE ZEIT, 27.1.1989
134 Ruprecht Polenz, *Die Türkei gehört in die EU*, S. 79
135 Nikolas Busse, »Ein weiteres Kapitel«, in: *Frankfurter Allgemeine Zeitung*, 1.7.2010
136 Siehe Gespräch mit Helmut Schmidt, S. 363
137 Giovanni die Lorenzo, »Auf eine Zigarette mit Helmut Schmidt«, in: ZEITmagazin, 29.2.2008
138 Nina Grunenberg, »Die Politiker müssen Farbe bekennen – Die Türken in Deutschland: Improvisation statt Integration«, in: DIE ZEIT, 5.2.1982
139 Ebd.
140 Sandra Maischberger, *Hand aufs Herz. Helmut Schmidt im Gespräch* (München: Econ, 2002), S. 101 f.
141 Helmut Schmidt, *Die Selbstbehauptung Europas*, S. 31
142 Ruprecht Polenz, *Die Türkei gehört in die EU*, S. 28
143 Ebd., S. 31
144 Für seine Einstellung zur Türkei siehe Helmut Schmidt, »Sind die Türken Europäer?«, in: DIE ZEIT, 12.12.2002
145 Theo Sommer, Beitrag zur Atlantik-Brücke, 29.4.2004
146 Helmut Schmidt, *Die Selbstbehauptung Europas*, S. 221
147 Kai Strittmatter, »Babypause am Bosporus«, in: *Süddeutsche Zeitung*, 12.1.2010; Ruprecht Polenz, *Die Türkei gehört in die EU*, S. 29
148 Helmut Schmidt, »Einer für alle«, in: DIE ZEIT, 15.11.2001
149 Helmut Schmidt, *Die Selbstbehauptung Europas*, S. 15
150 Helmut Schmidt, »Wir brauchen Mut«, in: DIE ZEIT, 9.6.2005
151 Helmut Schmidt, *Die Selbstbehauptung Europas*, S. 249, auch Helmut Schmidt und Fritz Stern, *Unser Jahrhundert*, S. 275 und Helmut Schmidt, *Außer Dienst*, S. 195
152 Michael Naumann und Helmut Schmidt im Interview, »Politik zum Schieflachen«, in: *Cicero*, Juli 2015, S. 50–54
153 Helmut Schmidt, »Europas Einheit ist die Voraussetzung zur Selbstbehauptung und zur Lösung der Zukunftsprobleme«, Friedrich-Ebert-Stiftung 2000
154 Helmut Schmidt, »Wir brauchen Mut«, in: DIE ZEIT, 9.6.2005
155 Helmut Schmidt, »Europa braucht Führung«, in: DIE ZEIT, 4.12.1987
156 Zu dieser Rede Thomas Birkner, *Comrades for Europe. Die Europarede Helmut Schmidts 1974* (Bremen: Edition Temmen, 2005). Studien der Helmut und Loki Schmidt-Stiftung, Band 1. Die deutsche Fassung der Rede findet sich im Helmut Schmidt Archiv Hamburg

Der Verteidigungs- und Sicherheitspolitiker

1 Dazu Hartmut Soell, *Helmut Schmidt. Vernunft und Leidenschaft*, S. 100ff., 120f., 157–159
2 Persönliche Erinnerung, Februar 2010
3 Helmut Schmidt, Rede im Hamburger Rathaus, 19.1.2004; vgl. Theo Sommer, *Hamburg* (Hamburg: Hoffmann und Campe, 2007), S. 47
4 Fragebogen der *Frankfurter Allgemeinen Zeitung*, 2.5.1980
5 Helmut Schmidt, »Das Freiheitssymbol«, in: ZEITmagazin, 29.1.1998
6 Helmut Schmidt und Stephan Lebert, »Lotse durch alle Zeiten«, in: *Tagesspiegel*, 23.5.2003
7 Vgl. Theo Sommer, »Wie sollen wir uns verteidigen?«, in: DIE ZEIT, 24.3.1961
8 Helmut Schmidt, *Außer Dienst*, S. 322
9 Helmut Schmidt, *Verteidigung oder Vergeltung* (Stuttgart: Seewald, 1961), S. 9
10 Hartmut Soell, *Helmut Schmidt. Vernunft und Leidenschaft*, S. 250f.
11 Ebd., S. 250
12 Ebd.
13 Helmut Schmidt, *Strategie des Gleichgewichts*, S. 259
14 Hans Ehlert, Christian Greiner, Georg Meyer, Bruno Thoß, *Anfänge westdeutscher Sicherheitspolitik*, Band 3. *Die NATO-Option* (München: Oldenbourg, 1993), S. 455, 461
15 Franz Josef Strauß, *Die Erinnerungen* (Berlin: Siedler 1989), S. 182
16 Helmut Schmidt, *Weggefährten*, S. 267f.
17 Vgl. u.a. Franz Josef Strauß, *Die Erinnerungen*, S. 319–334
18 Ebd., S. 327
19 Hartmut Soell, *Helmut Schmidt. Vernunft und Leidenschaft*, S. 296f.
20 Für den Text der Rede siehe Helmut Schmidt, *Beiträge*, S. 199–227
21 Helmut Schmidt, *Verteidigung oder Vergeltung*, S. 12
22 Vgl. Hartmut Soell, *Helmut Schmidt. Vernunft und Leidenschaft*, S. 302
23 Vgl. Helmut Schmidt, *Weggefährten*, S. 284
24 Später: International Institute for Strategic Studies
25 Herman Kahn, *Eskalation* (Berlin: Propyläen, 1966)
26 Seine Begegnungen mit den amerikanischen Strategie-Intellektuellen beschreibt Schmidt in *Weggefährten*, S. 284
27 Helmut Schmidt, *Außer Dienst*, S. 112
28 Helmut Schmidt, »Blitzkrieg«, in: SPD-Pressedienst, 14.4.1960
29 Helmut Schmidt, *Verteidigung oder Vergeltung*, S. 208
30 Hartmut Soell, *Helmut Schmidt. Vernunft und Leidenschaft*, S. 335
31 Ebd., S. 178

32 Helmut Schmidt, *Verteidigung oder Vergeltung*, S. 9
33 Ebd., S. 19
34 Helmut Schmidt, »Ein Schuss ins Schwarze«, in: DIE ZEIT, 9.3.1984
35 Helmut Schmidt, *Verteidigung oder Vergeltung*, S. 118–124
36 Zum Vorhergehenden und Folgenden vgl. ebd., S. 111–134
37 Ebd., S. 239
38 Ebd., S. 130
39 Ebd., S. 39–52
40 Ebd., S. 121
41 Ebd., S. 124
42 Ebd., S. 132
43 Ebd., S. 132
44 Ebd., S. 121
45 Ebd., S. 122
46 Hartmut Soell, *Helmut Schmidt. Vernunft und Leidenschaft*, S. 472
47 Helmut Schmidt, »Deutsche Politik im Patt«, in: DIE ZEIT, 16.9.1966
48 Helmut Schmidt, »Ein brauchbares Konzept«, in: *Die Welt*, 17.08.1963
49 Helmut Schmidt, *Strategie des Gleichgewichts*, S. 19
50 Ebd., S. 245 ff.
51 Ebd., S. 249
52 Ebd., S. 251–277
53 Helmut Schmidt, »Null-Lösung: im deutschen Interesse«, in: DIE ZEIT, 8.5.1987
54 Ebd.
55 Hartmut Soell, *Vernunft und Leidenschaft*, S. 47
56 Theo Sommer, »Probleme, die wir haben wollten«, in: DIE ZEIT, 26.7.1996
57 Helmut Schmidt im Gespräch mit Ulrich Wickert, *Mut zur Führung*, S. 20f.
58 Helmut Schmidt, »Neue Dimensionen der Sicherheit«. Ein Vortrag vor dem International Institute for Strategic Studies, London, 28.10.1977; in: *Information für die Truppe*, 1978, S. 4
59 Helmut Schmidt, *Weggefährten*, S. 266–268: Zur Vorgeschichte des Doppelbeschlusses auch Schmidt »Null-Lösung: im deutschen Interesse«, in: DIE ZEIT, 8.5.1987; und Soell, *Helmut Schmidt. Macht und Verantwortung*, S. 709–760
60 Ebd., S. 268
61 Helmut Schmidt im Gespräch mit ZEIT-Lesern, »Sagen Sie mal, Herr Schmidt ...«, in: DIE ZEIT, 31.5.2000
62 Helmut Schmidt, »Null-Lösung: im deutschen Interesse«, in: DIE ZEIT, 8.5.1987
63 Helmut Schmidt, »Der Westen ist nicht schwach«, in: DIE ZEIT, 6.5.1984

64 »Für eine neue Strategie«, Gespräch mit Bundeskanzler a. D. Helmut Schmidt, in: *Evangelische Kommentare*, Bd. 11, 1984. Zum Harmel-Bericht auch Helmut Schmidt, »Der Westen braucht eine Große Strategie«, in: *Die Welt*, 22.2.1986

65 Zu den Auslandseinsätzen der Bundeswehr siehe das im Auftrag des Militärgeschichtlichen Forschungsamtes von Bernhard Chiari und Magnus Pahl herausgegebene *Auslandseinsätze der Bundeswehr* (Paderborn: Schöningh, 2010)

66 Helmut Schmidt, »Über Kriege im Namen der Menschenrechte«, in ZEITmagazin, 14.01.2009

67 Vgl. Helmut Schmidt, »Ein Krieg und drei Optionen«, in: DIE ZEIT, 29.4.1994

68 Ebd.

69 Helmut Schmidt, »Vor Alleingang wird gewarnt«, in: DIE ZEIT, 3/1995

70 Helmut Schmidt im Interview mit der *Süddeutschen Zeitung*, 19.3.2010. Zur Frage der Interventionen siehe auch den Meinungsaustausch zwischen Helmut Schmidt und Fritz Stern, in: *Unser Jahrhundert*, S. 217–224

71 Helmut Schmidt, »Mäßigung ist eine Kardinaltugend«, in: DIE ZEIT, 10.4.2003

72 Helmut Schmidt, 7. Weltethos-Rede, »Zum Ethos des Politikers«, Tübingen: Eberhard-Karls-Universität, 8.5.2007

73 Giovanni di Lorenzo, »Verstehen Sie das, Herr Schmidt? in: ZEITmagazin, 24/2010

74 Helmut Schmidt, »Was uns wirklich angeht – und was nicht«, in: DIE ZEIT, 30.10.2008

75 Helmut Schmidt und Fritz Stern, *Unser Jahrhundert*, S. 219–221

76 Helmut Schmidt, *Verteidigung oder Vergeltung*, S. 55

77 Ebd., S. 53 ff.

78 Giovanni di Lorenzo, »Verstehen Sie das, Herr Schmidt?«, in: ZEITmagazin, 4.3.2010

79 Helmut Schmidt, Richard von Weizsäcker, Egon Bahr und Hans-Dietrich Genscher, »Berliner Aufruf: Erklärung zur Freiheit von Atomwaffen, in: *Frankfurter Allgemeine Zeitung*, 9.1.2009; siehe auch Helmut Schmidt, *Sechs Reden*, S. 89 f. und Giovanni di Lorenzo, »Verstehen Sie das, Herr Schmidt?«, in: ZEITmagazin, 4.3.2010

80 »Für eine neue Strategie«. Gespräch mit Bundeskanzler a. D. Helmut Schmidt, in: *Evangelische Kommentare*, Bd. 11, 1984, S. 2.1.2264

81 Helmut Schmidt: »Null-Lösung: im deutschen Interesse«, in: DIE ZEIT, 8.5.1987

82 »The presence of nuclear weapons on almost all sides makes a war between great states rather unlikely.« Helmut Schmidt, »The Global Situation: A European Point of View«, Fourth Gerd Bucerius Lecture, 17.9.2003

83 Helmut Schmidt, *Die Mächte der Zukunft*, S. 8

Der Außenpolitiker

1 Siehe Gespräch mit Helmut Schmidt, S. 358
2 Helmut Schmidt, »Mäßigung ist eine Kardinaltugend«, in: DIE ZEIT, 10. 4. 2003; siehe auch Helmut Schmidt im Gespräch, S. 358
3 Helmut Schmidt, *Die Deutschen und ihre Nachbarn*, S. 148 f. und *Weggefährten*, S. 438
4 Helmut Schmidt, *Außer Dienst*, S. 211
5 Helmut Schmidt, *Auf der Suche nach einer öffentlichen Moral* (Stuttgart: DVA, 1998), S. 254
6 Helmut Schmidt, *Die Deutschen und ihre Nachbarn*, S. 297
7 Ebd.
8 Helmut Schmidt, *Die Mächte der Zukunft*, S. 211
9 Helmut Schmidt im Interview mit dem *Spiegel*, 6/2003
10 Deutsches Polen-Institut Darmstadt. Viertes Gespräch am Kamin – mit Helmut Schmidt, 2008
11 Helmut Schmidt, *Die Deutschen und ihre Nachbarn*, S. 514
12 Deutsches Polen-Institut Darmstadt. Viertes Gespräch am Kamin – mit Helmut Schmidt, 2008
13 *Frankfurter Allgemeine Zeitung*, 2. 5. 1980
14 Vgl. Helmut Schmidt, *Weggefährten*, S. 281 ff.
15 Ebd., S. 46 f.
16 Helmut Schmidt, *Menschen und Mächte*, S. 330
17 Ebd., S. 340
18 Helmut Schmidt, *Weggefährten*, S. 296 f.
19 Helmut Schmidt, *Menschen und Mächte*, S. 226
20 Zum Vorstehenden siehe Helmut Schmidt, *Menschen und Mächte*, S. 222–229, 243–264, und *Weggefährten*, S. 264 und 266 f.; auch »Oh Jimmy«, in: *Stern*, 1. 10. 1987
21 Helmut Schmidt, »Saving the Western Alliance«, in: *New York Review of Books*, Mai 1984
22 Vgl. Helmut Schmidts Gerd Bucerius Lecture in Washington, D.C., 17. 9. 2003, »The Global Situation: A European Point of View«, in: *GHI Bulletin*, 23, 2004, S. 20 f.
23 Helmut Schmidt, *Auf der Suche nach einer öffentlichen Moral*, S. 246
24 Für die drei Grundtendenzen ebd.; Helmut Schmidt, *Außer Dienst*, S. 209 f.; Helmut Schmidt, »Europa braucht keinen Vormund«, in: DIE ZEIT, 1. 8. 2002; Interview im *Spiegel*, 6/2003
25 Siehe *Die Welt*, 6. 6. 2007
26 Helmut Schmidt im Interview mit dem *Spiegel*, 6/2003

27 Helmut Schmidt, »Europa braucht keinen Vormund«, in: DIE ZEIT, 1.8.2002
28 Ebd.
29 Ebd.
30 Ebd.
31 Helmut Schmidt, *Außer Dienst*, S. 210
32 Helmut Schmidt, »Ein Gesamtkonzept, aber wie?«, in: DIE ZEIT, 3.3.1989
33 Helmut Schmidt, *Die Selbstbehauptung Europas*, S. 185
34 Helmut Schmidt, »Europa braucht keinen Vormund«, in: DIE ZEIT, 1.8.2002
35 Helmut Schmidt, *Außer Dienst*, S. 197
36 Helmut Schmidt, *Außer Dienst*, S. 197 und 201; auch schon in »Sind die Türken Europäer?«, in: DIE ZEIT, 12.12.2002
37 Helmut Schmidt, Rede vor der SPD-Bundestagsfraktion, 5.5.2009, in: *Sechs Reden* (München: Beck, 2010), S. 88
38 Helmut Schmidt, *Außer Dienst*, S. 210
39 Helmut Schmidt, *Außer Dienst*, S. 201
40 Helmut Schmidt vor der SPD-Bundestagsfraktion, in: *Sechs Reden*, S. 90
41 Helmut Schmidt, »Die Antwort? Weder Hass noch Rache«, in: DIE ZEIT, 27.9.2001
42 Ebd.
43 Helmut Schmidt, *Außer Dienst*, S.182
44 Helmut Schmidt, »Was uns wirklich angeht – und was nicht«, in: DIE ZEIT, 30.10.2008
45 Helmut Schmidt im persönlichen Gespräch, 16.4.2010
46 Helmut Schmidt, »Dieser Krieg ist nicht zu gewinnen«, in: DIE ZEIT, 28.1.2010
47 Ebd.
48 Helmut Schmidt und Fritz Stern, *Unser Jahrhundert*, S. 214f.
49 Helmut Schmidt, »Was uns wirklich angeht – und was nicht«, in: DIE ZEIT, 30.10.2008
50 Helmut Schmidt, *Die Selbstbehauptung Europas*, S. 37
51 Helmut Schmidt im *Spiegel*-Interview, 29.11.2007
52 Helmut Schmidt, *Außer Dienst*, S. 329
53 Helmut Schmidt und Fritz Stern, *Unser Jahrhundert*, S. 215
54 Ralf Dahrendorf, in: ZEITpunkte, 1/2004
55 Zur Interventionsfrage Helmut Schmidt, *Außer Dienst*, S. 325f.
56 Helmut Schmidt; *Menschen und Mächte*, S. 150
57 Helmut Schmidt, *Die Mächte der Zukunft*, S. 176
58 Helmut Schmidt, *Menschen und Mächte*, S. 150
59 Ebd., S. 45

60 Ebd., S. 32
61 Ebd.
62 Ebd., S. 47
63 Helmut Schmidt, *Die Mächte der Zukunft*, S. 182f.
64 Ebd., S. 180–183
65 Helmut Schmidt, *Außer Dienst*, S. 116
66 Helmut Schmidt, *Außer Dienst*, S. 115
67 Helmut Schmidt, *Die Mächte der Zukunft*, S. 188
68 Ebd., S. 180
69 Helmut Schmidt, *Außer Dienst*, S. 118
70 Helmut Schmidt, *Verteidigung oder Vergeltung*, S. 143
71 Ebd., S. 188
72 Helmut Schmidt, *Die Mächte der Zukunft*, S. 144
73 Ebd., S. 154f.
74 Helmut Schmidt, *Außer Dienst*, S. 67
75 Helmut Schmidt, *Die Mächte der Zukunft*, S. 29
76 Helmut Schmidt zu Maybrit Illner, in: *Welt am Sonntag*, 9.5.2010
77 Helmut Schmidt, *Menschen und Mächte*, S. 416
78 Vgl. Helmut Schmidt, *Die Mächte der Zukunft*, S. 143
79 Ebd., S.154f.
80 Helmut Schmidt, *Außer Dienst*, S. 60f.
81 Ebd., S. 177
82 Helmut Schmidt und Fritz Stern, *Unser Jahrhundert*, S. 39; außerdem das China-Kapitel in *Menschen und Mächte*, S. 341–423
83 Helmut Schmidt, *Menschen und Mächte*, S. 356–362
84 Helmut Schmidt im Gespräch mit Ulrich Wickert, *Mut zur Führung*, S. 45
85 Helmut Schmidt zu Maybrit Illner, in: *Welt am Sonntag*, 9.5.2020
86 Helmut Schmidt, *Menschen und Mächte*, S. 348, 406–418. Zu Schmidts Erfahrungen in und mit China siehe dort das Kapitel »China – die dritte Weltmacht«, S. 341–423
87 Helmut Schmidt und Fritz Stern, *Unser Jahrhundert*, S. 39
88 Helmut Schmidt, *Außer Dienst*, S. 20
89 Helmut Schmidt, *Die Mächte der Zukunft*, S. 149
90 Helmut Schmidt und Fritz Stern, *Unser Jahrhundert*, S. 35–40
91 Helmut Schmidt, *Außer Dienst*, S. 95
92 Helmut Schmidt, »Deutsches Störfeuer gegen Europa«, in: DIE ZEIT, 29.9.1995
93 Helmut Schmidt, *Auf der Suche nach einer öffentlichen Moral*, S. 41

94 Helmut Schmidt, »Lehrer der Verantwortung«, in: DIE ZEIT, 23.3.1994
95 Siehe Gespräch mit Helmut Schmidt, S. 353
96 So in Helmut Schmidt und Fritz Stern, *Unser Jahrhundert*, S. 51; auch Interview mit Helmut Schmidt, in: *Der Spiegel*, 2.1.2006; auch Interview mit Helmut Schmidt, in: *Frankfurter Allgemeine Zeitung*, 9.4.2005
97 Helmut Schmidt, »Vor Alleingängen wird gewarnt«, in: DIE ZEIT, 13.1.1995
98 Helmut Schmidt, *Außer Dienst*, S. 143
99 Ebd., S. 211
100 Michael Stürmer, *Bismarck* (München: Piper, 1987), S. 104
101 Helmut Schmidt, *Außer Dienst*, S. 212
102 Vgl. Werner Richter, *Bismarck*, S. 442 f.
103 Helmut Schmidt, »Was uns wirklich angeht und was nicht«, in: DIE ZEIT, 30.10.2008
104 Giovanni di Lorenzo, »Verstehen Sie das, Herr Schmidt?, in: ZEITmagazin, 18/2010
105 Stephan Lebert, »Kapitän durch alle Zeiten«, Gespräch mit Helmut Schmidt, in: *Der Tagesspiegel*, 27.5.2003
106 »Für eine neue Strategie«; Gespräch mit Bundeskanzler a.D. Helmut Schmidt, in: *Evangelische Kommentare*, Bd. 11, 1984, S. 264
107 Vgl. Werner Richter, *Bismarck*, S. 497
108 »Politik und Geist. Gespräch mit Bundeskanzler Schmidt«, in: *Evangelische Kommentare*, April 1981, S. 8

Der Wirtschaftspolitiker

1 Helmut Schmidt, Rede im Gästehaus des Hamburger Senats, 14.1.2009, in: *Drei Ansprachen* (München: Beck, 2010), Privatdruck, S. 17
2 Helmut Schmidt, *Weggefährten*, S. 88 f.
3 Helmut Schmidt, Referat über Keynes, *General Theory*, Kapitel 2, »The Postulates of the Classical Economics«
4 Helmut Schmidt, *Weggefährten*, S. 124–128
5 Helmut Schmidt, *Weggefährten*, S. 127 f.
6 Helmut Schmidt, »Über die Frage der wirtschaftlichen Zwangsläufigkeiten bei Paul Sering: Jenseits des Kapitalismus«, 1947, S. 1–8
7 Ebd., S. 8 f.
8 Siehe ebd. und Hartmut Soell, *Helmut Schmidt. Vernunft und Leidenschaft*, S. 193, 201 f.
9 Für das Vorstehende vgl. Hartmut Soell, *Helmut Schmidt. Vernunft und Leidenschaft,* S. 191–195
10 Ebd., S. 176
11 Ebd., S. 174 ff.

12 Helmut Schmidt, »Das wirtschaftliche Konzept der Sozialdemokratie anfangs der fünfziger Jahre«, in: *Gewerkschaftliche Monatshefte*, November 1952
13 Siehe Helmut Schmidt, »Gemeinwirtschaftliche Verkehrsordnung«, Mai 1953, und »Die ungelösten Probleme der Verkehrswirtschaft«, Februar 1961, in: *Beiträge*, S. 252–300
14 Helmut Schmidt auf dem Landesparteitag der SPD in Hamburg, 21.9.1974
15 Bundesfinanzminister Schmidt, »The struggle for the world product: politics between power and morals«, in: *Foreign Affairs*, April 1974
16 Bundeskanzler Schmidt, Regierungserklärung vom 17.5.1974, in: *Bulletin*, 18.5.1974
17 Bundesfinanzminister Schmidt bei der Jahresversammlung von IWF und Weltbank, 25.9.1973, in: Deutschland/Bundesminister der Finanzen: BMF-Finanznachrichten: BMF Referat für Presse und Information, 22/1973
18 Ebd.
19 Helmut Schmidt, *Kampf ums Weltprodukt*
20 Ebd.
21 Helmut Schmidt, »Der Griff zum Ölhahn und seine Konsequenzen«, in: *Vorwärts*, 27.12.1973
22 Bundesfinanzminister Schmidt, »Die Energiekrise – eine Herausforderung für die westliche Welt«, Vortrag vor der Roosevelt University in Chicago, 13.3.1974
23 Auf dem Überseetag 1974 zitierte er zustimmend einen Aufsatz von mir, in dem ich geschrieben hatte: »Wenn andere Rohstofferzeuger der Dritten Welt – die Lieferanten von Kupfer, Bauxit, Zink z.B. – auf den Gedanken verfielen, das arabische Beispiel nachzuahmen, so könnte kaum etwas den Ausbruch eines Wirtschaftskrieges zwischen Nord und Süd verhindern.« Siehe Theo Sommer »Wie teuer wird die Ölkrise?«, in: DIE ZEIT, 18.1.1974
24 Bundesfinanzminister Schmidt, »Der Griff zum Ölhahn und seine Konsequenzen«, in: *Vorwärts*, 27.12.1977
25 Bundesfinanzminister Schmidt, »Notwendigkeit einer integrierten europäischen Gesamtpolitik«, Rede vor dem Royal Institute of International Affairs in London, 29.1.1974
26 Bundesfinanzminister Schmidt, Ansprache auf dem Deutschen Bankentag in Bonn, 11.3.1974
27 Helmut Schmidt, Referat vor der Arbeitsgemeinschaft für Arbeitnehmerfragen, Duisburg, 19.–21.10.1973
28 Nina Grunenberg, »Kiebitz auf der Kommandobrücke«, in: DIE ZEIT, 17.10.1975
29 Helmut Schmidt, Rede auf dem Überseetag in Hamburg, 7. Mai 1974
30 Ebd.
31 Bundeskanzler Schmidt vor der SPD-Bundestagsfraktion, 30.6.1982

32 Ebd.
33 Bundeskanzer Schmidt vor der SPD-Bundestagsfraktion, 30. 6. 1982
34 Helmut Schmidt, »Internationale Initiativen sind notwendig«, in: DIE ZEIT, 17. 12. 1982
35 Helmut Schmidt, »Gipfeltreffen: Chancen und Gefahren«, in: DIE ZEIT, 27. 5. 1983; auch »Glanz und Elend der Gipfeldemokratie – und ihre Notwendigkeit«, in: »Kämpfer ohne Pathos. Festschrift für Hans Matthöfer zum 60. Geburtstag am 25. September 1985«, Helmut Schmidt, Walter Hesselbach (Hrsg.)
36 Helmut Schmidt, »Weltwirtschaft zwischen Hoffnung und Rezession«, in: »Weltwirtschaftsprobleme Mitte der 80er Jahre: Energie, Technologie, Umwelt«, hrsg. von der Friedrich-Ebert-Stiftung/Blainey, Geoffrey, 1985, S. 163 ff.
37 Helmut Schmidt, »Wirtschaft als Schicksal«, in: DIE ZEIT, 15. 5. 1987
38 Helmut Schmidt, »Plädoyer für die Fusion«, in DIE ZEIT, 28. 07. 1989
39 Helmut Schmidt, »Deutschland wird zum Störenfried«, in: DIE ZEIT, 11. 12. 1992
40 Helmut Schmidt, »Therapie für Linke«, in: *Der Spiegel*, 26. 04. 1993
41 Helmut Schmidt, »Die Bundesbank – kein Staat im Staate«, in: DIE ZEIT, 8. 11. 1996
42 Vorgetragen bei der Feier zu Helmut Schmidts 80. Geburtstag im Thalia-Theater Hamburg, 6. 1. 1999
43 Helmut Schmidt, »Wirtschaftsstandort Deutschland – ökonomische und politische Perspektiven«, in: Günter Müller, *Zukunftsperspektiven der digitalen Vernetzung* (Heidelberg: dpunkt, 1996), S. 7
44 Ebd.
45 Helmut Schmidt, »Was kann die Regierung tun, um die Konjunktur anzukurbeln?«, in: DIE ZEIT, 5. 7. 2001
46 Helmut Schmidt, in: »Weltwirtschaftsprobleme Mitte der 80er Jahre: Energie, Technologie, Umwelt«, herausgegeben von der Friedrich-Ebert-Stiftung/Blainey, Geoffrey, 1985, S. 175
47 Helmut Schmidt, »Die Politiker von heute sind nicht tapfer genug«, Interview mit *Bild*, 6. 11. 2010
48 Helmut Schmidt, *Beiträge,* S. 636
49 Henning Albrecht, *Pragmatisches Handeln zu sittlichen Zwecken. Helmut Schmidt und die Philosophie*, S. 37
50 Helmut Schmidt, *Auf der Suche nach einer öffentlichen Moral*, S.115 f.
51 Helmut Schmidt, »Forschen geht über alles«, in: DIE ZEIT, 6. 12. 2006
52 Ebd.
53 Helmut Schmidt im Interview mit *Bild*, 6. 11. 2006
54 Helmut Schmidt, »Wirtschaftsstandort Deutschland – ökonomische und politische Perspektiven«, S. 6

55 Helmut Schmidt, »Alle müssen länger arbeiten«, in: DIE ZEIT, 4.1.2001; *Bild*, 6.11.2006; Interview mit der *Frankfurter Allgemeinen Zeitung*, 8.12.2008; ausführlich in *Außer Dienst*, S. 235–244. Siehe auch Gespräch mit Helmut Schmidt, S. 368
56 Helmut Schmidt im Interview mit *Bild*, 6.11.2006
57 Helmust Schmidt im Interview mit der *Frankfurter Allgemeinen Zeitung*, 6.12.2008
58 Helmut Schmidt, Laudatio auf Richard von Weizsäcker, 25.4.2010
59 Zum Vorstehenden siehe Helmut Schmidt, *Außer Dienst*, S. 34–38
60 Helmut Schmidt im Gespräch mit Ulrich Wickert, *Mut zur Führung*, S. 48
61 Der Sachverständigenrat zur Begutachtung der gesamtwirtschaftlichen Entwicklung erstellt jährlich bis zum 15. November ein Gutachten u. a. für die Bundesregierung. Zuletzt: »Die Zukunft nicht aufs Spiel setzen«, Jahresgutachten 2009/10, Wiesbaden; siehe auch http://www.sachverstaendigenrat.org
62 Helmut Schmidt, »Berliner Lektionen: Lesungen und Gespräche im Berliner Renaissance Theater«, 1987
63 Ebd.
64 Helmut Schmidt, »Wildes Wetten um jeden Preis«, in: DIE ZEIT, 3.3.1995
65 Helmut Schmidt, »Vorsicht, Finanzhaie«, in: DIE ZEIT, 8.10.1998
66 Helmut Schmidt, »Hört beim Geld die Liebe auf?«, in: DIE ZEIT, 9.10.1992
67 Helmut Schmidt, »Das Gesetz des Dschungels, in: DIE ZEIT, 4.12.2003
68 Ebd.
69 Ebd.
70 Helmut Schmidt, *Verteidigung oder Vergeltung*, S. 143
71 Helmut Schmidt, »Wider die Großsprecher«, in: DIE ZEIT, 16.4.2003
72 Helmut Schmidt, »Wie entkommen wir der Depressionsfalle?«, in: DIE ZEIT, 15.1.2009
73 Ebd.
74 Ebd.
75 Ebd.
76 Giovanni di Lorenzo, »Verstehen Sie das, Herr Schmidt?«, in: ZEITmagazin, 3/2010
77 Ebd.
78 Helmut Schmidt, »Größenwahn mit Folgen«, in: DIE ZEIT, 8.7.2009
79 Helmut Schmidt, *Auf der Suche nach einer öffentlichen Moral*, S. 127
80 Helmut Schmidt, »Wie entkommen wir der Depressionsfalle?«, in: DIE ZEIT, 15.1.2009
81 Giovanni di Lorenzo, »Verstehen Sie das, Herr Schmidt?«, in: ZEITmagazin, 3/2010

82 Helmut Schmidt, »Wie entkommen wir der Depressionsfalle?«, in: DIE ZEIT, 15.1.2009
83 Helmut Schmidt, *Auf der Suche nach einer öffentlichen Moral*, S. 129
84 Helmut Schmidt auf der Internationalen Industriekonferenz in Chicago, 17.9.1973
85 Helmut Schmidt beim Überseetag in Hamburg, 7.5.1974
86 Helmut Schmidt, *Auf der Suche nach einer öffentlichen Moral*, S. 97
87 Helmut Schmidt, *Weggefährten*, S. 115
88 »Deutschland vom Pessimismus befreien«, ein Gespräch zwischen Helmut Schmidt und Bundespräsident Köhler, moderiert von Wilfried Herz und Josef Joffe
89 Helmut Schmidt, in: »Weltwirtschaftsprobleme Mitte der 80er Jahre: Energie, Technologie, Umwelt«, S. 179

Der Hanseat

1 Hartmut Soell, *Helmut Schmidt. Vernunft und Leidenschaft*, S. 364; vgl. auch das Kapitel »Hanseatische Miniaturen«, in: Helmut Schmidt, *Weggefährten*, S. 532 bis 557
2 Vgl. Matthias Schnook, Zum Wohl der Stadt: »Wie Helmut Schmidt anderen die Leviten liest«, in: *Hamburger Abendblatt*, 23.12.2008
3 Moritz Müller-Wirth, Theo Sommer und Martin Spiewak, »Ein Gespräch mit Altbundeskanzler und ZEIT-Herausgeber Helmut Schmidt«, in: DIE ZEIT, 22.4.2001
4 *** (Pseudonym für Helmut Schmidt), »Brief an Hamburger Freunde«, in: *Die Welt*, 28.7.1962. Im Bundestagswahljahr 1965 bekannte er sich zur Verfasserschaft des Briefes.
5 Ebd.
6 Helmut Schmidt, *Weggefährten*, S. 542
7 Helmut Schmidt, Rede im Gästehaus des Hamburger Senats, 14.1.2009, abgedruckt in *Drei Ansprachen*, S. 18
8 Helmut Schmidt auf dem SPD-Landesparteitag in Hamburg, 21.9.1974
9 Eigene Erinnerung. Vgl. Hartmut Soell, *Helmut Schmidt. Vernunft und Leidenschaft*, S. 169–171
10 Helmut Schmidt im Gespräch mit Ulrich Wickert, *Mut zur Führung*, S. 35 f.
11 Helmut Schmidt, »Brief an Hamburger Freunde«, in: *Die Welt*, 28.7.1962; dazu auch Helmut Schmidt, *Weggefährten*, S. 524
12 Helmut Schmidt, »Hamburg aus Bonner Sicht«, in: *Die Welt*, 31. August 1962
13 Vgl. Hartmut Soell, *Helmut Schmidt. Vernunft und Leidenschaft*, S. 449 ff.
14 *** (Pseudonym für Helmut Schmidt), »Brief an Hamburger Freunde«, in: *Die Welt*, 28.7.1962

15 *Die Welt,* 17.6.1999
16 Helmut Schmidt, »Wo das Gemeinwesen noch überschaubar ist«, in: *Sonntagsblatt,* 4.4.1965
17 Helmut Schmidt, *Außer Dienst,* S. 28
18 Vgl. Hartmut Soell, *Helmut Schmidt. Vernunft und Leidenschaft,* S. 439
19 Ebd., S. 497
20 Helmut Schmidt, »Hamburg muss neu anfangen«, in: DIE ZEIT, 6.4.1984
21 Helmut Schmidt, »Heimat«, in: *Bergedorfer Zeitung,* 24.8.1985
22 Helmut Schmidt, »Hamburg muss neu anfangen«, in: DIE ZEIT, 6.4.1984
23 Matthias Schnook, Zum Wohl der Stadt: »Wie Helmut Schmidt anderen die Leviten liest«, in: *Hamburger Abendblatt,* 23.12.2008
24 Helmut Schmidt, *Weggefährten,* S. 538
25 *Frankfurter Allgemeine Sonntagszeitung,* 28.1.2007
26 Helmut Schmidt, *Weggefährten,* S. 525
27 Ebd., S. 555
28 Ebd., S. 556
29 Siehe Theo Sommer, *Hamburg. Porträt einer Weltstadt* (Hamburg: Hoffmann und Campe, 3. Auflage 2007), S. 33-35
30 »Viel Nebel. Altkanzler Helmut Schmidt hat ein Hamburg-Porträt gedreht – ideal für den fernsehfreien Tag«, in: *Der Spiegel,* 15.9.1986
31 Helmut Schmidt, »Mein Hamburg. Wie es wurde, was es ist. Eine ganz persönliche Liebeserklärung«, in: *Hamburger Abendblatt,* 28.9.2005; vgl. ZEIT Geschichte, 1.10.2005
32 Helmut Schmidt, »In Praise of my Home City«, in: *The European economic and cultural region of Hamburg, Germany* (Bad Wörishofen: Holzmann, 2000), S. 15-17
33 »Helmut Schmidt beliebtester Hanseat«, in: *Hamburger Abendblatt,* 2.1.2009
34 »Der Gewinner ist: Helmut Schmidt«, in: *Hamburger Abendblatt,* 18.9.2009

Der Philosoph im Politiker

1 Immanuel Kant, *Zum ewigen Frieden* (Stuttgart: Reclam, 1953), S. 52
2 Martin Rupps, *Helmut Schmidt. Eine politische Biographie* (Stuttgart: Hohenheim, 2002), S. 110, 112
3 Helmut Schmidt, *Weggefährten,* S. 121
4 Giovanni di Lorenzo, »Auf eine Zigarette mit Helmut Schmidt«, in: ZEITmagazin, 31.12.2008
5 »Ich habe keine Angst vor dem Tod«. Ein Gespräch mit Helmut Schmidt, in: *Cicero,* 3/2007
6 Martin Rupps, *Helmut Schmidt. Eine politische Biographie,* S. 113

7 Helmut Schmidt, *Weggefährten*, S. 122
8 Helmut Schmidt, »Maximen politischen Handelns«. Bemerkungen zu Moral, Pflicht und Verantwortung des Politikers. Rede auf dem Kant-Kongress der Friedrich-Ebert-Stiftung, 12.3.1981 (Bonn: Presse- und Informationsamt der Bundesregierung, Reihe Berichte und Dokumentationen, Bd. 23)
9 Helmut Schmidt, »Maximen politischen Handelns«, in: *Von deutschem Stolz. Bekenntnisse zur Erfahrung von Kunst* (Berlin: Siedler/Corso, 1986), S. 32
10 Mitteilung Helmut Schmidts im persönlichen Gespräch
11 Helmut Schmidt, *Auf der Suche nach einer öffentlichen Moral*, S. 57f.
12 Max Weber, »Der Beruf zur Politik«, in: *Soziologie. Weltgeschichtliche Analysen. Politik* (Stuttgart: Kröner, 1956), S. 165–185
13 Helmut Schmidt, »Maximen politischen Handelns«, S. 32
14 »Politik und Geist«; Interview in *Evangelische Kommentare*, April 1981
15 Helmut Schmidt, »Moral und Politik«, in: *Bergedorfer Zeitung*, 17.10.1981
16 Helmut Schmidt, „Ethik und Verantwortung«, Vortrag in der Hannoverschen Marktkirche, 1.7.1986, in: *Evangelische Kommentare*, Bd. 19, 1986, 9, S. 533 bis 537
17 Helmut Schmidt, »Maximen politischen Handelns«, S. 21
18 Helmut Schmidt, »Lehrer der Verantwortung«, in: DIE ZEIT, 23.9.1994
19 Helmut Schmidt, »Maximen politischen Handelns«, S. 19
20 Henning Albrecht, *Pragmatisches Handeln zu sittlichen Zwecken. Helmut Schmidt und die Philosophie* (Bremen: Edition Temmen, 2008)
21 Ebd., S. 12
22 Ebd., S. 160
23 Ebd., S. 13
24 Helmut Schmidt, »Maximen politischen Handelns«, S. 31
25 *** (Pseudonym für Helmut Schmidt), »Brief an Hamburger Freunde«, in: *Die Welt*, 28.7.1962. Im Bundestagswahljahr 1965 bekannte er sich zur Verfasserschaft des Briefes.
26 Helmut Schmidt, *Weggefährten*, S. 562
27 Seine Erklärung half ihm nur wenig: »Ich habe das ein einziges Mal gesagt. Andere haben es tausendmal wiederholt. Das eine Mal war es zutreffend.« Vgl. Joachim Zepelin, »Dinos warnen vor dem Aussterben«, in: *Financial Times*, 5.2.2010
28 Helmut Schmidt, *Beiträge*, S. 88
29 Für das Vorhergehende mehr bei Henning Albrecht, *Pragmatisches Handeln zu sittlichen Zwecken. Helmut Schmidt und die Philosophie*, Kapitel »Der Kanzler und die Philosophie«, S. 59–83
30 Ebd., S. 69
31 Ebd., S. 65

32 Helmut Schmidt, »Grundwerte heute – Staat und Gesellschaft«, Vortrag vor der Katholischen Akademie Hamburg, 23.5.1976. Dazu auch Hartmut Soell, *Helmut Schmidt. Macht und Verantwortung*, S. 800 ff., Kapitel »Der Staat als moralischer Oberhirte?«

33 Helmut Kohl, »Ethos und Recht in Staat und Gesellschaft«, Vortrag vor der Katholischen Akademie, 13.6.1976

34 Zitiert bei Henning Albrecht, *Pragmatisches Handeln zu sittlichen Zwecken. Helmut Schmidt und die Philosophie*, S. 80. Siehe auch Helmut Schmidt und Fritz Stern, *Unser Jahrhundert*, S. 153. Dort sagt Schmidt über Kohl: »Er verlangte, dass der Regierungschef geistige Führung ausüben soll, außerdem noch moralische Führung. Er wusste nur gar nicht, dass ihm dies alles abgeht.«

35 Helmut Schmidt, *Beiträge*, S. 15

36 Helmut Schmidt, *Die Deutschen und ihre Nachbarn*, S. 196

37 »Plädoyer für einen fernsehfreien Tag. Ein Anstoß für mehr Miteinander in unserer Gesellschaft«, in: DIE ZEIT, 26.5.1978. Mehr dazu bei Helmut Schmidt, *Auf der Suche nach einer öffentlichen Moral*, S. 89–95; ferner Schmidt, »Wirtschaftsstandort Deutschland – ökonomische und politische Perspektiven«, S. 1–14; siehe auch Henning Albrecht, *Pragmatisches Handeln zu sittlichen Zwecken. Helmut Schmidt und die Philosophie*, S. 117 und *Süddeutsche Zeitung*, 2.7.2010

38 Helmut Schmidt, Interview in der ZEIT, 22.8.1980

39 Helmut Schmidt, »Ratio und Ethik«, in: *Futura*, 2/1988

40 Helmut Schmidt, »Deutschland im Jahre 3: Zeit zum Handeln«, in: *Deutschland im Jahre 3* (1993), S. 26

41 Helmut Schmidt, Interview mit dem *Stern*, 3.1.1980

42 Helmut Schmidt, Interview mit Martin Rupps, 1997, zitiert in Henning Albrecht, *Pragmatisches Handeln zu sittlichen Zwecken. Helmut Schmidt und die Philosophie*, S. 80

43 Giovanni di Lorenzo, »Verstehen Sie das, Herr Schmidt?«, in: ZEITmagazin, 25.3.2010

44 Helmut Schmidt, *Weggefährten*, S. 281

45 »Sagen Sie mal, Herr Schmidt ...«, in: ZEIT-Online, 30.11.2000

46 Michael Stürmer, »Regieren in Zeiten des Zweifels«, in: *Die Welt*, 11.7.2010

47 Helmut Schmidt im Gespräch mit ZEIT-Lesern, »Sagen Sie mal, Herr Schmidt ...«, in: DIE ZEIT, 31.5.2000

48 Zitiert bei Henning Albrecht, *Pragmatisches Handeln zu sittlichen Zwecken. Helmut Schmidt und die Philosophie*, S. 125

49 Theo Sommer, »Frisch gewagt – nur halb gewonnen. Der Kampf geht weiter«, in: DIE ZEIT, 21.10.1977

50 Theo Sommer, »Schmidt Wins«, in: *Newsweek*, 31.10.1977; in meiner deutschen Rückübersetzung aus dem englischen Original in Marion Gräfin Dönhoff (Hrsg.), *Hart am Wind* (Hamburg: Knaus, 1978), S. 222–224; bei Henning

Albrecht mit falscher Quellenangabe zitiert (*Pragmatisches Handeln zu sittlichen Zwecken. Helmut Schmidt und die Philosophie*, S. 128)

51 Henning Albrecht, *Pragmatisches Handeln zu sittlichen Zwecken. Helmut Schmidt und die Philosophie*, S. 149

52 Helmut Schmidt, »Charakter zeigt sich in der Krise«, in: DIE ZEIT, 23.10.1987

53 Helmut Schmidt, *Auf der Suche nach einer öffentlichen Moral*, S. 7

54 Ebd., S. 13

55 Ebd., S. 22

56 Ebd., S. 17f.

57 Ebd., S. 20

58 Ebd., S. 61–63

59 Ebd., S. 65

60 Ebd., S. 107

61 Ebd., S. 109

62 Ebd., S. 110–112

63 Ebd., S. 181

64 Hartmut Soell, *Helmut Schmidt. Vernunft und Leidenschaft*, S. 192f.

65 Henning Albrecht, *Pragmatisches Handeln zu sittlichen Zwecken. Helmut Schmidt und die Philosophie*, S. 90

66 Hartmut Soell, *Helmut Schmidt. Vernunft und Leidenschaft*, S. 243f.

67 Ebd., S. 250f.

68 Ebd., S. 251

69 Helmut Schmidt, *Weggefährten*, S. 241–350

70 *Ebd.*, S. 346f; auch »Leuchtende Vorbilder«, in: DIE ZEIT, 10.11.1995

71 Helmut Schmidt, *Auf der Suche nach einer öffentlichen Moral*, S. 252. Der deutsche Text der »Erklärung zum Weltethos« findet sich unter http://www.weltethos.org/pdf_decl/Decl_german.pdf

72 Helmut Schmidt, »Kernsätze für ein menschliches Zusammenleben«, in: Hans Küng (Hrsg.), *Ja zum Weltethos* (München: Piper, 1996)

73 Zur Allgemeinen Erklärung über die Menschenpflichten siehe Hartmut Soell, *Macht und Verantwortung*; Helmut Schmidt, *Weggefährten*; Henning Albrecht, *Pragmatisches Handeln zu sittlichen Zwecken. Helmut Schmidt und die Philosophie*, S. 156–159; auch Helmut Schmidt, *Auf der Suche nach einer öffentlichen Moral*, S. 253f. (dort auch der Text der Erklärung, S. 259–268)

74 Helmut Schmidt, *Auf der Suche nach einer öffentlichen Moral*, S. 185

75 Hartmut Soell, *Helmut Schmidt. Macht und Verantwortung*, S. 939

76 Helmut Schmidt, »Zeit, von der Pflicht zu sprechen«, in: DIE ZEIT, 41/1997; Constanze Stelzenmüller, »Die gefährlichen achtzehn Gebote« (Nr. 42); Thomas Kleine-Brockhoff, »Pflichten gibt's sowieso« (Nr. 43); Susanne Gaschke,

»Die Ego-Phase« (Nr. 44); Hans Küng, »Fürchtet euch nicht vor dem Ethos« (Nr. 45); Norbert Greinacher, »Moral ist gut, Recht ist besser« (Nr.46); Carl Amery, »Ptolemäer und Plattweltler« (Nr. 47); Volkmar Deile, »Rechte bedingungslos verteidigen« (Nr. 48); Marion Gräfin Dönhoff, »Vom Recht auf Würde« (26.12.1997).

77 Robert Leicht, »Menschenrechte und Menschenpflichten«, in: Marion Gräfin Dönhoff und Theo Sommer (Hrsg.), *Was steht uns bevor? Mutmaßungen über das 21. Jahrhundert. Aus Anlass des 80. Geburtstages von Helmut Schmidt* (Berlin: Siedler, 1999), S. 255-264

78 »*Hand aufs Herz*«. *Helmut Schmidt im Gespräch mit Sandra Maischberger* (München: Econ, 2002)

79 Helmut Schmidt, *Außer Dienst*, S. 315

80 Zum Vorhergehenden vgl. Hartmut Soell, *Helmut Schmidt. Macht und Verantwortung*, S. 938 f.

81 Siehe Helmut Schmidt, *Auf der Suche nach einer öffentlichen Moral*, S. 254

82 Helmut Schmidt, *Weggefährten*, S. 326-333

83 Zum Beispiel Helmut Schmidt, *Weggefährten*, S. 352; auch *Auf der Suche nach einer öffentlichen Moral*, S. 247

84 Henning Albrecht, *Pragmatisches Handeln zu sittlichen Zwecken. Helmut Schmidt und die Philosophie*, S. 153, 155

85 Helmut Schmidt, *Auf der Suche nach einer öffentlichen Moral*, S. 8 f.

86 Ebd.

87 Ebd., S. 184 f.

88 Ebd., S. 196

89 *Stern*, 15.2.1973

90 Helmut Schmidt, *Auf der Suche nach einer öffentlichen Moral*, S. 185 f.

91 Henning Albrecht, *Pragmatisches Handeln zu sittlichen Zwecken. Helmut Schmidt und die Philosophie*, S. 36 f.

92 Helmut Schmidt, *Auf der Suche nach einer öffentlichen Moral*, S. 197-209

93 Ebd., S. 206

94 Helmut Schmidt, »Gesinnung und Verantwortung in politischer Sicht«, Ansprache zur Entgegennahme des Theodor-Heuss-Preises, München, 21.1.1978, in: Helmut Schmidt, *Mit Augenmaß und Weitblick* (Berlin: Verlag der Nation, 1990), S. 23

95 Helmut Schmidt, *Weggefährten*, S. 389

96 Oskar Lafontaine, in: *Stern*, 15.7.1982

97 Giovanni di Lorenzo und Christoph von Marschall, »Er soll auch ein anständiger Mensch sein. Helmut Schmidt über seine Erwartungen an einen Mächtigen«, Interview im *Tagesspiegel*, 31.12.2000

98 Helmut Schmidt, *Auf der Suche nach einer öffentlichen Moral*, S. 58

99 Helmut Schmidt, »Ratio und Ethik«, Vortrag auf der Jahrestagung der Gesellschaft zur Förderung der biomedizinischen Forschung e.V. im Max-Planck-Institut für biophysikalische Chemie in Göttingen, 16.11.1987, in: *Futura* 2/1988
100 Helmut Schmidt, in: *Futura*, 2/1988; siehe auch *Die Deutschen und ihre Nachbarn*, S. 569f.
101 Helmut Schmidt, *Weggefährten*, S. 398f.
102 Ebd., S. 290
103 »Ich habe keine Angst vor dem Tod«. Ein Gespräch mit Helmut Schmidt, in: *Cicero*, 7/2007
104 Helmut Schmidt, *Auf der Suche nach einer öffentlichen Moral*, S. 71
105 Helmut Schmidt, »Was ich heute von der Kirche erwarte«, Vortrag in der Kirche St. Nikolai, 21.9.1987
106 Helmut Schmidt, *Außer Dienst*, S. 296f.
107 Henning Albrecht, *Pragmatisches Handeln zu sittlichen Zwecken. Helmut Schmidt und die Philosophie*, S. 35
108 Helmut Schmidt, *Weggefährten*, S. 398
109 Henning Albrecht, *Pragmatisches Handeln zu sittlichen Zwecken. Helmut Schmidt und die Philosophie*, S. 140
110 Helmut Schmidt, »Ethik und Verantwortung«, Vortrag in der Hannoverschen Marktkirche, 1.7.1986, in: *Evangelische Kommentare*, Bd. 19, 1986, 9, S. 533 bis 537
111 Giovanni di Lorenzo, »Verstehen Sie das, Herr Schmidt?«, in: ZEITmagazin, 24/2010
112 Helmut Schmidt in *Cicero*, 3/2007
113 Helmut Schmidt, »Was ich heute von der Kirche erwarte«, Vortrag in der Kirche St. Nikolai, 21.9.1987
114 Helmut Schmidt, *Außer Dienst*, S. 288
115 Helmut Schmidt im persönlichen Gespräch
116 Helmut Schmidt, *Weggefährten*, S. 398
117 Vgl. Henning Albrecht, *Pragmatisches Handeln zu sittlichen Zwecken. Helmut Schmidt und die Philosophie*, S. 35
118 Helmut Schmidt, *Weggefährten*, S. 398
119 Helmut Schmidt, »Lehrer der Verantwortung«, in: DIE ZEIT, 23.9.1994
120 Helmut Schmidt, *Außer Dienst*, S. 327
121 Helmut Schmidt, *Außer Dienst*, S. 330
122 Helmut Schmidt im Briefwechsel mit Gustav Heinemann; siehe Hartmut Soell, *Helmut Schmidt. Vernunft und Leidenschaft*, S. 354ff. und Martin Rupps, *Helmut Schmidt. Eine politische Biographie*, S. 140

123 »Politik und Geist«, Gespräch mit Bundeskanzler Helmut Schmidt, in: *Evangelische Kommentare*, April 1981
124 Helmut Schmidt, *Außer Dienst*, S. 289
125 Helmut Schmidt, »Zum Ethos des Politikers«; 7. Weltethos-Rede an der Eberhard-Karls-Universität Tübingen; abgedruckt in *Die Welt*, 9.5.2007
126 Helmut Schmidt, *Auf der Suche nach einer öffentlichen Moral*, S. 75
127 Giovanni di Lorenzo, »Verstehen Sie das, Herr Schmidt?«, in: ZEITmagazin, 24/2010
128 Helmut Schmidt, *Außer Dienst*, S. 288 f.
129 Ebd., S.307
130 Ebd., S. 294
131 Gespräch zwischen Helmut Schmidt und Helmut Kohl, moderiert von Christoph Bertram, in: DIE ZEIT, 5.3.1998
132 Helmut Schmidt, *Außer Dienst*, S. 336; Giovanni di Lorenzo, »Verstehen Sie das, Herr Schmidt?«, in: ZEITmagazin, 24/2010
133 Ebd., S. 288
134 Elisabeth Sifton, *The Serenity Prayer: Faith and Politics in Times of Peace and War* (New York: Norton, 2003); in der deutschen Übersetzung von Hartmut von Hentig: *Das Gelassenheitsgebet* (München: Hanser, 2001). Das englische Original lautet: *God give us grace to accept with serenity the things that cannot be changed, courage to change the things that should be changed, and the wisdom to distinguish the one from the other.*
135 Helmut Schmidt, *Außer Dienst*, S. 336
136 »Ich habe keine Angst vor dem Tod«. Ein Gespräch mit Helmut Schmidt, in: *Cicero*, 3/2007; vgl. *Bild*, 6.11.2006: »Der Gedanke an den Tod schreckt mich nicht.«
137 Äußerung bei einem Festessen zu Schmidts Ehren, Hamburg, 29.4.1998
138 Giovanni di Lorenzo, »Verstehen Sie das, Herr Schmidt?«, in: ZEITmagazin, 3/2010
139 Henry Kissinger, »Wächter der Moral«, in: DIE ZEIT, Sonderbeilage zu Helmut Schmidts 90. Geburtstag
140 Giovanni di Lorenzo, »Auf eine Zigarette mit Helmut Schmidt«, in: ZEITmagazin, 31.12.2008

Literatur

Bücher von Helmut Schmidt

Verteidigung oder Vergeltung (Stuttgart: Seewald, 1961)

Beiträge (Stuttgart: Seewald, 1967)

Strategie des Gleichgewichts (Stuttgart: Seewald, 1969)

Als Christ in der politischen Entscheidung (Gütersloh: Mohn, 1976)

Pflicht zur Menschlichkeit. Beiträge zu Politik, Wirtschaft und Kultur (Düsseldorf: Econ, 1981)

Freiheit verantworten (Düsseldorf: Econ, 1983)

A Grand Strategy for the West (New Haven: Yale University Press, 1985)

Vom deutschen Stolz. Bekenntnisse zur Erfahrung von Kunst (Berlin: Siedler, 1986)

Menschen und Mächte (Berlin: Siedler, 1987)

Die Deutschen und ihre Nachbarn (Berlin: Siedler, 1990)

Mit Augenmaß und Weitblick. Reden und Aufsätze (Berlin: Verlag der Nation, 1990)

Einfügen in die Gemeinschaft der Völker (Frankfurt am Main: Luchterhand, 1990)

Handeln für Deutschland (Berlin: Rowohlt, 1993)

Das Jahr der Entscheidung (Berlin: Rowohlt, 1994)

Weggefährten (Berlin: Siedler, 1996)

Globalisierung (Stuttgart: Deutsche Verlags-Anstalt, 1998)

Auf der Suche nach einer öffentlichen Moral (Stuttgart: Deutsche Verlags-Anstalt, 1998)

Jahrhundertwende. Gespräche mit Lee Kuan Yew, Jimmy Carter, Shimon Peres, Valéry Giscard d'Estaing Ralf Dahrendorf, Michail Gorbatschow, Rainer Barzel, Henry Kissinger, Helmut Kohl und Henning Voscherau. Herausgegeben von Dorothea Hauser (Berlin: Siedler, 1998)

Die Selbstbehauptung Europas (Stuttgart: Deutsche Verlags-Anstalt, 2000)

Hand aufs Herz. Helmut Schmidt im Gespräch mit Sandra Maischberger (München: Econ, 2002)

Die Mächte der Zukunft (München: Siedler, 2004)

Auf dem Weg zur deutschen Einheit (Reinbek: Rowohlt, 2005)

Nachbar China. Helmut Schmidt im Gespräch mit Frank Sieren (Berlin: Econ, 2006)

Außer Dienst (München: Siedler, 2008)

Helmut Schmidt und Giovanni di Lorenzo, *Auf eine Zigarette mit Helmut Schmidt* (Köln: Kiepenheuer & Witsch, 2009)

Helmut Schmidt und Fritz Stern, *Unser Jahrhundert. Ein Gespräch* (München: C. H. Beck, 2010)

Biographien und Monographien über Helmut Schmidt

Henning Albrecht, *Pragmatisches Handeln zu sittlichen Zwecken. Helmut Schmidt und die Philosophie* (Bremen: Edition Temmen, 2008)

Detlef Bald, *Politik der Verantwortung. Das Beispiel Helmut Schmidt: Das Primat des Politischen über das Militärische* 1965–1975 (Berlin: Aufbauverlag, 2008)

Jonathan Carr, *Helmut Schmidt. Helmsman of Germany* (New York: St. Martin's Press, 1985); deutsch: *Helmut Schmidt* (Düsseldorf: Econ, 1985)

Sybille Krause-Bürger, *Helmut Schmidt. Aus der Nähe gesehen* (Berlin: Econ, 1980)

Mainhardt Graf von Nayhauß, *Helmut Schmidt. Mensch und Macher* (Bergisch-Gladbach: Gustav Lübbe Verlag, 1988)

Hans-Joachim Noack, *Helmut Schmidt. Die Biographie* (Berlin: Rowohlt, 2008)

Ulrich Ott (Hrsg.), *Mut zur Führung. Helmut Schmidt im Gespräch mit Ulrich Wickert* (Stuttgart-Leipzig: Hohenheim, 2008)

Dominique Pelassy, *Helmut Schmidt ou le réalisme* (Paris: Albatros, 1982)

Uwe Rohwedder, *Helmut Schmidt und der SDS. Die Anfänge des Sozialistischen Deutschen Studentenbundes nach dem Zweiten Weltkrieg* (Berlin: Edition Temmen, 2007)

Martin Rupps, *Helmut Schmidt. Mensch – Staatsmann – Moralist* (Freiburg: Herder, 2008)

Michael Schwelien, *Helmut Schmidt. Ein Leben für den Frieden* (Hamburg: Hoffmann und Campe, 2003)

Hartmut Soell, *Helmut Schmidt. Vernunft und Leidenschaft* (München: Deutsche Verlags-Anstalt, 2003)

Hartmut Soell, *Helmut Schmidt. Macht und Verantwortung. 1969 bis heute* (München: Deutsche Verlags-Anstalt, 2008)

Astrid Zipfel, *Der Macher und die Medien* (Tübingen: WF Edition Verlag Journalismus, 2005)

Siehe auch:

Johannes Marbach und Frank Josef Nober (Hrsg.), *Helmut Schmidt – Bibliographie 1947–2008* (Hamburg: Universitätsbibliothek der Helmut-Schmidt-Universität, 2008)

DIE ZEIT, *»Ich stimme zu, aber …«. Bewegende Gespräche mit Helmut Schmidt. Ein Film der ZEIT* (DVD, 2008)